배리어프리 화면해설 글쓰기

책임저자 **송 명 희**
참여저자 **김 형 곤 · 우 남 희 · 김 정 희**

지식과교양

머리말

21C는 생존을 위한 기본적인 의식주 해결을 넘어서서 여가생활의 확대, 자아실현 등 문화생활이 삶의 기본적인 조건이 되는 시대이다. 최근 우리나라는 괄목할 만한 경제성장을 이룸으로써 삶의 질에 대한 관심이 높아지고 여가와 문화생활을 향유하려는 욕구가 크게 증가하고 있다.

따라서 문화적 욕구를 표현하고 잠재력을 계발함으로써 인간으로서 자기 삶에 대한 인식을 새롭게 하고 변화와 성장을 이루기 위한 문화 활동은 장애인과 비장애인을 막론하고 매우 중요한 삶의 요소가 되고 있다.

이러한 시대적 요구에 부응하여 정부는 〈문화기본법〉을 제정하여 국민의 문화적 욕구를 충족시기기 위한 문화 향유와 참어 등 문화 접근 기회를 확대시키기 위해 문화 복지를 사회복지 실현의 한 영역으로서 중시하고 있다.

장애인들에게 있어 다양한 문화활동에의 참여는 신체적 건강을 증진시켜주고, 심리적·정신적으로 풍요로운 삶을 살 수 있게 하며, 사회적 기능 향상을 통하여 사회적 재활을 촉진시키고, 자립생활 증진, 역량강화, 정상화 실현에 기여한다. 뿐만 아니라 장애인들의 문화활동 참여는 장애인에 대한 비장애인들의 인식을 변화시킴으로써 장애인 복지의 궁극적 목표인 비장애인과의 사회적 상호작용 및 사회통합 실현이라는 목표에 긍정적으로 작용한다.

하지만 비장애인 중심의 기존 문화구조에서 장애인들이 문화적 욕구를 표현하고 잠재력을 계발하는 일은 간과되어 왔고, 문화활동 참여는 소외되어 왔다. 장애인이 진정한 의미의 사회통합과 자립생활이 가능해지기 위해서는 비장애인과 동일한 문화나 여가활동을 향유할 수 있는 기회가 부여되어야 한다. 즉 비장애인이 누리는 것과 동일한 문화 수준을 장애인 역시 평등하게 누릴 권리가 있다.

현대사회는 선천적 요인뿐만 아니라 후천적 요인에 의해 장애를 가진 사람들이 증가하고 있는 상황임에도 장애인에 대한 수많은 제한·배제·분리·거부가 행해지고, 기본적인 권리에서 제대로 대우받지 못하고 있는 실정이다.

따라서 이 책은 시각장애인들이 시각장애라는 장벽을 넘어 영화와 방송매체를 향유할 수 있는 '배리어프리(barrier-free) 화면해설 글쓰기'를 어떻게 하여야 할 것인가를 제시하고 있다.

화면해설은 영상을 볼 수 없는 시각장애인들에게 TV 프로그램, 영화, 비디오 등의 영상에 대한 이해와 흥미를 전달하기 위해 '화면을 소리로 해설해주는 것'이다. 즉 영상의 스토리 전개와 주 음향을 방해하지 않으면서 대사 사이사이의 짧은 시간에 정확하게 영상을 설명해주는 것을 말한다.

화면해설작가는 청각을 통해 내레이션을 듣고 시각적으로 볼 수 없는 화면을 이해할 수 있도록 영상에 등장하는 인물의 외양 묘사뿐만 아니라 행동, 몸짓, 배경이나 장면의 분위기, 상황 변화 등을 설명해줌으로써 시각장애인의 영상 이해를 돕는 역할을 한다. 화면해설작가는 단순히 영상을 설명하는 것이 아니라 영상물을 만든 제작자의 의도를 제대로 파악하여 그 의도를 적절한 언어로 구사하여 표현할 수 있는 능력을 갖추어야 한다.

배리어프리 화면해설 서비스는 2000년 제1회 장애인영화제에서 처음 도입되어 2002년 화면해설방송으로 확대됐다. 하지만 현재 화면해설방송 서비스의 법적·제도적 지원은 지상파와 종합편성, 홈쇼핑 방송과 영화에만 국한되어 있어, 뮤지컬, 도서, 명화, 전시관, 영상, 미술, 사진, 무용, 연극 저작물을 이용하는 데까지 널리 확대되어야 한다.

〈장애인방송 편성 및 제공 등 장애인 방송접근권 보장에 관한 고시〉(2011. 12. 26.)는 필수지정사업자(지상파, 위성, 보도·종합편성 채널 사용자)의 화면해설방송 편성 의무비율을 최대 10%로 규정하고 있다. 자막 편성 의무 비율이 100%인 것과 비교한다면 화면해설방송에 대해 방송사가 달성해야 할 목표치는 그리 높지 않은 편이다.

장애인 차별금지를 위한 법률 제정으로 방송법 시행령까지 조정되고 있는 상황에서 시각장애인이 보다 많은 영상 콘텐츠를 향유하기 위해서는 화면해설작가의 양성이 시급히 요청된다. 하지만 화면해설은 제작의 기술적 특수성과 화면해설을 할 전문작가의 부족이라는 현실적 한계를 안고 있다.

이 책은 송명희, 김형곤, 우남희, 김정희 등 4명의 필자가 공동으로 집필하였으며, 모두 7개의 장으로 구성되어 있다. 제 I 장 〈장애와 문화 복지〉(송명희)는 장애의 정의, 분류, 장애인 복지, 장애인의 문화복지에 대해서 논하고 있다. 제Ⅱ장 〈장애인 대상 영화 · 방송 법률정책과 필요성〉(김형곤)은 장애인 영화 · 방송 관련 법령을 검토하고, 장애인 대상 영화 · 방송 관련 법률정책의 필요성과 개선 방향을 논하고 있다. 제Ⅲ장 〈배리어프리 화면해설의 이해〉(우남희)는 배리어프리의 개념과 배리어프리영화, 영상문화콘텐츠와 배리어프리 화면해설, 배리어프리 화면해설, 배리어프리영화 상영 방식에 대해 적고 있다. 제Ⅳ장 〈영화와 영상 언어의 이해〉(우남희)는 베리어프리영화를 이해하기 위한 전제조건으로 영화의 명칭과 원리, 영화의 기원과 역사, 영상 언어에 대해 안내하고 있다. 제Ⅴ장 〈배리어프리 화면해설 글쓰기〉(김정희)는 화면해설 글쓰기의 개념, 화면해설이란 무엇인가, 화면해설 제작 현황, 화면해설 글쓰기, 화면해설 글쓰기의 절차에 대해서 설명하고 있다. 제Ⅵ장 〈배리어프리 화면해설의 작법〉(김정희)은 화면해설의 목표를 구체적으로 제시해주고 있으며, 화면해설 글쓰기 실전에 필요한 사항을 적시하여 화면해설 글쓰기에 실제적 도움을 주고 있다. 제Ⅶ장 〈배리어프리 화면해설 글쓰기의 사례〉에서는 영화 〈끝까지 간다〉 화면해설 대본(송명희), 〈로봇, 소리〉 화면해설 대본(우남희)의 실례를 보여줌으로써 배리어프리 화면해설 글쓰기를 공부하고자 하는 사람들에게 구체적 도움을 주고자 하였다.

시각장애인들이 영상 미디어 문화를 향유할 수 있도록 배리어프리 화면해설작가의 양성이 시급한 상황에서 배리어프리 화면해설 글쓰기를 안내해 줄 마땅한 교재가 없었다. 따라서 본 저서가 배리어프리 화면해설작가를 양성하고자 하는 대학과 시청자미디어센터, 여성취업인력센터, 사회복지센터, 평생교육원 등에서 배리어프리 화면해설 글쓰기의 교재로 널리 활용되기를 기대한다.

2017년 1월
책임저자 송명희 씀.

차 례

제 I 장

장애와 문화 복지

제 I 장 장애와 문화 복지

1. 장애란 무엇인가

장애는 신체적, 정신적인 기능 저하나 상실, 이상 또는 신체 일부의 훼손으로 인하여 장기간에 걸쳐 일상생활 또는 사회생활에 상당한 제약을 받는 것을 의미한다. 그런데 장애라고 하는 것은 한 사회가 어떠한 사람을 장애인이라고 정의하느냐에 따라 달라질 수 있는 상대적인 개념이다. 즉 장애의 개념은 개별 사회의 문화적 기대(cultural expectation)에 따라 달라질 수 있으며, 환경에 의해서도 변화할 수 있다. 왜냐하면 신체적·정신적 손상이 있다고 하더라도 주어진 환경에 잘 적응하여 사회생활에 지장이 없다면 장애인과 비장애인은 차이가 없기 때문이다.

1990년에 제정된 〈미국장애인법〉은 장애가 객관적인 몸의 상태라기보다는 인식과 주관적 판단에 좌우된다는 것을 인정하고 있다. 이 법은 장애를 "한 가지 이상의 주요 일상생활 활동을 현저하게 제약하는 손상"으로 규정한 다음, 법적으로 장애를 갖게 된다는 것은 "그 같은 손상을 갖고 있는 것으로 간주되는" 문제임을 인정하고 있다.[1]

장애학자이자 영문학자인 로즈메리 갈런트 톰슨(Rosemarie Garland Thomson)은 '신체적 온전함(able-bodiedness)'과 이것의 반대개념인 '장애(disability)'가 자명한 신체적 상태라고 하는 고정관념에 도전하며, 장애란 사회적 권력관계의 맥락 속에서 몸의 특수성들을 이해하는 것이라고 주장함으로써 신체적 장애를 절대적이고 열등한 상태, 그리고 개인적인 불행으로 간주하는 기존의 통념을 반박한다. 그녀는 장애란 재현, 즉 신체적 변화 또는 형상에 대한 문화적

---

[1] 로즈메리 갈런트 톰슨, 손홍일 역, 『보통이 아닌 몸』, 그린비, 2015, 17면.

해석이며 사회적 관계와 제도를 구성하고 있는 몸들의 비교라고 말한다. 즉 신체적 비정상의 속성, 몸의 특성이라기보다는 몸이 어떠해야 하는지 또는 몸이 무엇을 해야 하는지에 대한 문화적 규칙이라고 했다.[2]

장애에 대한 이론은 개인적·의료적 관점에서 구조적·사회적 관점으로 변화하고 있다. 즉 개별적 모델에서 사회적 모델로 전환하고 있다. 이는 신체적 문제로 장애인이 되는 것이 아니라 사회의 구조적 문제에 의해 장애인이 될 수 있는 것으로 인식이 변화한 것이라고 할 수 있다. 즉 개별적 모델은 장애를 개인이 가진 의학적·기능적 문제라고 보는 시각으로 치료모델 또는 개인중심 모델이라고 한다. 반면에 사회적 모델은 장애인이 살고 있는 사회 환경의 문제를 중요하게 인식하는 시각이며, 사회행동모델 또는 환경중심모델이라고 한다. 하지만 장애라고 하는 것은 전적으로 개별적인 문제만도 아니며, 전적으로 사회적인 문제만도 아니므로 두 모델을 균형 잡힌 시각으로 적용할 필요가 있다.[3]

개별적 모델과 사회적 모델은 구체적인 장애인 복지의 모습에서는 재활 모델과 자립생활 모델로 나타난다. 재활 모델은 장애인을 재활이 필요한 환자나 클라이언트로 바라보며, 이에 따라 재활을 제공하는 전문적인 인력의 역할을 강조하게 된다. 즉 장애는 개인의 문제로서 장애인에게 재활 서비스를 제공하여 변화시킨다면 장애의 문제가 해결될 것이라고 보는 입장이다. 반면 자립생활 모델은 장애인이 환자 역할에서 벗어나 소비자의 역할을 수행하고, 자기선택권, 자기결정권 등을 갖고, 자립적인 생활을 할 수 있는 환경이 구축되어야 한다고 주장한다.[4]

2. 장애의 분류

세계보건기구(WHO)의 장애 분류에 의하면 장애는 세 개의 차원으로 나뉜다. 제1차 장애는 '기능장애(impairment)'로 신체의 생리학적 결손 내지 손상이다. 제2차 장애는 '능력장애(disability)'로 제1차 장애가 직간접적 원인이 되어 심리적 문제가 직간접적으로 발생할 경우의 인간적 능력(주체적 행동개념)이 약화 또는 손실된 상태를 말한다. 제3차 장애는 '사회적 장애

---

2) 로즈메리 갈런드 톰슨, 위의 책, 16-17면.
3) 박창진·정지웅, 『장애인 복지의 이해』, 양서원, 2014, 57-58면.
4) 박창진·정지웅, 위의 책, 30-31면.

(handicap)'로서 제1차 장애와 제2차 장애가 통합된 형태에 다시 사회 환경적 장애(물리적 장애, 문화적 장애, 사회 심리적 장애)가 통합된 형태이다. 즉 모든 장애 요인이 중층적으로 통합되어 사회적으로 정상적인 생활을 할 수 없는 불리한 입장에 처한 상태를 지칭한다.[5] 하지만 이 3가지 장애는 서로 분리된 것이 아니고 인과적, 시간적 연속관계에 놓여 있다.

우리나라에서는 장애인의 범위를 의학적 모델에 입각하여 신체 구조 및 신체 기능상의 장애로 판정하고 있으며, 장애의 유형을 정하여 그 최저기준을 제시하고 있다. 그리고 각 장애 유형에 있어 최저기준에 부합된다고 하더라도 장애인 등록을 하여야만 법정 장애인[6]의 지위를 획득하게 된다.

우리나라에서 장애는 〈장애인복지법〉 제2조, 동법 시행령 제2조 및 동법 시행규칙 제2조의 규정에 의해 분류된다. 즉 지체, 뇌병변, 시각, 청각, 언어, 지적, 자폐성, 정신, 신장, 심장, 호흡기, 간, 안면, 장루·요루, 뇌전증 등 15종으로 장애를 분류하고 있다. 그리고 장애의 정도에 따라 1급에서 6급의 등급을 매기고 있으며, 이때 급수가 낮을수록 장애의 정도가 심각하다. 〈장애인복지법〉은 1~3급을 중증, 4~6급을 경증으로 분류하고 있다.[7] 우리나라의 등록 장애인 수는 2015년 기준 2,490,406명이다.[8]

다음은 대한민국의 〈장애인복지법〉 시행령에서 규정하고 있는 '장애인의 종류 및 기준'이다.

〈장애인복지법〉 시행령 [별표 1] 〈개정 2014.6.30.〉

장애인의 종류 및 기준(제2조 관련)

1. **지체장애인(肢體障碍人)**
   가. 한 팔, 한 다리 또는 몸통의 기능에 영속적인 장애가 있는 사람
   나. 한 손의 엄지손가락을 지골(指骨: 손가락 뼈) 관절 이상의 부위에서 잃은 사람 또는 한 손의 둘째손가락을 포함한 두 개 이상의 손가락을 모두 제1지골 관절 이상의 부위에서 잃은 사람
   다. 한 다리를 리스프랑(Lisfranc: 발등뼈와 발목을 이어주는) 관절 이상의 부위에서 잃은 사람

---

5) 이철수 외 공저, 『사회복지학사전』, Blue Fish, 2009 [네이버 지식백과].
6) 장애인의 의료·교육·직업재활·생활환경개선 등의 장애인복지대책에 의한 장애인의 자립·보호 및 수당의 지급을 위해 법률상에 정해놓은 기준에 의한 장애인을 법정장애인이라고 한다. 법정장애인에 대한 상세한 기준은 〈장애인복지법시행령 별표1〉에 규정되어 있다.
7) 지식엔진연구소, 『시사상식사전』, 박문각, 2014 [네이버 지식백과].
8) 한국장애인고용공단 고용개발원, 「한눈에 보는 2016장애인 통계」.

라. 두 발의 발가락을 모두 잃은 사람

마. 한 손의 엄지손가락 기능을 잃은 사람 또는 한 손의 둘째손가락을 포함한 손가락 두 개 이상의 기능을 잃은 사람

바. 왜소증으로 키가 심하게 작거나 척추에 현저한 변형 또는 기형이 있는 사람

사. 지체(肢體)에 위 각 목의 어느 하나에 해당하는 장애정도 이상의 장애가 있다고 인정되는 사람

2. 뇌병변장애인(腦病變障碍人)

뇌성마비, 외상성 뇌손상, 뇌졸중(腦卒中) 등 뇌의 기질적 병변으로 인하여 발생한 신체적 장애로 보행이나 일상생활의 동작 등에 상당한 제약을 받는 사람

3. 시각장애인(視覺障碍人)

가. 나쁜 눈의 시력(만국식시력표에 따라 측정된 교정시력을 말한다. 이하 같다)이 0.02 이하인 사람

나. 좋은 눈의 시력이 0.2 이하인 사람

다. 두 눈의 시야가 각각 주시점에서 10도 이하로 남은 사람

라. 두 눈의 시야 2분의 1 이상을 잃은 사람

4. 청각장애인(聽覺障碍人)

가. 두 귀의 청력 손실이 각각 60데시벨(dB) 이상인 사람

나. 한 귀의 청력 손실이 80데시벨 이상, 다른 귀의 청력 손실이 40데시벨 이상인 사람

다. 두 귀에 들리는 보통 말소리의 명료도가 50퍼센트 이하인 사람

라. 평형 기능에 상당한 장애가 있는 사람

5. 언어장애인(言語障碍人)

음성 기능이나 언어 기능에 영속적으로 상당한 장애가 있는 사람

6. 지적장애인(知的障碍人)

정신 발육이 항구적으로 지체되어 지적 능력의 발달이 불충분하거나 불완전하고 자신의 일을 처리하는 것과 사회생활에 적응하는 것이 상당히 곤란한 사람

7. 자폐성장애인(自閉性障碍人)

소아기 자폐증, 비전형적 자폐증에 따른 언어 · 신체표현 · 자기조절 · 사회적응 기능 및 능력의 장애로 인하여 일상생활이나 사회생활에 상당한 제약을 받아 다른 사람의 도움이 필요한 사람

8. 정신장애인(精神障碍人)

지속적인 정신분열병, 분열형 정동장애(情動障碍: 여러 현실 상황에서 부적절한 정서 반응을 보이는 장애), 양극성 정동장애 및 반복성 우울장애에 따른 감정조절 · 행동 · 사고 기능 및 능력의 장애로 인하여 일상생활이나 사회생활에 상당한 제약을 받아 다른 사람의 도움이 필요한 사람

9. 신장장애인(腎臟障碍人)

신장의 기능부전(機能不全)으로 인하여 혈액투석이나 복막투석을 지속적으로 받아야 하거나 신장기능의 영속적인 장애로 인하여 일상생활에 상당한 제약을 받는 사람

10. **심장장애인(心臟障碍人)**

심장의 기능부전으로 인한 호흡곤란 등의 장애로 일상생활에 상당한 제약을 받는 사람

11. **호흡기장애인(呼吸器障碍人)**

폐나 기관지 등 호흡기관의 만성적 기능부전으로 인한 호흡기능의 장애로 일상생활에 상당한 제약을 받는 사람

12. **간장애인(肝障碍人)**

간의 만성적 기능부전과 그에 따른 합병증 등으로 인한 간기능의 장애로 일상생활에 상당한 제약을 받는 사람

13. **안면장애인(顏面障碍人)**

안면 부위의 변형이나 기형으로 사회생활에 상당한 제약을 받는 사람

14. **장루 · 요루장애인(腸瘻 · 尿瘻障碍人)**

배변기능이나 배뇨기능의 장애로 인하여 장루(腸瘻) 또는 요루(尿瘻)를 시술하여 일상생활에 상당한 제약을 받는 사람

15. **뇌전증장애인(腦電症障碍人)**

뇌전증에 의한 뇌신경세포의 장애로 인하여 일상생활이나 사회생활에 상당한 제약을 받아 다른 사람의 도움이 필요한 사람

장애는 크게 신체적 장애와 정신적 장애로 나뉜다.

1) 신체적 장애: 신체적 장애는 다시 외부 신체기능장애와 내부 신체기능장애로 나뉜다. 외부 신체기능장애에는 시각장애, 청각장애, 언어장애, 지체장애, 뇌병변장애, 안면장애가 포함되고, 내부 신체기능장애에는 신장장애, 심장장애, 간장애, 호흡기장애, 장루 · 요루장애, 뇌전증장애가 포함된다.

2) 정신적 장애: 지적장애, 정신장애, 자폐성장애가 포함된다.

3. 장애인 복지

"장애인 복지란 심신의 기능적 · 사회적 제약을 갖고 있는 사람의 사회적 욕구를 충족시켜 주기 위하여, 비경제적 동기에 의해 수행되는 집단적 전문적 원조 행위"[9]라고 개념을 규정할 수 있다.

---

9) 박창진 · 정지웅, 앞의 책, 13면.

장애인 복지의 범위는 법과 제도에 관한 '장애인복지정책', 공급체계를 다루는 '장애인복지행정', 서비스를 다루는 '장애인복지서비스'의 세 분야로 나뉜다.

장애인 복지는 사회복지의 일종으로서 현대사회에서 전통적인 공동체(가족, 마을, 친족, 지역사회 등)의 장애인 보호 기능이 약화되었기 때문에 그 필요성이 대두됐다. 즉 산업사회로의 전환, 도시화, 핵가족화로 인해 전통사회에서 장애인을 돌봤던 전통적인 가족제도 및 공동체의 보호 기능이 많이 약화되었다. 특히 여성의 노동시장 진출은 전통적 가족제도에서 여성이 수행하던 돌봄노동을 국가, 시장, 시민사회가 대신하도록 만들었다. 즉 돌봄노동의 공공화, 상품화, 공동화 현상이 나타나게 되었다. 경제발전과 사회변화에 따라 장애인 보호와 지원이 점차 국가 및 사회의 지원을 필요로 하게 되었다.

우리나라는 그동안 경제가 급속히 발전함에 따라 생활수준이 향상되고, 복지에 대한 욕구도 급격히 높아지고 있다. 이에 따라 장애인에 대한 관심과 복지 서비스도 점차적으로 증가해 왔으며, 특히 저소득 장애인을 중심으로 복지의 혜택이 확대되어 왔다. 이제 장애인 문제는 개인이나 가정 내에서 해결해야 할 일부 소수의 문제가 아니라 사회와 국가가 국민적 관심과 노력으로 해결해야 할 정책적 과제가 되고 있다.

장애인 복지의 필요성에 대한 대두는 현대사회에서 장애가 소수에게서만 나타나거나 나타날 수 있는 특별한 현상이 아니라는 데 있다. 독일의 사회학자 울리히 벡(Ulrich Beck, 1944~2015)은 산업화와 근대화를 통한 과학기술의 발전이 현대인들에게 물질적 풍요를 가져다 주는 다른 한편에서 새로운 위험을 초래했다고 주장했다. 즉 '위험사회(risk society)'라는 개념이 그것인데, 근대화 초기 단계에는 물질적 풍요를 확보하는 것이 중요했지만, 근대화 후기로 갈수록 위험 요소는 더욱 커지게 되었다는 것이다. 위험은 성공적 근대가 초래한 모순이며, 산업사회에서 경제가 발전할수록 위험 요소도 증가한다는 것이다. 그리고 이러한 위험은 통제하거나 예측할 수 있는 것이 아니라는 것이다.[10]

현대는 위험사회라는 개념이 나올 만큼 위험이 보편화되고 잠재된 사회이다. 즉 산업재해, 교통사고는 후천적인 장애인 증가에 영향을 미치고, 의학기술의 발달은 고령사회를 초래함으로써 장애인의 수를 증가하게 만들었다. 따라서 장애인 복지는 장애가 보편화되고 잠재된 현대사회의 현실적 필요성에 의해서 더욱 요청된다고 하겠다.

---

10) 울리히 벡, 홍성태 역, 『위험사회』, 새물결, 2014.

〈2015년 장애인 통계조사〉 결과에 의하면, 장애 원인은 전반적으로 후천적 질환 56%, 후천적 사고 33%, 원인불명 5%, 선천적 원인 5%, 출생시 1%로서 후천적 원인이 89%나 되어 매우 높다. 특히 후천적 원인 중 질환(56%)이 사고(33%)보다 23%나 높아 인구 고령화에 따른 질환의 후유증으로 장애가 발생하는 비율이 높게 나타나고 있다는 것을 알 수 있다. 이러한 사실은 누구라도 후천적인 질환이나 사고에 의해 장애를 가질 가능성이 있다는 사실을 말해주는 한편 장애는 불가피한 것이 아니라 어느 정도 예방이 가능하다는 것을 보여주는 것이기도 하다. 따라서 건강 증진과 사고 예방에 대한 정책적 관심이 높아진다면 장애인의 숫자도 감소할 수 있을 것이다.

〈장애인복지법〉은 장애인의 복지에 관한 사항을 종합적으로 추진하기 위한 법률로서 장애인의 인간다운 삶과 권리의 보장을 위한 국가와 지방자치단체 등의 책임을 밝히고, 장애인복지 대책의 종합적 추진을 도모하며, 장애인의 자립, 보호 및 수당의 지급 등에 관하여 필요한 사항을 정함으로써 장애인의 복지 증진 및 사회활동 참여 증진을 위하여 제정되었다.(제1조) 장애인의 완전한 사회참여와 평등을 통한 사회통합을 이루는 데 장애인복지의 기본이념을 두고(제3조), 장애인의 권리(제4조) 및 차별금지(제8조), 장애 및 장애인에 대한 국가와 지방단체의 책임(제9조)과 국민의 책임(제10조)을 규정하고 있다.

장애인의 권익과 복지 증진을 위하여 보건복지부장관은 5년마다 장애인정책종합계획을 수립·시행하여야 하며(제10조), 장애인 종합정책을 수립하고, 그 정책의 이행을 감독·평가하기 위하여 국무총리 소속하에 장애인정책조정위원회를 두도록 하고 있다(제11조). 또한 매년 4월 20일을 장애인의 날로 하며, 장애인의 날로부터 1주간을 장애인 주간으로 정했다.

이밖에 장애 발생 예방, 장애인에 대한 의료, 교육 및 훈련, 직업, 주택, 문화 환경 정비 등 장애인정책의 방향 및 내용을 규정(제17조·제30조)하고 있으며, 장애인 등록, 상담 지원, 의료비, 교육 및 자립 훈련비, 생업 지원, 고용 촉진, 각종 수당 등 복지(제31조·제52조) 및 자립생활 지원(제53조·제56조), 복지시설과 단체(제57조·제64조), 장애인 보조기구 및 복지전문인력(제65조·제85조)에 관하여 규정하고 있다. 〈장애인복지법〉은 총8장 전문90조와 부칙으로 되어 있다.[11]

위와 같이 〈장애인복지법〉이 제정되어 있음에도 불구하고 우리나라에서 장애인은 전통적으

---

11) 장애인복지법:『두산백과』[네이버 지식백과].

로 복지의 사각지대에 놓여 왔으며, 비장애인에 비해 경제, 보건·의료, 사회적 측면에서 상대적으로 낮은 처우를 받아왔다.

현재 장애인 복지의 패러다임은 의학적 모델(medical model)에서 사회적 모델(social model)로 전환하고 있으며, 장애인도 비장애인과 마찬가지로 동일한 생활환경, 생활 패턴, 생활 형태와 리듬이 존중되어야 한다는 정상화(normalization) 이론[12]이 강조되고 있다. 최근 지역사회를 기반으로 하는 탈시설화, 사회통합, 그룹홈, 보통생활, 권리옹호 등은 정상화 이론의 발전 속에서 전개되어 온 개념이다.[13] 또한 장애인 복지에서 장애인들이 자신의 삶을 스스로 선택하고, 조정하고, 자신의 삶의 전부를 관리하는 일로서 장애인들이 언제 어디서나 자신들이 영위할 수 있는 자유를 가질 수 있음을 의미하는 자립생활(independent living) 이념[14]도 확산되고 있다.

장애인 복지사업은 장애인의 권리에 기반하여 완전한 사회참여와 평등을 보장하는 등 장애인의 삶의 질 제고를 추구하는 방향에서 이루어져야 한다. 장애인 모두가 사회에 통합될 수 있고, 더불어 함께 살아가는 사회의 구현을 위한 체계적인 장애인복지정책의 개발이 필요하다.[15]

스웨덴에서는 장애인(handikkaped)라는 말을 쓰지 않고, '기능이 저하된'이라는 말로 대신한다. 이를테면 다리가 불편한 신체장애인은 걷는 기능이 저하된 것일 뿐이므로, 목발이나 장애에 맞게 고친 자동차로써 이동을 할 수 있다는 뜻이다. 장애인 정책에서도 장애인을 장애인 시설에 격리하기보다는, 비장애인과 장애인이 같이 살 수 있는 세상, 차별 없는 세상, 장애인의 입장에서 생각하는 세상을 목적으로 하고 있다. 즉 탈시설화, 지역사회 통합화로 패러다임이 변화하고 있다. 따라서 지역사회에서는 장애인이 자립적인 생활을 영위할 수 있도록 장애인의 주거 보장을 위한 다양한 사회적 지원이 필요하다.

그 실례로 스웨덴에서는 장애인과 비장애인이 같이 학문을 하는 통합교육, 차별을 고발하여

---

12) 정상화 이론은 1960년대 후반 스칸디나비아 지역의 정신지체인 사회복지서비스에 기원을 두고 있다. 뉴리에(B. Nirje)에 의하면 정상화 이론은 모든 정신지체장애인들이 사회의 생활방식과 일반 상황들에 가능한 가까운 일상 생활 조건과 삶의 형태를 누릴 수 있도록 하는 것을 의미한다. 즉 장애인들 역시 비장애인들과 같은 삶을 영위해야 한다는 주장이다. 정상인 이웃과 함께 하는 정상인 가정에서의 삶, 지역사회에 통합되어 있는 삶을 강조하면서 장애인의 시설 집중화에 대해 반대한다.

13) 박창진·정진웅, 앞의 책, 85면.

14) 자립생활 모델은 장애에 한 한 배려가 결여된 사회에서 생겨났으며, 사회 그 자체를 장애인이 생활할 수 있도록 시스템을 변하는 것, 즉 사회나 전문가가 장애인의 존재 양식을 결정하는 것이 아니라 장애인 당사자가 정한 존재 양식, 주장, 운동이 사회를 결정해야 한다고 주장한다.

15) 장애인복지사업:『한국민족문화대백과』, 한국학중앙연구원 [네이버 지식백과].

개선하도록 하는 옴부즈맨 제도(차별시정제도), 장애인과 비장애인이 같이 일하는 사회적 기업이 있다. 한국의 장애인 운동가들도 장애인을 시설에 격리하기보다는, 비장애인과 장애인이 같이 살 수 있는 탈시설화 운동, 자립운동을 전개하고 있다.

한국어에서 장애인에 반대되는 공식 용어는 비장애인이다. 장애인 활동가들은 장애인의 반대말로 비장애인을 써왔다. 2015년 보건복지부에서 만든 〈장애인인권선언문〉에서는 일반인, 정상인이 아니라 비장애인이며, 장애자, 불구자, 장애우가 아니라 장애인으로 고쳐서 쓰도록 권하고 있다.

하지만 아직까지도 우리나라에서 장애인들에 대한 인식은 크게 바뀌지 않고 있다. 많은 장애인들이 진학과 취업에서의 차별로 인해 저학력과 불안정고용이라는 문제를 갖고 있다. 이를테면 진학의 경우 장애인을 위한 시설이 없다는 이유로 입학을 거부당하거나, 취업에서도 장애인의 겉모습만 보고 일을 하지 못할 것이라고 생각하는 편견 때문에 어려움을 겪는다.

장애인을 위한 편의시설이 크게 부족하고 장애인에 대한 선입견과 편견이 남아 있어 장애인들은 각종 시설 및 교통수단 이용 등에서도 큰 불편을 겪고 있다. 점자블록, 휠체어 통로 설치 등의 확대를 통해 이를 개선해 나가야 한다.

장애인에게는 결혼과 임신을 전제로 한 성생활은 축복이 아닌, 일종의 고민거리이다. 이를테면 임신의 경우 자신의 장애가 대물림되면 어쩌나 하는 걱정으로부터 양육이나 자녀가 청소년으로 자랐을 때의 갈등 문제까지 숱한 고민에 싸여 있다.

장애인 인권은 장애인이 비장애인과 동등한 대우를 받기 위한, 인권의 확장된 개념이다. 장애인도 인간의 존엄성을 지니고 있으므로 기본적인 권리를 주장하고 대우받을 수 있어야 한다. 하지만 건강권, 거주이주권, 접근권 및 생활권, 노동권, 교육권, 이동권 및 보행권, 보육권, 문화향유권, 선거권 등 기본적인 권리들에 대한 대우를 제대로 받지 못하고 있다. 장애인의 인권을 증진하기 위한 사회운동을 장애인 운동, 장애인 인권운동이라고 한다.

〈장애인인권헌장〉은 장애를 이유로 사회의 여러 분야에서의 차별 대우에 대해 비장애인과 동등한 대우를 요청하는 선언문이다. 〈장애인인권헌장〉에는 장애인들의 권리를 존중해야 한다는 내용들이 상세하게 나와 있다. 총 13장으로 구성된 이 헌장은 국가와 사회가 완전한 사회 참여와 평등을 이루어 더불어 살아가는 사회를 만들기 위한 여건과 환경을 조성해 주도록 요구하고 있다.

〈장애인인권헌장〉의 1장은 장애인은 생활의 모든 영역에서 차별을 받아서는 안 된다는 것을 나타내고 있다. 2장은 인간다운 삶에 대한 권리, 3장은 시민권과 정치적 권리, 4장은 장애인의 자유로운 이동과 시설 이용의 편의 및 의사 표현 서비스 제공의 권리, 5장은 교육을 받을 권리, 6장은 노동의 권리, 7장은 문화, 예술, 체육 및 여가 활동에 참여할 권리, 8장은 가족과 함께 생활할 권리, 9장은 분리, 학대 및 멸시 받지 않을 권리, 10장은 자신의 인격과 재산의 보호를 위하여 필요한 법률상의 도움을 받을 권리, 11장은 여성 장애인은 임신, 출산, 육아 및 가사 등에 대한 보호와 지원을 받을 권리, 12장은 혼자 힘으로 의사 결정을 하기 힘든 장애인과 그 가족은 인간다운 삶을 영위하기 위하여 필요한 지원을 받을 권리, 13장은 장애인의 특수한 욕구에 대한 국가 차원의 지원, 장애인과 가족은 복지 증진을 위한 정책 결정에 참여할 수 있는 권리를 나타내고 있다. 14장은 장애인과 그 가족 그리고 장애인 단체들은 이 선언에 포함된 모든 권리에 대하여 충분한 정보를 얻을 수 있어야 한다고 명시하고 있다.

〈한국장애인인권헌장〉(1998)은 유엔 총회에서 채택된 〈장애인권리선언〉(1975)을 바탕으로 한국적 특수성을 고려하여 선포되었다.

장애인 권리 선언
(The Declaration of the Rights of Disabled Persons)

- 모든 장애인에게는 인간으로서의 존엄성을 존중받아야 할 천부적 권리가 있다.

〈장애인 권리 선언〉은 국제 연합 헌장과 〈세계 인권 선언〉의 정신에 입각하여 심신 장애인의 권리를 보호하고 존중하자는 취지를 담고 있는 선언으로서, 1975년 12월 9일 국제 연합 총회에서 만장일치로 채택되었다.

1. '장애인'이라는 개념은 선천적으로나 후천적으로나 신체적 능력이나 정신적 능력에 결함이 발생함으로써, 자신 스스로 개인생활이나 사회생활을 정상적으로 영위할 수 있는 필요조건을 전혀 갖출 수 없거나 부분적으로 갖출 수밖에 없는 모든 사람을 의미한다.
2. 모든 장애인은 이 선언에 명시된 모든 권리를 누려야 한다. 이러한 권리는 인종, 피부색, 성별, 언어, 종교, 정치적 입장이나 여타의 견해, 국적이나 사회적 신분, 빈부, 출생, 장애인이나 그 가족이 처한 상황 등에 따라 어떤 차별도 받지 않고 예외 없이 모든 장애인에게 인정되어야 한다.
3. 모든 장애인에게는 인간으로서 존엄성을 존중받아야 할 천부적 권리가 있다. 모든 장애인에게는 장애의 원인과 특징과 정도에 관계없이 동일한 연령의 일반 시민과 마찬가지로 기본적 권리, 즉 무엇보다도 먼저 품위 있는 생활을 정상적으로 최대한 누릴 수 있는 권리가 있다.

4. 모든 장애인에게는 다른 사람과 마찬가지로 시민적 권리와 정치적 권리가 있다. 하지만 〈정신지체인 권리 선언〉 7조에는 정신 장애인에게 그러한 권리를 제한하거나 억제할 수 있다는 조항이 존재한다.

5. 모든 장애인에게는 최대한 자립을 돕기 위해 마련된 모든 수단을 이용할 권리가 있다.

6. 모든 장애인에게는 보장구[16]를 포함하여 의료와 심리 치료와 기능 치료를 받을 뿐만 아니라, 의료 재활과 사회 재활, 교육, 직업 훈련과 재활, 개호, 상담, 취업 알선, 장애인의 능력과 기술을 최대한 향상시켜서 그들의 사회 통합이나 재통합 과정을 촉진하는 다양한 서비스 등을 받을 수 있는 권리가 있다.

7. 모든 장애인에게는 경제·사회적 생활 보장과 품위 있는 생활수준을 누릴 수 있는 권리가 있다. 모든 장애인에게는 각자 능력에 따라 고용을 보장받거나 유익하고 생산적이고 보수가 보장되는 직종에 종사하면서 노동조합에 가입할 수 있는 권리가 있다.

8. 모든 장애인에게는 경제·사회적 계획 수립의 모든 단계에서 자신의 특수한 필요조건이 반영되도록 요구할 수 있는 권리가 있다.

9. 모든 장애인에게는 가족이나 수양부모와 함께 살면서 사회 활동과 생산 활동이나 오락 활동에 참여할 수 있는 권리가 있다. 주거에 관한 한 모든 장애인은 건강 상태나 건강 개선을 위해 불가피한 경우를 제외하고 어떤 차별 대우도 받아서는 안 된다. 장애인이 불가피하게 특수 시설에 수용되는 경우, 그 곳의 환경과 생활 조건은 가능한 한 그와 연령이 똑같은 일반인이 정상적으로 누리는 생활 조건과 유사해야 한다.

10. 모든 장애인은 모든 형태의 착취, 모든 형태의 규제, 차별적이고 모욕적이고 천박한 성격을 띠는 모든 처우로부터 보호되어야 한다.

11. 모든 장애인이 자신의 인격과 재산을 보호하기 위해 법률 지원이 필요한 경우, 그러한 지원을 적절하게 제공받을 수 있어야 한다. 장애인에 대한 사법 소송이 제기된 경우, 그들의 심신 상태를 충분히 고려하여 법적 절차가 적용되어야 한다.

12. 모든 장애인 단체는 장애인의 권리에 관한 모든 사안에 대해 유익한 조언을 제공할 수 있다.

13. 모든 장애인과 그 가족과 사회는 모든 적절한 방법을 통해 이 선언에 포함된 권리에 대해 충분히 파악하고 있어야 한다.

〈장애인차별금지법〉은 모든 생활영역에서 장애를 이유로 한 차별을 금지하고 장애를 이유로 차별받은 사람의 권익을 효과적으로 구제함으로써 장애인의 완전한 사회참여와 평등권 실현을 통하여 인간으로서의 존엄과 가치를 구현함을 목적으로 하는 법이다.

정식 명칭은 〈장애인 차별금지 및 권리구제 등에 관한 법률〉이며, 2007년 4월 10일 제정되어 1년 후인 2008년 4월 11일부터 시행되었다. 이 법에서 금지하는 차별행위의 사유가 되는 장

---

16) 보장구: 장애인들의 활동을 도와주는 기구.

애라 함은 신체적·정신적 손상 또는 기능 상실이 장기간에 걸쳐 개인의 일상 또는 사회생활에 상당한 제약을 초래하는 상태를 말한다.

한편, 이 법에서 금지하는 '차별'은

① 장애인을 장애를 사유로 정당한 사유 없이 제한·배제·분리·거부 등에 의하여 불리하게 대하는 경우

② 장애인에 대하여 형식상으로는 제한·배제·분리·거부 등에 의하여 불리하게 대하지 않지만 정당한 사유 없이 장애를 고려하지 아니하는 기준을 적용함으로써 장애인에게 불리한 결과를 초래하는 경우

③ 정당한 사유 없이 장애인에 대하여 정당한 편의 제공을 거부하는 경우

④ 정당한 사유 없이 장애인에 대한 제한·배제·분리·거부 등 불리한 대우를 표시하거나 조장하는 광고를 직접 행하거나 그러한 광고를 허용·조장하는 경우

⑤ 장애인을 돕기 위한 목적에서 장애인을 대리·동행하는 자에 대하여 ①~④의 행위를 하는 경우

⑥ 보조견 또는 장애인보조기구 등의 정당한 사용을 방해하거나 보조견 및 장애인보조기구 등을 대상으로 ④에 따라 금지된 행위를 하는 경우 등이 이에 해당한다.

차별 판단은 차별의 원인이 2가지 이상이고, 그 주된 원인이 장애라고 인정되는 경우 그 행위는 〈장애인차별금지법〉에 따른 차별이라고 간주한다.

한편, 이 법을 적용함에 있어서 차별 여부를 판단할 때는 장애인 당사자의 성별, 장애의 유형 및 정도, 특성 등을 충분히 고려하여야 한다. 또 국가 및 지방자치단체는 장애인 및 장애인 관련자에 대한 모든 차별을 방지하고 차별받은 장애인 등의 권리를 구제할 책임이 있으며, 장애인 차별을 실질적으로 해소하기 위해 이 법에서 규정한 차별 시정에 대하여 적극적인 조치를 하여야 한다. 또한 국가 및 지자체는 장애인 등에게 정당한 편의가 제공될 수 있도록 필요한 기술적, 행정적, 재정적 지원을 해야 한다.[17]

---

17) 장애인 차별금지법, 지식엔진연구소, 『시사상식사전』, 박문각 [네이버 지식백과].

4. 장애인 문화 복지

1) 장애인 문화 복지의 필요성과 증진 방안

21C는 생존을 위한 기본적인 의식주의 해결을 넘어서서 여가생활의 확대, 자아실현 등 문화생활이 삶의 기본적인 조건이 되는 시대이다.

따라서 〈문화기본법〉은 "모든 국민은 성별, 종교, 인종, 세대, 지역, 사회적 신분, 경제적 지위나 신체적 조건 등에 관계없이 문화 표현과 활동에서 차별받지 아니하고 자유롭게 문화를 창조하고 문화활동에 참여하여 문화를 향유할 권리를 가진다(제4조)"라고 명시하고 있다. 즉 '문화권'을 국민의 기본권의 하나로 규정하고 있다. 또한 〈문화기본법〉은 문화를 통한 삶의 질 향상, 문화 향유 기회의 확대, 문화의 다양성 확보를 위한 역할이 국가와 지방자치단체의 기본적 의무임을 강조하고 있다.[18]

정부가 '문화권'을 국민의 기본권의 하나로서 규정할 만큼 현대인에게 있어 문화의 향유는 매우 중요하다. 모든 국민은 장애인과 비장애인을 막론하고, 누구나 동일하게 문화를 향유할 권리를 가진다.

최근 들어 우리나라는 괄목할 만한 경제성장을 이룸으로써 삶의 질에 대한 관심과 여가, 문화생활을 향유하려는 문화적 욕구가 크게 증가하고 있다. 이에 따라 정부는 '문화 복지의 확대'라는 문화정책적 목표를 수립하여 다양한 문화공간을 확충하고, 문화교육 프로그램을 적극적으로 지원하고 있으며, 나아가 국민에게 다양한 사회교육과 문화 향유 및 문화활동에 참여할 수 있는 기회를 제공해왔다.

문화 복지는 사회복지 실현의 한 영역으로서 모든 국민의 문화적 욕구를 충족시키기 위한 문화 향유, 참여 등 문화 접근 기회를 확대시키기 위해 국가 · 지방자치단체 및 민간에 의해서 제공되고 보장되는 사회문화적 서비스로 정의할 수 있다.[19]

유네스코(UNESCO)가 선정한 문화지표에서 문화는 문화적 유산 · 인쇄물 및 문예 · 음악 · 공연예술 · 조형예술 등 전통적인 부문과 영화 및 사진 · 방송 등 대중예술부문, 사회문화 활

---

18) 문보옥 · 유수동 · 최현선, 「한국과 중국의 문화복지정책 비교 연구-정부 간 관계구조를 중심으로」, 『2016한국정책분석평가학회 추계공동학술대회』, 한국정책분석평가학회, 2016, 227-228면.

19) 문보옥 · 유수동 · 최현선, 위의 글, 229면.

동·체육 및 오락 등 생활문화 부문, 자연과 환경 보호까지 폭넓게 정의되어 있다.[20]

문화 접근과 참여를 통한 질 높은 문화생활을 누리며 자아실현을 하는 것이 기본적 권리로 인식되고 있는 만큼 장애인들에게도 문화적 욕구를 표현하고 잠재력을 계발함으로써 인간으로서 자기 삶에 대한 인식을 새롭게 하고 변화와 성장을 이루기 위한 문화활동은 매우 중요하다.

장애인들의 다양한 문화활동에의 참여는 신체적 건강을 증진시켜 주고, 심리적·정신적으로 풍요로운 삶을 살 수 있게 하며, 사회적 기능 향상을 통하여 사회적 재활을 촉진시키고, 장애인의 자립생활 증진, 역량강화, 정상화 실현에 기여한다. 뿐만 아니라 장애인에 대한 비장애인들의 인식을 변화시킴으로써 장애인 복지의 궁극적 목표인 사회통합[21] 실현에 긍정적으로 작용한다.[22]

장애인의 문화활동 참여는 장애인을 소극적, 수동적, 의존적, 비생산적 존재에서 적극적, 능동적, 독립적, 생산적 존재로 변화시킬 것이다.[23] 뿐만 아니라 문화활동은 단순히 임의의 시간을 즐기는 것 이외에 비장애인과의 사회적 상호작용 및 통합 등의 목적을 추구하기 때문에 그 의의가 더욱 크다.

하지만 인간의 기본권의 하나로서 문화향유권의 중요성에도 불구하고 기존의 문화시설 및 문화공간에서 제공하는 프로그램들은 비장애인 중심으로 구성되어 왔다. 즉 비장애인 중심 문화에서 장애인들이 문화적 욕구를 표현하고 잠재력을 계발하는 일은 간과되어 왔다. 한마디로 장애인은 비장애인에 비하여 문화활동 참여에 있어서 소외되어 왔다.

장애인이 진정한 의미의 사회통합과 자립생활이 가능해지기 위해서는 비장애인과 동일한 문화나 여가활동을 향유할 수 있는 기회가 부여되어야 한다. 즉 비장애인이 누리는 것과 동일한 문화 수준을 장애인 역시 평등하게 누릴 권리가 있다.

이를 달성하기 위해서는 국가나 지방자치단체가 적극 개입하여 장애인 문화 복지 증진을 위한 인프라를 구축하여야 한다. 즉 장애인 전용 문화 공간 확보와 비장애인 중심으로 운영되고

---

20) 변용찬·윤상용·최미영,「장애인 문화복지 증진방안 연구」,『정책보고서2004-02』, 한국보건사회연구원, 2004, 54-55면.
21) 장애인의 사회통합은 장애인이 평등의 기초 위에서 사회의 부분이 되어 장애인이 속한 사회·문화활동에 참여하는 것을 의미하는 것으로, 즉 비장애인들이 하는 수준과 동등하게 장애인들이 지역사회(community)내에 존재(presence)하고 참여하는 정도를 의미한다.
22) 변용찬·윤상용·최미영, 앞의 보고서, 47면.
23) 변용찬·윤상용·최미영, 위의 보고서, 146면.

있는 각종 문화활동 관련 시설에 장애인을 위한 편의시설이나 설비, 그리고 문화활동 프로그램을 마련하여 장애인들이 자신이 살고 있는 지역사회에서 이를 원활히 이용할 수 있도록 시설, 설비, 프로그램 등의 개선이 이루어져야 한다. 이는 장애인들이 사회 구성원들의 일반적인 활동에 속하는 종교, 문화활동 및 여가활동, 쇼핑 등의 모든 활동에 정상적이고 적극적으로 참여할 수 있어야 한다는 것을 요구하는 정상화 이론에도 부합된다.

현대사회는 선천적 혹은 후천적인 요인으로 장애를 가진 사람들이 많아지고 있다. 〈장애인인권헌장〉은 장애인이 비장애인과 동등한 대우를 받기 위한 권리를 선포하고, 〈장애인차별금지법〉은 모든 생활영역에서 장애를 이유로 한 차별을 금지함으로써 장애인의 완전한 사회 참여와 평등권 실현을 통하여 인간으로서의 존엄과 가치를 구현함을 목적으로 하고 있다.

그럼에도 현실에서는 장애인에 대한 수많은 제한·배제·분리·거부가 행해지고 있다. 즉 건강권, 거주이주권, 접근권, 생활권, 노동권, 교육권, 이동권 및 보행권, 보육권, 문화향유권 등 기본적인 권리에서 제대로 대우받지 못하고 있는 실정이다.

유엔이 정한 〈세계인권선언〉과 우리나라의 〈한국장애인인권헌장〉에 의하면 장애인은 문화활동에 참여할 권리가 있으며, 문화적 삶에의 접근을 가로막는 차별이 없어야 한다고 규정하고 있다. 장애인이 문화활동을 통한 사회통합을 이루기 위해서는 경제적인 능력이 없어도 문화활동을 할 수 있어야 하며, 연령, 장애 등에 구애됨 없이 문화활동을 할 수 있는 사회적 조건을 만들어야 한다. 즉 장애인의 문화 접근을 가로막는 일반적인 장벽과 차별적인 장벽을 제거하여야 한다.

일반적인 장벽은 건강, 시간의 여유, 경제력 등으로서 비장애인의 문화 장벽과 같은 것이다. 차별적 장벽은 장애인에게 차별적으로 작용하는 인식과 태도, 편견과 오해의 장벽과 같은 사회적 장벽, 그리고 편의시설이나 교통 이용에 있어서의 물리적 장벽, 정보 격차 등 정보의 장벽을 말한다.[24]

장애인의 문화예술 참여는 복지적 관점을 넘어서 인권적 차원에서 다루어져야 한다. 왜냐하면 문화예술은 누구나 표현하고 향유할 수 있는 인간의 기본적 권리이기 때문이다. 장애인이 비장애인과 동등하게 같은 활동에 참여할 수 있도록 편의시설·설비·도구·서비스 등 인적인 제반 수단과 물적인 제반 수단 그리고 이에 따른 모든 조치가 이루어져야 한다.[25]

---

24) 변용찬·윤상용·최미영, 위의 보고서, 149-150면.
25) 김혜원·이지은, 「시각장애인을 위한 배리어프리영화의 국내 제작현황 및 표현양식 연구」, 『영상문화콘텐츠연구』6, 동국대학교 영상문화콘텐츠연구원, 2013, 105-106면.

장애인의 문화활동 참여는 직접적인 참여와 관람 등 간접적인 참여로 나눌 수 있다. 직접적인 참여 활성화를 위해서는 물리적, 사회적, 정보 등 각종 차별의 제거, 장애인의 욕구에 부합되는 프로그램 개발, 자조그룹(self-dependent group) 및 단체 육성 등이 필요하며, 간접적인 참여 증진을 위해서는 물리적, 사회적, 정보의 차별 제거뿐만 아니라 관람료의 할인 등도 필요하다.[26]

장애인의 삶의 질 향상과 문화 복지 증진 방안에는 (1)비장애인과 대등한 문화 수준 향유(인프라 구축), (2)장애인의 문화활동을 통한 사회통합 실현(차별 제거), (3)장애인의 욕구에 기반한 문화 복지정책 수립, (4)문화 복지 증진을 위한 법·제도 개선 등이 필요하다.[27]

(1)비장애인과 대등한 문화수준 향유(인프라 구축)를 위한 보다 세부적인 정책 과제로는 첫째, 문화체육관광부 산하 문화원이나 문화의 집, 그리고 보건복지부 산하 장애인복지관, 장애인 단체 등 기존 문화 관련 시설의 활용성을 제고해야 한다. 즉 장애인의 참여를 활성화할 수 있도록 문화활동의 공간 확보가 필요하다. 둘째, 장애인들이 마음대로 이용할 수 있는 전용 문화활동 공간의 설치와 장애인 예술가가 정기적으로 공연할 수 있는 문화공간의 설립이 필요하다. 셋째, 장애인 전담 전문인력 양성이 필요하다. 넷째, 장애인 문화 복지 증진 재원 마련이 필요하다.

(2)장애인 문화활동을 통한 사회통합 실현(차별 제거)을 위해서는 사회적 장벽, 물리적 장벽, 정보의 장벽을 제거하는 일이 필요하다.

(3)장애인의 욕구에 기반한 문화 복지정책 수립을 위해서는 첫째, 주기적인 장애인 문화욕구 실태조사가 필요하다. 둘째, 장애인 문화 욕구에 기반한 프로그램을 실시해야 한다. 셋째, 관람료 및 대관료 할인 추진이 필요하다. 넷째, 장애인 문화교육 기회의 확대가 필요하다. 다섯째, 장애인 문화활동 자조그룹 및 단체 육성이 필요하다.

(4)문화 복지 증진을 위한 법·제도 개선을 위해서는 첫째, 장애인 문화 관련 법 제정 또는 개정이 필요하다. 둘째, 장애인 문화활동 증진 관련 부처 간 협력 강화가 필요하다.[28]

---

26) 변용찬·윤상용·최미영, 앞의 보고서, 147면.
27) 변용찬·윤상용·최미영, 위의 보고서, 148면.
28) 변용찬·윤상용·최미영, 위의 보고서, 148면.

2) 시청각장애인을 위한 화면해설과 자막해설 서비스

그동안 장애인들은 '장애'라는 장벽 때문에 미디어 문화를 향유할 수 있는 권리를 제대로 누릴 수 없는 경우가 많았다. 하지만 장애인과 비장애인의 차이를 인정하고, 장애인들을 배려하는 차원에서 관련 법률정책과 방안들이 제시됨으로써 영상 미디어 화면해설과 자막해설 서비스는 시각과 청각 장애의 장벽을 넘어 장애인의 미디어 문화 향유에 크게 기여하고 있다.

가령 시각장애인들이 영화, 공연, 전시회 관람을 할 경우에 일반 관람객에 근접한 수준의 몰입과 정보 전달을 위해서 실시간으로 제공되는 음향정보(음악, 대사 등)뿐만이 아니라 시각적인 상황을 해설하는 추가적인 음성 정보(화면해설)를 동시에 제공받아야 비장애인들과 한 공간에서 비슷한 수준의 감상을 할 수 있다.[29] 즉 영상분야에서 시각장애인을 위한 배리어프리(barrier-free) 화면해설이 필요하다.

화면해설 서비스(DVS, Description Video Service)는 시각장애인이 TV 프로그램, 영화, 비디오 같은 영상 매체에서 시각적으로 볼 수 없는 출연자의 행동, 의상, 몸짓, 표정, 특정 장면의 분위기, 상황 변화 등의 시각적 정보를 음성으로 해설해 주는 것이다. 화면해설이란 영상의 스토리 전개와 대사, 그리고 주 음향을 방해하지 않으면서 장면 사이 시간에 정확하게 설명하는 것을 말한다.[30] 시각장애인이 보다 많은 영상 콘텐츠를 향유하기 위해서는 화면해설 전문작가가 작성한 원고에 따라 영상 정보를 해설하는 서비스가 중요한 역할을 한다.

배리어프리 화면해설 서비스는 2000년 제1회 장애인영화제에서 처음 도입되어 2002년 화면해설방송으로 확대됐다. 하지만 현재 화면해설방송 서비스의 법적·제도적 지원은 지상파와 종합편성, 홈쇼핑 방송과 영화에만 국한되어 있어 뮤지컬, 도서, 명화, 전시관, 영상, 미술, 사진, 무용, 연극 저작물을 이용하는 데까지 널리 확대되어야 한다.

한편 2011년 12월 26일 〈장애인방송 편성 및 제공 등 장애인 방송접근권 보장에 관한 고시〉에 따라, 필수지정사업자(지상파, 위성, 보도·종합편성 채널 사용자)의 화면해설방송 편성 의무 비율은 최대 10%로 규정하고 있다. 자막 편성 의무 비율이 100%인 것과 비교한다면 화면해설방송을 해야 하는 방송사가 달성해야 할 목표치는 그리 높지 않다. 화면해설방송은 제작의

---

29) 김혜원·이지은, 앞의 논문, 106면.
30) 최은경, 『디지털 방송의 보편적 서비스, 방송과 시각장애인』, 커뮤니케이션북스, 2015 [네이버 지식백과].

특수성 때문에 기술적으로 목표를 달성하기 쉽지 않은 한계가 있다.[31]

한편 청각 장애를 가진 시청자들은 화면 하단에 텍스트로 영상을 설명하는 자막에 의존한다. 아날로그 방송에서는 자막 서비스를 수작업으로 했지만, 최근 자동 음성인식 번역기가 개발되면서 생방송의 경우 자막 서비스가 갖는 시간과 정확성이라는 한계를 극복하게 되었다. 게다가 디지털방송 환경에서는 자동화된 음성 번역기 혹은 부가 채널이 필요한 화면해설 서비스를 활용하는 것이 더욱 용이해지면서, 모니터와 네트워크 서비스의 연결은 이용자에게 보다 간편하게 다가가고 있다.

방송의 경우 자막과 수화를 모두 제공하고 있는데, 현재 우리나라는 장애인 방송물을 제작·송신·재송신할 경우 국가가 인정한 기관의 표준화 기술을 따르도록 규정하면서 시청각장애인에 대한 방송접근권을 법으로 보장하고 있다. 2011년 12월에 〈장애인방송 편성 및 제공 등 장애인 방송접근권 보장에 관한 고시〉가 제정되었고, 고시 8조 3항에 따르면 기술 표준은 한국정보통신기술협회(TTA, Telecommunications Technology Association)가 주관하도록 하고 있다.

협회는 장애인방송, 즉 자막방송 및 화면해설방송 기능을 갖춘 수신기에 대한 수신기 시험 환경 및 지상파, IPTV, 케이블, 위성 등 해당 표준 의무 적용 방송사업자에 대한 방송 스트림 검증과정과 시험 도구 개발 등의 환경을 주도적으로 조성하고 있다.[32]

---

31) 최은경, 위의 책 [네이버 지식백과].
32) 최은경, 위의 책 [네이버 지식백과].

제Ⅱ장

장애인 대상 영화 · 방송 관련
법률정책과 필요성

제Ⅱ장 장애인 대상 영화 · 방송 관련 법률정책과 필요성

영화와 방송은 여타의 문화예술 활동과 마찬가지로 누구나 차별 없이 참여할 수 있는 것이 되어야 한다. 문화예술은 누구나 표현하고 향유할 수 있는 인간의 기본적 권리이기 때문이다. 우리나라 헌법 10조에는 "모든 국민은 인간으로서의 존엄과 가치를 가지며, 행복을 추구할 권리를 가진다. 국가는 개인이 가지고 있는 불가침의 기본적 인권을 확인하고 이를 보장할 의무를 가진다"라고 규정하고 있다. 장애인을 비롯한 국민 모두가 행복을 추구할 권리가 있다는 것이다. 이에 따라 일반 국민들과 마찬가지로 장애인들도 영화와 방송에 참여하고 향유할 수 있도록 권리를 보장해 주어야 하는 것이다.

1. 장애인 대상 영화 · 방송 관련 법령

2008년에 시행된 〈장애인 차별금지 및 권리구제 등에 관한 법률〉은 장애인이 차별받지 않고 비장애인과 동등하게 살아갈 수 있도록 차별을 예방하고 금지하고 있다. 이 법에서 장애인이 차별받지 않도록 정당한 편의를 제공할 것을 규정하고 있는데, '정당한 편의'란 장애인이 장애가 없는 사람과 동등하게 같은 활동에 참여할 수 있도록 하는 것이다. 이에 따라 〈장애인 차별금지 및 권리구제 등에 관한 법률〉에서는 장애인들이 영화와 방송을 시청할 때, 차별 없이 접근할 수 있도록 하는 구체적 편의사항들을 기술하고 있다. 또한 〈장애인 차별금지 및 권리구제 등에 관한 법률 시행령〉, 〈영화 및 비디오물의 진흥에 관한 법률〉, 〈방송법〉, 〈방송법 시행령〉 등을 통해서 장애인 대상의 영화와 방송에 대한 세부적인 지원 사항들을 밝히고 있다.

1) 장애인 대상 영화 관련 법령

영화와 관련해서 장애인들이 차별받지 않고 접근할 수 있도록 편의를 제공해야 한다는 내용은 〈장애인 차별금지 및 권리구제 등에 관한 법률〉 제21조 5항에 기술되어 있다. 또한 제24조에서는 국가 및 지방자치단체에서 장애인이 문화·예술 시설을 이용하고 문화·예술 활동에 적극적으로 참여할 수 있도록 필요한 시책을 강구하여야 한다는 사실을 명시하고 있다. 이 조항에서는 적용 대상이 되는 문화·예술 사업자의 단계적 범위 및 정당한 편의의 구체적인 내용 등에 필요한 사항을 대통령령으로 정하도록 하였다. 이에 따라 〈장애인 차별금지 및 권리구제 등에 관한 법률 시행령〉에서 문화·예술사업자의 단계적 범위와 구체적인 편의내용을 적시해 놓고 있다. 이 내용은 2015년부터 적용되었는데, 스크린 기준으로 300석 이상의 좌석을 가진 영화관에서 정당한 편의를 제공하여야 한다는 내용을 담고 있다. 각 법령의 내용은 아래와 같다.

〈장애인 차별금지 및 권리구제 등에 관한 법률〉

제21조(정보통신·의사소통 등에서의 정당한 편의제공 의무)

⑤ 다음 각 호의 사업자는 장애인이 장애인 아닌 사람과 동등하게 접근·이용할 수 있도록 출판물(전자출판물을 포함한다. 이하 이 항에서 같다) 또는 영상물을 제공하기 위하여 노력하여야 한다. 다만, 「도서관법」 제18조에 따른 국립중앙도서관은 새로이 생산·배포하는 도서자료를 점자, 점자·음성 변환용 코드가 삽입된 자료, 음성 또는 확대문자 등으로 제공하여야 한다.

1. 출판물을 정기적으로 발행하는 사업자

2. 영화, 비디오물 등 영상물의 제작업자 및 배급업자

제24조(문화·예술활동의 차별금지)

① 국가와 지방자치단체 및 문화·예술사업자는 장애인이 문화·예술 활동에 참여함에 있어서 장애인의 의사에 반하여 특정한 행동을 강요하여서는 아니 되며, 제4조제1항 제1호·제2호 및 제4호에서 정한 행위를 하여서는 아니 된다.

② 국가와 지방자치단체 및 문화·예술사업자는 장애인이 문화·예술 활동에 참여할 수 있도록 정당한 편의를 제공하여야 한다.

③ 국가 및 지방자치단체는 장애인이 문화·예술시설을 이용하고 문화·예술 활동에 적극적으로 참여할 수 있도록 필요한 시책을 강구하여야 한다.

④ 제2항을 적용함에 있어서 그 적용대상이 되는 문화·예술 사업자의 단계적 범위 및 정당한 편의의 구체적인 내용 등 필요한 사항은 대통령령으로 정한다.

〈장애인 차별금지 및 권리구제 등에 관한 법률 시행령〉

제15조(문화·예술 활동의 차별금지)

① 법 제24조제2항에 따라 장애인이 문화·예술 활동에 참여할 수 있도록 정당한 편의를 제공하여야 하는 문화·예술 사업자의 단계적 범위는 별표 4와 같다.

② 법 제24조제2항에 따른 정당한 편의의 구체적인 내용은 다음 각 호와 같다.

1. 장애인의 문화·예술 활동 참여 및 향유를 위한 출입구, 위생시설, 안내시설, 관람석, 열람석, 음료대, 판매대 및 무대단상 등에 접근하기 위한 시설 및 장비의 설치 또는 개조

2. 장애인과 장애인 보조인이 요구하는 경우 문화·예술 활동 보조인력의 배치

3. 장애인의 문화·예술 활동을 보조하기 위한 휠체어, 점자 안내책자, 보청기 등 장비 및 기기 제공

4. 장애인을 위한 문화·예술 활동 관련 정보 제공

〈별표 4〉 3. 2015년 4월 11일부터 적용되는 문화·예술 사업자

나. 「문화예술진흥법」 제2조에 따른 스크린 기준 300석 이상 규모의 영화상영관

2013년에 개정된 〈영화 및 비디오물의 진흥에 관한 법률〉에서는 제25조 1항 10호에서 영화발전기금을 장애인 등 소외계층의 영화 향수권 신장을 위한 지원사업에 사용할 수 있다고 규정해 놓고 있다. 또 제38조 2항에서는 전용상영관 중 한국수어·자막·화면해설 등을 이용한 영화를 연간 상영일수의 30% 이상 상영하는 전용 상영관을 지원할 수 있다고 규정해 놓고 있다. 이러한 법령 내용은 장애인 관람 서비스를 하는 상영관에 대하여 정부가 일정 부분 예산 지원을 할 수 있도록 하고 있는 것이다.

〈영화 및 비디오물의 진흥에 관한 법률〉

제25조(기금의 용도)

① 기금은 다음 각 호의 어느 하나에 해당하는 사업을 위하여 사용하여야 한다.

10. 장애인 등 소외계층의 영화 향수권 신장을 위한 사업 지원

제38조(전용상영관에 대한 지원)

① 문화체육관광부장관은 청소년 관객의 보호와 영화예술의 확산 등을 위하여 다음 각 호의 어느 하나에 해당하는 영화를 연간 상영일수의 100분의 60 이상 상영하는 영화 상영관(이하 '전용 상영관'이라 한다)을 지원할 수 있다.

1. 한국영화
2. 애니메이션영화 · 소형영화 · 단편영화 또는 영화진흥위원회가 인정하는 예술영화
3. 청소년관람가영화(제29조제2항 제1호 내지 제3호에 해당하는 영화를 말한다)
② 문화체육관광부장관은 장애인의 문화향유권 보장을 위하여 제1항에 따른 전용상영관 중 한국수어 · 자막 · 화면해설 등을 이용한 영화를 연간 상영일수의 100분의 30 이상 상영하는 전용 상영관을 지원할 수 있다.

2) 장애인 대상 방송 관련 법령

방송에 있어서 장애인들이 장애인 아닌 사람과 동등하게 제작물 또는 서비스를 접근 이용할 수 있도록 장애인 시청 편의 서비스를 제공하여야 한다는 항목은 〈장애인 차별금지 및 권리구제 등에 관한 법률〉 제21조 3항에 명시되어 있다. 여기에는 방송사업자가 자막, 수화, 화면해설 등의 장애인 시청 편의서비스를 제공해야 한다는 내용을 담고 있다.

〈장애인 차별금지 및 권리구제 등에 관한 법률〉

제21조(정보통신 · 의사소통 등에서의 정당한 편의제공의무)
③ 「방송법」제2조 제3호에 따른 방송사업자와 「인터넷 멀티미디어 방송사업법」 제2조 제5호에 따른 인터넷 멀티미디어 방송사업자는 장애인이 장애인 아닌 사람과 동등하게 제작물 또는 서비스를 접근 · 이용할 수 있도록 폐쇄자막, 한국수어 통역, 화면해설 등 장애인 시청 편의 서비스를 제공하여야 한다.

앞서 〈장애인 차별금지 및 권리구제 등에 관한 법률〉에서 보는 것처럼 장애인들이 방송서비스 접근에 있어서 차별받지 않도록 편의를 제공할 의무가 방송사업자에게 부여되어 있는 것이다. 이 편의제공의 내용은 〈장애인 차별금지 및 권리구제 등에 관한 법률 시행령〉에서 좀 더 구체화되어 있음을 볼 수 있다. 시행령 제14조 5항과 6항에서 구체적인 장애인 시청 편의 서비스를 적시하고 있다. 청각장애인을 위한 폐쇄자막과 한국수어 통역, 그리고 시각장애인을 위한 화면해설 서비스를 제공해야 한다는 것이다. 그리고 시행령에 적시되지 않은 사항은 미래창조과학부 · 방송통신위원회가 각각 소관별로 정하여 고시하도록 하고 있다.

〈장애인 차별금지 및 권리구제 등에 관한 법률 시행령〉

제14조(정보통신 · 의사소통에서의 정당한 편의 제공의 단계적 범위 및 편의의 내용)

⑤ 법 제21조제3항에 따른 장애인 시청 편의 서비스의 구체적인 내용은 다음 각 호와 같다.

1. 청각장애인을 위하여 방송의 음성 및 음향을 화면에 글자로 전달하는 폐쇄자막

2. 청각장애인을 위하여 방송의 음성 및 음향을 손짓, 몸짓, 표정 등으로 전달하는 한국수어 통역

3. 시각장애인을 위하여 화면의 장면, 자막 등을 음성으로 전달하는 화면해설

⑥ 제5항에서 규정한 사항 외에 장애인 시청 편의 서비스의 이행에 필요한 기준, 방법 등은 미래창조과학부 · 방송통신위원회가 각각 소관별로 정하여 고시한다. 이 경우 미래창조과학부 · 방송통신위원회는 각각 미리 국가인권위원회와 협의하여야 한다.

이러한 법률적 근거에 따라 2011년 7월 14일 개정된 〈방송법〉 제69조 제8항에서는 '방송사업자는 장애인의 시청을 도울 수 있도록 수화 · 폐쇄자막 · 화면해설 등을 이용한 방송(장애인방송)을 해야 하며, 필요한 경우 방송통신위원회는 그 경비의 전부 또는 일부를 방송통신발전기본법 제24조에 따른 방송통신발전기금에서 지원할 수 있다'고 명시하고 있다.

〈방송법〉

제69조(방송 프로그램의 편성 등)

⑧ 방송사업자는 장애인의 시청을 도울 수 있도록 수화 · 폐쇄자막 · 화면해설 등을 이용한 방송(이하 "장애인방송"이라 한다)을 하여야 하며, 필요한 경우 정부는 그 경비의 전부 또는 일부를 「방송통신발전 기본법」 제24조에 따른 방송통신발전기금에서 지원할 수 있다.

〈방송법〉 제69조 8항의 내용을 실천하기 위한 구체적인 내용은 〈방송법 시행령〉에 나타나 있다. 〈방송법 시행령〉 제52조 1항에서는 장애인방송이 필요한 방송 프로그램을 규정해 놓고 있고, 그 외의 방송 프로그램에 대해서는 방송통신위원회가 장애인방송을 하여야 하는 비율을 관련 고시를 통해 매년 공시토록 하였다. 시행령 제52조 2항에서는 장애인방송을 하여야 하는 방송사업자를 명시하고 있다. 이러한 맥락에서 2011년 12월 26일에 발효된 〈장애인방송 편성 및 제공 등 장애인 방송접근권 보장에 관한 고시〉는 지상파방송은 물론 케이블TV와 위성방송

등 유료방송에서도 장애인방송을 일정 비율 이상 편성토록 하여 이를 시행하고 있다.

〈방송법 시행령〉

제52조(장애인의 시청지원)

① 법 제69조 제8항에 따라 방송사업자는 장애인의 시청을 돕기 위하여 방송 프로그램에 대하여 수화 · 폐쇄자막 · 화면해설 등을 이용한 방송(이하 "장애인방송"이라 한다)을 하여야 한다. 다만, 다음 각 호의 방송 프로그램을 제외한 방송 프로그램의 경우에는 방송통신위원회가 방송사업자의 제작 여건과 시청자의 수요를 고려하여 장애인방송을 하여야 하는 비율을 정하여 고시

1. 「방송통신발전 기본법」 제40조에 따른 재난 방송 또는 민방위 경보방송 프로그램

2. 「장애인복지법 시행령」 제14조 각 호에 따른 방송 프로그램

3. 장애인의 방송 시청이 필요하다고 판단되어 방송통신위원회규칙으로 정한 방송 프로그램

4. 기타 장애인의 복지를 목적으로 편성된 방송 프로그램

② 법 제69조 제8항에 따라 장애인방송을 하여야 하는 사업자는 다음과 같다.

1. 법 제9조 제1항에 따라 허가를 받은 지상파방송사업자

2. 법 제9조 제1항에 따라 허가를 받은 위성방송사업자

3. 법 제9조 제2항에 따라 허가를 받은 종합유선방송사업자와 같은 조 제5항에 따라 등록을 하거나 승인을 얻은 방송채널사용사업자(제4호에 따른 방송채널사용사업자는 제외한다)로서 해당 사업자의 매출액, 시청 점유율 등을 고려하여 방송통신위원회가 정하여 고시하는 사업자

4. 법 제9조 제5항 단서에 따라 승인을 얻은 종합 편성이나 보도에 관한 전문 편성을 하는 방송채널사용사업자

③ 장애인방송의 제공에 필요한 기준과 방법 등은 방송통신위원회가 정하여 고시한다. 이 경우 방송통신위원회는 미리 국가인권위원회와 협의하여야 한다.

⑩ 공동체라디오방송사업자는 청취자 참여 프로그램을 매월 전체 방송시간의 100분의 50 범위 안에서 대통령령이 정하는 비율 이상 편성하여야 한다.

방송통신위원회는 2011년 12월 26일 〈장애인방송 편성 및 제공 등 장애인방송 접근권 보장에 관한 고시〉를 제정했다. 고시에 따르면 장애인방송 제공 의무는 장애인방송 편성 의무, 장애인방송 제공 의무, 장애인방송 유형 표시 의무로 구분되어 있으며, 각 방송사업자는 이들 의무를 준수토록 하고 있다.[1]

---

1) 최은경, 『디지털 방송의 보편적 서비스』, 커뮤니케이션북스, 2015, 89-90면.

대상 사업자는 필수지정사업자와 고시의무사업자로 분류할 수 있는데, 필수지정사업자는 당연히 장애인방송 제공 의무를 부담하는 사업자로 지상파방송사업자(이동멀티미디어 방송을 행하는 지상파방송사업자 제외), 위성방송사업자(직접사용채널 대상), 종합편성 PP, 보도전문 PP로 한정했다. 필수지정사업자의 장애인방송 편성비율 목표치는 아래와 같다.

〈표 1〉 필수 지정 사업자 장애인방송 편성 비율 목표치[2]

사업자 구분	대상 사업자	개시 시점	기산 시점	최종 편성 비율 목표(%)			달성 시점
				자막	화면해설	수화통역	
지상파	중앙 지상파	2012. 1.	2012. 7.	100	10	5	2013. 12. (화면해설: 2014. 12.)
	지역 지상파	2012. 1.	2012. 7.	100	10	5	2015. 12.
유료 플랫폼	위성방송 (직사 채널대상)	2012. 1.	2013. 1.	70	7	4	2016. 12.
채널사용 사업자	보도 · 종편PP	2012. 1.	2013. 1.	100	10	5	2016. 12.

고시의무사업자는 매년 방송통신위원회가 서비스 제공 의무 여부를 고시하는 사업자로 지역 채널 대상의 종합유선방송사업자(SO), 방송채널사용사업자(PP), 홈쇼핑 PP, IPTV CP[3] 중에서 전년도 송출 실적이 있는 사업자, 방송 매출액에서 장애인 방송물 제작비가 차지하는 비중이 100분의 1을 초과하지 않는 사업자로 방송통신위원회가 지정·공표한다. 다만 다른 SO를 겸영하는 SO의 경우 동일한 사업자로 간주하고, PP는 전년도 연평균 시청 점유율 0.2% 이상인 채널을 보유한 경우에 한한다. 또한, 여러 채널을 운영할 경우 장애인방송 제공 의무는 연평균 시청 점유율 0.2% 이상인 채널에 대해서만 부여된다.

---

2) 주정민 외, 『해외 선진국과 국내의 장애인방송 운영제도 비교 연구』, 방송통신위원회, 2014.
3) 종합유선방송사업자(System Operator, SO), 방송채널사용사업자(Program Provide, PP), 홈쇼핑 PP, 초고속 인터넷망을 이용하여 제공되는 양방향 텔레비전 서비스(Internet Protocol Television, IPTV) 콘텐츠 제공자(Content Provider, CP)

2. 장애인 대상 영화 · 방송 관련 법률정책의 필요성과 개선 방향

장애인이 비장애인과 차별 없이 문화예술 활동에 참여하며, 이를 즐기면서 행복한 삶을 향유할 수 있는 권리가 있음은 우리나라 헌법에 잘 나타나 있다. 또한 〈장애인 차별금지 및 권리구제 등에 관한 법률〉, 〈영화 및 비디오물의 진흥에 관한 법률〉, 〈방송법〉 등에서는 장애인들이 비장애인과 동등하게 영화와 방송을 접하고 즐길 수 있도록 편의를 제공할 것을 세부적으로 명시하고 있다. 이처럼 영화 · 방송 관련 장애인 편의 제공에 관한 법령을 제정하여 시행하고 있는 이유는 장애인이 장애와 상관없이 문화예술을 관람하고 이용할 수 있는 환경 조성이야말로 비장애인과 차별 없이 행복한 삶을 영위할 수 있는 동등한 기회를 제공하는 길이며 장애인이 반드시 혹은 당연히 가져야 할 인간의 권리이며 인격적 활동이기 때문이다.[4)]

그러나 영화 · 방송 서비스 접근에 있어서 장애인들이 가지고 있는 불만의 목소리는 여전히 높다. 특히 신체적 장애 탓에 미디어 접근성이 낮은 시청각장애인의 경우 비장애인들이 누릴 수 있는 영화와 방송의 다양성을 충분히 누리지 못할 수 있다. 이들에게는 자신이 가진 장애가 해소될 수 있는 맞춤형 콘텐츠가 필요하고, 그러한 서비스에 접근하려면 서비스를 전달할 수 있는 특수한 편의장비가 필요하기 때문이다. 결국 장애인들을 위한 특별한 지원 시스템이 갖추어져 있지 않은 경우, 이들의 복지와 권리 증진은 비장애인의 경우보다 제약을 받을 수밖에 없는 것이다. 장애인들의 문화예술 관람은 법령에 의해 편의를 제공하도록 규정하고 있음에도 불구하고, 편의시설 및 서비스의 미비로 인해 많은 부분 어려움을 겪고 있는 것이다.

실제 시청각장애인에게 제공되는 미디어 서비스는 비장애인 대상 미디어 서비스보다 상대적으로 부족하고 그 속도도 늦기 때문에 장애인들은 비장애인에 비해 상대적인 결핍을 더욱 심하게 느끼고 있다.[5)] 결국 영화와 방송과 같은 미디어 서비스에 대해 장애인들이 차별 없이 접근할 수 있기 위해서는 콘텐츠의 다양성과 보편성을 높여야 할 뿐만 아니라 언제 어디서나, 또 누구나 영화 · 방송 서비스에 접근할 수 있도록 하는 보편적 접근권이 보장되어야 할 것이다. 이러한 관점에서 우리나라의 장애인 대상 영화 · 방송 관련 정책이 나아가야 할 방향을 제시해 보

---

4) 김혜원 · 이지은, 「시각장애인을 위한 배리어프리영화의 국내 제작현황 및 표현양식 연구」, 『영상문화콘텐츠연구』 6, 동국대학교 영상문화콘텐츠연구원, 2013, 112면.

5) 홍종배, 「국내 장애인방송 접근권 보장정책의 현황, 성과 및 향후 과제」, 『장애인권리협약의 실효적 이행을 위한 장애인 정보접근권 이행 강화, 국가인권위원회 국제 콘퍼런스 발제집』, 국가인권위원회, 2011, 52면.

고자 한다.

첫째, 현재의 장애인 대상 영화·방송 관련 법령 및 정책이 장기적으로 제대로 자리 잡기 위해서는 이 정책을 최종적으로 관리·감독하는 영화진흥위원회 혹은 방송통신위원회와 같은 조직이 현장을 잘 이해하면서 전문성을 갖춘 인력을 영입하여 조직의 역량을 강화할 필요가 있다. 즉 조직 내에서도 정책이 효율적으로 집행될 수 있도록 영화제작사와 방송사 그리고 서비스 수혜자인 장애인 사이에서 원활한 소통을 이끌 수 있는 전문 인력을 양성하고, 관련자들 사이의 원활한 소통의 문화를 정착시키고자 하는 노력이 필요하다.

둘째, 질적 수준에 대한 검증이 필요하다. 장애인 영화·방송에 대한 법제화 과정을 통해 시청각장애인의 영화·방송 접근권은 크게 향상되었다고 볼 수 있다. 그러나 접근권 향상과 함께 장애인 영화·방송의 양적 성장이라는 성과의 이면에는 또 다른 문제가 내포되어 있는 것으로 보인다. 질적인 수준에 대해서는 기준이 없어, 질적 수준에 대한 평가와 기준 마련이 필요하다. 예컨대 장애인방송의 경우, 법에서 명시한 장애인방송 편성비율은 양적인 기준만을 제시한 것이다. 이런 상황에서 제작비에 부담을 느낀 방송사업자들이 장애인방송물의 질적인 수준은 고려하지 않는 현상이 발생하고 있다. 자막방송에서 오타나 띄어쓰기 무시, 정보누락 등의 현상은 물론이고, 수준 미달의 수화통역사를 활용한다거나, 화면과 불일치하는 음성정보를 제공하는 화면해설방송 등이 쉽게 발견되고 있다. 이는 법 개정을 통해 기대했던 정보소외계층으로서의 시청각장애인의 정보 접근과 소통, 문화 향유에서의 진전을 저해하는 요소로 작동하고 있으며, 이에 대한 엄밀한 평가기준의 필요성을 제기하는 배경이라 할 수 있다. 이러한 평가기준의 필요성은 영화에 있어서도 마찬가지일 것이다. 따라서 장애인의 정보 접근과 소통, 문화 향유의 중요 원천인 영화와 방송의 질적 평가기준을 마련함으로써, 장애인 영화·방송 제작의 최소기준(standards)을 마련해야 할 필요성이 절실히 요구되는 상황이다. 이와 더불어 시청각장애인의 영화·방송 접근권을 보편적 권리로 수용할 수 있는 미래지향적인 장애인 영화·방송이 담보해야 할 제작 가이드라인에 대한 사회적 합의를 도출해야 할 필요성이 있다. 이는 영화제작사와 방송사 그리고 정부와 장애인의 이익을 대변하는 단체, 학계가 모두 협의해서 마련해야 한다.[6]

셋째, 장애인 영화·방송 제도가 시행되고 있는 초기 현실에서 정확한 실태 파악과 함께 이

---

6) 주정민 외, 앞의 책, 2-3면.

용자들의 이용행태를 함께 고려한 정책방안의 마련이 필요하다. 서비스 제공 실태 파악과 함께 이용자 현황에 대한 조사를 통해 공급과 수요 측면에서의 균형적인 정책을 제안할 수 있을 것이다. 특히 장애인 영화·방송 관련 기존 연구에 있어서 수용자 조사 연구가 부족하여 이용자들의 요구를 충분히 반영한 정책 추진에 한계가 있었다. 따라서 시청각장애인, 영화제작사, 장애인 영화·방송제작사, 방송사, 극장 등 다방면의 의견을 수렴하고, 실제 제공되는 영화와 방송내용이 이용자들의 요구를 충족하는지를 살펴서, 장애인 영화·방송 서비스의 질적인 향상을 도모할 필요가 있다. 이를 통해 장애인 영화·방송의 품질 및 이용자의 만족도를 제고하기 위한 방안을 마련할 수 있을 것이고, 정책 실행의 효율성을 제고할 수 있을 것이다.

넷째, 국내에서 장애인 영화·방송 서비스가 정착되어 가고 있지만, 시행 초기여서 실제 시행과정에서 서비스를 제공하는 사업자와 이를 수용하는 장애인간의 서비스의 운용, 범위, 질 등에서 이해관계에 차이가 존재한다. 아울러 장애인 영화·방송 실시에 대해 규정하고 있는 법 및 제도, 실행방안 등에 대해서도 사업자의 요구와 수용자인 장애인의 요구에 차이가 있다. 따라서 그동안 우리보다 먼저 장애인 영화·방송을 실시했던 선진국의 장애인 영화·방송 법제, 제도, 운영, 서비스 등의 현황을 면밀히 고찰하여 이에 기초하여 우리나라 제도의 개선방안 및 정착방안을 모색해 볼 필요가 있다. 그동안 선진국의 장애인 영화·방송에 대한 연구가 진행되어 왔지만, 우리나라 제도와의 비교연구는 거의 이뤄지지 않고 단순 제도나 현황 소개에 그친 것이 현실이다. 따라서 해외 선진국의 제도를 우리나라 제도 측면에서 분석하여 시사점을 도출할 필요가 있다.

다섯째, 장애인 영화·방송이 장애인을 대상으로 하는 특별한 서비스라는 인식에서 벗어나 사회적 약자와 함께 더불어 사는 사회를 마련한다는 생각이 정착될 수 있도록 사회 전반에서 포용력과 인정의 정치를 해야 한다. 특히 장애인 영화·방송의 의무를 가진 영화제작사와 방송사들은 정부의 지원에만 의존할 것이 아니라, 우리 사회 문화 복지의 발전 차원에서 자발적으로 참여하고 미래의 미디어 사회에 필요한 대안을 적극 모색해야 한다. 장기적으로 장애인 영화·방송을 문화 복지 향상을 위한 발판으로 삼고, 우리 사회의 문화 복지 사각지대에 있는 사람들에 대한 논의를 확산해 갈 필요가 있다.

제Ⅲ장

배리어프리 화면해설의 이해

제Ⅲ장 배리어프리 화면해설의 이해

1. 배리어프리의 개념과 배리어프리영화

1) 배리어프리의 개념과 발전

우리 사회는 남녀노소 구분 없이 다양한 사람들로 구성되어 함께 살아가고 있다. 인간은 사회적 동물임을 굳이 밝히지 않더라도 인간의 사회 참여는 당연한 일이다. 그러나 태어날 때부터 장애를 가지고 태어나는 선천적 장애인과 건강하게 태어났지만 사고나 질병으로 인해 후천적으로 장애를 가진 사람들이 있다. 이들은 신체적 장애 혹은 정신적 장애로 일상적인 사회활동에 제약을 받게 된다. 뿐만 아니라 장애와 무관하지만 생의 고령기에 접어들어 노화현상 때문에 생긴 장애로 일상생활의 불편을 겪는 사람들도 있다.

배리어프리(Barrier-Free)는 이러한 장애인이나 고령자들이 일상생활을 영위하는 데 장애가 되는 것을 '장벽(Barrier)'으로 보고 그것을 없애는 것을 의미한다. 이 개념은 장애인이나 고령자가 사회생활을 하면서 만나게 되는 각종 장벽을 제거해주어 그들이 편안하게 사회생활을 누릴 수 있도록 환경을 조성해 주는 것을 말한다. 우리나라에서는 1989년 〈장애인복지법〉을 제정하면서 장애인이 장애로 인해 사회에서 격리되거나 소외되지 않도록 하고 있다. 이들의 사회활동은 인간으로서 누려야 할 가장 기본적인 일임에 틀림없다.

원래 배리어프리는 건축분야에서 사용하던 용어로 '장애인과 노인 등도 이용하거나 접근할 수 있는(accessible)'이라는 의미로 도시설계 및 건축설계에 한정하여 사용되어 왔다. 그래서 미국에서는 액세스(access) 또는 액세서블(accessible)로 사용되고 있다. 반면 일본에서는 저

출산 고령화 사회의 문제가 발생하면서 배리어프리를 수용했기 때문에 액세스 또는 액세서블보다 배리어프리라는 용어가 훨씬 상용화되어 사용되고 있다.[1]

배리어프리가 정확히 언제 어디서부터 형성되었는지는 구체적으로 알려진 바가 없다. 요시히코 가와우치는 배리어프리 개념의 형성이 전쟁에서 장애를 입은 병사의 재활, 1940년에서 1950년에 유행한 소아마비에 걸린 어린아이들의 사회활동 지원, 교통사고와 인구 증가 등에 따른 장애인의 증가로 인해 도시환경의 장애물을 제거해야 한다는 인식에서 자연스럽게 생겨난 개념이라고 주장했다.[2] 그렇지만 일반적으로 '배리어프리(Barrier-Free)'는 1950년대 미국의 공민권운동에서 시작되어[3], 1974년 UN 장애인생활환경전문가회의에서 '장벽 없는 건축 설계(Barrier-Free Design)'에 관한 보고서가 나오면서부터 사용되기 시작하였다고 보는 것이 정설이다.

미국에서는 1990년 배리어프리 이론을 바탕으로 〈미국장애인법〉(Americans with Disabilities Acts, ADA법)을 제정해 장애인에 대한 명확하고 포괄적인 권한을 국가에서 부여하고 연방정부가 장애인에 대한 차별에 대처하는 실행 가능한 기준을 세워서 시행하고 있다. 이 기준을 바탕으로 미국은 ADA법의 '제2부 공공교통기관: 차량'과 '제3부 민간교통기관: 차량법'을 근거로 안전, 책임, 유연 및 효율적 '교통공평화법'(2005년)과 'ADA액세시빌리티 가이드라인'을 실시하고 있다.

일본에서는 2006년 6월 21일 〈배리어프리 신법〉을 공포해 〈고령자, 장애인 등 이동의 원활화 촉진에 관한 법률(이하 '배리어프리 신(新)법'이라 약칭)〉을 마련해 동년 12월 20일부터 시행하고 있다. 일본은 정부예산에 배리어프리 비용을 책정하여 시행하고 있기 때문에 배리어프리라는 용어가 일상적으로 사용되고 있다. 뿐만 아니라 장애인정책 관련 전체 예산(장애인에게 좋은 마을 만들기 추진비용 포함) 가운데 19.73%(2005년), 20.1%(2006년) 배리어프리 예산 약 2조 8천 188억 원을 배정해 사용하고 있어 배리어프리와 관련된 사회활동이 점차적으로 확대되고 있는 모습을 확인할 수 있다.[4]

스웨덴은 1975년 〈주택법〉을 개정하면서 배리어프리를 적용해 시행하고 있다. 1979년부터 〈대중교통수단의 장애인 이용시설에 관한 법률〉을 제정해 택시를 제외한 모든 교통수단을 장

---

1) 요시히코 가와우치, 홍철순·양성용 역, 『Universal Design 유니버설 디자인』, 선인, 2005, 15면.
2) 요시히코 가와우치, 위의 책, 1면.
3) 이태진, 「일본 치바현의 배리어프리 현황과 시사점」, 『국제사회보장동향』, 한국보건사회연구원, 2006, 138면.
4) 변민수·남용현, 『2007 상반기 수시과제 자료집』3, 한국장애인고용공단 고용개발원, 2007, 130면.

애인이 이용할 수 있도록 개조사항을 의무사항으로 정착시켰다. 우리나라에서는 현재 각 지방자치단체가 공공시설을 중심으로 환경개선사업을 진행하고 있다. 일례로 2005년 부산광역시는 노인·임산부·장애인편의시설 설치 매뉴얼을 제작하여 시행하고 있으며 2006년 서울시는 사회적 약자를 위한 도시환경개선사업을 실시하고 있다.

1989년에 이르러 기존의 배리어프리의 개념은 유니버설의 개념을 도입해 유니버설 디자인(Universal Design)으로 새롭게 변모하게 되었다. 이 개념은 '연령이나 능력에 관계없이 모든 사람들이 최대한 사용하기 쉽게 만들어진 제품이나 환경'을 만들어 주자는 의미를 바탕으로 만들어졌다.

유니버설은 배리어프리가 장벽을 전제로 만들어진 것과 달리 처음부터 장애인과 비장애인에 대한 구분 없이 모두를 이용 대상으로 접근했다는 점에서 차이가 있다. 미국의 로널드 메이스(Ronald L. Mace)[5]에 의해 처음 주장된 유니버설 디자인은 연령과 성별, 국적, 언어, 장애의 유무와 상관없이 모든 사람들이 제품, 건축, 환경, 서비스 등을 보다 편하고 안전하게 시설을 이용할 수 있도록 구현하는 것이다.

유니버설 디자인은 배리어프리가 장애를 가진 사람을 특별히 대우해 주는 것을 당연하게 생각하는 것에 대한 반성에서 만들어졌다. 장애인에 대한 특별대우가 당연한 사회에서는 사회 곳곳에 장애인을 위한 특별한 조치를 취할 것이다. 일부 장애인은 사회로부터 특별대우를 받는 것이 간편하고 당연하다고 여길 것이다. 또 일부 비장애인들은 장애인들에게 특별대우를 해주면서 자긍심을 얻을 수도 있다.

| 장애인 전용 탑승 수속 라운지 | 영화관의 장애인 전용석 | 장애인 전용 계단휠체어 전동 운반기 |

〈그림 1〉 장애인을 위한 특별시설

---

5) 유니버설 디자인의 주창자인 미국 노스캐롤라이나 주립대학의 로널드 메이스(R. L. Mace) 교수는 본인이 뇌병변 장애를 가지고 있음.

그러나 이 개념의 주창자들은 장애인을 특별히 대우하는 것은 그들이 '자립'과 '평등한 사회 참가'를 한다는 것에 위배된다고 보았다. 로널드 메이슨은 이것을 '배리어의 재생산'이라고 불렀다.[6] 이 논의에 의하면 장애인을 대상으로 만들어진 법과 정책이 오히려 그들의 장애를 강조하거나 은폐하는 위험요인이 된다. 특별한 수단과 방법으로 장애를 해결하려는 방법은 오히려 배리어의 재생산을 부추기기만 할 뿐 실제 그 문제를 해결하지 못한다고 이들은 보고 있다. 따라서 유니버설은 모든 사람을 대상으로 그들이 생활에 불편함을 겪지 않도록 시설을 만들어주는 것을 말한다.

〈표 1〉 배리어의 재생산[7]

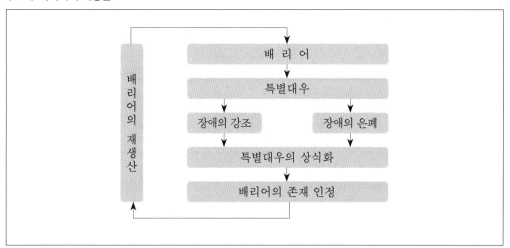

분명 배리어프리는 고령자와 장애인이 사회에 참여해 활동할 수 있는 기회를 넓혀 주는 계기를 만들어 주었다. 그러나 그것에 의해 실현된 것은 그들에게 특별한 대우를 해 주는 '장애인 전용'으로 자리 잡게 되었다. 곳곳에 설치된 장애인 전용의 시설물들은 그들을 비장애인과 다른 입장임을 선명하게 제시하고 있는지도 모른다.

고령자나 장애인들도 평범한 사람들과 동등하게 사회에 한 시민으로서 참여하길 바라며 자유롭게 활동하고 싶어 할 것이다. 장애인만을 위한 특별대우가 아니라 모든 사람들이 만족할 수 있는 제품이나 시설물을 만들어 나가는 것은 평등한 사회생활을 구현하는 데 필요한 일일

---

6) 요시히코 가와우치, 앞의 책, 39-40면.
7) 요시히코 가와우치, 위의 책, 41면.

것이다. 유니버설은 사람들을 고령이나 장애로 분류하지 않는다. 대신 각각의 사람에게 필요한 것이 무엇인지가 관심의 대상이고 그 욕구에 맞는 것을 제공하려고 노력한다. 때문에 (고령자나 장애인을 위해서) '배리어프리'가 아니라, (모두를 위한) '유니버설'로 발전하는 것은 당연한 일이라 할 수 있다. 유니버설 디자인은 모든 사람을 대상으로 하기 때문에 '모든 사람을 위한 디자인(Design For All)' 혹은 '범용(汎用) 디자인'이라고도 불린다. 이 개념은 대상자를 고령자나 장애인뿐만 아니라 임산부나 사회적 약자까지 범위를 확대시켰다.

〈그림 2〉 유니버설 디자인

현재 유니버설 디자인은 '인클루시브 디자인(inclusive-design)'으로 한 단계 더 발전된 모습으로 변화되고 있다. 인클루시브 디자인은 인클루시브(inclusive)와 디자인(design)의 합성어로 '포괄적인, 모든 것을 포함한 실용적인 목적을 가진 디자인'이라는 사전적 의미를 지닌다. 기존의 유니버설 디자인이 지나치게 제품 디자인이나 건물 등에 치중해 적용되는 한계가 있지만 인클루시브 디자인은 유니버설 디자인의 좀 더 확장된 개념이라고 볼 수 있다.

혼자 붙이기 편한 반창고

〈그림 3〉 인클루시브 디자인의 예[8]

---

8) 「배려하는 상상력은 디자인의 미래」, 『데일리한국』, 2010.12.16.

우리나라에서는 유니버설과 인클루시브가 유사한 의미로 사용되고 있다. 그러나 엄밀히 말하면 인클루시브 디자인은 국가적, 문화적, 환경적, 역사적 배경, 성별, 나이, 특히 소외되기 쉬운 소수자들까지 포함하여 모두가 그 혜택을 공평하게 누릴 수 있는 디자인의 의미를 가진다. 이 개념은 장애인, 노인 등 사회적 약자를 배려하는 디자인으로 북유럽에서는 모두를 위한 디자인(design for all), 미국, 대만, 일본에서는 보편적인 디자인(universal design), 영국에서는 인클루시브 디자인(inclusive-design)이라고 조금씩 다르게 부르고 있다.[9]

〈표 2〉 인클루시브 디자인

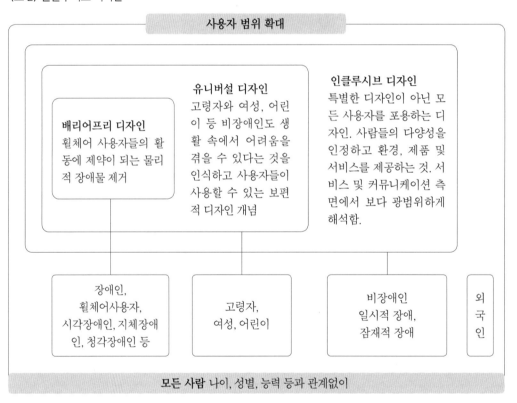

영국의 건축과 구축환경 위원회(Commission for Architecture and the Built Environment, CABE)는 인클루시브 디자인을 모든 사람이 사용할 수 있는 것을 목표로 한다. 또 사람들의 다양성을 반영해 어떤 사람도 좌절감을 느끼지 않고 어려움을 극복할 수 있는 환경을 만들어 주

---

9) 고영준, 『사용자 중심의 유니버설 디자인 방법과 사례』, 이담북스, 2011, 21면.

는 것으로 인클루시브 디자인을 말하고 있다.[10] 이 개념은 다섯 가지의 원칙을 제시하고 있다. 첫째 원칙은 디자인 프로세스 중심에 사람을 둔다. 둘째 원칙은 다양성과 차이를 인정한다. 셋째 원칙은 하나의 해결책으로 모든 사용자를 충족할 수 없는 곳에 선택을 제공한다. 넷째 원칙은 사용의 유연성을 제공한다. 다섯째 원칙은 모두를 위해 사용상의 편의와 즐거움이 있는 건물과 환경을 제공한다.[11]

과거에는 배리어프리가 고령자와 장애인을 대상으로 그들이 일상생활을 하는 데 장애가 되는 것을 제거해 주었다. 그러나 이제는 유니버설의 개념이 도입되면서 모든 사람의 다양성을 존중해 주는 시설을 제공해 모두가 존중과 편안함을 느끼며 안전하게 시설물을 사용할 수 있도록 변화하고 있다.

2) 배리어프리영화

건축에서 비롯된 배리어프리가 2000년 이후 각종 차별과 편견, 나아가 '장애인이나 노인에 대해 사회가 가지는 마음의 벽까지 허물자'는 운동의 의미로 용어가 확대되었다. 이를테면 개인의 자격과 시험 등을 제한하는 제도적·법률적 장벽, 텔레비전·신문 등 커뮤니케이션의 문화·정보전달 장벽, 장애인에 대한 사회의 차별과 편견, 장애인 자신의 마음의 장벽까지 제거하자는 움직임으로 확장된 셈이다.[12]

영화의 영역에서도 배리어프리의 개념이 수용되었다. 영화 영역으로 수용된 배리어프리는 말 그대로 장벽으로부터 자유롭다는 의미로 사용되었다. 영화를 이루는 가장 중요한 요소는 '비주얼'과 '사운드'이다. 시각 혹은 청각장애인들이 영화를 관람하는 데 있어 비주얼과 사운드는 큰 장벽이 된다. 시청각장애인들이 원하는 영화 관람을 방해하는 장벽을 극복하게 해주는 방법으로써 해설(화면해설과 자막해설)이 요구된다. 즉 배리어프리가 영화에 적용되면서 시각장애인들에게 화면해설을 음향으로, 청각장애인들에게 자막으로 영화(영상물)를 관람할 수 있는 환경을 구축해 그들이 영화를 관람할 수 있게 되었다. 초기에 만들어진 배리어프리영화는

---

10) 권정인, 「인클루시브 디자인 평가를 위한 공간 특성 분석에 관한 연구: 박물관 공간 분석을 중심으로」, 숭실대 석사학위논문, 2015, 20면 참조.
11) 「'배리어프리' 넘어 모두를 위한 통합의 디자인」, 『에이블 뉴스(Ablenews)』, 2015.12.11.
12) 변민수·남용현, 앞의 책, 127면.

장애인이 느끼는 장벽을 제거한다는 목적으로 만들어졌기 때문에 배리어프리 개념을 바탕으로 만들어졌다고 할 수 있다.

영화는 모든 사람들을 대상으로 만들어졌지만 유니버설 디자인의 개념이 반영되지는 않았다. 왜냐하면 영화제작자들이 시청각장애인과 비장애인을 관객으로 설정해 모두에게 적합한 영화를 만든 것이 아니기 때문이다. 그리고 기존의 배리어프리영화가 시청각장애인을 주관객으로 이미 완성된 영화에 화면해설을 입히는 방식으로 화면해설영화를 만들었기 때문에 유니버설 디자인의 개념과는 거리가 있었다.[13] 또 배리어프리영화가 시청각장애인을 주관객으로 제작될 뿐만 아니라 비장애인과 격리된 시간과 공간에서 상영되기 때문에 일부에서는 배리어프리영화가 오히려 장애인의 장애를 부각시킨다고 여기기 시작했다.

이에 일부제작진들은 개봉된 영화에 해설(화면해설과 자막해설)을 삽입하던 기존의 배리어프리영화 제작방식에서 벗어나 영화의 제작단계부터 해설(화면해설과 자막해설)버전을 고려해 제작해야 한다는 주장이 제기되었다. 따라서 2014년부터는 유니버설의 개념을 도입한 새로운 배리어프리영화를 지향하게 되었다. 실제 제4회 서울배리어프리영화제에서는 '유니버설 액세스 시대의 배리어프리영화 보급현황 및 미래'라는 장애인 인식개선을 위한 한일 국제포럼이 개최됐다.[14]

이날 개최된 세미나에서는 '정보보장서비스(UDCast)[15] 웨어러블(wearable)로 콘텐츠의 새로운 미래를 향해'를 주제로 배리어프리영화에 '디지털 워터마킹 음성인식기술'을 도입해 '모두 다 함께 영화를 봅니다'를 실천하는 방안에 대해 논의했다. 이때 사용된 어휘 '모두'는 유니버설 디자인의 개념을 바탕으로 한 것으로 장애 유무와 관계없는 '사람들 전체'를 가리킨다. 이후 배리어프리영화는 기존의 배리어프리의 개념의 수용에서 벗어나 유니버설의 개념 수용으

13) 정기평 외 2인, 『배리어프리 영상연출』, 부산시청자미디어센터, 2016, 5면.
14) 국회교육문화체육관광위원회, 『유니버설 액세스 시대의 배리어프리영화 보급현황 및 미래: 제4회 서울배리어프리영화제 연계기획 장애인인식 개선 한일국제포럼』, 영화진흥위원회, 2014.
15) 제27회 도쿄국제영화제에서 상영된 배리어프리영화는 정보보장서비스(UDCast)를 이용하여 영화본편의 자막과 배리어프리 자막, 영어자막, 화면해설 등을 ACR(Automatic Contents Recognition-자동콘텐츠인식) 기술에 의해 동기화시켜, 자막을 스마트글라스를 통해 제공하고, 화면해설은 스마트디바이스(iOS)를 들을 수 있도록 제공하였다. 이때 자동콘텐츠인식(ACR)기술은 전파와 무선LAN이 필요하지 않기 때문에 영화관의 설비를 최소화할 수 있는 새로운 배리어프리 상영 시스템을 구현할 수 있었다. : 국회교육문화체육관광위원회, 『UDCast 에어러러블(wearable)으로 콘텐츠의 새로운 미래를 향해-배리어프리영화에 도입된 '디지털 워터마킹 음성인식기술'과 향후 전망』, 『유니버설 액세스 시대의 배리어프리영화 보급현황 및 미래: 제4회 서울배리어프리영화제 연계기획 장애인인식 개선 한일국제포럼』, 영화진흥위원회, 2014, 30면.

로까지 확대되었다.

3) 배리어프리영화의 발생과 전개

배리어프리영화와 유사한 개념의 어휘로 화면해설소리영화(畵面解說소리映畵)가 있다. 화면해설소리영화는 시각장애인을 위하여 대중매체의 다양한 영상을 음성으로 설명해 주는 서비스라고 할 수 있다. 화면해설소리영화는 화면해설 서비스(DVS, Description Video Service)에 포함되는 용어로 TV프로그램, 영화, 연극 등 대중매체에서 시각장애인이 인지하기 어려운 행동, 의상, 몸짓 및 기타 장면의 상황 등 영상요소들을 언어로 전환하여 음성으로 설명해주는 서비스를 말하며, 크게 화면해설방송과 화면해설영화로 구분하여 사용되고 있다. 배리어프리 영화는 화면해설 서비스의 화면해설영화에 속한다고 할 수 있다.

과거 라디오 방송 시기에는 시각장애인이 소리로 정보를 해석하고 이해하는 데 불편함 없이 라디오를 청취했다. 그러나 텔레비전이 등장하면서 시각장애인은 영상을 볼 수 없기 때문에 텔레비전 시청에 어려움이 많았다. 청각장애인은 텔레비전에서 수화방송이 제공될 때만 정보를 받아들일 수 있었다. 이처럼 미디어 접근성을 확보할 수 없는 시청각장애인들을 고려해 '화면 해설 서비스'가 마련되었다.

미국은 화면해설 서비스[16]를 1990년 1월 24일 리처드 넬슨의 연극 〈감성과 센스(Sensibility and Sense)〉에서 처음 시작하였다. 화면해설 서비스는 라디오 리딩 서비스(Washington Ear)의 창설자 마가렛 판스티엘(Margaret R. Pfanstiehl)과 청각적 해설 과정을 발전시킨 코디 판스티엘(Cody Pfanstiehl)에 의해서 개발되어 미국의 많은 극장에서 제공되었으며 이후 텔레비전 드라마에도 적용되었다.[17]

이후 미국 장애인방송 서비스는 텔레커뮤니케이션법(1996년)을 발효해 정착시켜 디지털 텔

---

16) 미국은 연방통신위원회(FCC)는 '영상 프로그램의 화면해설방송의 시행(Implementation of Video Description of Video Programming)'을 발간했다. 미국의 '화면해설방송'은 2000년 8월 7일 '보고와 명령(Report and Order)'로 나왔다. 미국은 '장애인의 완전한 참여와 평등'이라는 1981년 세계 장애인의 해의 이념을 근간으로 하고 1990년 미국 장애인법(American with Disability Act, 1990)을 배경으로 이 개념을 발표했다. : Federal communication commission, 김종길 역, 『화면해설방송-Implementation of Video Description of Video Programming』, 방송위원회, 2002, 서문.

17) 『한국민족문화대백과』, 한국학중앙연구원 [네이버 지식백과].

레비전 시스템을 위한 인코딩, 전달, 폐쇄 자막 정보의 디스플레이에 대한 지침을 제공하고 있다. 2012년 1월부터 미국연방통신위원회(FCC)는 텔레비전에서 자막방송으로 송출되는 모든 프로그램의 인터넷 재송출 혹은 재방송 시에 자막 제공을 의무화하는 규정을 발효했다. 이후 2014년 1월부터 FCC는 화면 크기와 기기 종류에 관계없이 모든 영상송출장치(텔레비전, 스마트폰, 태블릿 컴퓨터, DVD 플레이어, 블루레이 등)에서 폐쇄자막 제공을 의무화하였으며, 정확성(accuracy), 타이밍(synchronous), 완성도(program completeness), 자막위치(placement)를 기준으로 하는 새로운 질적 기준을 도입해 평가하고 있다.[18]

영국에서는 1990년대 이후 장애인방송 서비스 관련 법안이 제정되었고, 2003년 〈커뮤니케이션법〉(Communication Act)을 근거로 오프콤(Ofcom)이라는 규제기관에서 2004년에 '텔레비전 액세스 서비스 코드(Code on Television Access Service)'를 공표해 장애인방송서비스의 제도적 틀을 마련해 시행하고 있다. 장애인방송서비스 코드가 2010년과 2012년에 개정되면서, 규제 대상자와 서비스별 달성 목표치, 의무 대상 예외 조항, 관련 서비스 질에 대한 평가 내용을 담아 시행중이다. 영국은 보편적 서비스에 대한 논의를 공공서비스 방송사(Public Service Broadcasting, PSB)를 중심으로 논의했다.

이들은 2003년 커뮤니케이션법을 통해 시청각장애인들의 텔레비전 접근 서비스에 대한 방송법을 개정해 시행하고 있다. 또한 영국은 2004년 7월에 '시청각장애인의 텔레비전 접근 서비스에 관한 규칙(Code on Television Access Service, 이하 코드라고 부름)'을 마련해 방송 서비스 사업자들은 장애인방송 서비스 즉 자막(subtitling) 수화(sign language), 화면해설(audio description) 방송을 논하기 시작했다.[19]

미디어 분야에서 세계 최초로 배리어프리 방송이 송출된 것은 1983년 일본의 니혼TV(NTV)를 통해서였다. 우리나라의 경우 1995년에 짐 캐리의 표정연기로 인기를 모았던 영화 〈마스크〉(1994, 척 러셀)가 애니메이션비디오로 출시하면서 청각장애인용 수화자막 비디오를 출시한 바 있다.[20] 이 판매용비디오는 총 2편으로 출시되었으며 국내 최초로 청각장애인을 위한 수

---

18) 주정민, 『해외선진국과 국내장애인방송 운영제도비교연구』, 방송통신위원회, 2014, 64면.

19) 주정민, 위의 책, 38면.

20) 이 영화의 배급사는 중소프로덕션인 RGB이었다. 만화 〈마스크〉는 영화 〈마스크〉를 만든 독립제작사 뉴라인시네마가 미국 CNN(Cable News Network)방송사의 모 기업인 TBS(터너방송사)에 합병된 뒤 제작된 것으로 CNN이 보도뿐만 아니라 만화영화에서도 세계를 제패했다는 점에서 언론의 눈길을 모았다. 이 판매용비디오는 총2편으로 재편집돼 출시되었으며 국내 최초로 청각장애인을 위한 수화자막비디오와 한글 영문 우리말 더빙의 네 가지

화자막비디오와 한글, 영문, 우리말 더빙의 4가지 형태로 출시되었다는 점에서 의미 있는 행보였다. 그러나 이 영화는 시각장애인을 위한 화면해설이 누락되어서 최초의 화면해설방송이라고 보기 어렵다. 그래서 국내 최초의 화면해설방송은 2002년 MBC에서 방영된 드라마 〈전원일기〉에서 비롯되었다고 보는 것이 일반적이다. 이후 화면해설방송은 방송ㆍ영화 영역으로 그 폭이 점점 확대되고 있다.[21] 국립장애인도서관에서는 장애인들을 위한 화면해설 영상자료를 탑재해 시청각장애인들이 온라인으로 활용할 수 있도록 지원하고 있다.

우리나라 드라마에서부터 시작된 배리어프리가 영화에 적용된 시간은 얼마 되지 않는다. 비록 청각장애인을 위한 것으로 만들어진 수화자막비디오(1995)였지만 짐 캐리 주연의 〈마스크〉 이후에 장애인을 위한 영상물 제작은 더 이상 이뤄지지 않았다. 1998년에 한 기고자는 「자막 없는 국내영화 청각장애인 소외감」이라는 제목의 글을 신문사에 투고했다. 이 글에는 '할리우드영화를 보면 달러가 새나간다는 사실 때문에 꺼림칙해서 한국영화를 보려고 해도 청각장애인을 위한 자막이 제공되지 않아 불편하다'는 청각장애인의 영화관람상의 어려움에 대한 내용이 실렸다.

뿐만 아니라 당시 한 기관의 조사결과에 의하면 청각장애인 10명 가운데 9명이 한국영화를 본 적이 없었으며, 결국 수많은 청각장애인들은 한국영화를 외면했다고 한다. 이들은 자신들이 한국영화를 외면하는 이유를 장애인에 대한 배려가 전무하기 때문임을 지적하면서 청각장애인용 비디오테이프 제작이 시급함을 호소했다.[22]

우리나라에 배리어프리의 개념이 도입되기 전 시청각장애인들의 방송 및 영화 관람을 위한 서비스는 '화면해설 및 한글자막'이라는 명칭으로 불렸다. 화면해설이 국내에 처음 도입된 것은 1999년으로 미국의 보스턴 공영 방송국(WGBH)재단 산하 장애인방송 센터를 벤치마킹하면서부터였다.[23] 이후 영화와 TV 방송분야에서 동시에 화면해설 작업이 시작된 시기는 2000년도부터라고 할 수 있다.

그러나 우리나라의 시청각장애인들의 영화(영상)에 대한 관람 욕구는 2000년 이전부터 조

형태로 출시되었다. 『동아일보』, 1995.11.30. 37면.

21) 유승관ㆍ김정희, 『장애인을 위한 화면해설론』, 시간의물레, 2015, 10면.

22) 『한겨레』, 1998.01.15.7면.

23) 김혜원ㆍ이지은, 「시각장애인을 위한 배리어프리영화의 국내 제작현황 및 표현양식 연구」, 『영상문화콘텐츠연구』6, 동국대학교 영상문화콘텐츠연구원, 2013, 114면.

금씩 증가하기 시작했다. 그렇지만 그 당시에는 시청각장애인이나 휠체어[24]를 사용하는 이들에게 극장은 접근하기 힘든 곳이었다. 가끔 '장애인영화제' 등의 행사를 통해 장애인들이 영화를 관람하는 것이 전부였다. 2005년 이후 장애인들의 영화 관람 욕구를 해소시켜 주기 위해서 '한국영화 한글자막 화면해설 상영사업'이 진행되었으나 화면해설영화는 턱없이 부족했다.[25]

'장애인 영화 관람권 확보를 위한 공동대책위원회'(이하 공대위)는 2010년 상영된 168편의 한국영화 중 일반 극장에서 시청각장애인을 위해 한글자막이나 화면해설을 제공한 영화는 15편으로 한국영화의 90% 이상을 장애인들이 제대로 관람할 수 없었다고 주장했다. 이처럼 장애인들은 영화관에서 영화를 관람할 수가 없었다. 즉 미디어를 이용할 수 있는 권리의 장벽은 현실적으로 매우 컸다.

결국 2011년 제48회 대종상 시상식 행사장 레드카펫 앞에서 시청각장애인들의 현장농성이 발생했다. 청각장애인이 주인공으로 등장하는 〈도가니〉(2011, 황동혁)[26]가 개봉되었을 때조차 영화가 상영되는 전국 509개 스크린 중 약 4%인 20개 정도만 자막 서비스가 겨우 실행됐다. 자막을 입히는 상영관도 도시 대형 영화관이 대부분이었으며 상영 횟수도 일일 1회 정도에 그쳐 장애인들로부터 원성이 끊이지 않았다. 특히 〈도가니〉는 제작업체에서 자막을 직접 만드는 등 자막 상영에 적극적이었다. 그러나 상영관들은 "비장애인 관객들이 싫어한다"라는 이유로 자막 상영에 소극적인 태도를 보여 시청각장애인들을 위한 영화 상영이 제대로 이뤄지지 않았다.

"우리도 한국영화를 보게 해 달라"[27]라는 시청각장애인의 외침은 개정된 〈영비법〉(영화와 비디오에 관한 법률)에서 한국영화 의무상영이라는 결실을 맺었다. 그리고 2010년에는 〈장애인차별금지법〉이 개정되었다.

---

24) 미국에서는 배리어프리를 휠체어를 이동하는 것과 관련된 용어라고 말하는 사람이 있다. 제2차 세계대전, 한국전쟁, 베트남전쟁으로 다친 사람이나 소아마비에 걸린 사람들 대부분은 휠체어 사용자였기 때문이다. : 요시히코 가와우치, 홍철순 · 양성용 역, 앞의 책, 16면.

25) 배리어프리영화는 2005년 영화진흥위원회 영화 향유층 강화 사업으로 한국농아인협회에 위탁해 매년 15편의 화면해설과 한글자막 서비스를 제공했지만 2009년 배리어프리영화 제작과정에서의 작품 사전 유출 가능성이 제기돼 매년 7~8편으로 줄었다. : 『여성신문』, 2016.09.08.

26) 2011년 9월 22일 개봉.

27) 2011년 10월 17일 제 48회 대종상 영화 시상식이 있었다. 당시 최우수 작품상은 〈고지전〉, 남우주연상 박해일(〈최종병기 활〉), 여우주연상 김하늘(〈블라인드〉), 남우주연상 조성하(〈황해〉), 여우주연상 심은경(〈로맨틱 헤븐〉)이 수상했다.

〈장애인차별금지 및 권리구제 등에 관한 법률〉[28]
〈개정 2010.5.11., 2016.2.3.〉

제21조(정보통신·의사소통 등에서의 정당한 편의제공의무-③「방송법」제2조제3호에 따른 방송사업자 와 「인터넷 멀티미디어 방송 사업법」 제2조제5호에 따른 인터넷 멀티미디어 방송사업자는 장애인이 장애인 아닌 사람과 동등하게 제작물 또는 서비스를 접근·이용할 수 있도록 폐쇄자막, 한국수어 통역, 화면해설 등 장애인 시청 편의 서비스를 제공하여야 한다.

상영관 사업자의 장애인에 대한 정당한 편의 제공 부분은 의무조항이 아닌 임의조항이라서 영화관들은 이를 적극적으로 시행하지 않았다. 이후 시청각장애인들의 영화 관람을 위해 우리나라 최초로 2011년 10월 12일 '배리어프리영화 설립 추진위원회'가 발족되었다. 일본의 배리어프리영화에서 영향을 받은 영화사 '조아'의 이은경 대표와 임순례 감독, 영화사 마운틴 픽쳐스 이재식 대표 등의 영화인들이 구성원으로 참여했다.[29]

배리어프리영화 설립 추진위원회가 발족된 이후 2011년 10월 '제1회 배리어프리영화 심포지엄'을 기점으로 본격적인 배리어프리영화가 만들어지기 시작했다. 이 영화제에서는 감독이자 배우인 양익준이 연출하고 배우 엄지원과 류현경이 사운드 작업에 참여한 일본영화 〈술이 깨면 집에 가자〉(2010, 히가시요이치)를 비롯해 한국영화 〈블라인드〉(2011, 안상훈)[30]와 애니메이션 〈마당을 나온 암탉〉(2011, 오성윤)[31]이 상영되었다.

영화제가 아닌 일반극장 개봉으로 일반 버전과 배리어프리 버전이 동시에 개봉된 영화는 일본영화 〈마이 백 페이지〉(2012, 야마시타 노부히로)가 최초이다. 〈거울 속으로〉(2003, 김성호)는 김성호 감독이 배리어프리영화 버전 연출에 참여했고, 한효주가 음성 해설을 맡았으며, 김동욱, 서준영, 유다인 등의 배우들이 성우로 참여했다.[32] 이 영화는 일본의 종합무역상사인 '스

---

28) 장애인차별금지법에 의해 영화관 사업자가 장애인에 대한 정당한 편의를 의무적으로 제공해야 하는 시기는 2015년으로 정해졌다.

29) 『스포츠조선』, 2011.10.12.

30) 한국 최초의 배리어프리영화.

31) 황선미 작가의 〈마당을 나온 암탉〉(2000)은 양계장을 뛰쳐나온 암탉의 도전과 자유, 모성애 등을 그린 작품이다. 2011년 7월 명필름에 의해 애니메이션 영화로 제작됐다. 기획 및 시나리오 개발에만 3년, 애니메이션 제작에 2년, 후반 작업에 1년 등 총 제작기간만 6년이 걸렸다.

32) 「배리어프리영화 QnA」, 『네이버 매거진-스페셜 리포트』, 2012.03.20.

미토모상사[33]가 한국의 배리어프리영화 활성화를 위해 배리어프리영화 설립추진위원회와 손잡고 만들었다.

우리나라 최초 배리어프리 제작 영화
(제14회 부산국제영화제(2009))

우리나라 최초 · 한국영화 최초 극장 동시 개봉
배리어프리영화

〈그림 4〉 우리나라 최초 및 한국 최초 배리어프리영화[34]

배리어프리영화는 배리어프리영화 설립추진위원회가 만들어지면서 기존의 한글자막과 상황을 간단하게 설명해 주는 음성을 넣은 영화와 달리 대사자막은 세로로, 영화를 이해하는 데 필요한 자막은 가로로 써서 청각장애인들의 이해를 도왔다. 뿐만 아니라 시각장애인을 위해서 대사 중간에 영화 속에서 벌어지는 상황을 구체적이고 생동감 있게 설명하는 성우의 내레이션을 입혔다. 이는 초기 배리어프리의 개념에 부합하는 개념으로서 적절한 대응방안이었다.

초기 배리어프리영화의 창작자는 감독이 직접 참여하고 시청각장애인 모니터 및 전담 연출팀을 구성해 보다 입체적이고 깊이 있는 해설 버전과 음악, 효과음, 상황설명 자막, 음성해설을 삽입하고 전문 배우, 성우의 음성해설을 표방해 풍부한 감정 표현과 주제를 전달했다. 영화감독과 배우 그리고 전문 성우 등이 주도해 배리어프리영화를 만들었기 때문에 장애인과 비장애인이 함께 보며 즐기기에 부족함이 없었다. 뿐만 아니라 고령자나 한국어에 익숙하지 않은 외국인들과 다문화 가정 이주여성이나 노동자들도 쉽게 즐길 수 있도록 제작했다.

---

33) '스미토모상사'는 2004년부터 지속적으로 2010년까지 총 18편의 배리어프리영화를 제작했다. 일본에서 개봉되는 연간 800~900편의 영화 중 개봉과 동시에 배리어프리화 되고 있는 영화는 4~5편 정도이다. 그 중 3편 정도의 작품이 스미토모상사의 주도 하에 제작 · 배급 · 상영되고 있다. 『웰페어뉴스』, 2011.11.25.
34) 사진 : 네이버 영화 포스터 캡처

〈표 3〉 제1회 배리어프리영화 심포지엄[35]

2011년 제1회 배리어프리영화 심포지엄	
	■ 일시: 2011년 10월 28일~31일 ■ 장소: 한국영상자료원 ■ 상영작: 2편 〈술이 깨면 집에 가자〉, 〈블라인드〉) ■ 배리어프리영화 심포지엄:2011년 10월 31일 ■ 주제-일본의 배리어프리영화 제작 및 현 상황 / 한국에서 배리 어프리영화 제작하기/ 한국적 배리어프리영화를 위한 합동토론 ■ 공동주최: 배리어프리영화 설립추진위원회, 한국영상자료원, 부 천문화재단 ■ 주관: 배리어프리영화 설립추진위원회

2011년 10월28일부터 4일간 시네마테크 한국영상자료원(Korean Federation of Film Archives, KOFA)에서 '배리어프리영화 상영회 및 심포지엄'을 개최했다. 배리어프리영화 설립 추진위원회와 부천문화재단, 한국영상자료원이 공동으로 주최한 이 행사에서는 영화 〈술이 깨면 집에 가자〉(2010, 히가시요이치)와 〈블라인드〉(2011, 안상훈)를 시각장애인을 위한 화면해설과 청각장애인을 위한 자막영상으로 상영했다. 5회 상영에 530명이 관람했다.

국내에서 제작된 모든 영화가 배리어프리영화로 완성되기까지 막대한 예산이 소요된다. 실제 일본의 경우 배리어프리영화 제작비로 편당 1천500만 원에 가까운 비용이 들었다고 한다. 국내에선 아직 수익성이 낮다는 이유로 영화 제작자나 투자자들이 배리어프리영화 제작에 관심을 기울이지 않고 있다. 배리어프리영화가 공공 시민들에게 확대 보급되기 위해서는 정부와 대기업의 지원이 반드시 필요하다.

왜냐하면 이미 완성된 영화를 배리어프리영화 버전으로 만들기 위해서는 비용의 문제뿐만 아니라 저작권과 관련된 문제도 제기되기 때문이다. 2011년 당시 배리어프리영화 설립추진위원회의 보고에 따르면 한 편의 영화를 배리어프리영화 버전으로 만드는 데 편당 2천~3천만 원

---

35) (사)배리어프리영화위원회(Korean Barrier Free Film Committee, KOBAFF)

상당의 제작비가 투입된다고 한다.[36] 그렇기 때문에 배리어프리영화 제작을 위해서는 배급사, 투자사들과 추진위의 저작권 위탁대행 계약 체결이 선행되어야 한다. 뿐만 아니라 배리어프리영화 설립추진위원회는 배리어프리영화가 활성화되기 위해서 실력있는 영화감독들이 직접 배리어프리영화 제작에 참여해야 한다고 논했다. 왜냐하면 그렇게 해야만 자신이 영화에 담고자 했던 작품의 의도가 손상되지 않고 제대로 시청각장애인들에게 전달될 수 있기 때문이다.

2012년에 개봉한 631편의 영화 중 청각장애인을 위한 한글자막과 시각장애인을 위한 화면해설이 이루어진 영화가 약 20편 정도로 전체 영화 편수의 3%미만이었다. 그리고 서울 시내 영화관 전체 관람석 중에서 장애인 전용좌석 또한 3% 이하, 장애인 전용좌석이 있는 공연장은 5곳 정도밖에 되지 않았다.[37] 그럼에도 불구하고 2012년은 의미 있는 해라고 할 수 있다. 왜냐하면 한국영화사상 최초로 〈달팽이의 별〉(2012, 이승준)의 배리어프리 버전영화가 일반 영화와 극장에서 동시 개봉이 이루어진 해였기 때문이다.

〈표 4〉 제2회 배리어프리영화 포럼[38]

2012년 제2회 배리어프리영화 포럼	
	■ 일시: 2012년 11월 15일~18일 ■ 장소: 한국영상자료원 ■ 개막작: 〈엄마까투리〉 화면해설 라이브공연 ■ 상영작: 8편 (〈엄마까투리〉, 〈도둑들〉, 〈마당을 나온 암탉〉, 〈달팽이의 별〉, 〈도가니〉, 〈완득이〉, 〈마이 백 페이지〉, 〈소중한 사람〉) ■ 한일국제포럼: 2012년 11월 16일 ■ 주제: 효율적인 영화의 화면해설을 위하여 ■ 공동주최: (사)배리어프리영화위원회, 한국영상자료원 ■ 주관: (사)배리어프리영화위원회

36) 『노컷뉴스』, 2011.11.11.
37) 「착한영화나눔-배리어프리영화」, 『LG케미토피아』, 2014.8.14.
38) (사)배리어프리영화위원회(KOBAFF)

〈달팽이의 별〉은 개봉 전에 기획, 개발, 프로덕션, 해외 홍보 마케팅까지 한국을 비롯한 일본, 프랑스, 핀란드, 미국 등 전 세계 10개국이 제작에 참여한 글로벌 프로젝트로서 제24회 암스테르담 국제 다큐멘터리 영화제에서 장편부문 대상을 수상한 작품이다. 이 영화는 김창완의 내레이션으로 진행된 화면해설이 장애인뿐만 아니라 비장애인도 영화를 관람하는 데 적절한 도움을 주었다고 평가되고 있다. 왜냐하면 시청각중복장애인인 주인공이 다른 사람과 소통하기 위해 손을 이용하는 데 일반 관객은 화면해설 없이 영상을 이해하기 어려웠기 때문이다.[39]

| 제2회 배리어프리영화제 개막식 | 실시간 속기를 진행 중인 CAS 속기사 |

〈그림 5〉 2012 배리어프리영화제, CAS 속기 실시간 자막[40]

뿐만 아니라 '2012년 배리어프리영화제'의 개막식에서는 속기사들이 '스마트 카스(SMATR CAS-Computer Aided Steno-machine) 속기'를 사용해 실시간현장속기를 했다. 대형스크린의 오른쪽에 준비된 스크린으로 속기사들이 속기한 내용이 자막으로 제공되었다. 이날 행사에서는 우리나라 최초의 시각장애인 아나운서 이창훈과 성우 서혜정이 사회를 맡았다.

---

39) 김혜원·이지은, 앞의 논문, 119면.
40) 「'2013 배리어프리영화제', CAS 속기 실시간자막」, 사단법인한국스마트속기협회, 2013.11.29. (http://www. smartsteno.org/l=4047)

〈표 5〉 제3회 배리어프리영화제[41]

2013년 제3회 배리어프리영화제	
	■ 일시: 2013년 11월 28일~12월 1일 ■ 장소: 한국영상자료원 시네마테크(KOFA) ■ 개막작: 리슨 투 더 무비 + 〈천국의 속삭임〉 ■ 폐막작: 〈더 테러 라이브〉 ■ 상영작: 7편(〈천국의 속삭임〉, 〈그대를 사랑합니다〉, 〈7번방의 선물〉, 〈터치 오브 라이트〉, 〈위 캔 두 댓!〉, 〈엔딩노트〉, 〈더 테러 라이브〉) ■ 한일국제포럼: 2013년 11월 29일 ■ 주제: 배리어프리영화에서의 자막과 수화: 일본의 사례 발표 ■ 주최: (사)배리어프리영화위원회 ■ 주관: (사)배리어프리영화위원회, 한국영상자료원

2013년 제3회 배리어프리영화제에서도 속기사들이 '스마트CAS속기'를 이용해 당일 행사와 관련된 내용을 실시간으로 자막을 제공했다. (사)배리어프리영화위원회는 〈터치 오브 라이트〉(2013, 장영치)와 〈위 캔 두 댓!〉의 배리어프리 버전 제작비를 한국문화예술위원회로부터 지원받아 제작했다.[42] 뿐만 아니라 (사)배리어프리영화위원회는 11월에 열린 제3회 배리어프리영화제도 한국문화예술위원회로부터 받은 후원금으로 행사를 진행했다.

실시간 속기를 진행 중인 CAS 속기사

대형모니터에 실시간 제공되는
CAS 속기사가 속기한 한글자막

〈그림 6〉 2013 배리어프리영화제, CAS 속기 실시간 자막[43]

---

41) (사)배리어프리영화위원회(KOBAFF) (https://www.barrierfreefilms.or.kr/untitled-c1a4f)
42) 「2013년 기부금사업 지원내역」, 한국문화예술위원회, http//www.arko.or.kr 참조.
43) 「'2013 배리어프리영화제', CAS 속기 실시간자막」, 사단법인한국스마트속기협회, 2013.11.29.

앞서 언급했듯이 배리어프리영화 제작에는 많은 비용이 들어가기 때문에 제작에 어려움이 따른다. 그러므로 한국문화예술위원회의 배리어프리영화 제작과 관련된 후원 사업은 배리어 프리영화 발전에 의미 있는 행보라 할 수 있다.

〈그림 7〉 배리어프리영화제 재능기부 연예인 한효주[44]

제3회 배리어프리영화제가 열리는 동안 한일국제포럼행사가 '배리어프리영화에서의 자막과 수화-일본의 사례 발표'를 주제로 개최되었다. 이 행사에서 '사회적 기업인 AUD(Auditory Universe Design, AUD)사회적협동조합'이 청각장애인을 위한 실시간 자막제공을 위해 쉐어타이핑 시범 서비스를 제공했다.

배리어프리영화위원회는 2011년 '배리어프리영화포럼'으로 시작된 배리어프리영화제의 명칭을 다른 배리어프리영화제와 차별화하기 위해 '제4회 배리어프리영화제'가 아닌 '제4회 서울 배리어프리영화제(4th Seoul Barrier -free Film Festival, SeBaFF)'로 공식명칭을 변경했다.[45]

이날 개막작은 〈반짝반짝 두근두근〉(2014, 김태균)이 상영되었고 폐막작으로 〈군도:민란의 시대〉(2014, 윤종빈)가 상영되었다. 천만 관객의 영화인 〈변호인〉(2013, 양우석)의 배리어프리 버전과 배우 공유의 화면해설로 제작된 다큐애니메이션 〈피부색깔=꿀색〉(2014, 융, 로랑 브왈로) 배리어프리 버전도 상영되었다.

2014년에는 배리어프리영화위원회가 한국문화예술위원회로부터 후원금을 받아 〈늑대아이〉 배리어프리 버전을 제작했다.[46] 〈늑대아이〉(2012, 호소다마모루) 배리어프리 버전은 민규동 감독과 배우 한지민이 백 퍼센트 재능기부 형태로 제작에 참여했다.

---

44) 사진 : 「영남일보」, 2013.12.09. 사진 캡쳐.
45) (사)배리어프리영화위원회의 주요활동 참조. http://barrierfreefilms.or.kr/page_JhHe80.
46) 「2014년 기부금사업 지원내역」, 한국문화예술위원회, http://www.arko.or.kr 참조.

〈표 6〉 제4회 서울배리어프리영화제[47]

2014년 제4회 서울배리어프리영화제	
	■ 일시: 2014년 11월 13일~16일 ■ 장소: 한국영상자료원 시네마테크(KOFA) ■ 개막작: 〈반짝반짝 두근두근〉 ■ 폐막작: 〈군도: 민란의 시대〉 ■ 상영작: 9편 (〈반짝반짝 두근두근〉, 〈변호인〉, 〈어네스트와 셀레스틴〉, 〈수상한 그녀〉, 〈모모와 다락방의 수상한 요괴들〉, 〈신촌 좀비만화〉, 〈피부색깔=꿀색〉, 〈늑대아이〉, 〈군도: 민란의 시대〉) ■ 한일국제포럼: 2014년 11월 28일 ■ 주제: 유니버설 액세스 시대의 배리어프리영화 보급 현황 및 미래 ■ 주최: (사)배리어프리영화위원회 ■ 공동주관: (사)배리어프리영화위원회, 한국영상자료원

〈표 7〉 제5회 서울배리어프리영화제[48]

2015년 제5회 서울배리어프리영화제	
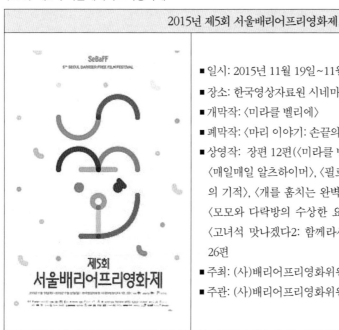	■ 일시: 2015년 11월 19일~11월 22일 ■ 장소: 한국영상자료원 시네마테크 KOFA 1,2관 ■ 개막작: 〈미라클 벨리에〉 ■ 폐막작: 〈마리 이야기: 손끝의 기적〉 ■ 상영작: 장편 12편(〈미라클 벨리에〉, 〈이별까지 7일〉, 〈족구왕〉, 〈매일매일 알츠하이머〉, 〈필로미나의 기적〉, 〈마리 이야기: 손끝의 기적〉, 〈개를 훔치는 완벽한 방법〉, 〈어네스트와 셀레스틴〉, 〈모모와 다락방의 수상한 요괴들〉, 〈피부색깔=꿀색〉, 〈사도〉, 〈고녀석 맛나겠다2: 함께라서 행복해〉) + 중단편 애니메이션 26편 ■ 주최: (사)배리어프리영화위원회 ■ 주관: (사)배리어프리영화위원회, 한국영상자료원

47) (사)배리어프리영화위원회(KOBAFF).
48) (사)배리어프리영화위원회(KOBAFF).

이 행사에서는 〈개를 훔치는 완벽한 방법〉(2014, 김성호), 〈마리 이야기: 손끝의 기적〉(2014, 장피에르 아메리), 〈족구왕〉(2014, 우문기), 〈피부색깔=꿀색〉 등 장편 12편과 중단편 26편이 상영되었다. 개막작인 〈미라클 벨리에〉는 영화 상영과 함께 밴드 공연과 수화 통역을 진행했다. 이번 행사에서 진행된 단편 애니메이션 24편은 서울시의 '2015 단편애니메이션 페스티벌 지원사업'의 일환으로 한글자막 단편 애니메이션을 3가지 주제로 나누어 상영했다. 각각의 주제는 '모두', '장벽 없이', '함께 보다'로 배리어프리영화제의 의미를 되새기는[49] 자리였다.

배리어프리영화위원회는 〈어네스트와 셀레스틴〉(2014, 뱅상 파타)와 〈개를 훔치는 완벽한 방법〉을 한국문화예술위원회로부터 후원금을 지원받아 배리어프리 버전을 제작했다.[50]

〈표 8〉 제6회 서울배리어프리영화제[51]

2016년 제6회 서울배리어프리영화제	
	■ 일시: 2016년 11월 10일~11월 13일 ■ 장소: 한국영상자료원 시네마테크 (KOFA) 1,2관 ■ 개막작: 〈소중한 날의 꿈〉 ■ 폐막작: 〈동주〉 ■ 상영작: 장편 12편(〈소중한 날의 꿈〉, 〈동주〉, 〈계춘할망〉, 〈달에 부는 바람〉, 〈콰르텟〉, 〈고녀석 맛나겠다2: 함께라서 행복해〉, 〈시간을 달리는 소녀〉, 〈앙리 앙리〉, 〈시티 라이트〉, 〈밀정〉, 〈위 캔 두 댓!〉, 〈매일매일 알츠하이머〉) + 중단편 애니메이션 27편 ■ 주최: (사)배리어프리영화위원회 ■ 주관: (사)배리어프리영화위원회, 한국영상자료원

2016년 11월 10일에 시작된 제6회 서울배리어프리영화제에서는 영화제 개막작으로 〈소중한 날의 꿈〉(2011, 안재훈·한혜진)의 배리어프리 버전을 상영했다. 이 영화는 '2016배리어프리영화 홍보대사'인 배우 김정은이 화면해설을 맡았다. 폐막작으로는 이준익 감독이 연출한

49) 「제5회 서울배리어프리영화제19일 팡파르」, 『에이블뉴스』, 2015.11.05.
50) 「한국문화예술위원회 기부금 지원 사업 현황」, 한국문화예술위원회, 2015.03.19.
51) (사)배리어프리영화위원회(KOBAFF).

〈동주〉(2016, 이준익)가 선정되었다. 배리어프리 버전의 〈동주〉는 영화진흥위원회의 '장애인 영화 관람환경 확대를 위한 한글자막·화면해설영화 제작사업'을 통해 만들어진 작품으로, 한 국시각장애인연합회와 한국농아인협회가 함께 참여해 완성도를 높였다. 이외에도 영화제는 화면해설 라이브 상영작, 후원회원들을 위한 특별상영작, 단편애니메이션 상영작 등 장편 12편과 단편 27편으로 구성된 다양한 작품을 상영했다.

2011년부터 2016년에 이르기까지 배리어프리영화위원회뿐만 아니라 곳곳에서 화면해설영화에 관심을 가지고 배리어프리영화 상영에 참여하고 있다. 〈장애인차별금지 및 권리구제 등에 관한 법률〉(이하 장애인차별금지법) 제24조[52]뿐만 아니라 제21조[53]에서 장애인을 위한 문화향유권을 권고하고 있다. 이에 영화진흥위원회와 한국농아인협회 그리고 한국시각장애인연합회와 CJ CGV가 공동으로 주최해 한국영화의 정책사업을 펼치기 시작했다.

이 사업은 시청각장애인들의 동등한 문화향유권 보장을 위해 한국영화 관람이 가능하도록 한글자막과 화면해설을 제공하여 장애인들이 문화 소비자로서 주체적 권리를 행사할 수 있도록 하는 것을 목적으로 시행되었다. 2009년도 CJ CGV가 신도림, 대전, 부산, 제주, 수원, 마산 6개소, 롯데시네마는 일산, 대구, 구미, 울산, 인천, 건대입구 6개소, 프리머스는 전주(휴관), 순천, 부천, 청주, 강릉 5개소, 씨너스는 천안 1개소로 총 18개소에서 연중 시청각장애인들을 대상으로 한글자막과 화면해설을 제공했다.

전국 17곳의 극장은 매월 셋째 주 '장애인 영화 관람 주간'의 지정된 시간대(화 19시, 목 14시, 토 10시)에 한글자막과 화면해설을 제공하는 영화를 상영하도록 협의했다. 한편 2013년에는 한국영화 14편(〈타워〉, 〈베를린〉, 〈사이코메트리〉, 〈전설의 주먹〉, 〈7번방의 선물〉, 〈고령화 가족〉, 〈은밀하게 위대하게〉 등)을 상영하고, 화면해설영화 상영사업과 관련된 홍보 팸플릿을 통해 장애인 영화 관람에 대한 인식이 개선되도록 행사를 진행했다.

---

52) "장애인이 문화예술 활동에 참여함에 있어서 장애를 사유로 정당한 사유 없이 제한 배제 분리 거부를 하거나, 형식상으로는 불리하게 대하지 않지만 정당한 사유 없이 장애를 고려하지 아니하는 기준을 적용함으로써 장애인에게 불리한 결과를 초래해서는 안 된다."

53) 정보통신, 의사소통 등에서 장애인에게 정당한 편의제공의 의무가 동조 3항에 동등하게 제작물 또는 서비스를 접근 이용할 수 있도록 '폐쇄자막(음성, 오디오 신호를 TV화면에 자막으로 표시하는 서비스), 수화통역, 화면해설 등 장애인 시청 편의서비스'를 제공해야 함.

〈표 9〉 한국영화정책사업 한글자막과 화면해설 제공 영화 상영관[54]

구분	극장명	지역명	개소수	비고
2009년	CJ CGV	신도림, 대전, 부산, 제주, 수원, 마산	6개소	18 개소
	롯데시네마	일산, 대구, 구미, 울산, 인천, 건대입구	6개소	
	프리머스	전주(휴관), 순천, 부천, 청주, 강릉	5개소	
	씨너스	천안	1개소	
2010년 신규	예정	광주광역시, 경상북도, 경상남도, 경기남부	4개소	
2013년	CJ CGV	광주터미널, 구로, 구미, 대구현대, 대전, 북수원, 순천, 부산 아시아드, 울산, 원주, 왕십리, 인천, 전주, 제주, 창원더시티, 천안, 청주북문, 익산, 안산	19 개소	19 개소
계			41개소	

이 행사 이후 2012년 3월 29일 CJ CGV가 영화진흥위원회, CJ E&M과 '장애인의 영화 관람 환경 개선'을 위한 업무협약(Memorandum of Understanding, MOU)를 체결했다. 이 협약으로 시청각장애인을 위한 한글자막 및 화면해설이 들어간 영상물이 2012년 4월 17일 이후 매월 셋째 주 화요일 오후 7시에 전국 CGV 11개 극장에서 상영되었다.

2013년에는 극장으로 나올 수 없는 시청각장애인을 위해 한글자막과 화면해설이 포함된 한국영화DVD 보급 사업이 진행되었다. 한국농아인협회와 한국시각장애인연합회는 영화진흥위원회, CJ CGV, CJ E&M의 후원을 받아 장애인영화관람데이에서 상영된 영화를 DVD로 제작해 무료(시각장애인 250개, 청각장애인 250개)로 보급했다.[55]

뿐만아니라 장애인 관람용 DVD를 한 편당 800개를 제작해 국립중앙도서관, 장애인 특수 도서관 등 전국 125개 기관에도 무료로 보급했다. 이는 2011년 10월부터 장애인정보문화누리가 CGV를 대상으로 국가인권위원회가 진정하고, 장애인영화 관람권 공대위의 활동을 통해 성취되었기에 의미가 있다.

2013년 8월을 기준으로 CGV가 장애인영화관람데이에 상영한 영화를 분석한 결과 총 18편의 최신 한국영화가 한글자막 및 화면해설과 함께 상영되어 시청각장애인 약 2만 명에게 영화

54) 「한국영화정책사업」, (사)한국농아인협회.
55) 『웰페어뉴스』, 2013.10.15.

관람의 기회를 선사한 것으로 조사되었다. CGV의 장애인영화관람데이는 국내 배리어프리영화 서비스 개선에 큰 전환점이 되었다. 2012년에 CGV가 펼친 장애인영화관람데이를 통해 상영된 영화를 약 1만1천 명의 관객이 관람했으며, 평균 객석점유율 50.3%를 기록해 시청각장애인들의 영화 관람 환경이 크게 향상되었다고 영화진흥위원회에서 보고한 바 있다.[56] 장애인영화관람데이가 이제는 어느 정도 정착되어 2016년 현재, 약 9만여 명의 시청각장애인이 전국 40여 개의 상영관에서 매달 3회 영화를 볼 수 있게 되었다. 메가박스에서도 '공감데이'를 운영해 매달 첫째 목요일에 배리어프리영화를 상영하고 있다.

그러나 시청각장애인의 입장에서는 이 행사가 정해진 날짜와 시간에 정해진 공간에서 지정된 좌석에 앉아 영화를 관람하게 되어 여간 불편한 것이 아니라고 한다. 이는 비장애인이 장애인을 배려한다는 선의의 의도가 오히려 장애인을 일반 관객과 분리시키는 결과를 초래한 것이다. 이처럼 장애인을 위한 정책이 오히려 장애인을 일반 관객이 아닌 동정의 대상으로 전락시켜 원래 의도가 퇴색되지 않도록 유의해야 한다. 2016년 1월에 장애인들은 시청각장애인들이 원하는 영화를 원하는 공간과 시간에 자유롭게 볼 수 있도록 해달라는 명목으로 차별구제청구소송을 제기해 새로운 변화를 준비 중이다.

2. 영상문화콘텐츠와 배리어프리 화면해설

1) 영상문화콘텐츠

21세기는 세대를 불문하고 수많은 사람들이 아침에 눈을 뜸과 동시에 각양각색의 영상물을 접하며 살고 있다. 집집마다 스마트 TV와 컴퓨터 그리고 각종 전자제품의 모니터가 있으며 밖으로 나가면 거리마다 옥외광고뿐만 아니라 곳곳에 영상을 상영하는 스크린을 볼 수 있게 되었다. 인간의 손에서 떨어지지 않는 스마트폰, 노트북, 게임기 등에서도 쉴 새 없이 영상물이 넘쳐나고 있다. 넘쳐나는 영상물을 통해서 개인은 다양한 지식을 얻기도 하고, 기업은 영상마케팅을 통해 수익을 올리기도 한다. 또 영상은 이미지로 상대방을 설득해 사회적 · 정치적인 변화를

---

56) 『웰페어뉴스』, 2013.4.19.

일으키기도 하며 대중문화를 형성하기도 한다.

이러한 영상은 한문으로 '빛 영'자에 '형상 상'자를 써서 영상(映像)이라고 표기한다. 즉 빛의 작용에 의해 만들어진 상이라는 뜻이다. 영상의 사전적 의미는 명사로 '① 광선의 굴절 또는 반사에 따라 물체의 상(像)이 비추어진 것, ② 영사막이나 브라운관, 모니터 따위에 비추어진 상, ③ 머릿속에서 그리는 모습이나 광경'으로 정의되고 있다.

초기 '영상'은 이미지(image)를 번역한 의미였다. 이미지는 라틴어인 '이마고(imago)'에서 유래된 말로 '마음속에 상상된 어떤 형태'라는 뜻으로 사용되었다. 그러나 오늘날 이미지의 정의는 기계적인 영상매체에 의한 것뿐만 아니라 회화와 판화 · 애니메이션 등 마음속에 연상되는 상을 포함해서 좀 더 포괄적인 개념으로 사용되고 있다. 즉 영상은 사진영상 · 영화영상 · TV영상 · 비디오 영상 · 스마트폰 영상 · 게임기 영상 · 옥외광고 영상 등을 포괄해 화면에 비추어진 형상의 의미로 확장되었다.[57]

영상은 글, 노래, 춤, 연극 등 모든 장르의 예술을 담아서 표현하기 때문에 종합예술이라고도 부른다. 이러한 영상의 주된 목적은 자신의 생각과 아이디어, 즉 사상과 정보의 전달에 있다. 그렇다면 영상은 어떻게 사상과 정보를 전달할 수 있는가? 그것은 영상을 두고 국경을 초월한 만국 공통어라고 지칭하는 말[58]에서 힌트를 얻을 수 있다. 이는 영상이 추상적인 문자와 달리 구체적인 이미지를 통해 메시지를 전달하기 때문일 것이다.

영상은 카메라라는 기계적 현상을 통하여 촬영 편집 등의 2차적인 재생산의 과정을 거치기 때문에 8가지의 특징이 있다. 첫째, 영상은 기계에 의해 탄생된다. 둘째, 영상은 카메라의 눈에 의해 결정된다. 셋째 영상은 틀(frame)에 의해 메시지화된다. 넷째, 영상은 움직임에 의해 가치화된다. 다섯째, 영상은 재생단계에서 완성된다. 여섯째, 영상은 빛에 의해 생명을 갖는다. 일곱째, 영상은 복제가 가능하다. 여덟째, 영상은 판매, 보급, 저작권을 갖고 배급, 유통될 수 있다.[59]

21세기를 살아가는 현대인은 다양한 매체를 통해 수많은 영상을 접하고 있다. 텔레비전, 컴퓨터, 쇼윈도 안의 디스플레이, 스마트폰 등 영상매체가 제공하는 이미지의 홍수 속에서 현대인은 시각을 통한 커뮤니케이션에 참여하고 있다. 시각을 통한 커뮤니케이션은 바라봄과 동시

---

57) 이형관, 『우리시대의 문화코드, 영상예술』, 신서원, 2003, 13-14면.
58) 이옥기, 『영상콘텐츠론』, 이담, 2011, 16면.
59) 이옥기, 위의 책, 18면.

에 감각→선택→지각→기억→학습→이해의 순환적 고리를 통해 인식된다.[60] 즉 본다는 것은 바라보는 나와 보여지는 대상 사이에서 벌어지는 커뮤니케이션이라고 할 수 있다.

따라서 영상문화는 영상을 통한 커뮤니케이션으로 시각적 정보를 개인 또는 다수에게 전달하여 공통의 의식과 정서를 형성하는 문화현상이라 할 수 있다. 영상문화의 대표적인 매체인 영화와 텔레비전은 대중에게 정보와 지식과 오락 등 다양한 요소를 제공하고 있다. 이에 대중은 영상매체를 통해 동시대의 사회적 변화에 공감하고 참여함으로써 새로운 문화를 형성하게 된다.

여기서 문화란 상징행위로 인류가 쌓아온 지식, 예술, 도덕, 법률, 신앙, 관습 등을 포함하는 복합적 전체이며, 상호작용하는 사람들이 소유하는 의미 가치규범과 이러한 의미들을 객관화하고 사회화하여 전달하는 매체의 전부라고 정의할 수 있다.[61] 이러한 문화를 담은 미디어를 문화콘텐츠라고 말한다. 원래는 서적이나 논문 등의 내용이나 목차를 가리키는 말이었지만 디지털산업이 발달하면서 디지털화된 정보를 문화콘텐츠라 통칭하게 되었다.

문화콘텐츠라는 단어는 문화(文化, culture)와 콘텐츠(contents)의 합성어이다. 그렇기 때문에 한국콘텐츠진흥원에서는 문화콘텐츠를 "문화, 예술, 학술적 내용의 창작 또는 제작물뿐만 아니라 창작물을 이용하여 재생산된 모든 가공물 그리고 창작물의 수집, 가공을 통해서 상품화된 결과물들을 모두 포함하는 포괄적 개념"으로 정의하고 있다.

문화산업진흥기본법에 따르면 "콘텐츠"란 부호·문자·도형·색채·음성·음향·이미지 및 영상 등(이들의 복합체를 포함해)의 자료 또는 정보를 말하기 때문에 결국 "문화콘텐츠란 문화적 요소가 체화된 콘텐츠를 말한다"라고 명시하고 있다. 이러한 문화콘텐츠는 최근 온라인 오프라인 등 전 영역에서 사람들이 향유하는 모든 종류의 무형자산을 아우르는 개념으로 확장되었다.[62]

지금까지 영상과 영상문화, 그리고 문화와 문화콘텐츠에 대해 살펴보았다. 정리하면 영상문화콘텐츠는 문화콘텐츠 가운데 영상을 중심으로 만들어진 콘텐츠를 의미한다. 즉 영상문화콘텐츠는 사진·영화·텔레비전 등의 시각적인 기호의 영상이 퍼스널 커뮤니케이션 또는 매스

---

60) 이옥기, 위의 책, 30면.
61) 최원호, 「영상콘텐츠의 디지털화에 따른 영상문화변화에 관한 연구」, 『언론학연구』11, 부산울산경남언론학회, 2007, 140면.
62) 김선진 외, 『디지털 엔터테인먼트-최신문화콘텐츠의 이해』, MSD미디어, 2011, 39면.

커뮤니케이션으로 전달되는 환경에서 성립되는 문화현상과 관련된 콘텐츠라 할 수 있다.

이 용어가 국내에서 사용되기 시작한 것은 1990년대 후반 대중문화 열풍이 불면서부터이다. 이 시기에 한국산 영상물과 가요가 한류문화를 형성해 지속적으로 해외진출이 이루어지면서 영상산업이 활성화되었다. 2000년을 전후로 한류가 본격화되면서 국내에서는 2002년 '한국문화 콘텐츠진흥원'을 설립하고 본격적으로 영상문화콘텐츠의 제작과 유통이 활발해졌다.[63]

2) 영상문화콘텐츠와 배리어프리 화면해설

앞서 살펴본 바와 같이 21세기는 미디어기술의 발달로 영상문화콘텐츠가 급부상해 국내 산업뿐만 아니라 해외로까지 그 영역을 넓혀 새로운 산업으로 각광받고 있다. 미디어의 발달로 더욱더 확대되고 있는 영상문화산업은 모든 사람이 향유할 수 있어야 한다. 그러나 장애인들은 자신들이 가진 신체적 혹은 정신적 장애로 인해 누려야 할 문화향유권을 제대로 누리지 못하고 있다. 이에 국가에서는 장애인문화향유권 보장을 사회복지의 차원을 넘어 법적으로 의무화시켜 제도를 시행했다. 2008년 시행된 〈장애인 차별금지 및 권리구제 등에 관한 법률〉에 의하면 장애인이 차별받지 않고 비장애인과 동등하게 살아갈 수 있도록 명시하고 있다.

이 법에서 장애인이 비장애인과 동등하게 같은 활동에 참여할 수 있도록 남성장애인과 여성 장애인을 고려하고 지체장애·시각장애·청각장애 등과 같은 장애유형과 중증장애인과 같은 장애 정도를 고려한 편의시설·설비·도구·서비스 등 인적인 제반수단과 물적인 제반수단 그리고 이에 따른 모든 조치를 의미한다.[64] 따라서 장애인의 특수성을 감안하여 문화예술 분야에서는 시청각장애인들이 비장애인들과 동등하게 영화나 연극, 뮤지컬, 현대무용 등의 무대예술공연 및 전시회 등을 즐길 수 있는 기회를 제공해야 한다.

배리어프리 화면해설과 자막해설은 장애인들이 영상문화를 누릴 수 있도록 그들에게 장애가 되는 요소-영상(비주얼)과 소리(사운드)-를 장벽으로 보고 그것을 제거해주자는 의도에서 영화 및 영상사업에 도입되었다. 예를 들어 시청각장애인들이 영화, 공연, 전시회 관람을 원할 경우에 장애가 없는 사람과 동등한 수준의 몰입과 정보 전달을 위해서 실시간으로 영상정보와

---

63) 김선진 외, 위의 책, 38면.
64) 「장애인 차별금지 및 권리규정 등에 관한 법률」, 보건복지부. : 「장애인, 노인, 임산부 등의 편의증진보장에 관한 법률」, 보건복지부.

음향정보(음악, 대사 등)를 제공해 주는 것이다.

배리어프리영화는 단순히 장애인 복지차원에서 시행되는 콘텐츠가 아니다. 영상문화를 향유할 권리가 있는 모든 사람들에게 그들의 권리를 되찾아주기 위해 영화와 관객을 이어주는 방안으로서의 콘텐츠사업이다. 즉 '장벽 없는 영화'로서 배리어프리영화는 시각장애인을 위한 음성해설과 청각장애인을 위한 한글자막을 넣어 장애와 관계없이 모두가 관람할 수 있도록 만드는 것이다.

배리어프리 화면해설작가는 시청각장애인들이 영상(영화, 방송 등)을 감상하는 데 필요한 부분에 화면에 대한 이해를 돕기 위한 글을 쓴다. 배리어프리 화면해설 전문인력 양성은 영상문화사업의 인적기반을 확보해 영상문화산업발전에 기여하기 위해 만들어진 교육 사업이다.

3. 배리어프리 화면해설의 영상화 과정

1) 영화의 제작과정

요즘 현대인들이 영화를 관람할 수 있는 여건이 예전보다 훨씬 간편해졌다. 과거에는 한 편의 영화를 관람하기 위해 극장 매표소에 가서 표를 구해 상영시간에 맞춰 영화를 관람했었다. 하지만 지금은 국내·외에서 제작된 영화를 굳이 극장에 가지 않아도 IPTV나 태블릿PC 혹은 스마트폰으로 영화를 즐길 수 있게 되었다. 손쉽게 원하는 영상물을 구매하고 향유할 수 있게 된 것은 기술의 발달과 미디어의 발달이 복합적으로 이뤄졌기 때문이다.

그럼 한 편의 영화는 어떻게 제작되어 관객에게 전해지는가? 우리는 배리어프리영화의 제작 메커니즘을 이해하기 위해서 한 편의 영화가 완성되기까지의 전체 과정을 이해할 필요가 있다. 영화를 한 편 완성하기 위해서는 복잡한 단계를 거치면서 시간과 인력 그리고 예산이 소요된다. 영화의 제작과정은 크게 프리 프로덕션(pre-production), 프로덕션(production), 포스트 프로덕션(post-production)의 3단계로 구성된다.

〈표 10〉 영화 제작 과정

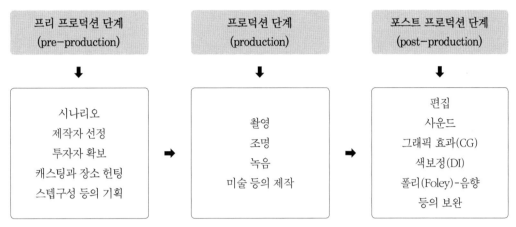

프리 프로덕션 단계 (pre-production)	프로덕션 단계 (production)	포스트 프로덕션 단계 (post-production)
시나리오 제작자 선정 투자자 확보 캐스팅과 장소 헌팅 스텝구성 등의 기획	촬영 조명 녹음 미술 등의 제작	편집 사운드 그래픽 효과(CG) 색보정(DI) 폴리(Foley)-음향 등의 보완

먼저 영화 제작의 첫 단계인 프리 프로덕션의 과정은 영상 제작의 준비단계로 영화제작과 관련된 전체적인 기획과 준비 작업을 하는 단계이다. 어떤 작품을 선정하여 어떻게 촬영할 것인지에 대한 논의를 완벽하게 구축해야 본격적인 영상촬영에 들어갔을 때 작업진행이 수월해진다. 제작할 영상의 시나리오가 선정되면 감독을 중심으로 자료조사, 예산편성을 마련하고 제작자, 투자자, 스텝구성, 스토리보드, 배우 캐스팅, 로케이션 헌팅 등의 작업을 이 단계에서 수행한다.

프로덕션 단계는 실제 촬영이 이루어지는 단계로 연출, 촬영, 조명, 미술, 녹음 등의 파트가 함께 제작에 투입되어 영상을 만든다. 이때 촬영은 프리 프로덕션 단계에서 준비한 시나리오와 스토리보드를 바탕으로 찍는다. 촬영은 촬영 장소에 따라 세트(set), 오픈 세트(open set), 로케이션(location) 촬영으로 구분된다. 이때 어떤 방식으로 촬영하느냐에 따라 조명의 방법과 휴대 장비가 달라진다. 프로덕션 과정에서 동시녹음을 할 경우 잡음이 생기지 않도록 주변 환경 조성에 힘을 쏟아야 한다.

마지막으로 포스트 프로덕션의 단계에서는 촬영한 영상 자료를 편집하는 단계이다. 이 단계에서 가편집과 종합편집이 이루어진다. 편집과 동시에 사운드와 컴퓨터 그래픽(computer graphic, CG) 그리고 색보정(digital intermediate, DI) 등이 포스트 프로덕션 단계에서 진행된다. 프로덕션 과정에서 동시녹음을 했어도 요즘은 후시녹음[65]이 이 단계에서 진행되고 있다.

앞서 살펴보았듯이 한 편의 영화가 제작되기 위해서는 준비과정부터 마무리까지 여러 단계

---

65) 편집 이후 편집된 영상을 보면서 대사와 내레이션, 음향 효과 등을 녹음하는 것. (음향효과를 얻기 위해 인공적으로 소리를 만들어 내는 행위를 '폴리(foley)'라고 한다.

에 걸쳐서 제작 인력이 구성되어야 한다. 제작 인력은 크게 프리 프로덕션 단계, 프로덕션 단계, 포스트 프로덕션 단계에 따라 다르게 구성된다. 프리 프로덕션 단계에서는 제작, 연출, 연기 파트별로, 프로덕션 단계에서는 촬영, 조명, 미술, 동시녹음, 특수효과 등을 파트별로, 그리고 포스트 프로덕션 단계에서는 편집, 현상, 음악 파트별로 세분화된다. 한편 제작 전 과정을 통해 독립적으로 구성되는 마케팅, 메이킹 필름, 스틸 등의 파트들도 존재한다.[66]

2) 배리어프리영화 연출 스태프

초기 배리어프리영화의 제작과정은 개봉된 영화를 바탕으로 화면해설 제작(내레이션/더빙/자막)을 시행하는 경우가 일반적이었다. 이때 배리어프리영화의 제작과정에 투입되는 인력은 화면해설의 경우 연출가, 작가, 성우, 감수, 기술 분야를 책임질 제작진과 자막해설의 경우 연출가, 작가, 감수, 기술 분야를 책임질 제작진이 필요하다.

〈표 11〉 배리어프리영화 제작 제작진 구성[67]

구분	스태프	업무내용	참여범위
화면해설	연출가	화면해설 연출 및 제작 총괄	제작 전반
	작 가	화면해설 대본 담당	대본 작성, 감수, 녹음
	감 수	화면해설 대본 감수(監修)	대본 감수
	기 술	화면해설 녹음 / 편집	녹음 / 편집 전반
	성 우	화면해설 내레이션 / 더빙 〈화면해설 대본 수정〉	내레이션 / 더빙 녹음 〈화면해설 대본 수정〉
자막해설	연출가	자막해설 연출 / 제작 총괄	대본 작성, 감수, 자막
	작 가	자막해설 대본 작성	대본 작성, 감수, 자막
	감 수	자막해설 대본 감수	대본 감수
	기 술	자막해설 자막 / 편집	자막 / 편집 전반

---

66) 주유신 외 3인, 『영화제작』, 효민, 2010, 35면.
67) 정기평 외 2인, 앞의 책, 7면.

(1) 연출가

배리어프리영화 제작을 이끌어가는 핵심 제작진으로 제작의 전반을 아울러 총 지휘를 맡는다. 연출가는 작품 선정 단계에서부터 화면해설영화가 완성될 때까지 스케줄을 관리하고 각 제작진과 유기적으로 소통하며 작업을 진행해야 한다. 연출가는 선정된 작품에 담긴 감독의 의도를 잘 이해하고 그것이 화면해설로 잘 표현될 수 있도록 각 파트를 지휘할 수 있는 리더십이 요구된다.

(2) 화면해설작가

화면해설작가는 한국직업사전에 등재되어 있는 만큼 프로의식을 지니고 화면해설 작업에 임해야 한다. 시각장애인이 영상물을 이해할 수 있도록 화면에서 진행되고 있는 풍경과 인물의 행동, 표정, 그래픽 등 다양한 요소를 쉽게 해설하도록 정확한 어휘 선별에 신경을 써야 한다. 먼저 작가는 선정된 영상물을 관객의 입장에서 여러 번 반복하여 보면서 감독이 말하고자 하는 바(주제, 미장센, 서사구조 등)를 파악해야 한다. 좀 더 나은 화면해설을 위해서 작가는 영상을 보지 않고 소리로만 영화를 감상하는 과정이 필요하다. 이 과정에서 의문점을 기록해 뒀다가 화면해설 작업 시 의문점을 반영해 대본을 완성한다. 영상물 감상이 끝나면 화면해설을 넣을 수 있는 공간을 확인해야 한다. 영상물 속에서 인물의 행동이 끝나거나 화면이 전환(시퀀스)되었거나 할 때 즉 화면해설이 필요한 자리를 찾아 화면해설 대본에 타임체크를 정확하게 해야 한다.

각 영상화면에 따라 적합한 분량의 화면해설 내용이 관객에게 잘 전달될 수 있도록 표현법에 신경을 쓰며 화면해설 대본을 구상한다. 이때 장소에 대한 설명, 등장인물의 표정, 몸짓 등의 외양과 행동을 구체화시켜서 대본을 작성한다. 이때 가장 중요한 것이 원 영상물의 내용을 훼손하지 않도록 주의하는 것이다. 그리고 영상물의 등급이나 관객의 연령층을 고려하여 적절한 용어를 사용하며 쉽게 설명함으로써 감상에 난해함이 없도록 해야 한다.

영국 오프컴(Ofcom)의 전신인 독립텔레비전위원회(Independent Television Commission, ITC)가 2000년에 발표한 화면해설방송 제작 지침(Guidance on Standards for Audio Description, ITC)은 화면해설방송 제작 시 고려해야 할 기준과 원칙을 설정해 발표했다. 영국 오프컴(Ofcom)이 발표한 화면해설방송 제작 가이드라인의 주요 구성요소의 원칙은 다음과 같다.

이를 참고하여 화면해설 원고를 작성한다면 보다 정확한 화면해설 작업에 도움이 될 것이다.

〈표 12〉 영국의 화면해설방송 제작 지침서[68]

①	현재형 시제의 사용
	■ 화면해설은 현재 벌어지고 있는 상황과 장면에 대한 설명이므로 기본적으로 현재형 시제를 사용하는 것이 바람직하다. 그러나 화면해설을 위한 충분한 시간이 확보된다면 상황에 따라 다양한 시제의 사용도 가능하다. ■ 처음 등장한 사물과 이미 등장했던 사물을 구분해 표현하는 것도 필요하다.
②	핵심 정보의 사용
	■ 장면(scene)을 설명하는 화면해설에 있어, 빠른 장면 전환을 해설하는 것은 매우 어려운 과정이다. 1초도 되지 않는 시간 내에 벌어지는 장면의 전환이 시각장애인에게는 매우 중요한 단서와 내용을 전달하지 못하는 상황을 만들기도 한다. 따라서 압축적이면서도 핵심적인 정보를 전달하는 것이 매우 중요하다. ■ 인칭 대명사(나, 우리 등)의 사용은 가급적 자제하는 것이 좋다. 다만 보다 친근감 표현이 필요한 어린이 프로그램 등은 예외일 수 있다. ■ 여러 사람이 동시에 대화를 하는 경우, 누가 말을 하고 있는가를 알려주는 것이 중요하다. 지시대명사보다는 말하는 사람의 이름이나 표식정보(경찰관 등)로 표현해야 한다. ■ 화려한 표현에 대한 유혹이 생길 수 있으나, 화면해설에서 제일 중요한 것은 명확성임을 명심해야 한다. 표현에 있어 필수적이지 않은 것을 제외하는 것이 중요하다. 언제, 어디서, 누가, 무엇을 등과 같은 장면을 구성하는 정보를 모두 표현하기에 부족한 시간이라면, 이 중 무엇을 버리고, 어떤 것을 전달할 것인가에 대한 판단이 필요하다. ■ 지나치게 상세한 디테일의 설명은 시청자에게 전체적인 강한 연상을 불러일으키기보다 주의를 분산시킬 수 있다. ■ 프로그램 자체도 숨 쉴 수 있는 여백이 필요하다. 지나치게 상세한 표현은 이러한 것을 불가능하게 한다. 잠시의 공백이 장면의 분위기를 전달하는 데 역할을 할 수 있음을 주의 깊게 생각해야 한다.
③	추가적인 정보의 제공
	■ 해설자는 개인적 의견이나 감정을 반영해서는 안 되는 것이 원칙이다. 그러나 추가적인 정보의 제공을 통해 시청자의 혼란을 최소화할 수 있어야 한다. ■ 특히 프로그램의 시작 시점은 시각장애인 시청자의 정보 부족이 가장 크게 발생하는 지점이다. 이 경우 추가적인 정보의 제공은 이후의 시청에 큰 도움이 될 수 있다.

---

68) 주정민 외, 앞의 책, 306-309면.

④	행동에 대한 예고
	■ 해설은 기본적으로 행동을 거울처럼 반영해야 할 것이다. 그러나 해설을 삽입하기에 적절한 공간이 없을 경우, 어떤 행동이 벌어질 것인가에 대한 예고 해설은 필요하다.
⑤	명백한 사실에 대한 표현
	■ 누가 들어도 명백한 소리(전화벨 등)는 구태여 해설로 표현할 필요가 없다.
	■ 그러나 시각장애인 시청자들마다 명백하게 인지하거나 연상할 수 있는 사실이나 상황에 대한 절대적 기준은 존재하지 않는다. 어떤 이는 필요 없는 해설이지만, 다른 누군가에는 필요한 해설로 인식될 수 있기 때문이다. 해설자는 이에 대한 나름의 기준이나 감을 갖고 있어야 할 것이다.
⑥	효과음을 부각하는 표현
	■ 일반적으로 효과음이나 배경음향은 해설을 할 필요가 없다.
	■ 그러나 효과음 안에 설명이 필요한 중요한 정보가 담겨 있다고 판단될 때는 효과음의 볼륨을 줄이더라도 해설을 포함하는 것이 바람직하다.
⑦	적절한 명칭과 대명사의 사용
	■ 시각장애인 시청자에게 현재 누구의 행동을 묘사하고 있는가는 매우 중요한 정보이다. 특히 여러 사람이 등장하는 장면이라면 누구의 행동인지를 정확히 표현하는 것이 중요하다.
⑧	형용사와 부사, 동사의 사용
	■ 적절한 형용사의 사용은 장면에 대한 이해를 돕는 데 큰 역할을 수행한다. 그러나 해설자의 개인적인 관점을 반영하는 것이어서는 안 된다.
	■ 부사는 행동을 설명하는 데 효과적인 역할을 수행한다. 그러나 행동을 구체적으로 묘사하는 단어를 선택해야지, 모호하거나 해석이 반영된 단어를 사용해서는 안 된다.
	■ 정확한 동사의 사용은 행동 묘사의 차별성을 가져올 수 있다. 가령 walk는 일반적인 동사이지만 swagger, lope, tiptoe, march 등과 같은 동사의 사용을 통해 의미를 보다 정확히 전달할 수 있다.
⑨	색상과 인종에 대한 표현
	■ 시각장애인의 상당수는 색상에 대한 기억을 갖고 있다. 그렇지 못한 시각장애인이라도 색상은 사물의 특성을 이해하는 데 중요한 단서로서 기능하고 있다. 따라서 색상에 대한 표현은 해설에 있어 필수적인 요소로 간주해도 좋다
⑩	로고와 오프닝 자막에 대한 해설
	■ 많은 내용이 빠른 속도로 지나가는 오프닝 자막은 압축적으로 해설해도 좋다.

(3) 화면해설 대본 감수자

화면해설 대본 감수자는 여러 편의 화면해설 작업을 진행한 유경험자들로 구성된다. 이들은 다년간의 화면해설 작업을 통해 많은 노하우를 가지고 있다. 뿐만 아니라 감수자는 시청각장애인에 대한 이해를 기본적으로 인지하고 있기 때문에 그들에게 화면해설이 어떻게 전달될지 예측할 수 있는 능력을 보유하고 있어서 화면해설작가는 감수자의 의견을 적절히 수용할 필요가 있다.

감수자는 완성된 화면해설 원고를 받기 전에 영화를 관람하고 영화의 전체 스토리와 구조를 이해하고 있어야 한다. 감수자는 감독이 어떠한 이유로 작품을 만들었는지, 작품에 중요한 복선이 있는지, 있다면 그것을 어떻게 처리해야 할지를 미리 파악하고 있어야 화면해설 원고의 감수가 수월해진다.

또한 원고의 타임체크가 정확한지, 원고의 화면해설이 문법적으로 오류가 없는지 확인하고, 사물에 대한 용어와 어휘가 적합한지도 확인해야 한다. 감수자는 화면해설작가와 연출자와 의논하여 전체 화면해설 대본을 검토하고 화면해설작가가 원활하게 수정할 수 있도록 돕는 역할을 수행한다. 가장 좋은 감수는 경험이 많은 화면해설작가, 다수의 화면해설영화를 연출한 연출자, 맹학교 선생님, 또는 후천적 시각장애인이 함께 감수하는 것이 좋지만 여건이 허락하는 선에서 감수하는 것이 바람직하다.

〈표 13〉 화면해설 대본 감수의 체크 리스트[69]

항목	체크리스트	확인
1	누락된 화면해설의 유무를 확인한다. (배경, 인물의 행동, 시간의 변화 등)	유 / 무
2	화면의 영상과 해설이 일치하지 않는 부분의 유무를 확인한다.	유 / 무
3	영상의 오디오와 화면해설이 겹쳐지는 부분의 유무를 확인한다.	유 / 무
4	작품의 이해를 위해 필요한 영상의 소리가 화면해설이 되었는지 유무를 확인한다.	유 / 무
5	문맥의 자연스러움과 단어의 적합성 유무를 확인한다.	유 / 무
6	불분명하거나 추상적인 표현의 유무를 확인한다.	유 / 무

---

69) 정기평 외 2인, 앞의 책, 23면.

7	객관적 사실과 주관적 해설이 적절한지 유무를 확인한다.	유 / 무
8	인칭과 시점, 호칭이 명확한지 유무를 확인한다.	유 / 무
9	감독의 의도가 충분히 화면해설에 담겼는지 유무를 확인한다.	유 / 무
10	다양한 연령층을 고려한 보편적이고 쉬운 단어를 사용했는지 유무를 확인한다.	유 / 무
11	관객에게 스토리가 전달되도록 의미전달이 충분한지 유무를 확인한다.	유 / 무

〈표 14〉 녹음 감수의 체크 리스트[70]

항목	체크리스트	확인
1	성우의 오독, 띄어 읽기, 발음이 정확한지 유무를 확인한다. (사람, 사물, 대상에 대한 명칭의 정확성)	유 / 무
2	화면해설 소리가 고른지 유무를 확인한다. (성우의 목소리의 높낮이)	유 / 무
3	내레이션이 속도가 적절한지 유무를 확인한다. (초반 중반 후반 성우의 내레이션 속도 균일성)	유 / 무
4	원래 영상물의 내레이션과 성우의 내레이션의 조화 유무를 확인한다. (원래 영상물의 내레이션-성별, 음색, 어조 등-과 성우 내레이션의 변별력)	유 / 무
5	화면해설 수신기를 통한 실제적인 녹음이 잘 전달되는지 유무를 확인한다. (수신기의 주파수에 맞게 수신되는지 시각장애인의 입장에서 판별)	유 / 무

(4) 기술

만약 화면해설영화(영상)를 제작하는 데 기술 분야의 노력이 없다면 화면해설을 영상과 맞춰 상영하는 데 어려움이 따를 것이다. 제작과 관련된 기술자는 화면해설을 녹음하는 것과 원래 영상의 음과 녹음된 화면해설이 겹치지 않도록 편집하는 일을 수행한다. 녹음을 맡은 기술자는 잡음이 없는 깨끗한 음질 및 균일한 음감을 확보하고 영화의 해설이 고르게 녹음될 수 있도록 고도의 집중력을 발휘해야 한다. 연출자, 화면해설작가, 성우와 함께 작업하기 때문에 녹음이 잘 될 수 있도록 미리 녹음 장비를 확인하고 녹음 상황을 체크하여 녹음이 원활하게 진행

---

70) 정기평 외 2인, 위의 책, 23면.

되도록 노력해야 한다.

녹음기사는 뛰어난 청각과 집중력으로 연출자, 화면해설작가, 성우와 함께 녹음의 진행 상황과 화면해설의 분량에 대해 수시로 의견을 교환하여 현장녹음에 즉시 반영해 작업을 진행한다. 녹음에 적합한 마이크로 녹음을 진행하고 녹음된 내레이션 혹은 더빙 분량을 재생하여 확인하고 저장하는 것이 좋다. 나중에 화면해설영화 제작 이후 단계에서 오디오를 보정하는 것도 중요한 역할 중에 하나이다. 뿐만 아니라 녹음된 성우의 화면해설 분량을 원래 영상의 배경음에 맞춰 조화롭게 조절할 필요가 있다

(5) 성우

성우는 배우와 달리 애니메이션, 라디오 드라마, 드라마 CD, 영화, 외화 더빙 등 목소리로 연기하는 사람이다. 등장인물의 대사를 더빙하거나 화면해설을 녹음한다. 남자와 여자의 목소리 톤이 다르기 때문에 여자성우가 남자(특히 소년, 어린 남자 아이)의 목소리를 연기하는 경우가 많지만, 반대로 남자 성우가 여자의 목소리를 담당하는 일은 거의 없다. 외화의 경우 더빙이 필요한데 이때 성우는 한 명이 여러 명의 목소리를 낼 수 있기 때문에 적절하게 섭외하는 것이 좋다.

화면해설작가가 밀도 있는 화면해설 대본을 완성하였더라도 그것을 읽어줄 성우와의 결합이 어울리지 못하면 화면해설은 관객에게 제대로 전달되지 않을 수 있다. 활력 있는 영화의 경우 경쾌한 목소리가 필요하고, 반대로 내용이나 영상이 무거운 영화일 경우 중후한 목소리가 필요하다. 코믹한 영화는 미소가 느껴지는 목소리, 아동을 위한 애니메이션 영화일 경우에는 소년소녀다운 목소리가 필요하다. 사투리나 지역적 특성이 드러나야 하는 영화일 경우에도 지나치게 사투리를 구사하지 않도록 주의해야 한다.

3) 배리어프리영화 연출 과정

연출은 주로 연극에서 사용되는 용어로 서구 연극이 도입될 무렵에 일본에서 붙여진 신조어로 연극에서 희곡을 상영 목적에 따라 해석하고 구체적인 연기와 무대를 만들어내는 인물이다. 오늘날 연출은 영화, 방송 등에서 폭넓게 사용하는 용어로 각 분야에서 '연출'을 하는 사람을 일컫는다. 연출자는 하나의 작품을 전체적으로 설계하고 연기, 장치, 의상, 분장, 소도구, 조명, 음

악, 효과 등의 여러 요소를 종합하여 지휘하는 활동을 맡는다.

배리어프리영화(영상) 연출을 맡는 연출자는 영상을 바탕으로 인물, 배경, 상황 등의 시각적 요소를 설명한 화면해설 대본을 확인하고 분석하여 청각적 요소로 변환시키는 일을 수행하는 인물이다. 연출자는 기술적으로 성우의 음성을 녹음하고, 자막을 넣는 단순한 일을 수행하지 않는다. 연출자는 영상을 소리로, 소리를 자막으로 변환시켜 관객에게 그것이 정확하게 전달되기 위해서 화면해설 작품선정, 화면해설 대본 감수, 성우의 화면해설 녹음상태, 녹음의 편집 등이 전문적으로 잘 이루어졌는지 전체적으로 조망해서 진행하게 된다.

〈표 15〉 배리어프리영화 제작 과정

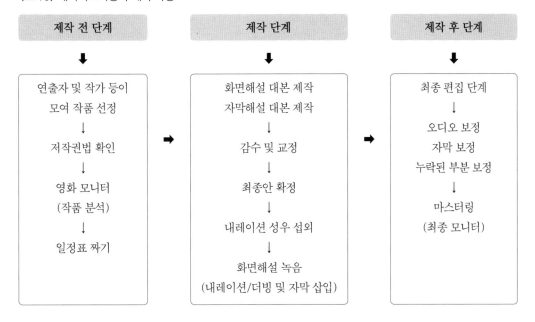

(1) 제작 전 단계

배리어프리영화 제작 전 단계에서는 작품을 선정하고 작품과 관련된 저작권법을 확인한다. 저작권과 관련된 문제가 없는 작품을 선정해 일정표를 짠다. 이때 작품의 홍보 방안과 상영일자를 함께 논하는 것이 좋다. 작품을 선정할 때는 연출자와 작가 등이 모여 화면해설을 하기에 적절한 작품을 선택해야 한다. 시각장애인들은 속보나 뉴스, 드라마, 다큐멘터리 방송을 우선적으로 보기를 원하지만 영상이 빠르게 전개되고 대사나 자막 사이에 해설을 위한 내레이션이 들어갈 공간이 좁기 때문에 화면해설 대상으로 선정하기 어려운 경우가 많다.

간혹 무협영화나 액션영화의 경우에도 영상이 빠르게 전개될 때마다 화면해설이 제공되어야 하는데 이때 제공된 내레이션이 오히려 스토리 전개를 방해할 수도 있다. 즉 대사와 대사의 간격이 좁거나 대사보다 액션이 많을 경우 화면해설이 방해가 될 수 있음을 유의해서 작품을 선정한다.

또 시청각장애인을 위한 배리어프리영화 관람의 기회를 제공하기 위해 기관이나 단체에서 영화를 선정할 때는 행사의 주제에 맞는 작품으로 선정하는 것이 좋다. 근래에는 배리어프리영화에 대한 인식의 변화에 따라 영화제작과 동시에 배리어프리영화 제작 대상작으로 곧바로 선정되는 경우도 있다.

(2) 제작 단계

제작 단계에서 가장 중요한 일은 작가의 작업과정이다. 일반적으로 해설자가 원고를 작성하는 경우가 많은데 최근에는 화면해설 양성기관을 통해 양성된 화면해설작가가 직접 참여하는 경우가 많다. 작가는 선택된 작품을 처음부터 끝까지 여러 번 반복해서 봐야 한다. 이때 작가는 작품의 영상 하나하나를 쪼개서 보기보다 전체 스토리의 흐름과 감독의 의도(주제, 미장센, 서사구조)를 우선적으로 파악해야 한다. 그리고 등장인물의 이름과 인물간의 관계를 이해하고, 대사나 음향효과를 들으면서 화면해설이 들어가야 할 공간을 찾아야 한다.

대사, 배경음, 효과음 등에 유의하면서 작가는 화면해설 대본 작업을 수행해야 한다. 이때 작가는 대사와 현장음을 제외한 무음 부분을 찾아서 화면해설 글쓰기를 해야 한다. 화면해설 글쓰기 작업 시 다음 사항을 주의해야 한다. 첫째, 주관적인 작가의 감정에 지나치게 치우치지 않아야한다. 둘째, 대사와 해설이 겹치지 않아야 한다. 셋째, 보이는 대로 해설하는 것을 원칙으로 하여 화면해설 초고를 완성한다.

작가가 화면해설 초고를 완성하면 다음은 감수단계로 넘어간다. 감수단계에서는 감수자와 연출자가 함께 모여 시제 확인을 비롯해 문장표현과 화면해설의 분량을 감수한다. 감수가 끝나면 작가는 원고를 수정하여 최종원고를 완성한다.

원고가 완성이 되면 연출진과 작가, 감수자는 영화의 분위기와 맞는 내레이션을 맡을 성우를 섭외한다. 국내영화의 경우 내레이션을 맡을 성우만 섭외하면 되지만 국외영화의 경우에는 더빙을 맡아줄 성우도 섭외해야 한다. 대개 성우 한 명이 2~5명 정도의 인물의 목소리를 내기 때문에 성우 섭외 인원은 제작비용을 고려한 한도 내에서 섭외한다.

성우 섭외가 끝나면 녹음작업에 들어간다. 녹음작업을 진행하기 전에 완성된 대본을 준비해야 한다. 준비해야 할 대본의 양은 보통 연출자, 작가, 녹음담당 기술자를 위해 기본 3부에 성우 숫자만큼 더해서 준비한다. 다음으로 예약해 둔 녹음실 내부 시스템을 먼저 점검하고, 녹음용 영상파일을 열어둔다.

연출자는 원 시나리오를 방해하지 않는 공간에 화면해설이 적절하게 들어갈 수 있도록 조절하며 녹음이 진행되도록 해야 한다. 이 단계에서는 성우의 역할이 중요하다. 성우는 완성된 화면해설을 여러 차례 읽고 작품을 이해한 뒤 녹음에 참여한다. 성우가 완성된 화면해설 대본을 읽으면서 화면해설이 부드럽지 못한 부분을 찾아내기도 한다. 이때 성우는 작가와 연출자에게 건의하여 원고를 수정해서 녹음하기도 한다.

녹음이 끝나면 녹음을 맡은 제작진은 적절한 공간에 화면해설 내레이션이 원래 영상을 침범하지 않는지를 확인한다. 이때 화면해설 음이 관객에게 잘 전달될 수 있도록 배경음악(BGM)을 조절할 필요가 있다. 만약 배경음악이 내레이션보다 음이 클 경우 관객에게 내레이션이 제대로 전달되지 않아서 관객의 혼란을 초래할 수도 있으므로 유의해야 한다.

(3) 제작 후 단계

더빙과 내레이션 분량에 대한 녹음이 완성되면 최종편집 단계로 넘어간다. 이때 완성된 영상을 보면서 최종 보정을 시행한다. 보정은 오디오 보정과 자막 보정으로 나뉜다. 오디오 보정의 경우 원래 시나리오와 녹음된 내레이션이 겹쳐진 부분이 없는지 확인하고 보정한다. 또 성우의 해설음이 고르지 못한 부분이 없는지 화면해설 대본과 비교하여 빠진 부분이 없는지 확인하고 빠진 부분이 있으면 다시 녹음을 해 보충해야 한다. 후반 작업에서 오토 베지에(Auto Bezier)[71]를 사용하여 배경음이 서서히 줄어들면서 해설음이 일정 음량으로 들릴 수 있도록 조절해야 한

---

71) 어도비 애프터 이펙트(Adove After Effects)는 어도비 시스템즈가 개발한 디지털 모션 그래픽 및 합성 소프트웨어이다. 이 프로그램은 영화의 비선형 영상 편집이나 광고 제작, TV, 게임, 애니메이션, 웹 등의 콘텐츠 제작에 쓰인다. 이 프로그램 안에 오토 베지에(Auto Bezier)가 포함되어 있다.

다.[72] 자막 보정의 경우에는 오탈자가 없는지 확인하고 글자의 크기와 색이 원래 영상과 잘 어울리는지 확인하고 보정한다.

최종편집 단계까지 마친 영상물은 상영일자에 맞춰 상영이 가능하다. 그러나 예정 상영시간 전에 리허설 상영을 통해 제대로 영상이 출력되는지 확인하는 작업이 반드시 필요하다. 간혹 리허설을 하지 않고 상영했을 때 화면의 영상과 소리가 정확하게 맞아떨어지지 않는 경우가 발생될 우려가 있다. 화면해설영화의 영상물이 시작될 때, 로고와 오프닝 타이틀이 시작될 때부터 엔딩 크레디트가 나올 때까지 관객에게 영화가 잘 전달될 수 있도록 각별한 주의가 필요하다.

4) 배리어프리영화 연출 기준

배리어프리영화의 연출은 영화의 화면해설이 배리어프리 화면해설 기준에 적합하게 이뤄져야 한다. 배리어프리영화 화면해설작가는 '시각장애인을 위한 화면해설 원칙'에 준하여 화면해설 대본을 작성한다. 화면해설 원칙은 크게 3가지로 나뉜다.

첫째, 영상기법과 조화를 이루는 묘사적 표현의 글쓰기를 실천한다. 둘째, 시각장애인이 이해하기 쉽고 친절한 수준의 어휘를 사용해 표현한다. 이때 대상의 크기와 색깔 등 시각장애인이 경험하지 못한 감각에 대한 표현을 해설할 때 신중하게 표현한다. 셋째, 등장인물의 대사, 배경음악, 중요한 효과음 등과 화면해설이 겹치지 않도록 주의한다.[73]

배리어프리 화면해설작가는 위의 주의사항을 바탕으로 대본을 쓴다. 감수과정까지 마친 완성된 대본을 바탕으로 연출자가 배리어프리영화(영상)를 제작했더라도 시각장애인들은 다음과 같은 불만을 제기하기도 한다. 아래 표는 비록 화면해설방송에 대한 건의사항이지만 배리어프리영화의 화면해설 품질을 높이는 데 도움이 될 것이다.

---

72) 나준기, 「화면해설방송과 배리어프리영화의 연출방법연구-부산국제영화제 배리어프리영화 제작 중심으로」, 『예술과 미디어』12-4, 한국영상미디어협회, 2013, 264면.
73) 정기평 외 2인, 앞의 책, 10면.

〈표 16〉 화면해설방송 품질에 대한 건의사항[74]

구분		세부 의견	의견수 (건)	비율 (%)
1	해설 내용	• 해설이 상세하지 않음 • 해설이 주관적임 • 상황 전개에 대한 해설 정확도가 떨어짐 • 해설 소리가 드라마 대사와 섞이면 혼돈되고 몰입이 안 됨 • 전체적인 상황 설명으로 개인의 감상에 방해되지 않는 범위에서 해설	25	30.1
2	해설 품질	• 해설 속도가 적당하지 않고 빠름 • 해설이 너무 딱딱함 • 해설자 발음이 정확하지 않음 • 해설자의 자의적인 감정이 들어감	20	24.1
3	프로 그램 기능	• 다양한 음성 지원 바람 • 해설이 중간에 끊어질 때가 있음 • 난이도 및 속도 조절 기능 필요함 • 화면해설방송 수신기 사용법 안내 바람 • 소리가 날 때 잡음이 있음 • 방송의 품질 향상 바람 • 음량 조절 필요	14	16.9
4	사용 하지 않아 모름		9	10.8
5	해설 용어	• 상황을 정확하게 묘사할 수 있는 단어 선택 중요 • 사용 단어 난이도가 높음(외래어 등) • 쉽고 간결한 표현으로 전달 필요 • 비장애인에게 설명할 때 쓰는 단어를 사용함 • 단어가 무질서함	8	9.6
6	프로 그램 다양성	• 화면해설방송 프로그램이 다양하지 않음 • 외국영화 방영 시 자막만 말고 음성 더빙도 지원 • 외화 더빙 방송 확대	5	6.0
7	기타	• 편성 시각 확대 • 인력 지원이 중요함	2	2.4

---

74) 주정민, 앞의 책, 196면.

　화면해설방송 품질에 대한 건의사항은 화면해설방송의 해설 내용, 품질, 프로그램 기능, 해설 용어, 프로그램 다양성 등 다양하고 구체적인 의견이 모아졌다. 해설 내용에 대한 의견 비율은 30.1%로 해설이 상세하지 않고 주관적이라고 지적하였으며 상황 전개에 대한 해설 정확도와 프로그램 집중 및 몰입 방해에 대한 의견이 세부적으로 나타났다.

〈표 17〉 화면해설방송 모니터링 평가 항목과 사례[75]

	항목	사례
1	적절성	• 물범을 앞발로 뒤집어 트리고 ➡ 뒤집어 자빠뜨리고 • 제의용 도구 ➡ 제사용 도구 • 주격에 소스를 핥는 동하 ➡ 주격의 소스를
2	구체성	• 왼손으로 손잡이를 잡고 ➡ 왼손으로 테이블 손잡이를 잡고 • 막대기에 대고 후우 분다 ➡ 속이 빈 막대기에 대고 후우 분다 • 화면 가득 곰의 옆 얼굴이 비친다 ⬅ 어떤 모습의 옆 얼굴인지 표현 필요
3	누락	• 장소 정보 누락: 주희가 양주를 마시고 있다 ⬅ 어디에서 마시는가? • 인물 정보 누락: 한 여인이 다리를 주무르고 있다 ⬅ 여인의 이름은? • 필수 정보 누락: 드라마 제목과 회차는 반드시 포함 • 대사 외 음향 정보 누락: 배경에서 기계소리가 들리는데 무슨 상황인지? • 지시대명사 정보 누락: 여기서, 그 사람이 등으로는 이해 어려움
4	성우 부문	• 발음이 명확하지 않은 경우 • 조사 등을 빼고 해설 하는 경우 등
5	불일치	• 현재 말하고 있는 사람이 누구인지 알 수 없는 경우 • 금고의 비밀번호를 누른다 ⬅ 번호 누르는 소리 뒤에 해설이 나와야 상상할 수 있음
6	음량	• 배경 음향에 해설 소리가 묻히는 경우 • 기술적으로 소리가 끊어지는 경우 등

　위의 표는 화면해설방송에 대한 모니터링 평가항목의 기준이다. 크게 6개의 항목으로 구분되고 있다. 첫째 항목은 적절성으로, 문맥의 자연스러움과 단어 선택의 적절성에 대해 평가하고 있다. 둘째 항목은 구체성으로 애매하거나 구체적이지 않은가를 판단하고 있다. 셋째 항목은 누락과 관련된 항목으로 화면해설이 부족한 경우 또는 대본에는 있으나 영상에서 화면해설

---

75) 주정민, 위의 책, 287면.

이 누락된 경우 등을 포함한다.

넷째 항목은 성우 부문으로 오독이나 떼어 읽기 실수, 발음 문제 등이다. 다섯째 항목은 영상과 화면해설의 불일치로 화면과 해설이 다른 경우 또는 화면해설이 선행되거나 후행되는 경우를 평가한다. 마지막 항목은 음량에 대한 항목이다. 소리가 지나치게 크거나 작은 경우를 의미하며, 그 외의 문제는 기타로 처리하고 있다.[76]

다음은 시각장애인을 위한 화면해설영상물 평가기준안이다. 이 평가 기준에 준해서 배리어프리영화(영상) 연출의 기준이 작성되어야 할 것이다.

〈표 18〉 시각장애인을 위한 화면해설영상물 평가기준안(국립중앙도서관)[77]

	제작 평가 기준	평가
1	원 영상물에 대한 시나리오가 성실히 기록되었는지의 여부	합격/미흡/불합격
2	등장인물의 표정, 몸짓, 배경, 기타 중요한 시각적 요소들이 원 영상물의 내용을 훼손하지 않은 범위 내에서 적극적으로 제시되었는지의 여부	합격/미흡/불합격
3	인위적인 편집 대신 주어진 영상에 적합한 분량(또는 길이)으로 화면해설이 제시되고 그것의 내레이션이 적당한 속도로 진행되었는지의 여부	합격/미흡/불합격
4	주어진 영상을 단순 나열하지 않고 복합적 의미를 전달하기 위하여 객관적 사실과 주관적 해설을 적절하게 배합하였는지의 여부	합격/미흡/불합격
5	시각장애인 이용자의 다양한 연령층을 고려하여 현란한 미사여구 및 난해한 용어의 사용을 지양하고 보다 쉽고 빠르게 이해할 수 있는 보편적인 언어를 사용하였는지의 여부	합격/미흡/불합격
6	대사 없이 진행되는 '소리'에 대한 궁금증을 명쾌하게 해결하였는지의 여부	합격/미흡/불합격
7	인칭과 시점이 일관성 있게 표현되었는지의 여부	합격/미흡/불합격
8	시각장애인 이용자의 빠른 이해를 돕기 위해 대사와 대사 사이, 영상과 대사 사이, 영상과 영상 사이의 의미전달 개연성을 충분히 전달하였는지의 여부	합격/미흡/불합격
9	제작 이전에 목록 선정, 시나리오 작성 등 관련분야 외부 전문가 등의 의견수렴을 거쳤는지 여부	합격/미흡/불합격
10	제작 이후 품질에 대한 관련분야 전문가 등의 적절한 검수를 가졌는지 여부	합격/미흡/불합격

---

76) 주정민, 위의 책, 287면 참조.
77) 정기평 외 2인, 앞의 책, 10면.

〈표 19〉 시각장애인을 위한 화면해설영상물 평가기준안(시각장애인연합회)[78]

	평가항목	기 준
1	적절성	문맥의 자연스러움과 단어 선택의 적절성
2	구체성	화면해설이 애매하거나 구체적이지 않은 경우
3	성우부분	오독, 띄어 읽기 실수를 포함한 성우의 발음 문제
4	누락	화면해설이 부족한 경우 / 대본에는 있으나 영상에서 화면해설이 누락된 경우
5	불일치	화면과 해설이 다른 경우 / 화면해설이 선행되거나 후행된 경우 / 잘못된 화면해설
6	음량문제	소리가 지나치게 크거나 작은 경우
7	기타	상기한 문제들 이외의 문제

배리어프리영화(영상)의 화면해설 대본이 완성된 이후 연출자는 위의 기준에 준해서 영상을 연출해야 한다. 이를 위해서 연출자는 원 영상물의 스토리 전개와 구성을 명확히 이해해야 한다. 뿐만 아니라 연출자가 연출을 할 때 화면해설작가와 성우가 함께 협력해서 작업하기 때문에 그들과 적절한 의사소통을 기반으로 원활하게 연출이 이뤄지도록 노력해야 한다.

〈그림 8〉 MBC 수목드라마 '최고의 사랑' 화면해설방송 녹음현장[79]

---

78) 정기평 외 2인, 위의 책, 11면.
79) 「시각장애인이 귀로 텔레비전을 감상하는 방법」, 방송통신위원회, 2011.5.26.(사진 : http://blog.daum.net/

4. 배리어프리영화 상영 방식

1) 지상파 TV방송의 배리어프리 상영 방식

지상파 TV방송에서는 드라마 · 뉴스 · 다큐멘터리 등의 방송과 관련해 배리어프리 화면해설방송을 시행하고 있다. KBS에서는 장애인 서비스 차원에서 생방송, 편성표, TV 다시보기, 라디오 다시듣기 등과 같은 핵심 서비스를 장애인 사용자들이 쉽고 편리하게 접근할 수 있도록 'KBS Able'을 운영하고 있다. 이 서비스는 2010년 12월 새롭게 국가 표준으로 재정된 '한국형 웹 콘텐츠 접근성(Korean Web Content Accessibility Guidelines) 2.0'을 준수하기 위해 만들어졌다. TV방송 프로그램과 관련된 저작권 및 기술적인 한계로 모든 프로그램 동영상에 자막과 화면해설을 제공할 수 없는 한계가 있지만 장애인 사용자의 접근과 이용이 수월해졌다.

시청자미디어재단(http://tv.kcmf.or.kr/)에서는 시청각장애인을 대상으로 장애인방송수신기(TV)를 무료로 보급했다. 시청각장애인용TV 보급 사업은 방송통신위원회 방송통신발전기금의 지원으로 시행하고 있다. 미디어재단은 시청각장애인의 방송 접근을 돕기 위한 장비로 2012년에는 '이동형 화면해설방송 수신기'를 보급했다. 이 제품은 TV화면해설서비스 수신, 공중파 TV 및 케이블 TV 등 125 채널 확보와 MP3 플레이어 기능, FM라디오 수신기능, 음성채널 안내 서비스를 제공해 장애인의 TV접근권을 확보했다.

〈그림 9〉 2012년 이동형 화면해설방송 수신기: 한국 전기 산업[80]

---

kcc1335/3504 사진 캡처.)

80) 사진 : 시청자미디어재단. (http://tv.kcmf.or.kr/screen/contents/list.php?bid=info 사진 캡처.)

2013년 미디어재단에서는 '고정형 화면해설방송 수신기'를 보급했다. 이 제품은 TV화면해설방송 수신, 화면해설 수신 ON/OFF 기능, 화면해설수신 ON/OFF핫키 버튼 리모컨 제공, 리모컨 주요버튼 음형표시 등의 기능을 갖추고 있다. 이 수신기는 디지털TV와 모니터 기능을 함께 갖추고 있어 따로 HDTV 수신기 없이 디지털 방송(아날로그 방송 수신 포함)을 수신하게 만들어졌다.

〈그림 10〉 고정형 화면해설방송 수신기: LG전자[81]

미디어재단에서 보급한 2014년형 모델은 '고정형 화면해설방송 수신기'로 TV화면해설방송 수신 기능, 화면해설 수신 ON/OFF 기능, 화면해설수신 ON/OFF 핫키 버튼 리모컨 제공, 화면해설 ON/OFF 채널 안내 등 일부 기능 음성 안내 기능이 탑재되어 있다. 이 수신기는 PC작업과 TV시청까지 하나로 사용할 수 있다는 특징이 있다.

미디어재단은 2014년도에 장애인방송(자막방송/화면해설방송) 수신기능이 내장된 디지털 TV를 시청각장애인에게 각각 6,100대식 보급했다.

〈그림 11〉 고정형 화면해설방송 수신기: 삼성전자

---

81) 시청자미디어재단. (사진 : http://tv.kcmf.or.kr/screen/contents/list.php?bid=info 사진 캡처.)

2015년 'TV일체형 화면해설방송 수신기'는 23.6인치로 LED TV가 선정되었다. 이 수신기는 화면해설방송 설정 관련 바로가기 버튼 3가지가 제공되는 방식을 취하고 있다. 이 3가지 방식은 화면해설 ON/OFF, 전원 ON/OFF, 채널변경 버튼으로 구성되어 있으며 텔레비전에 자막방송 및 화면해설방송 수신기능이 내장되어 있다. 또 볼록 점자가 지원되는 리모컨 버튼 한 번으로 텍스트를 읽어주는 TTS(text to speech) 기술을 실행시켜 채널정보, 프로그램 편성표 등의 음성 안내를 청취할 수 있게 되었다. 또 리모컨에 자막 바로가기 버튼이 있어 클릭만으로 간편하게 자막 기능을 설정할 수 있게 제작되었다.

시청각장애인이 자막방송을 시청할 때 자막이 화면을 가리는 경우가 있어 영상 전달에 방해가 되는 단점이 있었다. 그러나 이 수신기는 사용자의 사용 환경에 맞는 자막 투명도와 위치, 자막의 컬러를 자유롭게 조절할 수 있어 사용자의 편의성을 높였다.

〈그림 12〉 TV 일체형 화면해설방송 수신기: LG전자[82]

지난 2015년 방송통신위원회에서는 '소외계층 방송 접근권 보장(정책실명제등록번호2015-05)'을 추진했다. 방송 · 통신 · 인터넷 등 미디어 융합, 신규 서비스의 지속적 등장으로 방송 환경이 급변하는 상황에 맞춰 비장애인과 장애인의 정보 격차가 심화되는 것을 막기 위해 방송접근권이 마련되었다. 총사업비 9,444백만 원(2015.01.01. ~ 2015.12.31.)을 들인 이 사업은 방송사업자의 장애인방송(자막 · 수화 · 화면해설) 제작지원 및 장애인용 TV 보급을 통해 시청각장애인의 방송 접근권을 향상시키고 있다. 2015년 제공된 방송수신기는 자막 6,262대 화면해설 6,262대 난청노인 3,120대가 보급되었다.

---

82) 시청자미디어재단. (사진 : http://tv.kcmf.or.kr/screen/contents/list.php?bid=info 사진 캡처.)

〈그림 13〉 2016년 TV 일체형 자막방송 수신기: 삼성전자[83]

2016년 보급형 'TV일체형 자막방송 수신기'는 28인치 LED TV로 화면해설 ON/OFF 음성 안내, 외부입력 선택 여부 음성 안내, 현재프로그램(EPG) 음성 안내, 모든 TV설정 메뉴 음성 안내 및 화면해설 전용리모컨(화면해설 설정 바로가기 핫키, 리모컨 버튼 점자 양각)이 제공되는 특징이 있다. 2011년7월 개정된 장애인방송 의무화에 따라 장애인방송은 점차적으로 확대 제공되고 있다.

〈표 20〉 시청각장애인을 위한 특화 기능 탑재[84]

구분	시각장애인용 기능	청각장애인용 기능
기능	• 음성안내 기능 제공 • 화면해설 ON/OFF 음성 안내 • 외부 입력 선택여부 음성 안내 • 현재 프로그램(EPG)[85] 음성 안내 • 모든 TV설정 메뉴 음성 안내 • 전용 리모컨 제공 • 화면해설 설정 바로가기 버튼 • 리모컨 버튼 점자 양각	• 자막 설정 바로가기 버튼 제공 • 폐쇄자막 ON/OFF버튼 • 자막 크기 조절(대 · 중 · 소) 버튼 • 자막 글씨 · 배경색 변경 버튼 • 자막 위치변경 버튼 • 자유로운 자막 위치 변경 제공 • 총 9개로 위치변경 가능 (상 · 중 · 하 / 좌 · 중 · 우)

이 수신기는 시청각장애인용 전용리모컨이 제공된다. 리모컨에는 점자(영자 · 소문자)가 양각으로 새겨져 시청각장애인의 사용의 편의성을 향상시켰다. 2016년에 보급된 TV 일체형 자막방송 수신기는 PC 작업을 할 때는 모니터로 사용이 가능하고, 방송을 시청할 때는 TV로 볼 수 있는 HD화질의 겸용 모니터이다. 뿐만 아니라 커넥트 쉐어 기능으로 PC를 켜지 않고도 USB메모

83) 시청자미디어재단. (사진 : http://tv.kcmf.or.kr/screen/contents/list.php?bid=info 사진 캡쳐.)
84) 시청자미디어재단. (사진 : http://tv.kcmf.or.kr/screen/contents/list.php?bid=info 사진 캡쳐.)
85) EPG(Electronic Program Guide) ; TV 화면 상에 방송편성표를 알려주는 기능.

리 안의 음악, 사진, 동영상 등의 다양한 멀티미디어 콘텐츠를 모니터로 바로 재생이 가능하다.

2) 배리어프리영화의 상영 방식

배리어프리영화(영상)를 상영하는 방식은 오픈방식과 폐쇄방식의 2가지로 구분된다. 한 편의 영상물에 화면해설과 자막을 모두 넣어 완성한 영화를 극장에 그대로 상영하는 방식이 오픈방식이며 폐쇄방식은 준비한 전용단말기나 스마트폰 등을 통해 화면해설과 자막을 관객이 개인별로 이용하는 방식이다. 이 방식은 극장에서 원본영화를 그대로 영사하고 관객이 자신에게 적합한 기기를 조작해 자막서비스를 읽거나, 이어폰을 스마트폰에 연결해 화면해설을 들으며 영화를 관람하는 방식이다.

(1) 오픈방식

오픈방식은 한 공간에 있는 장애인과 비장애인이 함께 관람하는 방식이다. 이건 마치 일본의 경우에 변사가 관객에게 직접 화면해설을 들려주는 방식과 유사하다. 이 방식은 현장에서 영상과 화면해설이 동시에 이뤄지기 때문에 현장감이 뛰어나고 변사의 주관적인 감정이 들어가기 때문에 다이내믹한 해설을 들을 수 있다는 장점이 있다. 그러나 배리어프리영화의 오픈방식은 영화의 해설 즉 내레이션이 성우의 감정을 배제한 상태에서 고른 음성으로 녹음된 것이 송출되므로 다이내믹한 현장감은 관객에게 전달되지 않는다.

그럼에도 극장주가 이 방식을 선택해서 상영하는 이유는 장애인과 비장애인이 함께 즐길 수 있다는 장점과 비장애인에게 새로운 경험을 선사한다는 의의가 있기 때문이다. 간혹 비장애인이 오픈방식으로 배리어프리영화를 관람한 뒤 내레이션이 자세하게 영화를 해설하기 때문에 오히려 영화에 몰입을 방해한다는 의견도 제시하는 경우가 있다.

그러나 빠르게 전개되는 영상을 이해하기 어려운 아동이나 노인 등에게는 오히려 오픈방식의 배리어프리영화 상영이 영화를 이해하는 데 도움이 된다. 극장주의 입장에서는 배리어프리 화면해설영화를 제외하고 화면해설 수신용 FM수신기나 스마트 글래스를 따로 준비할 필요가 없기 때문에 오히려 상영이 용이하다. 그럼에도 불구하고 다수의 영화관들은 관객의 수가 적어 수익성이 없다는 이유로 배리어프리영화 상영을 꺼리는 문제점이 남아 있다.

아래 그림의 ①은 2016년 8월에 열린 '공감영화제 – 영화 읽어주는 수목원'의 상영모습이다. 당시 배리어프리영화위원회가 서울 구로구에 위치한 '푸른 수목원'에서 배리어프리영화를 상영했다. 이 행사는 극장이 아닌 야외에서 배리어프리영화가 오픈방식을 통해 상영되어 장애인과 비장애인이 함께 영화를 관람할 수 있는 좋은 기회였다.

②는 성남문화재단이 2012년 12월 성남미디어센터 개관을 앞두고 문화 공간 조성과 미디어에 대한 관심과 환기를 위해 배리어프리영화를 상영한 사진이다. '담장 없는 영화관'이라는 프로그램으로 진행된 이 행사는 배리어프리영화를 영화관이 아닌 곳에서도 관람이 가능하다는 것을 보여주었다. 이는 평소 바깥 출입이 어려운 장애인들을 위해 찾아가는 영화를 제공할 수 있다는 것을 보여주는 사례이다.

〈① 푸른 수목원에서 상영[86]〉

〈② 성남미디어센터에서 상영[87]〉

〈③ 경기도 과천 서울대공원 분수대 광장[88]〉

〈④ 정읍시 장애인복지관 강당[89]〉

| 야외에서 상영된 배리어프리영화 | 실내에서 상영된 배리어프리영화 |

〈그림 14〉 오픈방식

86) 「"영화와 자유" 배리어프리영화위원회, 영화이벤트 '풍성'」, 『프라임경제』, 2016.07.29.
87) 「시청각장애인 위한 배리어프리영화 상영」, 『분당뉴스』, 2012.10.21.
88) 「(르포)현대차 마련한 시청각장애인 영화관 '배리어프리' 가봤더니」, 『뉴스토마토』, 2016.08.28.
89) 「정읍장애인종합복지관-배리어프리영화 〈7번방의 선물〉 상영」, 『데일리전북』, 2013.08.06.

③은 현대자동차 연합동호회에서 '현대모터클럽'이 서울대공원 분수대 광장에서 상영한 '배리어프리영화관'의 한 장면이다. 이 행사에서는 영화관 마련을 위해 플라스틱 의자를 마당에 깔고 이동식 스크린과 음향, 조명장치 등을 설치해 영화를 상영했다는 점에서 의미 있는 행사였다.

④는 정읍시 장애인복지관에서 여름휴가를 맞이해 복지관 강당에서 시청각장애로 인해 평소 문화 향유의 자유를 누릴 수 없는 장애인 및 지역주민을 대상으로 배리어프리영화 〈7번방의 선물〉을 오픈 방식으로 상영했다.

(2) 폐쇄방식

폐쇄방식은 원본 영화를 극장에 그대로 상영하는 방식이다. 이때 화면해설과 자막해설은 영상에 삽입되지 않는다. 관객은 극장 입구에 마련된 화면해설 수신용 FM수신기를 사용해 이어폰으로 화면해설을 듣는 방법과 스마트폰의 배리어프리 앱을 실행시켜 화면해설을 듣거나 자막해설을 보는 방법 중 한 가지를 선택해서 사용할 수 있다.

그렇기 때문에 폐쇄방식은 소리 및 자막을 관객이 능동적으로 선택할 수 있다는 장점이 있다. 또 관객이 화면해설과 자막해설에 좀 더 집중해서 관람할 수 있다는 강점이 있다. 간혹 난청인일 경우에는 이어폰으로 듣는 화면해설을 잡음으로 인식하는 경우가 있다. 폐쇄방식에 익숙한 사람들은 오픈 방식보다 오히려 폐쇄방식을 선호하기도 한다.

대체로 화면해설 수신용 FM수신기는 배리어프리영화가 상영되기 전에 관객에게 미리 전달된다. 그렇기 때문에 극장 상영관계자는 이 FM수신기의 주파수가 잡음 없이 잘 작동되는지 미리 확인해야 한다. 간혹 주파수가 맞지 않아 영화가 상영되었는데 화면해설이 수신되지 않는 경우도 있다.

화면해설 수신용 FM수신기와 달리 화면해설 서비스(Description Video Service, DVS) 수신기는 한국시각장애인연합회에서 전국 시각장애인을 대상으로 보급한 제품으로 이 수신기는 TV화면을 볼 수 없는 시각장애인을 위해 특수 제작된 기기이다.[90] 그렇기 때문에 극장에서보다 가정에서 사용하기 적합한 수신기라 할 수 있다.

---

90) 「DVS수신기 무료 보급 신청자 모집－한시련, 오는 9월 30일까지 접수」, 『에이블뉴스』, 2011.8.25.

화면해설 수신용 FM수신기   DVS(화면해설서비스) 수신기

〈그림 15〉 화면해설 수신용 FM수신기와 DVS 수신기[91]

2016년 8월 16일 홍대 '나다 페스티벌'의 부대행사로 진행된 에로 배리어프리영화제가 열렸다. 이 행사에서 영화 〈친절한 가정부〉(2015, 노진수)가 배리어프리 버전으로 상영되었다. 이 날 행사의 특이한 점은 시청각장애인을 위해 자막과 화면해설을 제공함에 있어 에로의 '감각'을 그대로 관객에게 전달하기 위해 노력했다는 점이다. 예를 들면 '나다 페스티벌' 주최 측은 관객의 '감각'을 일깨우기 위해 시각장애인과 청각장애인을 위한 지원을 각각 별도로 진행했다.

〈그림 16〉 배리어프리영화 〈친절한 가정부〉의 관람 장면[92]

먼저 청각장애인을 위해서 청각장애인 의사소통지원 플랫폼인 사회적 협동조합인 AUD[93]에서 문자통역과 스마트 글라스를 지원했다. 문자통역은 AUD에서 입력한 내용이 영화 스크린

---

91) 사진 : 부산시청자미디어센터 홈페이지 사진 캡처.
92) 사진 : 『장미뉴스』, 한국장애인재활협회, 2016. 8. 16, 사진 캡처.
93) 사회적협동조합은 유니버설 디자인의 가치를 바탕으로 누구든 듣는 것으로 인한 불편함이 없이 디자인 된 사회를 추구하는 단체이다.

상영화면 좌측에 별도로 설치한 자막 스크린을 통해 전달되었다. 이때 스크린 상단에는 영화 속 대사가 나타나고 스크린의 하단에는 청각장애인을 위한 자막해설이 나타나도록 시설을 완비했다. 이 행사에서는 자막해설 스크린과 영화 화면을 번갈아 가며 배리어프리영화를 관람해야 하는 청각장애인의 어려움을 해소하기 위해 자막과 해설을 함께 볼 수 있도록 '스마트 글라스'[94]를 제공했다.

청각장애인의 의사소통지원 플랫폼인 AUD에서 입력한 자막해설은 청각장애인들이 착용한 스마트 글라스로 전송되도록 시스템을 정비했다. 그렇기 때문에 청각장애인 관객은 스크린과 스마트 글라스, 핸드폰 어플 중 자신이 원하는 방식으로 문자통역을 지원받아 영화를 관람할 수 있게 되었다.

〈그림 17〉 스마트 글라스와 스마트폰[95]

다음으로 이 행사에서는 시각장애인을 위해 화면해설을 변사가 직접 진행했다. 기존의 배리어프리영화에서는 화면해설작가의 주관을 배제한 객관적인 자세로 화면의 시각적 요소를 설명했다. 그러나 이 행사에서는 현장에서 변사가 직접 영상의 화면해설을 즉흥적으로 그리고 감각적으로 전달해 관객에게 신선함을 선사했다. 어떻게 하면 에로틱한 장면을 좀 더 감각적으로 관객에게 전달할 수 있을까를 고려한 주최 측의 배려로 영화는 관객에게 새로운 즐거움을 선사했다. 예컨대 여주인공의 엉덩이가 화면을 채우는 장면에서 "핑키의 엉덩이가 화면의 절반을

---

94) 「에로영화는 어떻게 '배리어프리'가 되었나?」, 『장미뉴스』, 한국장애인재활협회, 2016.8.16.
95) 사진 : 『장미뉴스』, 한국장애인재활협회, 2016. 8. 16, 사진 캡처.

채우고 있다"는 객관적인 정보를 소개하는 것이 아니라, "아, 핑키 엉덩이...우리 상수 큰일 났어요."처럼 변사의 감정과 재치가 묻어나는 해설을 진행했다.

영화를 관람한 전맹 장애인 관객은 딱딱한 해설이 아니어서 영화를 좀 더 즐겁게 관람할 수 있었다고 밝혔다.[96] 이러한 화면해설 기법은 초기단계의 배리어프리가 시도한 또 하나의 새로운 방식의 시도라는 점에 의의가 있다.

〈그림 18〉 시청각장애인과 지체장애인을 위한 연극 〈달팽이의 별〉 공연[97]

이와 유사한 방식의 배리어프리영화 상영이 또 있었다. 2015년 배리어프리 영상포럼은 배리어프리영화처럼 시청각장애인을 위해 자막과 음성을 동시에 제공해 그들이 연극을 관람할 수 있도록 공연을 펼쳤다. 배리어프리 영상포럼은 비영리 민간단체로 작가, 성우, 아나운서, 기술자로 구성된 전문가들로 이루어진 조직으로 이들은 재능기부형식으로 배리어프리영화를 2009년부터 제작해왔다.[98]

이들은 시청각중복장애인 남편 조형찬과 척추장애인 아내 김순호의 이야기를 담은 〈달팽이의 별〉을 배리어프리 버전으로 연극공연을 펼쳤다. 시각장애인은 FM수신기를 통해 화면해설을 청취할 수 있도록 청각장애인은 무대 오른편에 설치된 스크린에 제공되는 자막해설을 읽을

---

96) 「에로영화는 어떻게 '배리어프리'가 되었나?」, 『장미뉴스』, 한국장애인재활협회, 2016.8.16.
97) 「장애인과 비장애인이 함께 즐기는 배리어프리 공연」, 『THE MUSICAL』137호, 더뮤지컬, 2015, 76면.
98) 안세영, 위의 글, 77면.

수 있도록 준비했다. 이 연극도 현장에서 실시간으로 성우들이 미리 만들어진 부스에서 무대를 보며 연극 속 상황을 해설했다.

이 연극의 특이한 점은 시청각장애인뿐만 아니라 휠체어를 타고 움직여야 하는 장애인까지 초대해 그들이 불편함을 느끼지 않고 연극을 관람하도록 도왔다는 것이다. 주최 측은 시각장애인 석과 청각장애인 석 그리고 휠체어 석으로 각각 좌석을 구분해 특정 장치를 설치해 특화시켰다. 이를테면 시각장애인 석에는 좌석에 유선 이어폰을 준비해 장애인이 음성해설을 듣고 연극을 관람할 수 있게 도왔다. 뿐만 아니라 점자대본도 준비해 시청각중복장애인이 점자대본과 오디오 가이드를 함께 사용해 연극을 관람하도록 지원했다.

주최 측은 청각장애인 석에 모니터를 설치해 청각장애인이 자막해설로 연극을 관람하도록 도왔다. 이때 모니터가 무대의 상황을 가리지 않도록 청각장애인 석을 무대의 맨 뒷자리로 배치했으며 두 명당 한 대씩 이용하도록 모니터를 설치했다. 휠체어를 타고 연극을 관람하러 온 장애인을 위해 일반객석 40석을 뜯어내고 15대의 휠체어가 들어올 수 있는 공간을 확보했다.[99] 이와 같은 시도 또한 배리어프리영화가 유니버설을 지향한 영화로 거듭나는 새로운 도약점이 될 것이 분명하다.

---

99) 안세영, 위의 글, 74-77면 참조.

제 IV 장

영화와 영상 언어의 이해

제Ⅳ장 영화와 영상 언어의 이해

1. 영화의 명칭과 원리

공식적으로 1895년에 탄생한 영화는 21세기를 지나오면서 고부가 가치를 지닌 하나의 문화 상품이자 오락거리로 대중들에게 사랑을 받고 있다. 원래 우리가 사용하는 '영화'라는 용어는 우리 민족의 사고방식이 아니다. 영화의 어원(語源)을 한자에서 찾아보면 영(映)은 빛, 화(畵)는 그림을 의미한다. 즉 영화는 빛의 그림을 뜻한다. 이 용어는 일본식 한자로 일제 강점기에 영화를 받아들이면서 일본식 단어를 그대로 차용한 것일 뿐이다. 따라서 영화를 '그림 비슷한 것'으로 보는 사고방식은 일본적인 사고방식에서 비롯되었다고 할 수 있다.[1]

영화를 지칭하는 용어는 각 나라마다 다르다. 중국은 영화를 '전영(電影)'이라고 해 '전기로 나타난 그림자'란 뜻으로 불린다. 우리나라 사전에서 어휘로 일정한 의미를 갖고 움직이는 대상을 촬영하여 영사기로 영사막에 재현하는 종합예술로 정의하고 있다.

이외에도 영화를 지칭하는 용어로는 film(미국), cinema(프랑스), kino(독일), movie, picture, feature 등이 있다. 필름(film)이란 용어는 광학적, 기술적 의미로, 시네마(cinema)는 사회적, 형태적 의미로, 무비(movie)는 경제적, 산업적 의미로, 픽쳐(picture)는 미(美)학적, 문학적 의미로 사용되고 있으며, 피쳐(feature)는 장면의 의미로 쓰이고 있다.

그중에서 가장 많이 사용되는 영화의 용어는 '필름(film)'이다. '필름'은 원래 사진기에 쓰이는 재료로서 얇은 셀룰로이드 띠 위에 감광유제(빛을 받으면 그 위에 이미지를 새기게 되는 화

---

1) 정재형, 『영화 이해의 길잡이』, 개마고원, 2003, 18면.

학물질의 일종)가 입혀진 물질을 지칭하는 말이었다. 이 말이 영화를 의미하게 된 것은 영화가 사진과 관련이 있기 때문이다. 영화와 사진은 모두 필름과 렌즈로 구성된 요소를 바탕으로 하는 카메라 예술이라는 점에서 공통점을 지닌다.

다음으로 많이 사용되는 용어로 '무비(movie)'가 있다. 무비는 움직임을 의미하는 move에서 파생된 것으로 움직임이 없는 이미지인 사진들을 모아 영사해서 마치 '이미지가 살아 움직이는 것처럼 보이게 한다.'는 의미로 사용되고 있다.

세 번째로 영화는 '시네마'라는 용어로 지칭되기도 한다. 시네마라는 말은 '움직인다'는 뜻을 가진 희랍어(영어의 'kinetic')에서 유래해 지어진 명칭이다. 영화를 '시네마(cinema)'라 부를 때 이 용어는 세계 최초의 영화로 인정받은 작품을 찍은 무비 카메라 이름이었던 '시네마토그래프(cinematograph)'에서 비롯되었다.[2] 지금까지 영화의 용어들을 살펴본 결과 영화를 지칭하는 용어들이 모두 스틸 사진을 움직이게 만든다는 의미에서 출발했다는 것을 알 수 있다.

그렇다면 어떻게 움직임이 없는 스틸사진이 움직이는 것처럼 보이게 되는 걸까? 그 원리는 시각잔상효과와 간헐운동[3]에서 비롯된다. 간헐운동은 필름이 한 프레임씩 필름 게이트에 정확하게 정지하고 전진함으로써 노출과 영사를 가능케 하는 기계적 움직임을 말한다. 간헐운동으로 노출되는 프레임은 한 장의 사진이며 프레임 사이에는 순간적인 암흑이 존재한다.

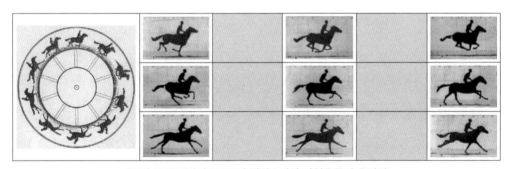

〈그림 1〉 주프락시스코프와 잔상효과와 간헐운동의 움직임

2) 주유신 외 3인, 『영화제작』, 효민, 2010, 9면.
3) 루이 뤼미에르(Louis Lumière)는 재봉틀의 동작원리에서 간헐운동의 힌트를 얻어 시네마토그래프(cinematograph)를 발명했다.(민병록 외 2인, 『영화의 이해』, 집문당, 2000, 13면.)

하지만 이것이 영사될 때 사람의 시각은 이미지를 바라보는 실제 시간보다 더 길게 이미지를 인식하게 된다. 이때 우리의 눈이 여러 장의 연속되는 프레임을 연속적인 움직임으로 파악해 프레임 사이의 갭을 채우게 된다. 이를 시각잔상효과라고 한다. 시각잔상효과의 기계적인 실현이 바로 간헐운동이며 이것이 영화의 메커니즘이 된다.

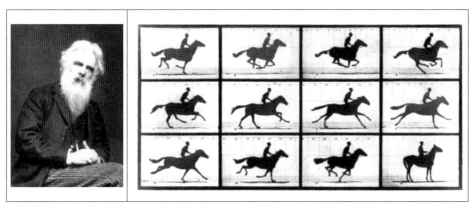

〈그림 2〉 1878년 마이브리지는 말이 달리는 모습을 연속적으로 촬영

위 그림은 에드워드 마이브리지[4]가 촬영한 사진으로 이 사진은 '주프락시스코프(Zoopraxiscope)'를 이용해 영사되었다. 마이브리지의 이 촬영은 12컷의 사진으로 말의 움직임을 과학적인 방법으로 포착해 연속적으로 이어서 보여주었다. 이 기술은 스크린에 영화를 비추는 영사기의 원형이 되었다. 1893년 시카고 만국박람회에 주프락시스코프가 등장했을 때 사람들은 이 영사기에 큰 관심을 모았다.

움직임이 없는 스틸사진이 움직이는 것처럼 보이는 영화의 장면을 연출하기 위해서는 우선 사진이 필요하다. 영화는 1초에 24장의 사진을 빠른 속도로 영사해 마치 움직이는 것처럼 보이게 하는 '눈속임(트릭)'의 결과물인 것이다.

---

4) 에드워드 마이브리지(Eadweard Muybridge-1830.4.9.~1904.5.8.)영국 출신의 미국 사진가이다. 1852년 미국으로 건너가 생의 대부분을 미국에서 지냈다. 고속도 사진기를 써서 인간과 동물, 새 등의 동작이나 운동의 연속사진을 촬영, 육안으로 판별하기 어려운 동작 중의 연속적인 순간의 상태를 해명했다.

2. 영화의 기원과 역사

영화는 사진의 발달이 없었다면 탄생되지 못했을 것이다. 사진은 움직이는 대상을 포착해 이미지를 기록하고자 하는 욕구에서부터 시작된다. 인간의 이러한 욕구는 인류가 원시시대 알타미라 동굴벽화, 라스코 동굴벽화, 조각, 그림문자, 이집트의 미라에 이르기까지 현실세계를 사실적으로 묘사하여 기록하고 영구히 보존하려는 욕망에서 비롯된다.

이러한 인간의 이미지 재현의 욕구는 시대의 발달과 기술의 진보에 따라 좀 더 과학적이고 기계적인 방식으로 변화했다. 최초의 이미지 재현 장치는 카메라 옵스큐라(camera obscura)이다. 라틴어로 어두운 방(dark room)이라는 뜻으로 어두운 방의 지붕이나 벽 등에 작은 구멍을 뚫고 그 반대쪽의 하얀 벽에 바깥의 실제의 상을 찍어내는 장치이다. 이 방법은 발명 초기에는 그림을 그리기 위한 도구로 사용되었다.[5]

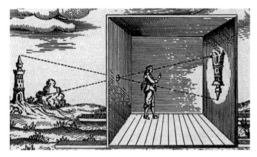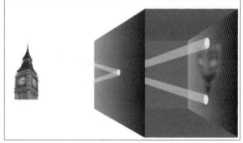

〈그림 3〉 카메라 옵스큐라와 원리

이 방법은 BC 4세기에 아리스토텔레스(Aristoteles)의 '핀홀 상의 방법론'에 그 원리가 기록되어 있었다. 이후 르네상스시대 화가 레오나르도 다 빈치(Leonardo da Vinci)는 카메라 옵스큐라의 원리를 이용해 구체적인 원근법을 발표했다. 카메라 옵스큐라는 영사기와 카메라 발명의 기초가 됐으며, 이 원리를 이용해 프랑스의 조셉 니세포르 니엡스(Joseph Nicephore Niepce)와 루이 다게르(Louis Daguerre)가 사진을 발명하게 됐다.[6]

카메라 옵스큐라는 이미지를 포착해 낼 수는 있었지만 그 이미지를 영구히 고정시킬 수 없었

---

5) 양경미, 『영화 이야기』, 스토리하우스, 2015, 참조.
6) 『영화사전』, propaganda, 2004 [네이버 지식백과].

다. 이에 조셉 니세포르 니엡스는 직접 제작한 카메라 벽에 은염(銀鹽·silver salt)으로 코팅한 흰 종이를 부착했다. 1816년 희미한 비둘기집 영상을 종이에 맺히게 하는 데 드디어 성공했다. 하지만 색이 바래지면서 이미지는 곧 사라졌다.

〈그림 4〉 카메라 옵스큐라와 조셉 니세포르 니엡스의 최초의 사진
〈연구실 창문에서 보이는 풍경(View from the Study Window)〉(1826)

니엡스는 색이 바래지면서 이미지가 사라지는 것을 막기 위해 일종의 아스팔트인 유대역청 (bitumen of Judea)이 빛에 민감하다는 것을 발견하고 유대역청으로 코팅한 유리판에 찍은 판화가 복사된다는 것을 발견했지만 이 방식으로 만들어진 사진 작품도 결국 소실됐다. 이후 형 클로드가 니엡스에게 유리판을 금속판으로 대체하자는 제의를 했다. 이에 니엡스는 주석합금 (朱錫合金)인 백랍을 카메라에 장착했다.

이때 그는 자신이 만든 카메라가 아닌 전문 카메라를 구입해 실험했다. 8시간의 노출(露出 exposure) 후에 금속판을 라벤더 기름으로 세척해서 세계 최초의 사진이 탄생되었다.[7] 니엡스는 이 사진을 '태양이 그린 그림'이라 불렀다. 이를 계기로 드디어 현실의 이미지를 광학적, 화학적 방법을 동원해 재생하는 사진술이 발명되었다.[8] 사진술의 발명은 곧 영화 탄생의 신호탄이 되었다.

역사상 처음으로 화학적 방법을 통해 빛을 고정시키는 데 성공하자 뒤이어 1835년 윌리엄 헨리 폭스 탈보트(William Henry Fox Talbot)가 현상술을 발명했다. 그리고 1837년에는 루이 자크 망데 다게르(Louis-Jacques-Mande Daguerre)가 은판사진술 등을 이어서 발명했다.

---

7) 「순간을 찍어 영원하게 만든 '사진의 아버지'」, 『중앙SUNDAY』, 2012.06.24.
8) 니엡스 이후 루이 자크 다게르, 헨리 폭스 탈보트 등 여러 사람들의 노력에 힘입어 1850년대 경에 이르러 짧은 노출 시간으로 투명한 판에 네거티브 이미지를 기록하는 것이 가능해졌다. : 민병록 외 2인, 앞의 책, 13면.

사진에 의해 이미지를 고정시킬 수 있게 되면서 사진에 연속적인 움직임을 주려는 다양한 시도와 발명들이 줄을 이었다. 1872년 영국 출신의 사진사 에드워드 마이브리지(Eadweard Muybridge)는 1피트 간격으로 12대의 카메라를 설치하여 달리는 말의 움직임을 찍었다.

〈그림 5〉 크로노포토그래픽 건(Chronophotographic Gun)

또 그는 에티엔-쥘 마레와 함께 '크로노포토그래픽 건'을 발명해 '동영상(Motion Picture)'의 시대를 열었다. 1882년에 만들어진 이 카메라는 방아쇠를 당기면 필름이 회전하면서 1초에 12장의 사진을 찍을 수 있었다. 그는 이 사진 총으로 1초에 24장의 사진을 찍어서 날아가는 새나 운동선수의 분절된 움직임을 분석했다. 그러나 그는 이 사진을 분석하기만 했을 뿐 스크린을 통해 움직임을 연속적으로 재생하는 영사기술로 나아가지 못했다.[9]

이후로 영화와 관련된 여러 분야에서 다양한 발명품이 만들어졌다. 1888년 조지 이스트먼(Geoge Easteman)은 롤 형태의 필름을 개발했다. 그는 1892년 사진용품 회사였던 이스트먼코닥(Eastman Kodak)을 설립하면서 동영상 기술을 한 번 더 진화시켰다.

미국의 발명왕 에디슨(Thomas Edison)은 1877년 '축음기가 귀에 한 역할처럼 눈으로 보는 장치'를 만들고자 하는 바람으로 그의 파트너 윌리엄 딕슨(William Dickson)과 함께 1891년 5월에서 1892년 10월 사이에 수직으로 돌아가는 '키네토스코프(kinetoscope)'라는 요지경 장치를 만들었다. 에디슨의 영화는 움직이는 이미지를 촬영하는 키네토그래프(kinetograph)와 이를 개인별로 관람하는 키네토스코프라는 접안장치로 구성되었다.[10] 훌륭한 발명품임에도 불구하고 키네토스코프는 작은 구멍을 통해 움직이는 이미지를 혼자서 들여다보는 방식[11]이어서

---

9) 정헌, 『영화 기술 역사』, 커뮤니케이션북스, 2013, 10면.
10) 데이비드 파킨슨, 이시온 역, 『영화를 뒤바꾼 아이디어 100』, 시드포스트, 2015, 21면.
11) 민경원, 『영화의 이해』, 커뮤니케이션북스, 2014, 6면.

인기를 얻지 못했다. 그러나 키네토스코프는 텔레비전, 비디오, DVD, 컴퓨터, 이동전화를 보는
방식에 영향을 끼쳤다.

〈그림 6〉 키네토스코프(kinetoscope)

　단독 감상용으로 인기를 끌지 못했던 에디슨의 키네토스코프와 달리 1년 뒤 프랑스의 뤼미
에르(Lumiere)형제가 시네마토그래프(cinematograph)를 발명하면서부터 사람들은 스크린을
통해 집단적으로 영화를 볼 수 있게 되었다. 뤼미에르 형제가 만든 시네마토그래프는 필름카
메라와 인화기, 그리고 영사기를 하나로 통합한 기계이다. 시네마토그래프는 영화의 탄생 이후
영화사에 독보적인 위상을 차지했다.

〈그림 7〉 시네마토그래프(cinematograph)

시네마토그래프는 키네토스코프보다 가벼웠기 때문에 이동이 용이했다. 이에 따라 영화 촬

영이 실내 스튜디오에서 작업하던 것에서 벗어나 야외에서도 작업할 수 있게 되었다. 뤼미에르 형제[12]가 처음으로 만든 영화는 1895년 3월 22일에 상영된 기록영화인 〈리옹의 뤼미에르 공장을 나서는 노동자들〉이다.

〈그림 8〉 〈리옹의 뤼미에르 공장을 나서는 노동자들〉(1895, 뤼미에르)[13]

이 영상은 영사를 목적으로 만든 최초의 영상이다. 1895년 3월 19일에 뤼미에르 형제는 몽플레지르 공장 근처에 있는 한 저택에 시네마토그래프를 설치했다. 12시가 되자 공장의 정문이 열리더니 노동자들이 밖으로 나오기 시작했다. 루이는 시네마토그래프의 손잡이를 돌렸다. 세계 최초의 활동사진인 〈리옹의 뤼미에르 공장을 나서는 노동자들〉의 촬영은 이렇게 시작되었다. 촬영 시간은 50초가 걸렸으며, 800개의 프레임이 소요되었다. 뤼미에르 가족은 앞으로 시네마토그래프가 대성공을 거둘 것이라 확신했다.

1895년 6월 11일 리옹에서 열린 사진가 회의에서 뤼미에르 형제는 〈리옹의 뤼미에르 공장을 나서는 노동자들〉 이외에도 〈정원사 골탕 먹이기〉, 〈아기 우유 먹이기〉, 〈바다〉 등의 10편의 활동사진을 공개했다. 관객의 호응으로 뤼미에르 가족은 대중을 상대로 영화 상영을 계획했다. 아버지 앙투안은 적당한 장소로 카퓌신 가의 그랑 카페(Grand Cafe)를 선택했다. 아버지는 건물주에게 총 관람료의 20%를 주겠다고 제안했으나 건물주가 그 제안을 거절하고 하루에 30프랑씩 지불하라고 했다. 후에 성공적인 영화 상영으로 인해 건물주는 그 계약 건에 대해 크게 후

---

12) 오귀스트 뤼미에르(형-1862.10.19.~1954.4.10.), 루이 뤼미에르(동생-1864.10.5.~1948.6.6.)
13) 사진: 유튜브 캡처. https://www.youtube.com/watch?v=jN6gTEpGZh4

회했다고 한다.[14]

〈그림 9〉 〈열차의 도착(L'Arrivèe d'un train en gare de La Ciotat)〉 (1895, 뤼미에르)[15]

 1895년 뤼미에르 형제는 〈열차의 도착〉을 촬영해 상영했다. 이 영화는 아무런 스토리 없이 열차가 도착하는 장면을 50초가량 보여주는 단편영화이다. 이 영화는 프랑스 파리의 그랑 카페에서 상영되었는데 영상을 본 관람객이 기차가 관객 쪽으로 달려오는 모습에 놀라서 도망쳤다는 일화가 유명하다. 이 영화는 one scene, one shot으로 구성된 영상물이었다. 그렇기 때문에 이 영화에는 현재의 촬영기법이나 편집기술이 반영되지 않았다. 다가오는 기관차의 역동적인 움직임을 잘 보여주었으며, 배우가 렌즈 뒤에서 프레임 안으로 들어가게 촬영했다는 점이 특이하다.[16]

〈그림 10〉 〈물 뿌리는 정원사(L'Arroseur arrosè)〉 (1895, 뤼미에르)[17]

---

14) 「뤼미에르 형제」, 『과학인물백과』[네이버 지식백과].
15) 사진: 유튜브 캡처. (https://www.youtube.com/watch?v=ExhKGhku3Dw)
16) 데이비드 파킨슨, 이시온 역, 앞의 책, 23면.
17) 사진: 유튜브 캡처. (https://www.youtube.com/watch?v=Frl0K09o-KA)

위의 작품은 뤼미에르 형제가 만든 최초의 코미디 영화인 〈물 뿌리는 정원사〉이다. 이 영상은 영화에 서사형식을 도입했다는 측면에서 의미 있는 작품이다. 영화가 시작되면 다음과 같은 스토리가 전개된다. ①정원사가 정원에 호수로 물을 뿌린다. 잠시 후 갑자기 한 소년이 등장해 호스를 밟는다. ②정원사는 호스의 물이 나오지 않자 호스의 주둥이를 바라본다. ③이때 소년이 발을 호스에서 뗀다. ④정원사는 갑자기 뿜어져 나오는 물벼락을 맞고 옷이 흠뻑 젖는다. ⑤정원사는 소년을 쫓아가 잡아온다. ⑥정원사가 소년의 엉덩이를 때리며 야단을 친다. ⑦야단맞던 소년은 사라지고 정원사는 정원에 호스로 계속 물을 준다. 관객은 비록 짧지만 코믹하게 구성된 이야기를 통해 영화의 즐거움을 느끼게 된다. 이 작품을 계기로 영화는 현실을 그대로 재현하던 기록영화에서 벗어나 획기적인 전환을 맞는다.

뤼미에르 형제와 엔니지어였던 쥘 카르펜티에르가 키네마토그래프의 메커니즘을 차용하고 레옹-기욤 불 리가 특허를 낸 카메라의 이름을 차용해 만든 시네마토그래프는 영화촬영 및 영사방식의 기초를 확립했다. 시네마토그래프는 1초당 16프레임의 속도로 작동되었으며 이 속도는 사운드가 도입되면서 초당 24프레임으로 바뀔 때까지 표준지침으로 유지되었다.

현실의 모습을 그대로 재연했던 리얼리즘 영화의 창시자는 뤼미에르였다. 그러나 그는 '영화가 과학적 호기심으로 활용될 뿐 상업적 미래가 없다'고 판단하고 영화제작을 그만두었다. 마침 그때 표현주의 영화의 창시자이자 마술사인 조르주 멜리에스가 1896년 이후 영화의 두 가지 흐름(리얼리티 계열과 판타지 계열) 가운데 환상성에 손을 들어 꿈을 기록하는 영화를 제작해 상업적인 성공을 거둔 내러티브 예술가가 되었다.[18] 그는 1896년 최초의 프로덕션 '스타필름'을 창립해 1913년까지 무려 500여 편의 영화를 제작했다. 그는 스튜디오를 만들어 마술적 무대장치와 영화적 미장센을 적절히 배합한 영화를 만들었다. 멜리에스는 카메라 조작과 특수효과, 미장센과 편집 기법을 통해 영화의 마술적 효과를 창출했다.[19]

---

18) 데이비드 파킨슨, 이시온 역, 앞의 책, 23면 참조.
19) 무대바닥의 출구나 케이블, 이동레인, 마네킹, 화역 등 무대장치를 활용했다. 또한 그는 고속 저속 촬영, 스톱카메라 기법, 이중인화, 페이드, 디졸브 등 카메라와 편집의 다양한 기법의 발달에 기여했다. : 정 헌, 앞의 책, 21면.

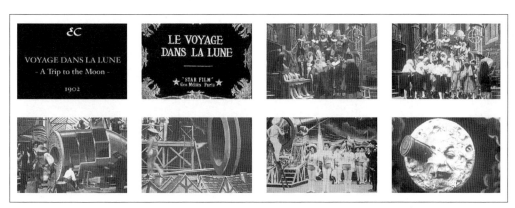

〈그림 11〉 〈달나라 여행(Voyage to the Moon)〉(1902, 멜리에스)[20]

멜리에스의 대표작인 〈달나라 여행(Voyage to the Moon)〉은 최초의 '공상 과학(science fiction)' 영화이다. 이 영화의 상영시간은 뤼미에르가 선보인 1분대의 짧은 영상이 아니라 훨씬 긴 13분이 소요되었다. 뿐만 아니라 이 영화는 약 30개의 숏으로 구성되었으며 다른 초기영화와 같이 일정한 장소에 카메라를 고정시켜 영화를 찍어 완성했다. 이 영화는 문학적, 연극적 요소를 담아냈다. 그러나 멜리에스는 영화를 마술이나 연극 등과 같은 공연 예술의 하위 개념으로 생각하는 한계를 지녔다. 그는 현실의 시공간을 재구성하는 촬영과 편집 등의 새로운 영화적 언어를 만들어 내지는 못했다.

멜리에스가 최초로 영화화된 환상을 제공했다면 1903년 에드윈 포터(Edwin S. Poter)는 〈대열차 강도(The Great Train Robbery)〉에서 리얼리즘 극영화의 주된 예술양식을 선보였다. 이 영화는 에디슨 컴퍼니가 제작한 것으로 그리피스가 등장하기 이전에 상업적으로 가장 크게 성공한 영화이다. 총 십여 개의 신들로 영화가 구성되며 마지막 신에서 강도들 중 한 명이 카메라를 향해 정면으로 총을 쏘는 중간 클로즈업의 유명한 에필로그는 서술적 기능이 아닌 관객에 대한 효과적 기능으로 사용되었다. 뿐만 아니라 같은 시간대에 세 개의 장소에서 각각 벌어지는 상황을 숏에 담아 제시했다는 특징이 있다.

---

20) 사진: 유튜브 캡처. (https://www.youtube.com/watch?v=_FrdVdKlxUk)

〈그림 12〉〈대 열차 강도(The Great Train Robbery)〉(1903, 에드윈 포터)[21]

〈대 열차 강도〉의 스토리는 다음과 같다. ① 두 명의 복면강도가 전신 기사를 위협하여 기차가 계획에 없던 정차를 하도록 전보를 친다. ② 두 명의 도둑이 기차에 오르고, ③ 우편열차에 들어가서 한 차례 격투를 벌인 후 금고를 연다. ④ 두 강도가 기관사와 화부를 꼼짝 못하게 만들고 둘 중 한 사람을 기차 밖으로 내던진다. ⑤ 강도들은 기차를 멈추고 승객들을 인질로 잡는데 한 승객이 달아나다가 총에 맞는다. ⑥ 강도들은 엔진 위로 올라가 탈출한다. ⑦ 탈출한 강도들은 말을 타고 멀리 달아난다. ⑧ 기차에 타고 있던 전신기사가 도움을 요청하는 전보를 보낸다. ⑨ 사람들이 춤을 추며 놀고 있던 한 살롱에 전보가 도착하자, ⑩ 모든 사람이 총을 들고 밖으로 나간다. ⑪ 강도들이 민병대에게 추격당한다. ⑫ 총격전이 벌어져 강도들이 사살된다. ⑬ 강도 중 한 명이 관객을 향해 정면으로 총을 발사한다.[22] 이 영화는 대담한 절도행각을 잘 묘사해 이후 서부영화에 큰 영향을 끼쳤다.

3. 영상 언어

영상 언어는 감독이 촬영한 영상의 이미지로 연출된 이미지 언어를 말한다. 작가가 문학작품을 쓸 때 언어를 사용해 문학작품을 창작하듯이 감독도 영화를 찍을 때 영상 언어를 활용해서

---

21) 사진 : 유튜브 캡처. (https://www.youtube.com/watch?v=BOtNbZi4U-s)
22) 스티븐 제이 슈나이더, 정지인 역, 『죽기 전에 꼭 봐야 할 영화 1001편』, 마로니에북스, 2005 [네이버 지식백과].

영화를 만든다. 문학작품이 작가의 성향에 따라 표현이 다르게 저술되듯이 영화도 감독의 성향에 따라 표현이 다르게 연출된다. 감독은 영상 언어를 통해 이야기를 관객에게 전달한다. 이를 위해서 감독은 영상 언어를 프레임에 담는다. 감독은 자신이 원하는 구도, 앵글, 숏의 크기, 색, 연기, 음악 등 다양한 영상 구성 요소들을 프레임에 제각각 담는다. 감독은 이렇게 제각각의 프레임들을 모아 자신의 의도를 표현하는 것이다.

1920년대[23] 중반 영화가 성숙 단계에 접어들면서 고유한 영화적 "구문법"이 변별적인 미적 형식으로 발전되기 시작했다. 이에 따라 카메라의 배치와 편집이 표준으로 정해지고 이를 바탕으로 영화 촬영이 이루어졌다.[24] 감독은 작가가 언어를 사용하듯 영상 언어를 사용해 구문법적 연속체를 만든다. 때문에 "영화 문법"은 연속체로 구성되는 각 숏의 상호 관련성을 가리키고, 영화 "구문법"은 더 큰 단위들이 구조적 요소로 직조되는 체계를 의미한다.[25] 작가가 문학작품을 통해 관객과 소통하듯이 감독도 영화를 통해 관객과 소통하게 되었다. 요컨대 영화는 영상 언어가 문법적으로 배열된 것으로 관객에게 의미를 전달하기 때문에 감독의 의도를 알기 위해서 영상 언어를 이해할 필요가 있다.

1) 미장센(mise-en-scene)

미장센(mise-en-scene)은 프랑스어로 원래 연극연출에서 사용되던 용어로서 "무대 위에서의 배치"라는 뜻이다. 즉 배우의 연기, 배우의 움직임, 의상, 무대 디자인, 조명 등 무대 위에서 연극적 의미를 구성하는 모든 기호들을 총망라하는 용어이다.[26] 그러나 이것이 영화에서 사용될 때에는 이러한 연극적인 개념 외에 화면에 이것을 옮기는 프레임, 아이콘, 앵글, 구도, 숏, 카메라의 움직임, 인물의 움직임 등 영화적인 테크닉까지 모두 포함하는 개념을 나타낸다.

연극은 관객에게 배경을 바탕으로 등장인물의 행위를 통해 사건의 시작과 끝의 전반을 보여

---

23) 초기 단계의 영화 어법(film phrase)을 최초로 완성 시킨 장본인은 그리피스(D. W. Griffith)이다. 이후 1920년대 이르러 그리피스의 영향을 받은 영화 작가이자 이론가인 러시아의 트로이카(쿨레쇼프, 베르토프, 에이젠슈테인)는 영화 어휘의 확장과 구조적 형식의 발전에 이바지했다.(스테판 샤프, 이용관 역, 『영화 구조의 미학』, 울력, 2011, 32-33면.)

24) 스테판 샤프, 이용관 역, 위의 책, 8면.

25) 스테판 샤프, 이용관 역, 위의 책, 10면.

26) 이형식, 『영화의 이해』, 건국대학교출판부, 2005, 28면.

준다. 그러면 관객은 연극공연을 통해 전체 배경과 부분 배경을 선택해서 본다든가 주연배우와 조연배우 등 자신이 보고 싶은 것을 골라 볼 수 있다. 그러나 영화는 그렇지 않다. 영화는 감독이 관객에게 보여주고 싶은 영상만 보여준다. 때문에 관객은 감독이 의도하는 대로 만들어진 영상을 통해서 영화의 의미를 종합적으로 이해하게 된다. 이때 우리가 한 편의 영화를 관람하고 인상에 남는 장면이 바로 미장센의 이미지가 된다.

영화를 본다는 것은 여러 장의 사진이 스크린에 순식간에 지나가면서 나타나는 영상으로 착시현상의 일종이다. 영화에서 필름(비디오의 경우 1초당 30장)을 기준으로 1초당 24장의 사진이 지나갈 때 우리는 부드러운 움직임(영상)을 1초 관람한 것이 된다. 감독은 프레임을 통해서 관객에게 보여주고 싶은 것만 보여준다. 영화의 종류에 따라서 프레임이 보여주는 이미지는 달리 나타난다. 이 프레임은 일정한 비율로 고정되어 있다. 감독은 정해진 프레임에 다양한 느낌을 담아 관객에게 전달한다.

감독은 자신의 의도를 프레임에 담을 때 구도를 생각하며 담는다. 영화의 구도를 결정짓는 것은 극적 맥락에 달려있다. 영화에서 훌륭한 구도는 전달하고자 하는 감독의 메시지와 느낌에 적합한 구도를 의미한다. 평온하고 고요한 장면에서는 안정적인 구도, 불안하거나 긴박한 장면에서는 불안정한 구도, 혼란한 상황에서는 복잡한 구도를 연출한다. 영화의 화면 구성을 위해서는 미장센에 대한 이해가 매우 중요하다.

(1) 프레임

영화는 3차원의 현재 세계를 스크린 평면에 투사하는 예술행위이다. 사실주의 비평가인 앙드레 바쟁(André Bazin)은 프레임을 세상을 바라보는 창문으로 이해했다.[27] 프레임은 감독과 촬영감독의 판단에 의해 결정된다. 프레임의 의미는 프레임의 구성, 프레임의 구도, 전경과 배경, 프레임의 밀도에 따라 결정된다. 프레임은 영화에 있어서 영상이 정지된 상태의 하나의 이미지에 해당하는 것으로 영상의 가장 최소 단위이다.

사각형태의 프레임은 영화의 종류에 따라 화면의 비율이 다르다. 표준 스크린의 화면 비율은 1.85대 1, 시네마스코프 · 파나비전 등의 와이드스크린 영화의 경우에는 2.35대 1이며 텔레비

---

27) 이형식, 위의 책, 30면.

전의 비율은 1.33대 1이다. 와이드 스크린은 1950년대에 텔레비전의 등장으로 위기감을 느낀 영화산업 측에서 텔레비전보다 더 생생한 몰입감을 주기 위해 개발된 것이다.[28] 프레임은 찍을 대상을 담는 그릇이라서 프레임에 따라 영상미는 달라진다.

무성영화의 경우에는 프레임의 가로와 세로의 비율이 4대 3이었으나, 유성영화 시대로 접어들면서 사운드 트랙의 필요성 때문에 이 비율이 정사각형처럼 변했다. 그러나 정사각형 프레임은 시각적으로 관람이 불편하여 필름의 위와 아래 부분을 조금씩 가려 다시 4대 3의 비율로 돌아왔다. 이것은 1950년대 와이드 스크린이 유행할 때까지 표준 프레임이 되었다. 와이드 스크린의 종횡비는 2대 1부터 2.71대 1까지 있었다.

무성영화 시절에는 1초당 16프레임 이상, 유성 영화의 경우는 1초당 24프레임 정도가 영사되면 관객이 느끼는 잔상 효과로 영상이 마치 움직이는 것처럼 보인다.

감독은 관객에게 보여줄 이미지를 프레임에 담는다. 때문에 감독은 프레임 안에 담기는 것들을 질서 있게 배치한다. 배치는 감독이 관객에게 전달하고자 하는 느낌과 의도에 따라 달라진다. 관객은 프레임 안의 사물의 배치에 따라 안정감과 혼란을 경험하게 된다. 이 프레임은 사람과 사물, 사람과 사람, 사물과 사물 사이의 관계를 담아낸다. 이 관계는 구도, 카메라의 각도, 피사체의 크기, 움직임, 화면의 깊이감, 조명과 색채에 따라 결정된다. 이런 관계는 대사, 등장인물의 표정, 사운드 등에 의해서 명확하게 전달된다.[29]

(2) 카메라의 거리, 각도, 움직임

카메라는 인간의 눈에 해당되는 부분으로 대상을 프레임상의 이미지로 기록하는 장치이다. 즉 카메라는 영화에서 가장 중요한 의미화(signification)의 메커니즘이다. 초기 영화는 카메라를 한 장소에 고정시킨 채 롱 숏으로 피사체를 찍었지만 카메라에 이동성이 부여되면서 영화 제작자들은 카메라의 의미화 기능을 활용하기 시작했다.[30] 따라서 감독은 카메라를 사용할 때 대상과의 거리, 대상과의 각도, 대상을 고려해 움직이며 촬영하게 되었다.

---

28) 이형식, 위의 책, 32면.
29) 주유신 외 3인, 앞의 책, 112-113면.
30) 이형식, 앞의 책, 33면.

가. 카메라의 거리

카메라와 피사체의 거리는 작품의 주제를 표현하거나 상징적인 의미를 부여할 때 효과적으로 사용된다. 카메라의 거리는 카메라와 피사체 사이의 실제적인 거리를 의미하기도 하지만 줌렌즈를 사용한 클로즈업의 경우는 카메라가 움직이지 않고 피사체에 근접한 이미지를 만들 수 있다. 거리는 주로 인체를 표준으로 하여 다음과 같이 분류되어 있다. 카메라의 거리는 크게 롱숏, 미디엄 숏, 클로즈 숏 등 세 가지로 분류할 수 있다.

〈표 1〉 카메라의 사이즈

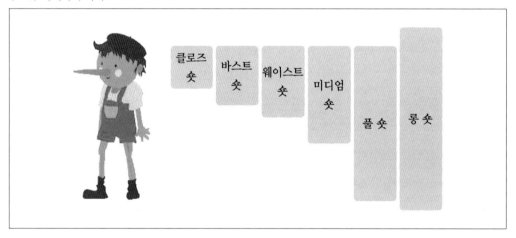

가) 롱 숏(long shot)

카메라와 피사체의 거리가 먼 숏을 말한다. 영화의 시작, 시퀀스와 신의 시작 숏으로 많이 쓴다. 멀리서 잡은 도시 장면이나 먼 거리의 산, 들판을 보여 줄 때 흔히 사용한다. 대략 인물을 화면 높이의 약 3/4에서 1/3 정도까지의 크기로 포착해 찍은 장면을 말한다. 만약 시퀀스 첫 장면에 롱 숏이 시작되면 관객은 극중 등장인물이 누구이며, 그가 어떤 장소에서 무엇을 하고 있으며 어디로 움직이는지 쉽게 알 수 있다. 롱 숏은 주로 화면구성을 통하여 의미를 전달하려는 감독들에게 이상적인 숏으로 통한다.

〈스타워즈 깨어난 포스〉

(2015, J.J.에이브럼스)

〈어메이징 스파이더맨2〉

(2014, 마크 웹)

〈그림 13〉〈스타워즈 깨어난 포스〉, 〈어메이징 스파이더맨2〉[31]

나) 익스트림 롱 숏(extreme long shot)

카메라 촬영 시 주인공이나 주 사물이 아주 작게 보이고 배경이 엄청나게 크게 보이는 것을 말한다. 이 숏은 피사체를 극단적으로 먼 거리에서 찍어서 만든다. 극단적으로 멀다는 것은 사람의 얼굴을 거의 알아 볼 수 없을 정도를 말한다.

〈서편제〉(1993, 임권택)의 도입장면-
초가집 앞에 사람이 서 있으나 잘 보이지 않는다.

〈내 여자 친구를 소개 합니다〉(2004, 곽재용-)의
도입장면-건물 옥상에 여주인공이
서있으나 잘 보이지 않는다.

〈그림 14〉〈서편제〉, 〈내 여자 친구를 소개 합니다〉[32]

이 숏은 인물보다 배경을 설명하고자 할 때 더 유용하게 사용된다. 익스트림 롱 숏은 항공촬영과 결합되어 독특한 장면으로 연출되기도 한다.[33] 인물이 처한 환경 혹은 전체의 상황을 알려주는 기능을 하기 때문에 '설정화면'이나 '마스터 숏(master shot)'으로 영화의 시작 장면과

---

31) 사진 : 유튜브 캡처.
32) 사진 : 유튜브 캡처.
33) 주유신 외 3인, 앞의 책, 133면.

엔딩 장면에 많이 사용된다.

다) 풀 숏(full shot)

사람의 신체를 기준으로 머리에서 발끝까지를 화면에 가득 차도록 촬영하는 기법을 말한다. 이 숏은 사람의 전신을 보여주기 때문에 인물의 행동에 주안점을 두고 촬영한다. 이 기법은 주로 무성영화 시대에 주로 사용되었으나 무성영화 시대 이후로는 영화에서 거의 사라졌다.

〈위대한 개츠비〉(2013, 바즈 루어) 〈Easy Street(1917, 찰리 채플린)〉

〈그림 15〉 〈위대한 개츠비〉, 〈Easy Street〉[34]

라) 미디엄 롱 숏(medium long shot)

일반적으로 미디엄 롱 숏의 관용적 표현으로 '니 숏(knee shot)'이라고 부르기도 한다. 등장인물의 머리끝에서 무릎 위까지의 상반신을 촬영하는 장면을 말한다. 이 숏은 인물의 하반신보다 상반신을 보여주고자 할 때 주로 사용된다. 풀 숏과 웨이스트 숏의 중간으로 1910년 이후 할리우드 고전 시대에 많이 애용되던 숏이었기 때문에 '아메리칸 숏' 또는 '하프 숏'이라고도 한다.[35]

---

34) 사진 : 유튜브 캡처.
35) 김일태외 4인, 『만화애니메이션사전』, 한국만화영상진흥원, 2008 [네이버 지식백과].

| 〈매트릭스〉(1999, 릴리 워쇼스키, 라나 워쇼스키) | 〈아이언 맨〉(2013, 셰인 블랙) | 〈설국열차〉(2013, 봉준호) |

〈그림 16〉 〈매트릭스〉, 〈아이언 맨〉, 〈설국열차〉[36]

예를 들면 위의 영화 〈설국열차〉의 경우 메이슨 역을 맡은 틸다 스윈튼의 연설장면을 들 수 있다. 이 장면에서 메이슨은 애초부터 인간은 태어날 때부터 자신의 자리가 정해져 있음을 기차의 꼬리 칸에 있는 사람들에게 알려주기 위해 연설을 한다. 이때 미디엄 롱 숏은 로우 앵글에서 인물의 상반신의 움직임과 인물의 표정을 함께 보여 주기 위해 사용된다.

 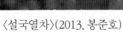 

〈설국열차〉(2013, 봉준호)

〈그림 17〉 〈설국열차〉[37]

마) 익스트림 클로즈업(extreme close-up)

미국에서는 익스트림 클로즈업을 '슬라이스 숏(slice shot)'이라고 부른다. 얼굴을 잘라 그 중

36) 사진 : 유튜브 캡처.
37) 사진 : 유튜브 캡처.

일부분을 보여 준다는 의미이다.[38] 대상의 특정 부위를 크게 확대하여 포착한 장면으로 손톱, 코, 귀, 눈 등 한 부분만을 극도로 확대하여 촬영하는 기법을 말한다.

	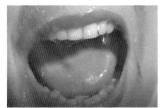	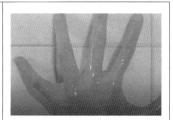
마리온을 훔쳐보는 노먼의 눈	살인자의 칼에 맞아 비명을 지르는 마리온의 입	칼에 맞아 쓰러지면서 안간힘을 쓰는 마리온의 손

〈사이코Psycho〉(1960, 히치콕)

〈그림 18〉〈사이코〉[39]

이 숏도 클로즈업과 마찬가지로 에너지가 강하여 관객의 집중도를 높이는 기능을 한다. 주로 긴장, 불안 등 대상의 심리 묘사를 위해서 사용된다. 알프레드 히치콕 감독의 〈싸이코〉의 백미라 할 수 있는 시퀀스는 샤워 시퀀스이다. 이 시퀀스는 약 2분 정도의 길이로 살인범에 저항하는 매리언 크레인의 저항을 표현하는 데 익스트림 클로즈업을 사용하고 있다.

바) 클로즈업(close-up)

배우의 얼굴로 스크린을 가득 채우는 근접 숏은 1920년대부터 할리우드 스타들 사이에서 지위의 상징으로 통하면서 관객에게도 친숙한 영화기법으로 정착되었다. 그 후로 영화감독들은 인물의 내면의 심리를 암시하거나 특수한 표정, 몸짓, 소품 등에 관심을 집중시키기 위해서 클로즈업을 사용했다.[40] 클로즈업은 피사체를 '강조'해 극적인 효과를 관객에게 선사해 관객을 장면 속으로 끌어들이는 힘이 있다.

관객은 클로즈업을 통해 등장인물과의 친밀도가 높아진다. 일부 감독은 이에 대해 부인하기도 했지만 클로즈업은 오히려 더욱 확산되었다. 클로즈업은 미장센 내에서 일부 소품 이를테면

---

38) 이영돈, 『영상 콘텐츠 제작 사전』, 케뮤니케이션북스, 2014 [네이버 지식백과].
39) 사진 : 유튜브 캡처.
40) 데이브드 파킨슨, 이시은 역, 앞의 책 , 28면.

슬랩스틱[41]을 하는 광대가 발에 걸려 넘어질 때의 소품이라든가 갱들의 무기, 곧 밝혀질 비밀 등의 핵심요소를 부각시켜 관객을 영화에 집중시키는 역할도 한다.

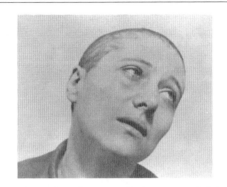
〈잔다르크의 수난〉(1928, 칼 테오도르 드레이어)
-취조로 인한 극도의 고통을 표현함.

〈연인〉(1991, 장 자크 아노)-제인 마치가 양가휘를 발견하고 그의 차 유리창에 입맞춤을 하는 장면

〈그림 19〉〈잔다르크의 수난〉, 〈연인〉[42]

클로즈업으로 촬영된 화면은 관객의 감정을 작품에 이입시키는 것을 목적으로 할 때 가장 많이 사용된다.[43] 그래서 이 숏은 객관적이라기보다 주관적인 숏이라 할 수 있다.

사) 미디엄 숏(medium shot)

웨이스트 숏이라고도 불린다. 롱 숏과 클로즈업 숏의 중간 크기라는 뜻으로 사용된다. 등장 인물에게 카메라를 근접시켜 동작, 표정 등을 관객에게 전달하고자 할 때 사용된다. 인물이나 피사체가 주위 배경보다 화면을 더 차지하게 된다. 예를 들어 미디엄 숏으로 인물을 찍으면 인물의 허리까지가 화면에 등장한다. 이 숏은 어떠한 느낌을 표현하는 데 주안점을 두기보다 기능적인 숏에 해당된다.[44] 여기서 기능이란 롱 숏과 클로즈업 숏을 연결하는 기능을 말한다. 미디엄 숏은 텔레비전에서 클로즈 업과 익스트림 클로즈업을 사용하기 전에, 등장인물의 대화장면을 나타낼 때 주로 사용된다.

---

41) 해학적인 내용으로 익살스럽게 꾸민 연극.
42) 사진 : 유튜브 캡처.
43) 주유신 외 3인, 앞의 책, 135면.
44) 주유신 외 3인, 위의 책, 133면.

드라마 〈도깨비〉에서 도깨비와 저승사자의 대화

〈그림 20〉 드라마 〈도깨비〉[45]

아) 미디엄 클로즈업(medium close-up)

버스트 숏이라고 부르기도 한다. 사람을 가슴 높이에서 찍은 것이다. 대개 대화 장면에서 많이 볼 수 있다. 미디엄 클로즈업은 TV에서 자주 만날 수 있는 것으로 인물이 카메라의 정면을 향하거나 혹은 인물이 3/4정도 측면을 향하는 것으로 나뉜다.

미디엄 클로즈업은 화면 상단과 인물이 머리 부분 사이의 공간인 헤드룸을 적절히 설정해 하단 부분의 선이 대강 인물의 겨드랑이 밑 부분까지 카메라가 포착한다. 남성 배우는 양복상의 윗주머니 위치까지이고 여성은 팔 관절 정도까지가 대개 미디엄 클로즈업으로 포착된다.

| 드라마 〈도깨비〉에서
두 인물간의 대화 | 드라마 〈도깨비〉에서
연인을 기다리는 도깨비 | 드라마 〈도깨비〉의 대화 장면 |

〈그림 21〉 드라마 〈도깨비〉[46]

나. 카메라의 각도

각도는 카메라가 피사체를 향하는 각도를 의미한다. 카메라와 피사체 사이에 형성되는 각도

---

45) 사진 : tvn방송 캡처(http://program.tving.com/tvn/dokebi).
46) 사진 : tvn방송 캡처(http://program.tving.com/tvn/dokebi).

를 크게 수평각, 하이 앵글, 로우 앵글로 분류한다. 화면 구성에 있어 카메라의 각도는 감정전 달에 가장 큰 영향을 끼치는 요소 중의 하나이다. 즉 감독이 영화에 표현하고 싶은 느낌을 가장 직접적으로 나타낼 수 있는 기법이다. 영화에는 보통 하이 앵글(high-angle), 로우 앵글(low-angle), 노말 앵글(normal-angle), 사각 앵글(dutch-angle) 그리고 버즈 아이 뷰(bird's-eye view)까지 모두 5가지 기본 앵글로 구성된다.

가) 수평각(eye-level)

수평각은 노말 앵글, 아이 레벨 앵글, 수평앵글이라고도 부른다. 수평각은 카메라가 피사체 를 수평으로 마주보며 찍는 숏이다. 이 앵글은 일상생활에서 사물을 바라보는 앵글로 관객은 이 앵글에서 카메라의 존재를 의식하지 못하기 때문에 매우 평범한 느낌을 받는다.

수평각은 관객의 능동적인 영화 읽기를 유도하는 경우가 많다.[47] 뉴스 프로그램에서 앵커를 포착하는 카메라 앵글이 대표적이다. 기본적인 앵글로 안정된 화면을 제공하지만 극적 효과는 기대할 수 없다. 인물을 찍을 때 등장인물의 눈높이를 맞추는 것이 중요하다.

〈뷰티풀 마인드〉 (2002, 론 하워드)	〈킹스 스피치〉 (2011, 톰 후퍼)	〈식스 센스〉 (1999, M.나이트 샤말란)

〈그림 22〉 〈뷰티풀 마인드〉, 〈킹스 스피치〉, 〈식스 센스〉[48]

나) 하이 앵글(high angle)

하이 앵글은 부감이라고도 부른다. 카메라가 피사체 위에서 아래로 내려다보며 찍는 숏을 말한다. 이 앵글로 피사체를 찍으면 피사체는 작아지고 왜소해진다. 인물을 하이 앵글로 찍으면 피사체의 연약함과 열등감이 더욱 강조된다.

---

47) 주유신 외 3인, 앞의 책, 141면.
48) 사진 : 유튜브 캡처.

| 〈킹콩〉(2005, 피터 잭슨) | 〈헐크〉(2003, 이안) |
| 생명의 위협을 느끼고 나무 아래로 숨은 여주인공 | 적에게 제압당해 바닥에 쓰러진 주인공 |

〈그림 23〉〈킹콩〉, 〈헐크〉[49]

다) 로우 앵글(low angle)

카메라가 피사체보다 아래에서 피사체를 올려다보며 찍은 숏을 말한다. 건축물을 로우 앵글로 찍으면 건축물 하단에서 건축물 상단을 바라보며 카메라를 찍기 때문에 하늘을 향해 뻗어나가는 건축물의 모습이 찍힌다. 이 기법은 위압적인 느낌과 권위적인 느낌을 관객에게 선사한다. 로우 앵글로 찍는 숏이 억압을 당하는 희생자의 시점일 경우에는 희생자가 받는 위압감이 크게 강조된다.

| 〈타이타닉〉
(1998, 제임스 카메론)
타이타닉 출항 | 〈킹콩〉
(2005, 피터 잭슨)
적을 공격하기 위해 높은 곳에서
뛰어내리는 킹콩 | 〈고질라〉
(2014, 가렛 에드워즈)
바다 속에서 꼬리를 들어
올리며 등장하는 괴수 |

〈그림 24〉〈타이타닉〉, 〈킹콩〉, 〈고질라〉[50]

---

49) 사진 : 유튜브 캡처
50) 사진 : 유튜브 캡처

라) 사각 앵글(dutch angle)

사각앵글은 경사앵글이라고도 한다. 이 앵글은 매우 불안정한 앵글로 카메라가 렌즈를 중심으로 기울어진 형태이다. 기울어진 형태의 화면에서 피사체들은 한 쪽으로 기울어져 불안전한 상태를 연출한다. 심리적으로 긴장, 변이, 임박함 등을 암시하며 때로는 환각적이거나 비현실적인 심리상태를 표현할 때 사용된다.[51]

카메라를 기울여 화면이 전체적으로 기울어지게 촬영한 화면을 말한다. 지진, 재난, 폭동, 화재, 조난 등의 혼란함을 극적으로 표현하기 위해 이 숏이 사용된다. 사각 앵글은 광각 렌즈를 이용하여 로우 앵글(Low Angle)로 촬영할 때가 가장 효과적이다. 가장 대표적으로 사용된 예는 캐럴 리드(Carol Reed)의 〈제3의 사나이〉(The Third Man, 1949)가 있다.[52]

| 〈제3의 사나이〉 | 〈미져리〉 | 〈슬럼독 밀리어네어〉 |
| (1949, 캐럴 리드) | (1991, 로브 라이너) | (2009, 대니 보일) |

〈그림 25〉〈제3의 사나이〉, 〈미져리〉, 〈슬럼독 밀리어네어〉[53]

마) 버즈 아이 뷰(bird's-eye view)

이 기법은 매우 높은 공중에서 아래를 내려다보는 극단적인 뷰로 하이 앵글에 해당된다. 이 앵글은 주로 항공촬영과 결합해 연출된다. 뿐만 아니라 이 기법은 인물보다 주위의 환경을 강조하기 위해 사용된다.[54] 간혹 이 숏은 피사체의 운명을 내려다보는 느낌을 주기 위해 사용되기도 한다.

---

51) 주유신 외 3인, 위의 책, 142면.
52) 『영화사전』, propaganda, 2004 [네이버 지식백과].
53) 사진 : 유튜브 캡처.
54) 주유신 외 3인, 앞의 책, 142-143면.

〈에일리언:커버넌트〉
(2016, 리들리 스콧)

〈트랜스포머-최후의 기사〉
(2017, 마이클 베이)

〈그림 26〉〈에일리언:커버넌트〉, 〈트랜스포머-최후의 기사〉[55]

다. 카메라의 움직임

사진이 정지화면인 반면에 영화는 움직임이 있다. 카메라의 움직임은 카메라를 삼각대 위에 고정시킨 채 수평, 혹은 수직 이동하는 팬(pan)과 틸트(tilt), 그리고 카메라 자체를 트럭이나 달리(dolly), 혹은 크레인(crane)에 장착하여 움직이는 크레인, 달리 숏. 그리고 손에 들고 찍는 핸드헬드(handheld)로 나눌 수 있다.[56]

가) 팬(pan)

팬은 시야를 넓혀 준다는 뜻에서 파노라마(panorama)의 준말이다. 이 기법은 일정하게 고정된 축을 중심으로 카메라가 수평으로 이동하는 방법이다. 여기서 고정된 축은 대개 삼각대를 의미한다. 팬은 수평으로 움직이는 피사체를 프레임에서 벗어나지 않도록 할 때 사용된다.

팬 촬영의 기능은 매우 다양하며 가장 실행하기 쉬운 이동 중의 하나로, 특별한 준비를 요하거나 트래킹 촬영이나 크레인 촬영처럼 무거운 장비를 필요로 하지 않는다는 장점이 있다. 카메라는 수직축 위에서 360도까지 회전이 가능하여 수평으로 펼쳐진 광경을 모두 프레임에 담을 수 있다. 대개 팬은 고정 숏을 통해 보이는 시야보다 더 넓은 공간을 보여줄 때, 움직이는 대상을 쫓아갈 때, 두 가지 이상의 흥미 있는 부분을 연결할 때, 두 가지 이상의 대상들 사이의 연계를 암시할 때 주로 사용이 된다.[57]

---

55) 사진 : 유튜브 캡처.
56) 이형식, 앞의 책, 37면.
57) 스티븐 D. 캐츠, 김학순·최병근 역, 『영화연출론Shot by Shot』, SIGONGART, 2010, 291면.

수평 이동에 있어서 카메라가 오른쪽으로 움직이면 팬 라이트(pan right), 왼쪽으로 움직이면 팬 레프트(pan left)라고 구분한다.[58] 이 기법은 피사체를 한 프레임에 모두 담지 못할 경우에 사용한다. 예를 들면 광활한 풍경이라든가 다수의 인물들의 촬영이나 물체의 움직임을 수평으로 찍고자 할 때 사용된다.

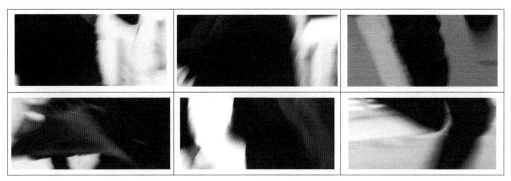

〈그림 27〉〈용의자〉(2013, 원신연)[59]

팬은 사건이 일어나는 공간을 소개하거나, 인물의 움직임을 뒤따를 때 자주 사용된다. 또 빠른 팬(whip pan)은 역동적인 인물의 움직임을 표현할 때 사용되거나 화면의 빠른 전환을 위해 사용되기도 한다. 이때 '휙'하는 효과음이 첨가되어 효과를 강조하기도 한다.

나) 틸트(tilt)

틸트(tilt)는 고정 축을 중심으로 카메라가 수직으로 움직이는 경우를 말한다. 카메라가 위쪽을 향해 수직으로 움직이면 틸트업(tilt up)이 되고 아래쪽을 향해 수직으로 움직이면 틸트다운(tilt down)이라고 부른다. 영화에서는 수직 방향보다 수평 방향의 움직임이 많이 사용된다.

대형 빌딩을 아래에서 위로 틸트업을 하면 건물의 높이가 강조되어 관객은 건물의 거대한 높이가 주는 위압감을 경험하게 된다. 반대로 거대한 건물을 옥상 높이에서부터 아래로 틸트다운을 했을 경우에는 아래에 무엇이 있을까라는 관객의 호기심을 자극하는 효과가 있다.

---

58) 주유신 외 3인, 앞의 책, 145면.
59) 사진 : 유튜브 캡처.

다) 달리 숏(dolly shot)

달리는 이동차나 바퀴가 달린 기구 위에 카메라를 올려놓은 상태에서 카메라 전체를 이동시키면서 피사체를 촬영하는 것을 말한다. 달리 숏의 일반적인 기능은 움직이는 피사체를 일정한 크기로 프레임에 담고자 할 때 사용된다.[60]

〈그림 28〉〈말아톤〉(2005, 정윤철)[61]

보통 카메라를 장착하게 설계 된 달리는 보통 카메라와 촬영기사가 탈 수 있다. 이동 촬영하기 위해 보통 레일을 먼저 바닥에 깔고 그 위로 달리를 설치해 이동하면서 피사체를 촬영한다. 카메라가 피사체 쪽을 이동하는 것을 달리 인(dolly in)이라고 하고 카메라가 피사체로부터 멀어지는 것을 달리 아웃(dolly out) 혹은 달리 백(dolly back)이라고 한다. 예를 들어 카메라가 인물과 거리를 두고 풀 숏(fully shot)으로 촬영하다가 달리 인(dolly in)하게 되면 인물은 클로즈업으로 프레임에 담긴다.

〈그림 29〉 달리와 달리 인하여 클로즈업 예시

라) 크레인 숏(crane shot)

공사를 할 때 사용하는 크레인처럼 생긴 기계 팔에다 카메라를 장착하여 공중에서 자유롭게

---

60) 주유신 외 3인, 위의 책, 146면.
61) 사진 : 유튜브 캡처.

전후좌우, 혹은 상하를 움직이며 찍는 숏을 말한다.[62] 아래 그림은 영화 〈카사블랑카〉(1942, 마이클 커티즈)의 한 장면으로 카메라는 높은 건물의 타워 부분에서부터 시작하여 지상까지 이르는 높이를 크레인을 이용해 상하로 움직여 숏을 만들었다.

〈그림 30〉〈카사블랑카〉(1942, 마이클 커티즈)[63]

크레인은 수직과 수평으로 이동하기가 수월하기 때문에 광범위하게 촬영이 가능하다. 촬영 현장에서 많이 사용되고 있는 크레인은 보통 유압식으로 움직임이 원활하다는 장점이 있다. 최근에 나온 전동식 크레인은 움직임이 빠르고 유연할 뿐만 아니라 헬기와 같은 이동 수단과 결합해 사용할 수 있어서 더 유용하게 사용되고 있다.

카 크레인은 카메라를 설치한 크레인을 차량에 장착한 것을 말한다. 크레인에 차량의 이동성이 결합되어 이동 촬영을 할 때 유용하다. 카 크레인은 차량 이동 촬영 시 가장 문제가 되는 화면의 안정성과 유연한 카메라의 움직임이 용이하도록 설계되어 빠르게 이동하면서도 한 숏 내에 패닝(panning)과 틸트(tilt)를 원하는 대로 찍을 수 있다.[64]

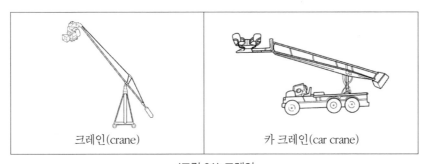

크레인(crane)   카 크레인(car crane)

〈그림 31〉 크레인

---

62) 이형식, 앞의 책, 39면.
63) 사진 : 유튜브 캡처.
64) 『영화사전』, progaganda, 2004 [네이버 지식백과].

마) 핸드헬드(handheld)

삼각대를 사용하지 않고 카메라를 손에 들고 촬영하는 기법을 말한다. 이 기법은 촬영기사가 카메라를 손에 들고 피사체를 찍기 때문에 흔들림이 생긴다는 것이다. 이 흔들림이 고정된 이미지보다 오히려 독특한 표현기법으로 인식해 사용되고 있다. 관객은 이 기법의 화면을 보면 눈이 쉽게 피로해지지만 반면에 영상의 긴박감과 격정적인 느낌을 고스란히 전달받을 수 있다는 장점이 있다. 이 기법은 안정성보다는 융통성을 강조하는 촬영 기법 중의 하나로 기록 영화에 많이 쓰인다.[65]

〈그림 32〉〈클로버필드〉(2008, 댄 트라첸버그)[66]

위 그림은 영화 〈클로버필드〉의 한 장면이다. 핸드헬드로 찍은 영상은 흔들림이 심해서 영상물의 이미지가 뚜렷하게 관객에게 전달되지 않는다. 그러나 관객은 영상의 흔들림을 통해 사건의 혼란스러움과 긴박감을 생생하게 느끼게 된다.

2) 영화의 영상 단위

영화의 영상단위는 편집을 이해하기 위해 필요하다. 영상단위는 숏이 모여 신을 이루고 신이 모여 시퀀스를 이룬다. 엄밀히 말하면 숏은 컷과 서로 다른 개념이다. 숏은 촬영 시에 사용되는 용어이고, 컷은 편집 시에 사용되는 용어이다. 영화의 필름 한 장을 프레임이라고 한다. 한 프레임은 스크린에 영사될 때 하나의 직사각형 모양의 이미지로 나타난다.

영화는 여러 장의 프레임을 스크린에 연속적으로(무성 영화 1초당 16프레임 이상, 유성 영화 1초당 24프레임)으로 영사했을 때 관객이 느끼는 잔상 효과로 영상이 마치 움직이는 것처럼

---

65) 스테판 샤프, 이용관 역, 앞의 책, 232면.
66) 사진 : 유튜브 캡처.

보이는 것이다. 프레임들이 모여 숏을 이루며 나아가 신이 되고 신들이 모여 시퀀스가 된다. 여러 시퀀스가 모이면 한 편의 영화가 제작되는 것이다.

〈표 2〉 영상 단위의 개념

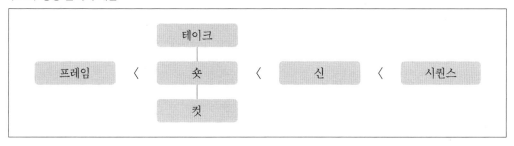

(1) 숏(shot)

카메라를 중간에 끊지 않고 돌렸을 때 만들어지는 영화의 가장 작은 단위이다. 촬영 시각에서는 이것을 테이크(take)라 부르고 편집 시각에서는 컷(cut)이라는 용어로 부른다. 촬영현장에서 감독의 '액션'이라는 말과 함께 시작하여 '컷'이라는 말로 끝나는 시점까지 카메라가 녹화한 분량까지를 말한다.

(2) 신(scene)

동일한 장소와 시간에서 촬영된 여러 숏의 집합을 의미한다. 그렇기 때문에 신은 영화의 가장 작은 극적 단위가 된다. 통계적으로 영화 한 작품(90분)의 경우 약 120개 내외의 신이 있다고 보는 것이 통례이지만 작품에 따라 편차가 심하다.

(3) 시퀀스(sequence)

시퀀스는 여러 신(scene)들이 모여서 이뤄지는 영화 구성의 가장 큰 단위이다. 숏이 모여 신이 되고 신이 모여 시퀀스가 된다. 즉 여러 신들이 모여서 서사구조 속의 하나의 의미가 된다. 시퀀스는 단순히 신들이 모인 것이 아니라 하나의 이야기 덩어리(에피소드)를 형성하는 신들의 집합이다.[67] 영화 역사상 가장 유명한 시퀀스 편집의 예는 러시아의 세르게이 에이젠슈테인 감독의 〈전함 포템킨(The Battleship Potemkin)〉(1925)의 오데사 계단 시퀀스이다.

3) 몽타주(montage)

몽타주는 영화의 문법이라고 일컬어진다. 원래 몽타주(Montage)는 프랑스어의 '조립하다 (monter)'에서 나온 말로 건축용어이다. 이 용어는 1915년 독일의 다다이스트 사진가 존 하트 필드(John Heartfield)가 사진의 단편들을 모아 붙여서 '포토몽타주'라고 호칭했으며, 영화에서 는 1920년대 초에 프랑스의 이론가인 레옹 무시낙(Leon Moussinac)에 의하여 사용되었고 이 후에 소련의 영화인들에 의해서 발전되었다.[68]

몽타주는 각각 따로 촬영한 필름들을 감독의 의도에 맞게 재구성하여 이어 붙여 한 편의 작 품으로 만들어내는 것을 말한다. 편집은 몽타주의 핵심이다. 편집은 영상물의 리듬, 즉 비트를 조절하기도 하며 단순한 영상물에 새로운 의미를 만들어내기도 한다. 편집은 연속편집과 비연 속편집으로 나뉜다.

(1) 연속편집

연속편집(continuity editing)은 '미국 영화의 아버지'라 불리는 그리피스가 발전시킨 할리우 드의 편집스타일이다. 그는 〈국가의 탄생(The Birth of a Nation)〉(1915), 〈인톨러런스〉(1916) 등의 영화를 통해 초기 영화의 한계를 극복하고, 본격적으로 할리우드 내러티브 영화의 관습 을 확립했다. 연속 편집은 사건 전개에 초점을 맞추고 이야기의 연속성을 유지하는 편집기법이 다.[69]

연속편집은 시간과 공간, 사건의 연속성을 유지시켜 나가는 방식의 편집을 말한다. 사건을 바탕으로 이야기나 액션의 움직임이 끊어지지 않도록 편집하기 때문에 일련의 장면들은 연속 성을 바탕으로 전개된다. 관객은 연속적인 장면의 흐름으로 사건을 통일성 있게 이해하게 된

---

67) 주유신 외 3인, 앞의 책, 130면.
68) 주유신 외 3인, 위의 책, 197면.
69) 정 헌, 앞의 책, 53면.

다. 연속편집이 이루어지기 위해서 다음의 사항을 주의해야 한다.

먼저 연속체계 촬영법의 근간이 되는 법칙인 '180도선 법칙'과 '30도 법칙'이 지켜져야 한다. 180도 법칙은 '가상선 법칙', '중심선 법칙'이라고도 칭한다. 이 법칙은 한 화면의 사건은 360도 공간 가운데서 180도의 한쪽 공간에서만 고정되어 촬영된다는 원칙이다. 이 법칙으로 인해서 화면의 방향, 인물의 시선과 각도 등이 일관되게 지켜지게 됨으로써 사건의 인과적 고리를 유지하고 연속성 파괴로 인한 관객의 혼란을 방지할 수 있게 되었다.[70]

또한 30도 법칙(카메라 위치를 이전 숏으로부터 적어도 30도 변화시키는 연속 편집의 원리)은 시선의 일치를 통해 공간적 연속성을 유지하는 방법이다. 그리피스는 영화의 공간적 연속성을 효과적으로 유지하기 위한 효과적 카메라 위치와 움직임 그리고 시간적 연속성을 유지하기 위해 페이드 인·아웃, 아이리스, 플래시백 등 장면 전환 기법을 바탕으로 한 불가시 편집(invisible)을 완성했다. 불가시 편집은 숏과 숏 사이의 이음매를 관객이 인식하지 못하도록 편집하기 때문에 관객은 영화의 세계에 몰입할 수 있게 된다. 이러한 방식은 할리우드 영화의 방식으로 자리잡게 되었다.

(2) 불연속편집

앞서 살펴본 바와 같이 연속편집은 미국의 그리피스에 의해 완성된 편집기법으로 할리우드 방식의 고전적인 영화 제작방식을 말한다. 이 방식은 시·공간의 통일성, 사건의 연속성, 행위의 인과관계, 관객의 동일시 등에 기초한 편집방식이다. 반면에 불연속편집은 숏들의 연결 속에 숨겨진 '틈과 간격'을 그대로 드러냄으로써 영화의 인과관계와 시공간의 연속성을 파괴하고 또 다른 메시지를 만들어내는 것을 말한다. 즉 연속편집이 숏과 신들의 결합으로 영화가 만들어졌다는 것을 숨기려한 것과 달리 소련의 영화감독인 레프 쿨레쇼프(Les Kuleshow), 푸도스킨(V. I. Pudovkin), 세르게이 에이젠슈타인(Sergei Eisenstein) 등은 서로 연관이 없는 이미지의 병치를 통해 새로운 의미를 만드는 불연속편집을 바탕으로 하는 몽타주 이론을 정립했다.

레프 쿨레쇼프는 1920년대 소련 무성영화 형성기에 중요한 역할을 했다. 그는 영화 속의 관념들은 통일된 액션을 만들기 위해서 단편적인 디테일을 한데 연결시킴으로써 생겨난다고 믿

---

70) 정재형, 앞의 책, 165면.

었다. 쿨레쇼프는 편집에 대한 자신의 생각을 증명하기 위해 3가지 실험을 진행했다.

〈그림 33〉 쿨레쇼프의 실험 예1

첫째, 쿨레쇼프는 모스크바 붉은 광장의 숏을 미국 백악관의 숏과 연결시키고, 계단을 올라가는 두 남자의 클로즈업과 악수하는 두 손의 클로즈업을 연결시키면 연결된 이 숏은 두 남자가 같은 시간 같은 장소에 있다는 것을 나타낸다고 보았다. 이것을 인위적인 공간창조 혹은 인위적 풍경이라 명명했다. 이는 서로 다른 장소에서 촬영된 비사실적인 조합을 우리는 영화 내에서 실제 존재하는 공간으로 인식하게 된다는 것이다.

〈그림 34〉 쿨레쇼프의 실험 예2

둘째, 여러 인물들의 얼굴을 촬영하여 조합하면 영화 속에만 존재하는 가상의 인물을 만들수 있다는 것이다. 이는 TV광고에 부분모델들의 조합으로 새로운 인물을 창조하는 것과 같다. 예를 들어 기다랗고 예쁜 손을 가진 사람의 손, 앵두 같은 입술을 가진 사람의 입술, 탐스럽고 긴 생머리를 가진 사람의 탐스런 머리결 등을 연속적으로 관객에게 보여준다. 그러면 관객은 각기 다른 세 인물의 부분들의 조합을 통해 가늘고 예쁜 손과 앵두 같은 입술을 가진 긴 생머리의 탐스런 머릿결을 가진 가공의 한 사람을 창조하게 된다는 것이다.

셋째, 문맥에 따라 단어의 의미가 달라지듯이 숏과 숏의 연결에 따라 숏의 의미가 다양하게 변화된다는 것이다. 이를 위해서 쿨레쇼프는 무표정한 배우의 얼굴을 클로즈업으로 찍어서 이

것을 수프 접시와 병치시킨다. 다음으로 무표정한 배우의 얼굴과 소녀의 시체가 들어있는 관을 병치시키고, 마지막으로 무표정한 배우의 얼굴과 소녀를 병치시켰다.[71] 그랬더니 무표정한 배우의 숏은 동일하지만 함께 보여준 숏의 종류에 따라 관객의 심리가 달라진다는 것이다.

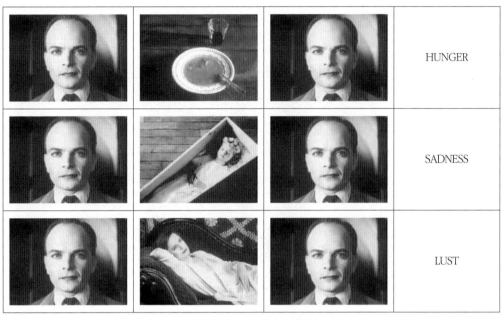

〈그림 35〉 쿨레쇼프의 실험 예3

세르게이 에이젠슈타인은 쿨레쇼프의 제자로 몽타주의 주요 개념을 "어떤 종류의 필름이라도 두 개를 연결시켜 놓으면 그 병치로부터 새로운 개념, 새로운 성질이 나온다는 사실"로 설명했다. 이 이론은 A와 B라는 이미지를 병치했을 경우에 AB가 되기보다는 C가 된다는 것이다. 이 것은 정(thesis), 반(antithesis)이 충돌하여 합(synthesis)을 만들어내는 변증법적인 사고를 반영한 것이었다. 이 논리는 상형문자에서 아이디어를 빌려 전개되었다. 이는 두 개의 "묘사 가능한 것"의 결합을 통해 시각적으로 묘사 불가능한 것의 재현이 달성된다는 것이다.[72]

---

71) 루이스 자네티, 박만준 진기행 역, 『영화의 이해』, K-books, 2009, 165면.
72) 이형식, 앞의 책, 53면.

〈표 3〉 에이젠슈타인의 몽타주 주요 개념의 예

개	+	입	=	짖는다
입	+	아기	=	운다
입	+	새	=	노래한다
칼	+	심장	=	슬픔

에이젠슈타인은 숏과 숏의 연결을 단순한 연속이 아니라 상호 충돌 및 통합으로 보았다. 그는 관객에게 정서적인 충격을 가함으로써 그에 대한 반응을 환기하는 '인력의 몽타주(montage of attractions')이론을 전개했다. 에이젠슈타인은 최초의 영화 〈파업(Strike)〉(1925)에서 파업 노동자들에 대한 학살을 명령하기 위해 거칠게 주먹을 내리치는 경찰 간부의 모습과 황소를 도살하기 위해 칼을 내리치는 도살업자의 손들을 병치로 편집해 몽타주를 비유적으로 사용했다.[73]

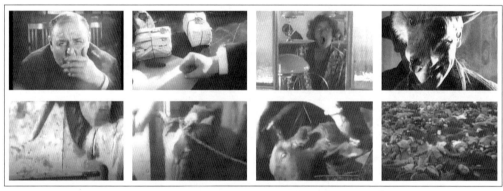

〈그림 36〉〈파업(Strike)〉(1925, 세르게이 에이젠슈타인)[74]

감독은 억울한 공장 노동자의 죽음으로 인해 파업을 벌인 집단 노동자들을 탄압하는 경찰과 군대의 무자비한 모습을 적절한 은유와 직접적인 이미지로 전달했다. 교활한 염탐꾼의 이미지 위에 여우의 이미지를 오버랩해서 보여주는가 하면, 과일을 쥐어짜는 자본가의 모습과 소를 도살하는 장면을 통해 쓰러져가는 노동자들의 삶을 암시했다. 뿐만 아니라 감독은 노동자대학살 사건이 일어나는 상황과 달리 그저 천진난만한 아기들의 소꿉놀이 장면을 배치해 서로 상반된

---

73) 민병록 외 2인, 앞의 책, 24면.
74) 사진 : 유튜브 캡처.

이미지 병치를 통해 메시지를 전달하는 방식의 몽타주 기법을 사용했다.

〈그림 37〉〈전함 포템킨(Potemkin)〉(1925, 벨라루스)[75]

〈전함 포템킨(Potemkin)〉(1925, 세르게이 에이젠슈타인)의 오데사 계단의 민간인 학살 시퀀스는 몽타주 기법이 가장 유용하게 사용된 유명한 신이다. 오데사 계단에서의 학살, 수병들의 반란, 포화, 그리고 이러한 것들이 서로 엎드렸다가 일어서서 포효하는 모습의 사자 석상의 이미지의 연결과 병치된다. 사실 수병들의 반란과 사자의 석상은 아무 연관성이 없는 것 같지만 이들을 병치시킴으로써 잠자고 있던 사자가 분노로 인해 깨어 일어난 것과 같은 상징적인 의미를 부여하게 된다.[76]

에이젠슈타인은 반자본주의적인 저항의 일환으로 할리우드의 연속편집 전략을 거부했다. 그는 감정을 일깨우고 생각을 자극할 만한 운율·리듬·색조가 있고 연상적이며 지적인 몽타주 시퀀스를 만들기 위해 시공간의 관습을 무시하고 화면 구도 규칙을 깼으며 시선 및 조형의 불일치, 생략, 시간적 확장 등의 기법을 채택했다.

---

75) 사진 : 유튜브 캡처.
76) 이형식, 앞의 책, 54면.

제 Ⅴ 장

배리어프리 화면해설 글쓰기

제 V 장 배리어프리 화면해설 글쓰기

1. 화면해설 글쓰기의 개념

1) 화면해설이란 무엇인가?

텔레비전이나 영화를 눈으로 보지 않고 귀로 듣기만 한다면 어떻게 될까? 비장애인들과 달리 시각장애인들은 TV나 영화를 소리로 들을 수밖에 없다. 눈으로 영상을 보지 않고 소리만으로 TV나 영화를 본다고 상상을 해보면 그것이 얼마나 답답하고 내용을 이해하기 어려운지 쉽게 알 수 있을 것이다.

화면해설은 배리어프리의 한 분야로, 시각장애인에게 영상에 대한 이해를 높이기 위해 '소리로 화면을 보여주는 것'이다. 즉 영상의 스토리를 이해하는 데 도움이 필요한 분들을 대상으로 등장인물(외모, 의상, 행동, 표정), 배경(시간과 공간), 사건의 전개 등 무음 속에서 일어나는 화면 정보를 보이는 대로 이야기하듯 전달하는 것을 말한다. 따라서 화면해설작가는 영상 정보와 이야깃거리의 상황을 글로 표현해서 관객이 스토리와 장면을 그려낼 수 있도록 해야 한다.

2) 화면해설 제작 현황

우리나라에서 화면해설 TV방송이 선을 보인 것은 2001년 4월이다. 장애인의 날을 맞아 KBS와 MBC에서 화면해설 시험 방송을 했다. KBS는 교양프로그램인 〈일요스페셜〉을, MBC는 드라마 〈전원일기〉를 제작해서 송출했다. 그 후 MBC는 2002년부터 〈전원일기〉 재방송을 화면해설로 제작, 방송하면서 TV에서는 처음으로 화면해설방송이 정규 편성되었다.

그 이후 간헐적으로 방송사별로 화면해설방송이 제작되었지만 2011년 7월 방송법 개정으로 방송사업자의 장애인방송 의무화가 법제화되었다. 10월에는 장애인방송 대상 방송사업자의 범위, 프로그램의 종류 및 이행에 필요한 사항을 정한 방송법 시행령을 개정한 이후 법제적으로 틀을 갖추어 가면서 드라마 위주에서 교양 프로그램에도 확대되고 있고, 오락프로그램에서도 화면해설이 점차 시도되고 있다. 아래 KBS2 TV주간 편성표를 보면 어두운색으로 〈해〉라고 되어 있는 프로그램이 화면해설방송이다.

시	월(01/16)	화(01/17)	수(01/18)	목(01/19)	금(01/20)	토(01/21)	일(01/22)
5	00 이욱정 PD의자연 담은 한끼	00 이욱정 PD의자연 담은 한끼	00 이욱정 PD의자연 담은 한끼	00 이욱정 PD의자연 담은 한끼	00 이욱정 PD의지연 담은 한끼	00 튼튼생활체조	00 튼튼생활체조
	15 디렉터스컷	15 디렉터스컷	15 다큐 공감	15 다큐 공감	15 다큐 공감	05 생로병사의 비밀	05 한국인의 밥상
			15 다큐 공감				55 생생정보 스페셜
6	10 걸어서 세계속으로	10 걸어서 세계속으로	10 걸어서 세계속으로	10 걸어서 세계속으로	10 걸어서 세계속으로	00 생생정보 스페셜	
			10 걸어서 세계속으로			40 다큐멘터리 3일	
7	00 생방송 아침이 좋다	00 생방송 아침이 좋다	00 생방송 아침이 좋다	00 생방송 아침이 좋다	00 생방송 아침이 좋다		20 KBS 재난방송센터
						40 배틀 트립	30 영상앨범 산
8	00 KBS 아침 뉴스타임	00 KBS 아침 뉴스타임	00 KBS 아침 뉴스타임	00 KBS 아침 뉴스타임	00 KBS 아침 뉴스타임	55 노래 싹 올응부	00 연예가 중계
9	00 TV소설저 하늘에 태양이	00 TV소설저 하늘에 태양이	00 TV소설저 하늘에 태양이	00 TV소설저 하늘에 태양이	00 TV소설저 하늘에 태양이		20 1박 2일
	40 여유만만	40 여유만만	40 여유만만	40 여유만만	40 여유만만		
10	40 지구촌 뉴스	40 지구촌 뉴스	40 지구촌 뉴스	40 지구촌 뉴스	40 지구촌 뉴스	20 영화가 좋다	
							50 대국민 토크쇼안녕하세요
11	00 월화 드라마화랑	00 살림하는 남자들	00 수목 드라마오 마이 금비	00 수목 드라마맨몰의 소방관	00 인간극장 스페셜	30 해피 투게더	
12		20 생생정보 스페셜	05 수목 드라마맨몰의 소방관		15 인간극장 스페셜	50 개그 콘서트	05 월화 드라마화랑

〈그림 1〉 KBS2 TV 주간편성표(2017.1.16-1.22)[1]

---

1) 사진 : KBS홈페이지

2017년 1월 현재 화면해설이 되고 있는 프로그램은 〈다큐 공감〉, 〈한국인의 밥상〉, 〈걸어서 세계 속으로〉, 〈월화드라마 화랑〉, 〈수목드라마 마이금비〉, 〈인간극장 스페셜〉이다. 현행법상 KBS를 비롯한 지상파(중앙지상파, 지역지상파 등 50개사)와 유료방송(보도, 종편PP)는 전체 방송프로그램의 10%를 화면해설로 제작해야 한다고 규정[2]하고 있다. 아직까지는 현실적인 여러 가지의 문제로 화면해설방송의 보급이 미흡하지만 앞으로 모든 방송 및 영상제작에 화면해설 관련 시행령의 효력으로 인해 화면해설방송이 정착될 것이다.

그렇다면 영화는 어떠한가? 2005년 영화진흥위원회 '영화향유층 강화 사업'을 시작으로 국내 배리어프리영화 서비스는 본격적으로 시작되었다. 영화진흥위원회는 한국농아인협회에 위탁하여 매년 15편의 화면해설과 한글자막 서비스를 제공해 오다 2009년 이후 화면해설 및 한글자막 제작과정에서의 작품 사전유출 가능성이 제기되면서 매년 7~8편의 콘텐츠 제공으로 서비스가 위축되었다.[3]

하지만 멀티플렉스 영화관이 배리어프리에 관심을 가지면서 최신 개봉작을 상영관에서 볼 수 있는 기회가 확대되고 있다. 선두주자는 2012년 4월부터, CJ가 'CGV 장애인영화관람데이'를 진행하고 있다. CJ는 영화진흥위원회, CJ E&M과 업무 협약을 체결하고 한국시각장애인연합회와 한국농아인협회와 협력해 'CGV 장애인영화관람데이'를 정기적으로 개최하고 있다. 현재 롯데엔터테인먼트, 쇼박스, NEW가 동참해 전국 40여개 상영관에서 최신 한국영화가 배리어프리 버전으로 상영이 되고 있다.

메가박스도 2015년 11월부터 '공감데이'를 운영하고 있다. (사)한국시각장애인연합회가 화면해설 및 한글자막영화 제작을 하고, (사)배리어프리영화위원회가 극장 배급과 홍보를 맡고, (사)한국농아인협회가 상영 및 모객을 담당하고 있어 3원 구도로 운영된다.

배리어프리영화는 각종 영화제를 통해서도 끊임없이 확대되고 있다. 2000년부터 2016년에 총 17회 째를 맞은 장애인영화제에서 우리나라 최초로 〈공동경비구역 JSA〉(2000, 박찬욱)가 화면해설영화로 제작·상영된 이후 2009년 부산국제영화제를 기점으로 여타 영화제에서도 화면해설영화 상영이 확대되기 시작했다. 부산국제영화제는 2011년 이후 연 10여 편씩 꾸준히

---

2) 장애인방송고시(2011.12)에 따르면 방송사업자별 장애인방송편성비율 목표에서 중앙지상파는 2013년 12월까지, 지역지상파는 2015년 12월까지 의무적으로 장애인방송 편성비율을 자막100%, 수화통역5%, 화면해설 10%를 달성해야 한다.

3) 류위훈, 「장애인미디어(Barrier-Free Media)의 현황과 과제」, 『배리어프리영화세미나발제집』, 부산시청자미디어센터, 2016.

제작, 상영해 왔으며 배리어프리 상영관을 별도로 운영하기도 했다.

우리나라 배리어프리영화제의 선두주자로서는 2016년에 제6회를 맞았던 배리어프리영화위원회가 주최하는 서울배리어프리영화제를 꼽을 수 있다. 2015년부터 전주국제영화제, 부산국제어린이청소년영화제, 제천국제음악영화제가 배리어프리를 시도했고, 이어 DMZ다큐멘터리영화제, 서울국제청소년영화제도 배리어프리영화를 선보이고 있다.

3) 화면해설 글쓰기[4]

화면해설작가는 영상의 내용과 이야깃거리의 상황을 글로 표현해야 한다. 화면해설작가가 쓴 글이 내레이터를 통해 관객에게 전달되면, 관객은 감상의 과정을 통해 소리를 영상으로 그려낼 수 있게 된다. 정리하면 화면해설작가는 시나리오, 드라마 대본을 쓸 때처럼 영상에서 전하는 스토리 전개와 영상(화면)을 구체적으로 시각화, 상상할 수 있도록 글을 써야 한다. 시각장애인들이 영상(영화, 방송 등)을 잘 감상하도록 필요한 화면정보를 최대한 객관적으로 전달하도록 신경 써야 한다.

> 영상을 글로 시각화하라!!
> 스토리 전개를 시각화할 수 있어야 한다.

화면해설 글쓰기는 영상화된 작품을 시각장애인의 원활한 관람을 위해 소리로 다시 시각화하는 작업이다. 문학과 영상의 차이는 문학은 글자로, 영상은 그림으로 묘사된다는 것이다. 문학 작품을 영화나 TV드라마로 영상화한다는 것은 곧 관념을 구체화, 시각화하는 작업이라고 할 수 있다.

소설은 다른 글의 형식에 비해 '들려주기'보다 '보여주기'를 통해 서술하는 것을 즐긴다. 이럴 때 그 문장은 눈앞에서 소설 속의 이야기 상황이 실제로 전개되고 있는 것처럼 느낌을 주기 위해서 마치 그림을 그려놓듯이 서술되곤 한다. 눈앞에서 일이 실제로 벌어지고 있는 듯한 느낌을 주는 글은 특히 '묘사'의 방법을 통해 얻어지는 경우가 많다.

묘사란 어떤 사물이나 상황을 그림 그리듯 그대로 그려냄을 가리킨다. 역사나 학술처럼 끌어

---

4) 유승관 · 김정희, 『장애인을 위한 화면해설론』, 시간의물레, 2015, 15-27면 재정리.

가는 것은 기술이지 묘사는 아니다. 실경, 실황을 보여 독자로 하여금 그 경지에 스스로 들고 분위기까지 스스로 맛보게 하기 위한 표현이 묘사다. 예를 들어 '풍경이 아름답다'는 표현을 하고자 한다고 하자. 눈에 보이는 풍경을 펼쳐 보임으로 인해서 관객이 아름답다는 감정을 느낄 수 있도록 하는 것이 묘사의 기본이다. 즉 풍경의 아름다움을 조합해서 문장으로 표현해 주면 관객도 작가와 동일하게 '아름답다!'는 감정을 느낄 수 있게 된다.

그렇다면 어디서부터 묘사의 글쓰기를 시작할 것인가? 문학에서 사용되는 글, 특히 인물, 배경에 대한 묘사를 통해서 시각화하는 방법을 유추할 수 있다. 묘사를 할 때 다음 세 가지를 원칙으로 삼아야 한다.

---

① 객관적일 것
② 정연할 것: 짜임새와 조리가 있어야 한다.
③ 사진기와는 달라야 할 것: 객관적으로 눈에 보이는 대상의 요점과 특색을 가려야 하고, 불필요한 것은 버려야 한다.

〈광해〉(2012, 추창민)는 왕위를 둘러싼 권력 다툼과 붕당정치로 혼란이 극에 달한 왕 '광해'가 자신의 목숨을 노리는 자들에 대한 분노와 두려움으로 점점 난폭해져 가던 중 도승지 '허균'에게 자신을 대신하여 위협에 노출될 대역을 찾을 것을 지시하면서 궁궐에서 벌어지는 이야기를 담았다. 〈광해〉의 오프닝 시퀀스를 살펴보자.

#왕의 아침 단장 ①

커다란 옷 방에 아침 햇살이 부서져 들어오고 있다.
광해(왕)가 햇살을 등지고 의자에 비스듬히 기대어 앉아 있다.
궁녀들이 시중을 들기 위해 방 한쪽 편으로 머리 숙이며 일렬로 쭉 줄을 서서 기다리고 있다.

〈그림 2〉 〈광해〉(2012, 추창민)

#왕의 아침 단장 ②

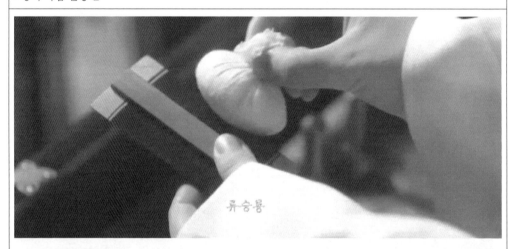

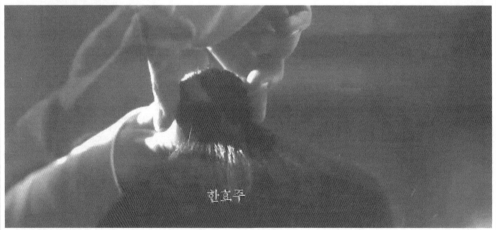

종지에 기름을 부어 참빗에 바르고 머리를 빗어 올린다.
상투를 틀어 올린다.

〈그림 3〉 〈광해〉(2012, 추창민)

#왕의 아침 단장 ③

왕을 단장하는 사이,
다른 궁녀는 향로로 곤룡포를 훈증(다림질)하고 있다.

〈그림 4〉 〈광해〉(2012, 추창민)

#왕의 아침 단장 ④

장 광

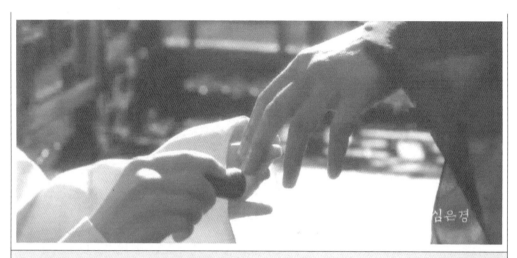

왕의 수염을 가다듬고, 향합을 왕의 코끝에 가져간다.
손톱을 다듬어 준다.

〈그림 5〉〈광해〉(2012, 추창민)

#왕의 아침 단장 ⑤

단장을 마치고 궁녀들이 모두 뒷걸음질치며 물러난다.

〈그림 6〉〈광해〉(2012, 추창민)

화면 가득 근엄한 왕의 모습

〈그림 7〉〈광해〉(2012, 추창민)

감독은 오프닝 시퀀스에서 왕(광해)의 일상적인 아침 단장이 이뤄지는 커다란 옷 방, 단장을 돕는 수많은 궁녀들, 범상치 않은 단장 과정 등을 통해 절대 권력자가 누리는 위엄과 권위를 드러내고자 했다고 볼 수 있다. 배경, 등장인물의 행동과 표정 등에서 이런 감독의 의도가 드러나고 있기 때문에 화면해설에도 잘 드러내야 한다. 화면해설에서는 위에서 살펴본 내용을 어떻게 설명을 하고 있을까? 한국시각장애인복지재단에서 제작한 〈광해〉 화면해설 편에는 다음과 같이 해설이 되어 있다.

#왕의 아침 단장 −화면해설

햇살이 부서져 들어오는 커다란 옷 방으로 궁녀들이 줄을 지어 들어선다.
방 한가운데 햇살을 등지고 왕 광해가 앉아 있다.
조용하고 신중하게 왕의 아침 단장을 돕는 궁녀들.
종지에 따른 기름을 참빗에 묻혀 왕의 머리를 빗어 올려 상투를 튼다.
상투를 트는 사이사이 향로로 곤룡포를 훈증하는 궁녀의 손길이 보인다.
또 다른 궁녀들은 가위로 수염을 가지런히 다듬고
향합을 왕의 코밑에 가져간다.
광해가 미간을 살짝 찌푸린다.

꿀물을 손과 손톱 사이사이에 바른 후 하얀 천으로 닦아내 정돈한다.

아침 단장을 마친 궁녀들이 조용히 일어나 허리를 굽혀 인사하고 뒷걸음으로 물러난다.

단장을 마친 광해가 긴 좌상 위에 한쪽 다리를 세우고 비스듬히 앉아,

무표정하지만 근엄한 얼굴로 정면을 응시한다.

그런 광해의 모습 뒤로 햇살이 비춰들고 타이틀이 뜬다.

광해, 왕이 된 남자

화면해설이 된 원고만 보더라도 오프닝 시퀀스의 분위기가 머릿속으로 그려진다. 오프닝 시퀀스가 영화가 시작되는 지점인 만큼 주인공과 등장인물, 주요한 공간적 배경이 궁궐이라는 점을 감안할 때 관객들이 영화의 흐름을 잡고, 분위기를 따라가는 데 장면에 대한 적절한 묘사는 중요한 역할을 한다.

누가 어떤 동작으로 무엇을 하는지 눈에 보이는 대로 화면을 시각적으로 그려내 주어야 한다. 그 설명을 듣고 시각장애인들은 그 상황을 이해하고 느끼게 되기 때문이다.

4) 화면해설 글쓰기의 절차[5]

하종원과 송종현은 화면해설방송 제작시 고려사항에서 글쓰기 절차에 대해 4단계로 설명하고 있다.[6] 우선 화면해설에 적합한 프로그램을 선정하고, 두 번째는 원 영상물의 선 감상, 세 번째는 화면해설 대본 작성, 마지막으로 화면해설 녹음 및 믹싱 과정을 거친다. 여기서는 화면해설 글쓰기에 입문하는 작가들에게 상세한 작업 과정을 전하기 위해 두 번째(영상물의 선 감상), 세 번째(화면해설 대본 작성)을 보다 세분화해서 9단계로 정리하였다.

(1) 영상물 선정

하종원과 송종현은 화면해설방송 제작 시 화면해설에 적합한 프로그램을 선정해야 한다고 제안한다. 화면해설의 효용성을 확보하기 위해 화면해설 프로그램을 선정할 때 시각장애인들

---

5) 유승관 · 김정희, 위의 책, 57-69면 재정리.

6) 하종원 · 송종현, 「시각장애인 방송환경 개선을 위한 화면해설방송 활성화 방안」, 한국방송통신전파진흥원, 2011, 11-12면.

도 인기 있는 프로그램을 우선적으로 보고 싶어 한다는 것을 염두에 두어야 한다.[7] 현재 화면해설이 진행되고 있는 방송과 영화는 어떨까?

우선 중앙지상파 TV는 방송사가 화면해설대상 프로그램을 선정해서 한국시각장애인연합회 소속 작가들이 작업을 하고 있다. 영화도 제작사(배급사)의 결정에 따라 개봉작의 화면해설 제작이 확정되고 있는데, 이 또한 한국시각장애인연합회 소속작가들이 작업을 하고 있고, 배리어프리영화위원회가 홍보를 맡고 있다.

지방 방송사(KBS부산, KNN 등)의 경우, 화면해설 제작 인력 수급과 제작비용 등의 문제로 별도의 화면해설 관련 교육을 받지 않은 프로그램 담당 작가가 직접 화면해설 원고를 작성한 후 감수를 받으면서 작업을 하는 실정이다. 그 외 배리어프리영화위원회에서 자체로 화면해설을 제작하는 영화의 경우, 전담 작가군이 주축이 돼 작업을 하고 있다고 한다.

2009년 〈거북이 달린다〉(2009, 이연우), 〈특별시사람들〉(2007, 박철웅)을 시범 제작한 이후 꾸준하게 배리어프리 버전(화면해설, 자막해설)영화를 선보이고 있는 부산국제영화제의 경우는 어떨까? 영화제 측에서 배리어프리 버전 영화를 선정해서 영상과 함께 시청자미디어재단 부산시청자미디어센터에 전달하면, 센터 담당자가 화면해설작가 진에게 영화 파일을 전달하고, 작가들은 그 파일을 받아서 글쓰기 작업을 시작한다.

(2) 관객으로 영화 보기

관객으로 영화 보기는 화면해설작가가 원고를 작성하기에 앞서 관객의 입장으로 영화를 감상하면서 영상에 대해 이해하는 단계이다.

첫 번째 감상단계에서 영화 전반에 대한 일차적인 내용은 파악을 해야 한다. 예를 들면 등장인물의 이름과 다른 인물과의 관계, 플롯 전개, 감독이 전달하고자 하는 메시지 정도는 이해해야 다음 단계 작업을 진행하기가 수월해진다.

작업 시간이 충분할 경우, 소리로만 영화를 보는 것을 권유하기도 한다. 작업 초기에 시각장애인이 영화를 감상하는 것처럼 대사와 음악, 음향효과만을 듣는 것이다. 그런 과정을 통해 시각장애인의 입장에서 소리만으로 영화를 감상할 경우, 스토리 흐름상 궁금한 내용, 해설되어야

---

7) 하종원 · 송종현, 위의 보고서, 11면.

할 부분을 인지할 수 있기 때문이다. 영상을 보지 않은 상태에서 대화와 사운드 효과만 들으면 서비스 대상자인 시각장애인 입장에서 명확하게 전달되지 않는 부분들을 좀 더 쉽게 파악할 수 있게 된다. 이 부분은 처음 화면해설을 시작하는 작가들에게는 좀 더 효과적으로 전달하기 위한 작업 과정으로 생각된다. 소리만으로 영화를 감상하는 방법은 원고 작업을 하는 작가뿐 아니라 소리로 이야기를 전달하는 해설자에게도 필요한 과정이라고 할 수 있다.

(3) 감독의 의도 파악

영화의 화면해설 글쓰기는 철저하게 감독의 의도를 파악해서 진행해야 한다. 여기서 명심해야 할 것은 영상은 이야기가 '프레임', 즉 움직이거나 고정된 카메라의 앵글 안에서 이루어진다는 것이다. 카메라의 앵글에 잡힌 것만을 이야기해야 하고 관객은 이것만을 따라 감상할 수 있다. 화면해설 작업 전에 영화를 여러 번 반복해서 보는 이유도 영상을 통해 감독이 전하고자 하는 주제 즉 메시지를 정확하게 찾아내기 위해서이다. 그 과정에서 영상으로 스토리를 전하는 감독의 스타일도 파악하게 된다. 작가가 감독의 의도를 제대로 파악하고 있어야만, 영화의 문맥을 제대로 해석할 수 있다. 감독의 의도와 무관하게 자의적인 해석을 하거나 주관적인 해석을 해서는 안 된다.

시간이 허락되는 한 영화를 반복해서 보는 것이 도움이 된다. 영화를 반복해서 보다보면 감독의 말투, 즉 영상으로 스토리를 전달하는 감독의 방법을 이해하게 된다. 즉 감독의 시점에서 사고를 하게 된다. 다시 말해 영화의 흐름(기승전결)과 함께 작품에서 감독이 가장 말하고 싶은 것이 보인다. 또한 여러 번 보다보면, 화면의 구석구석까지 파악할 수 있어 스토리와 화면에서 놓치는 부분도 줄어들고, 화면해설작가가 자의적으로 해석할 여지도 줄어들게 된다.

화면해설작가는 감독의 의도를 어떻게 언어로 표현할 수 있을까? 감독은 각 장면에 따라 필요한 컷을 조합해 나가는데 하나의 신을 몇 개의 컷으로 표현할 것인지는 감독의 의도에 따라 정해진다. 감독의 의도는 컷에 단적으로 나타나기 때문에 컷을 묘사하면 언어로 감독의 어조를 읽어내는 것이 가능할 수도 있다.

클로즈업에서 줌아웃을 하는지, 풀 숏에서 줌 인을 하는지, 혹은 틸 다운, 틸 업 카메라의 움직임과 유난히 강조된 클로즈업 숏이나 롱 풀 숏에는 감독의 의도가 있다는 사실을 명심해야 한다. 때문에 화면해설을 할 때는 감독의 의도가 드러난 컷의 흐름을 따라 화면해설을 하는 것이 좋다.

(4) 화면해설 정보 정리

앞서 영화 전체적인 흐름을 파악을 했다면, 이 단계에서는 시퀀스(sequence)에 포함된 신(scene), 그리고 신(scene)을 이루는 최소의 컷(cut) 단위로 나누어서 필요한 화면정보를 정리한다. 즉 화면해설작가가 영상물을 분석하여 시각장애인에게 영상의 내용을 충분히 전달할 수 있도록 등장인물의 행동, 표정, 배경, 자막, 소리(주체) 등 중요한 시각적 요소를 정리하는 단계이다. 화면해설작가는 대본을 작성하기에 앞서 영상물의 내용이나 정보를 사전에 입수하여 등장인물의 이름과 특징을 파악하고 인물간의 관계 등을 이해하고 있어야 한다.

만일 영화사 측이나 방송사 측으로부터 영상의 시나리오나 대본을 사전에 제공받았다면 영화(방송) 감상이 끝난 후 영상으로 제작된 단계에서 삭제되거나 첨가된 내용은 없는지, 장소 등 변경된 내용은 없는지 시나리오 또는 대본의 상태를 점검하여 확인해야 한다.

(5) 타임 체크[8]

본격적인 원고쓰기의 첫 단계는 '타임체크'다. 화면정보에 대해서 해설할 시간 분량을 표시하는 것이다. 좀 더 풀어서 설명하자면 대사와 현장음을 제외한 무음 부분을 찾아서 시간을 재는 작업이다. 일종의 원고지 만들기 작업이다. 타임체크 단계에서 해설 시간을 체크하는 것만큼 중요한 작업은 등장인물들이 주고받는 대사를 받아쓰는 일이다. 대사를 쓰다보면 작품에 대한 이해가 깊어지고, 등장인물에 애착이 생긴다.

그리고 대사만으로 의미전달이 불분명한 곳이 발견되고, 시각장애인이 이해하기 어려운 곳을 알 수 있게 된다. 실제로 대사를 써 보면 이 작업이 생각보다 많은 시간을 요구하는 작업이라는 사실을 알게 된다. 그런가 하면 '대사 쓰기'는 몇 번이나 영상을 다시 보는 것과 같은 효과도 있다. 이런 과정을 통해서 시각장애인들이 궁금해 하는 부분, 즉 가려운 곳을 긁어주는 화면

---

8) 화면해설 글쓰기의 가장 중요한 틀은 화면해설이 들어가는 공간을 확보하는 일이다. 다시 말해 '무음'의 공간을 정확하게 찾아내야 한다. 하종원, 송종현은 화면해설 대본 작성 과정에서 타임체크의 중요성과 방법에 대한 설명이 부족한 것으로 보고, 글쓰기 과정에 추가로 정리하였다. : 하종원 · 송종현, 위의 보고서.

해설을 하는 준비를 하게 된다. 이 과정을 통해 작가는 작품(영화)에 대한 이해가 깊어진다.

〈끝까지 간다〉(2013, 김성훈)

구분	시간	간격	대사 / 화면해설
NA	01:23	5″	영화 제목 〈끝까지 간다.〉
NA	01:28	13″	어두운 밤, 젖은 도로, 헤드라이트, 건수 통화 중.
대사	01:41	27″	건수: 가고 있다고 자식아, 가고 있잖아, 지금. 도 형사: 그래도 어떻게 나오셨습니다, 어디십니까? 건수: 아 몰라, 도 형사: 그냥 열쇠 둔 데만 알려주시면 제가 잘 감춰둘 수 있는데 말입니다. 건수: 아, 키가 지금 나한테 있다니까 넌 지금 몇 번을 얘기하니, 아 진짜. 야, 걔네가 언제 온다고? 도형사: 감찰반 애들 한 시간 안으로 온다는데 아, 빨리 좀 오셔야 할 것 같습니다. 건수: 알았다고 안달 좀 하지 말라고 새끼야. 내 금방 가니까 내 자리 건드리지 마라잉. 야, 잠깐만 끊어봐
NA	02:08	1″	
대사	02:09	31″	여동생: 오빠, 언제 와. 어른들이 상주가 자리 비웠다고 뭐라 그러잖아. 건수: 그니까 내가 오죽하면 장례 치르다가 나오겠니, 내가. 여동생: 도대체 뭔 일인데. 건수: 야 됐고, 나 금방 갈 테니까. 너 김서방이랑 잘 좀 하고 있어, 알았지. 여동생: 효자 생색은 지 혼자 다 내더니 자리나 비우고 있고, 아, 몰라 빨랑 와. 건수: 야 민아는? 민아는 뭐해 자? 여동생: 오빠 새끼 잘 있다. 건수: 아 이게, 야 곧. 아 나 진짜 좋게 얘기하려고 해도 도움이 안 되네.
소리	02:40	3″	빵빵
NA	02:43	5″	
대사	02:48	4″	건수: 아 저 개새끼 미쳤나 진짜
소리	02:52	4″	차 소리

NA	02:56	38″	차에 부딪힘, 건수 당황, 딸 사진 흔들, 앞 유리 금, 사람 쓰러짐, 건수 벨트 풀고 나옴. (소리 03:21 차 문 닫고)
대사	03:34	5″	건수: 아저씨
NA	03:39	7″	쓰러진 남자, 뒤로 물러나는 건수

(6) 원고 작업

소리와 무음의 공간에 대한 타임체크를 하고 나면 빈 칸(무음공간)에 화면에 대한 정보를 채워 넣어야 한다. 해설은 대사와 현장음과의 관계를 적절하게 유지해야 한다. 때로는 대사나 현장음을 이끌어 주기도 하고, 때로는 상황이 끝난 직후 보충의 역할을 하기도 한다.

하종원과 송종현은 화면해설 대본을 작성할 때 고려할 사항을 10가지로 제시하고 있다.[9] 등장인물의 표정, 몸짓, 배경, 기타 중요한 시각적 요소들을 원 영상물의 내용을 훼손하지 않는 범위 내에서 적극적으로 제시해야 한다. 화면해설의 분량(또는 길이)은 가급적 주어진 영상에 적합한 분량(또는 길이)으로 제시해야 한다. 영상에 대한 정보를 단순 나열하지 말고 복합적 의미를 전달하는 영상물의 특징을 최대한 부각시켜 객관적 사실을 제시해야 하며 부득이 필요한 경우에 따라 최소한의 감상적(또는 문학적) 표현을 가미한다. 원 영상물의 대상 연령층을 정확히 파악하여 대상자를 고려한 용어를 선택해야 한다.

대사 없이 진행되는 소리의 정체에 대하여 정확히 제시해야 한다. 화면해설에서 제시되는 인칭과 시점은 일관성 있게 표시되어야 하며 때와 장소의 변화는 반드시 제시해야 한다. 대사와 대사 사이, 영상과 대사 사이, 영상과 영상 사이의 의미전달에 따른 개연성을 충분히 전달해야 한다. 전문적인 용어나 난해한 그래픽에 대한 부연 설명이 필요할 수도 있다. 화면해설 대본 작성이 완료되면 반드시 오·탈자 등에 대한 교정을 실시해야 한다. 대본이 완성되면 화면과 해설을 비교하여 분량(또는 길이)의 일치 정도를 점검해야 한다. 위의 내용을 참고하여 원고 작업을 할 때 지켜야 할 원칙을 아래와 같이 추려보았다.

---

9) 하종원·송종현, 위의 보고서, 11-12면.

〈원고 작업 시 원칙〉

① 화면을 보이는 대로 제대로 중계하라!

② 영상을 글로 시각화하라!

　소리를 들어서 알 수 있는 내용은 화면해설로 적지 않는다.

　단, 소리의 정체는 밝혀야 한다.

③ 보이는 것에 대한 개인적인 의견을 넣지 마라.

　객관적이어야 한다.

④ 대사와 해설이 겹치지 않게 하라.

⑤ 원고를 작성한 후 영화를 보면서 직접 원고를 리딩하며, 원고 분량과 어휘, 문장이 적절한지 점검한다.

---

(7) 감수 또는 모니터링

완성된 초고는 감수단계를 거친다. 감수를 진행하는 감수자나 편집을 책임지는 연출자는 기본적으로 시각장애인에 대한 이해, 화면해설에 대한 소양을 갖춘 사람이어야 한다. 이 단계에서는 영화에 대한 작가의 해석력과 표현(어휘, 문장)에 대한 부분, 시각장애인에 대한 이해에 대한 부분이 중점적으로 검토된다.

감수와 함께 모니터링을 진행해 해설과 오디오가 겹치는 부분이 있는지 최종적으로 점검하게 된다. 감수 또는 모니터링 과정에서 보완　수정 지시를 받았을 경우, 작가는 마무리 작업을 진행한 후 원고를 최종 마무리한다.

(8) 녹음

화면해설 대본 작성 후, 전문 성우 또는 아나운서를 통하여 음성 녹음하며 이를 타임코드(디지털 방식으로 시간을 기록해 두는 비디오나 오디오 상의 트랙)를 사용해서 오리지널 프로그램과 함께 'mix to mix' 방식으로 full DVS 오디오 트랙을 만든다. 녹음은 원고가 해설자(내레이터)의 목소리로 새롭게 탄생하는 단계이다. 내레이터의 목소리가 영화의 분위기와 맞는지, 등장인물의 목소리와 동떨어져 거리감이 느껴지는 건 아닌지, 읽는 속도가 적절한지도 확인해야 한다. 녹음 과정에서 단어를 정확하게 읽고 있는지 대사 또는 현장음과 겹치지는 않는지, 꼭 들어가야 할 화면정보가 혹시 빠지지는 않았는지, 내레이션 타이밍은 적절한지 확인해야 한다.

(9) 녹음 검수-믹싱-완성

해설에 실수로 빠진 부분이 없는지, NG에 대한 확인까지 처음부터 끝까지 꼼꼼하게 녹음된 오디오를 체크해야 한다. 영상의 원 오디오와 화면해설 오디오가 겹친 지점은 없는지, 레벨은 적절한지 등을 확인한 다음 최종 마스터링을 하면 마무리가 된다.

제 Ⅵ 장

배리어프리 화면해설의 작법

제Ⅵ장 배리어프리 화면해설의 작법

1. 화면해설, 무엇을 할 것인가?

화면해설은 기본적으로 시각적인 정보를 언어로 묘사하는 일이다. 중요한 원칙은 '눈에 보이는 것을 해설'하는 것이다. 영화 표현의 최소 단위인 한 컷에도 때로는 다양한 정보를 담고 있다. 많은 정보 가운데 중요한 정보를 우선적으로 선별해야 한다. 선별에 앞서 작가가 할 일은 감독이 관객에게 보여주고자 하는 것-컷에 숨겨진 감독의 의도를 파악하는 일이다.

1) 인물 묘사

인물은 화면해설 내용 중 가장 중요한 부분이며, 청취자의 마음의 눈에 가능한 한 인물을 식별할(identify) 수 있도록 하여야 한다. 시각적으로 볼 때 등장인물 특히 주인공의 특징(외모, 직업, 성격, 심리상태 등)이 무엇인지 관찰해서 드러내야 관객들이 주인공을 인지하고 스토리의 전개에 공감할 수 있게 된다.

(1) 인물 소개는 가능한 빨리

스토리 전개에서 인물은 중요한 키(key)를 쥐고 있다. 인물의 나이, 외모적 특징, 복장 등 캐릭터를 설명하기 위한 정보들을 충실하게 전달하는 것이 좋다. 인물 소개의 기본은 '처음 나올 때 또는 가능하면 빠른 단계에서 인물의 이름과 속성을 밝힌다'이다.

> ### 〈써니〉(2011, 강형철)
>
> 잘 나가는 남편과 여고생 딸을 둔 40대 나미는 어느 날 25년 전 여고시절 '써니짱' 춘화와 마주친 후 '써니' 멤버들을 찾아 나서는데…. 추억 속 친구들을 만나면서 중년까지 이어지는 친구들과의 우정을 주요 내용으로 하는 영화다.

영화 〈써니〉의 첫 장면이다.

#햇살이 쏟아지는 넓은 침실, 40대 나미와 남편이 잠들어 있다.

〈그림 1〉 〈써니〉(2011, 강형철)

#침대 옆 자명종이 울린다.
(자명종 소리) 나미가 자명종을 끈다.

〈그림 2〉 〈써니〉(2011, 강형철)

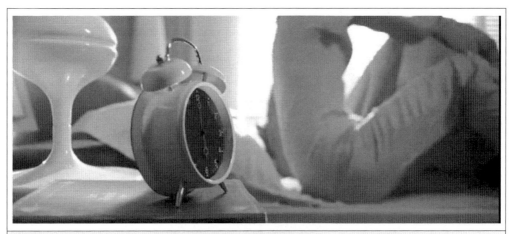

#잠들어 있는 남편이 깨지 않도록 조심스럽게 침대에서 일어난다.

〈그림 3〉 〈써니〉(2011, 강형철)

인물 소개에서 '처음 나올 때 또는 가능하면 빠른 단계에서'라는 의미는 영화 〈써니〉의 주인공이 '나미'라는 것을 대사 등으로 관객이 파악하기 전이라는 것이다. 누군가가 '나미'라고 부를 때까지 이 인물을 계속 '주부 또는 여자'라고 한다면 영화의 스토리 전개상 다른 인물들과 구별할 수 없게 된다.

'나미'라는 이름을 밝히게 되면 '나미'라는 주부가 나올 때마다 '이 사람은 아까도 본 얼굴이구나'라고 인지하게 된다. 특히 영화의 첫 부분에서 하루 일과가 시작되는 일상의 모습에서 등장한 인물이라면 '이 주부가 이야기 속에서 어떤 역할을 담당하는 인물이겠구나!'라고 생각하면서 그 인물의 행동이나 상황에 귀 기울이게 된다. 화면해설작가는 관객들이 등장인물에 대한 정보를 빨리 파악할 수 있도록 신경을 써야 한다.

〈봄비〉(2015, 서은선)[1]는 전근을 가게 되는 20대 여성 경민이 짐을 정리하러 사무실에 들렀다가 평소 호감을 가졌던 직장 동료 성호를 우연히 만나면서 포근하고 살며시 내리는 봄비처럼 사랑이 시작된다는 내용이다. 단편 영화(러닝 타임: 12분)다 보니 주인공이 처음 등장하는 부분에 가급적 빨리 주인공의 성별, 나이, 외모 특징 등을 알려주어야 한다.

---

1) 단편영화.

〈그림 4〉 〈봄비〉(2015, 서은선)

⟨1⟩ ⟨봄비⟩(2015, 서은선)

구분	시간	간격	대사 / 화면해설
NA		3″	토요일 낮, 텅 빈 사무실.
소리		4″	테이프 소리.
소리		1″	박스 뒤집는 소리.
NA		3″	경민이 박스 바닥을 접어 테이프를 붙인다.
NA		6″	책과 잡동사니를 박스 안에 넣는 경민.
소리		2″	한숨소리
NA		7″	경민이 서서 주위를 살피다 오른쪽 사선 건너편 성호 자리로 시선을 옮긴다. 자리에 성호는 없다.
NA		4″	하얀색 글자가 화면 중앙에 나타난다. 영화 '봄비'

⟨1⟩의 화면해설을 살펴보면, 경민이 남자인지 여자인지, 나이는 어느 정도나 되는지, 외모는 어떤지 알 수가 없다. 스토리를 끌어가는 중심축이 주인공이라고 볼 때 영화 초반부에 주인공을 형상화할 수 있는 기본 정보를 전달해야한다. 그런 과정을 통해서 관객이 캐릭터를 구축해서 감독이 원하는 대로 스토리에 몰입해 갈 수 있다.

⟨2⟩ ⟨봄비⟩(2015, 서은선)

구분	시간	간격	대사 / 화면해설
NA		3″	낮, 텅 빈 사무실.
소리		3″	테이프 소리.
NA		11″	①**20대 여성 경민**이 자기 책상 앞에 서서 종이 박스를 테이프로 붙인다. 박스에 소지품을 챙겨 넣는다. ②**짧은 숏 컷 머리에 예쁘장한 얼굴**이다.
소리		2″	한숨소리
NA		7″	경민이 서서 주위를 살피다가 건너편 성호 자리로 시선을 옮긴다. 자리에 아무도 없다.
NA		4″	하얀색 글자가 화면 중앙에 나타난다. 영화 '봄비'.

주인공을 '경민'이라고만 소개했던 〈1〉과 비교해 보자. 〈2〉에서는 '20대 여성 경민' 과 짧은 숏 컷 머리에 예쁘장한 얼굴이라고 소개하고 있다. 〈1〉은 주인공에 대한 정보가 없어 시각화하기 어려운 부분이 있었다면 〈2〉는 성별, 나이, 외모가 표현되어 있어 주인공을 어느 정도는 그려낼 수 있다.

비장애인들은 (화면에 드러나는) 시각 정보를 통해 이미 그 인물을 다른 사람과 구분하고 있다는 사실을 인식하고 있어야 한다. 화면해설을 할 때도 이 점을 명심해서 시각장애인들에게 인물 정보를 늦지 않게 제공해야 한다. 가끔 인물과 관련해 화면에 드러나지 않은 정보를 전달하는 과잉 친절형 화면해설을 만나기도 한다.

화면에 드러나지 않고, 대사에서도 드러나지 않아 비장애인도 모르고 있는 정보까지 미리 알려 줄 필요는 없다. 아니 미리 알려줘서는 안 된다. 단, 연출상의 의도가 있을 때는 이름을 복선으로 남겨두기도 한다. 이야기의 흐름상(긴장, 궁금증 유발) 등장인물에 대한 기본 정보를 먼저 제공했다가 사건의 진행 상황에 맞춰 나중에 전달하기도 한다.

〈표적〉(2014, 창)에서 백여훈의 동생 백성훈에 대한 정보는 등장 이후 20여 분이 지난 후에야 알려준다. 그 전에는 태준의 아내 '희주'의 납치범의 역할이 부각되어야 하기 때문이다. 즉 스토리 전개상 납치범의 정체가 알려지지 않은 상태에서 관객의 궁금증을 통해 긴장감을 부각해야 한다. 화면상으로도 납치범의 정체가 드러나기 전까지 후드점퍼를 입고 얼굴을 가리고, 카메라는 의도적으로 얼굴을 제대로 보여주지 않는다. 때문에 납치범의 정체를 알려주는 시점은 얼굴이 카메라에 정면으로 잡히는 시점으로 잡아야 한다. 영화의 맥락상 출연자들의 대화에서 납치범의 정체가 백여훈의 동생이라는 사실을 눈치챌 수 있는 시점과 거의 동일하다.

〈그림 5〉〈표적〉(2014, 창)

〈표적〉(2014, 창)

구분	시간	간격	대사 / 화면해설
NA	25:48		낮, 태준이 경찰서 앞. 거리에서 휴대전화기를 손에 쥐고 왔다 갔다 한다. 초조해 보인다. 그때 휴대전화가 울린다.

대사	26:02	10″	-여보세요? -전화 당장 바꿔. -예? -병원에 씨발 전화해 봤어 나왔다며?
대사	26:12	4″	-예, 예 같이 있습니다. -오빠! 오빠 괜찮아?
NA	26:16	1″	
대사	26:17	5″	-오빠! 오빠! -희주! 희주야! -오빠! -희주야!
NA	26:22	1″	당황한 납치범이 희주 입을 막는다.
대사	26:23	3″	-우리. 우리. 우리 희주 괜찮습니까? -잘 있어 그러니까. -그러니까 씨 전화 바꿔.
대사	26:35	12″	-보조호흡기를 달고 있어서 말을 못 합니다. -아이씨, 씨발! 씨발 새끼! -그만, 그만. -그만 그만해.
NA	26:47	4″	회전목마에 희주만 두고 문을 잠그고 나간다.
대사	26:51	3″	이봐요! 이봐요 !
NA	26:54	5″	안에 갇힌 희주는 절박하게 계속 문을 두드린다. 계속 통화중인 납치범.
NA	26:59	2″	메세나 쇼핑몰.

〈그림 6〉 〈표적〉(2014, 창)

〈표적〉(2014, 창)

구분	시간	간격	대사 / 화면해설
NA	30:19		낮, 쇼핑몰 안, 태준이 인파 속에서 주변을 둘러본다, 핸드폰이 울린다.
대사	30:24	8″	-여보세요? -왜 혼자야? -그 사람은 지금 움직이기 힘든 상태라고 했잖아요. -거짓말 하지 마! 씨발. -거짓말, 아니에요 제가 왜 거짓말을…….
NA	30:32	2″	끊어진 전화기를 본다.
대사	30:34	2″	-여보세요?
NA	30:36	2″	테이블에서 포크를 슬쩍 들고 가는 납치범.
대사	30:38	1″	-이씨.

NA	30:39	2″	도로, 킬러가 휴대전화 위치 추적앱을 보고 있다.
대사	30:41	1″	-야!
NA	30:42	1″	
대사	30:43	2″	-빨리 서둘러.
NA	30:45	12″	속도를 높이는 킬러들, 추격하는 여훈!! 킬러들을 따라 함께 움직이며 도로를 질주한다.
NA	30:57	7″	쇼핑몰 2층, 두리번거리는 태준 뒤에 바짝 붙어 포크로 위협하는 납치범
대사	31:04	19″	-형 어딨어? 안내 해 거기 형 없으, 없으면 여자 죽는다. -형이라구요? -빨리 안내하라구. -희주 어딨습니까? 먼저 보여줘요
NA	31:23	10″	여훈 동생 성훈(납치범)이 에스컬레이터를 타고 2층에 오는 킬러들을 발견하고 포크를 떨어뜨리고 기겁하며 도망간다. 뒤쫓는 태준.
대사	31:33	1″	-거기서. 거시 서 이 새끼야.

흔히 주요 등장인물을 초기에 밝혀야 관객들이 사건에 집중하는 데 도움을 준다고 하지만, 위에서 제시한 〈표적〉의 경우처럼, 극적 긴장감을 유지하기 위해 '납치범'이 백여훈의 동생, 성훈이라는 사실을 추후에 알려야 한다는 연출자의 의도가 확실하게 드러날 경우도 있다. 감독은 카메라 숏을 통해 의도적으로 의도를 드러내고 있다.

이럴 경우, 작가가 납치범의 정체를 미리 밝히면 시각장애인 관객에게 영화의 극적 재미 요소 하나를 빼앗는 격이 되어버린다. 등장인물의 정체를 알려줄 시점이나 부가 정보를 주는 것, 또 미리 정보를 주는 것 등은 판단의 문제이다. 하지만 이 정보가 절대로 플롯을 앞서 해석하거나 누설하는 수준이어서는 안 된다.

화면해설에서 인물/대상에 대한 정보가 부족할 경우 관객들은 극의 흐름을 이해하는 데 혼란을 겪게 된다. 영화를 보다 보면 동시에 여러 명이 이야기를 주고받는 상황도 벌어진다. 이때는 가급적 누가 얘기하고 있는지를 밝힐 필요가 있다. 물론 설명할 시간이 넉넉지 않을 경우 주요 등장인물을 우선적으로 알려줘야 한다.

(2) 인물 캐릭터 구축에 필요한 정보는 놓치지 말 것

등장인물은 영화의 흐름에서 중심을 잡는 역할을 한다. 간혹 인물의 캐릭터, 예를 들어 외형적 모습과 성격, 직업, 연령, 취미 등이 앞으로 벌어질 사건과 연관을 가지는 경우도 상당수 있다. 때문에 감독은 인물과 관련한 다양한 정보들을 군데군데 배치하게 된다. 관객들은 영화를 보면서 그런 정보를 하나씩 취합하고 인물의 캐릭터를 구축하게 된다.

화면해설에서도 인물의 의상과 스타일, 신체의 움직임에 있어서 주요한 특징과 자세, 개인적 신체적 특징, 연령대, 표정과 감정 변화 등을 놓치지 않고 묘사해 등장인물들을 잘 변별하고 이해할 수 있도록 해야 한다. 인물의 외양은 성격과 유기적인 인과관계를 갖고 있는 경우가 많다.

기타 옷, 모자, 신발 등 옷매무새, 취미, 교양, 직업 등도 그 인물을 성격적으로 드러내는 데 필요한 정보가 된다. 적절한 시점에 놓치지 말고 묘사해야 한다.

〈그림 7〉 〈해수탕 여인〉(2014, 심민희)

〈해수탕 여인〉(2014, 심민희)

구분	시간	간격	대사 / 화면해설
NA	01:43	13″	(01:43 장면 바뀌면) 대중탕 입구. **요금대 뒤로** 중년 여성이 앉아 무표정하게 수건을 개고 있다. 중학생이 요금대 창문을 두드린다. (00:01:52 두드리는 소리 듣고) 보지도 않고 요금대로 수건을 내미는 여인.
대사	01:56	3″	둘째 아들: 아, 엄마! 돈 줘. 오천 원만.
NA	01:59	8″	여인이 굼뜨게 요금통에서 천원 권 지폐와 동전을 꺼내 센다.
대사	02:07	1″	둘째 아들: 빨리-
NA	02:08	21″	낚아채듯이 돈을 받아든 아들은 뒤도 돌아보지 않고 나간다. 여인은 컬이 거의 풀린 파마머리에 빛바랜 꽃무늬 민소매 원피스를 입고 있다. 기계적으로 수건을 개고 있다. 흰 셔츠에 회색 작업복 차림의 중년 남자가 요금대에 돈을 내민다. 여인이 건성으로 요금대에 수건을 내민다.

〈그림 8〉〈시〉(2010, 이창동)

〈시〉(2010, 이창동)			
구분	시간	간격	대사 / 화면해설
NA	03:57	30″	병원 대기실에서 사람들이 텔레비전을 보고 앉아 있다. 그 가운데 창이 넓은 모자를 쓴 **60대 미자**도 있다. (휴대폰 소리) 미자가 휴대폰 소리에 놀라 허겁지겁 가방을 뒤진다. 주위의 따가운 시선을 받으며 휴대폰을 겨우 찾아드는데, 뒷자리에 있던 여자가 전화를 받는다. (여자: "여보세요") 미자가 잠시 당황하다 이내 옆자리 여자를 보며 해맑게 웃는다. 여자는 무표정하게 고개를 돌린다.
대사	04:27	2″	-양미자님. -네.
대사	04:29	1″	-이쪽으로 오세요.

구분	시간	간격	대사 / 화면해설
NA	4:30	15″	**화사한 꽃무늬 상의에 흰 레이스 스카프를 하고 왕골가방을 든 미자**가 간호사를 따라 진찰실로 들어간다. 의사 앞에 앉으며 고개를 숙여 인사 한다.

〈시〉에서 주인공 미자(윤정희 분)는 고운 외모에, 소녀같이 감수성이 풍부한 60대 할머니다. 중소도시에 사는 미자가 처음 등장하는 장면에서 '화사한 꽃무늬 상의에 흰 레이스 스카프를 하고 왕골가방을 들고 있다는 장면을 설명해 줘야 관객들이 멋쟁이 미자의 외모를 상상할 수 있다.

장면에 드러나는 행동과 사건을 써 나가는 속에서 인물의 성격적인 것을 하나하나씩 가볍게 터치해 주면서 관객이 조금씩 그 인물을 파악하도록 해야 자연스럽다.

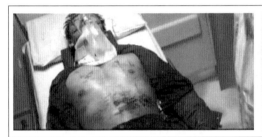

〈그림 9〉〈표적〉(2014, 창)

〈표적〉(2014, 창)

구분	시간	간격	대사 / 화면해설
NA	04:28	8″	간호사가 나가고 여훈을 보는 태준, 단단한 구릿빛 피부, 한쪽 가슴에는 **독수리 형상과 rh+ ab문신**이 있다.

〈표적〉(2014, 창)

구분	시간	간격	대사 / 화면해설
NA	11:58	6″	태준이 여훈의 동공을 확인하는 척하며 형사를 살핀다.
NA	12:04	17″	태준이 **독수리 문신 근처**에 붙여진 심전도 패치를 본다. 심전도 기계를 보고 형사 눈치를 살핀다. 형사가 고개 돌릴 때 패치를 재빨리 떼 낸다. 심전도 기계 소리가 나자 놀라는 김 형사.

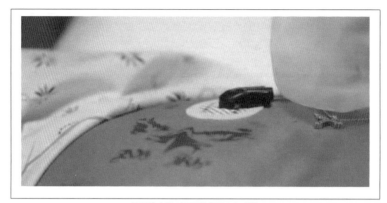

〈그림 10〉〈표적〉(2014, 창)

남자 주인공 여훈(유승룡 분)이 오프닝 시퀀스에서 괴한들과 총격전을 벌이면서 총상을 입었고, 도망치다 교통사고를 당해 응급실로 실려 온 장면이다. 여훈의 직업이 '용병'이라는 사실을 알리기 위해 근육질의 구릿빛 피부, 한쪽 가슴에 독수리 문신과 혈액형 문신이 클로즈업되는 장면을 놓쳐서는 안 된다. 주인공과 관련한 정보를 관객에게 제대로 인지시키기 위해서는 '독수리 문신 근처'라고 한 번 더 반복해서 지칭하면 효과적이다.

(3) 가능하면 화면(영상)에 보이는 인물의 행동을 거울로 보는 것처럼 있는 그대로 묘사해야 한다.

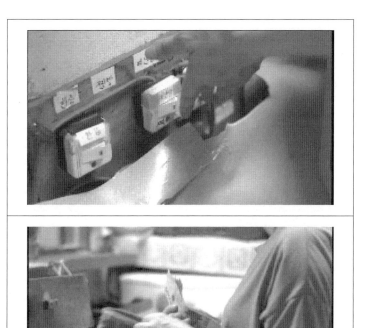

〈그림 11〉〈해수탕 여인〉(2015, 심민희)

〈해수탕 여인〉(2015, 심민희)

구분	시간	간격	대사 / 화면해설
NA	02:29	29″	낮, 차 두 대가 지나갈 정도의 한적한 골목길. 낡은 건물 유리 출입문에 '해수탕'이라 적혀있다. 요금대 뒤에 딸린 작은 방. **요금대 아래 돈 통이 있고,** 벽에 말라비틀어진 꽃다발이 걸려 있다. **선풍기가 켜진 채** 회전하고 있고 여인은 턱을 괴고 앉아 졸고 있다. (00:02:53 전기 스위치 끄는 소리 들고) ①늦은 밤. **여인이 영업을 마감하고 노래를 부르며 위층으로 간다.** ②밤, 목욕탕 전원 스위치를 차례로 끄고, 돈 통에 있는 돈을 챙긴다. **여인이 출입문을 닫고 위층으로 올라간다.**

　〈해수탕 여인〉에서 주인공은 좁은 골목에 있는 낡은 대중탕 여주인으로 요금대 뒤에 딸린 작은 방에서 무료하게 하루하루를 보내고 있다. 앞서 주인공의 외양(옷, 무표정 등)을 화면해설로 전달했고, 이 장면에서는 시간의 경과, 하루 일과 마무리를 통해 여인의 무료한 일상을 보여주고 있다. 특히 감독은 공간의 분위기를 영상으로 전달하는 데 벽에 걸려 있는 말라비틀어진 꽃다발, 낡은 선풍기를 켠 채 졸고 있는 여인의 모습을 통해 무료한 중년여인의 일상을 잘 나타내고 있다. 무료한 하루 일과를 마무리하는 작업이 바로 영업을 마감하는 장면이다.

　화면해설의 가장 큰 원칙 중 하나는 '보이는 대로 해설하라!'이다. 특히 인물의 행동에 대한 설명에서 거울을 보는 것처럼 있는 그대로 묘사해야 한다. 인물의 동작이나 움직임, 방향 등에 대한 설명이 제대로 되어야 관객들은 그 행동으로 인한 결과가 무엇인지, 왜 그런 행동을 했는지를 정리할 수 있다.

　그런 의미에서 본다면 ①에서 '여인이 영업을 마감하고'라는 부분은 적절하지 않다. '여인이 영업을 마감한다'라고 화면해설을 했다면 작가가 '보이는 대로 해설하라'는 대원칙을 위배한 셈이 된다. 여인의 어떤 동작을 보고 나서 '영업을 마감했다'라고 판단을 한 것이다. 이렇게 되면 시각장애인의 관람권을 화면해설작가가 뺏은 셈이 된다.

'영업을 마감한다'는 결론을 내리게 된 동작은 '목욕탕 전원 스위치를 차례로 끄고, 돈 통에 있는 돈을 챙긴다. 출입문을 닫고 위층으로 올라간다...' 까지 설명을 들으면 그제서야 관객들은 '아~ 영업을 마감하는구나~'라고 생각하게 된다. 그런 감상의 여지를 남겨줘야 한다.

<화면해설 교정 예시>

① 늦은 밤.
여인이 영업을 마감하고 노래를 부르며 위층으로 간다.

② **밤, 목욕탕 전원 스위치를 차례로 끄고, 돈 통에 있는 돈을 챙긴다.**
여인이 출입문을 닫고 위층으로 올라간다.

---

2) 배경－시간과 공간

영상에서 시간과 공간은 그림의 밑바탕과 같다. 영상을 제대로 이해하기 위해서는 영상이 시작될 때, 장면이 전환됐을 때 시간과 공간에 대한 정보가 변경됐다면 반드시 해설을 해야 한다.

드라마 <다르게 운다>(2014, 이응복)는 아버지가 없는 이혼 가정에서 자라는 여고생 지혜가 처음으로 아버지의 존재에 대해 알아가면서 가족이 서로를 이해하고 화해하는 이야기를 그린 드라마다. 지혜는 집안 형편은 넉넉지 않지만 성격도 밝고 공부를 잘하는 우등생이다. 특히 영국을 좋아해 영국의 록 그룹 오아시스 팬이기도 하고, 영어 공부도 열심히 한다. 언젠가 영국에 꼭 가고 싶다며 틈틈이 가이드북도 보는 꿈 많은 여고생이다. 아래는 드라마 오프닝 시퀀스이다.

다음 <1> <다르게 운다>의 화면해설을 보면 주인공 지혜의 이름만 있을 뿐 지혜에 대한 정보가 없다. 또한 지혜가 어디에서 공부를 하고 있는지 장소에 대한 정보도 없다. 낮인지 밤인지 시간대도 알 수가 없다. <2> <다르게 운다>를 참고해서 배경에 대한 정보를 구체적으로 살펴보자.

드라마 〈다르게 운다〉(2014, 이응복)

- 시간적 배경: 여름 밤.
- 공간적 배경: 지혜 방, 벽에 영어경시대회 상장 붙어 있고, 영국 록 그룹(오아시스) 포스터 붙어있고, 창문 옆에 놓인 책상에 앉아서 공부 중.

〈그림 12〉 드라마 〈다르게 운다〉(2014, 이응복)

〈화면해설 시 주의사항〉

→ 공간적 배경에서 여고생 지혜가 영어에 관심이 많고 영국에 대한 애정이 깊다는 정보가 화면해설로
전달돼야 함.

→ 우등생 지혜가 공부에 집중하려고 하지만 주변 여건(소음)이 받쳐주지 못한다는 상황을 간접적으로
드러냄.

〈그림 13〉 드라마 〈다르게 운다〉(2014, 이응복)

〈1〉[2] 〈다르게 운다〉(2014, 이응복)

구분	시간	간격	대사 / 화면해설
NA	00:00	2″	액자에 대상이라고 보이는 상장이 벽에 걸려 있다. → **대상이 중요하지 않음. '영어'경시대회가 중요함**

---

2) 시청자미디어재단 부산시청자미디어센터에서 진행한 배리어프리 인력양성과정 중 화면해설작가 심화과정(2015
년)에서 수강생들의 실습 원고를 첨삭 지도한 내용 중 일부를 발췌함.

대사	00:02	5″	"여기에다 C를 대입하고 그리고 코사인A."
NA	00:07	4″	벽면에 <u>가수 오아시스</u>의 포스터가 잔뜩 붙어있고 지혜가 책상에서 공부를 하고 있다. → 오아시스가 중요하지 않음. 오아시스를 모르는 관객들도 있음. 영국 그룹이 중요함.
대사	00:11	1″	"코사인 A?"
NA	00:12	3″	책장에는 책들이 꽂혀 있고 <u>지혜</u>는 스탠드를 켜두고 늦게까지(?) 공부중이다. → 책장에 책이 꽂혀 있다는 정보보다는 책상의 위치가 중요함. 다음 장면에서 매미소리가 거슬려 상체를 반쯤 창밖으로 내밀어 소리 지름.
NA	00:15	7″	창밖에서 들리는 매미소리 그 매미소리가 거슬리는지 지혜가 창밖을 쳐다본다.
NA	00:22	2″	지혜 머리를 팔에 기댄다.
대사	00:24	2″	"하."
NA	00:26	2″	지혜는 다시 공부를 하려고 한다.
대사	00:28	3″	"이게 코사인이고"
NA	00:31	9″	매미 울음소리가 들리고 인상을 쓰는 지혜

〈2〉〈다르게 운다〉(2014, 이응복)

구분	시간	간격	대사 / 화면해설
대사	00:12	2″	지혜: 여기다가 C를 대입하고
NA	00:14	14″	(대사 듣고 바로) 여름밤, <u>여고생 지혜의 방.</u> 한쪽 벽에 <u>영어경시대회 상장</u>이 걸려 있고 그 옆에 <u>영국 록밴드 오아시스의 포스터</u>가 잔뜩 붙어있다. <u>지혜가 창문 옆으로 놓인 책상</u>에 앉아 수학문제를 풀고 있다.
대사	00:28	6″	맴 맴 맴~~~ (매미소리)
대사	00:34	1″	지혜: 하아~ (한숨소리)
NA	00:35	3″	지혜는 창밖을 보고 한숨을 쉬고는 다시 공부한다.
대사	00:38	2″	지혜: 여기에 코사인 넣고
NA	00:40	12″	지혜가 잔뜩 짜증난 얼굴로 연필을 내려놓는다. 책상에서 벌떡 일어나더니 <u>창밖으로 얼굴을 내밀고</u> 소리친다.
대사	00:52	2″	지혜: 아 조용히 좀 해, 조용!

신(scene)의 전환은 시간과 공간의 변화를 내포한다. 화면해설에서 사건이 일어나는 시간적 배경, 사건이 벌어지는 장소를 빠뜨려서는 안 된다. 장면이 전환되는 경우, 현재에서 과거 회상 신으로 넘어갈 때 흔히 쓰는 기법이 플래시백과 커트백이다. 현실에서 어떤 말이나 상황을 보면 과거에 자신이 경험했던 충격적 기억이 번쩍이며 떠오르곤 한다.

마치 플래시가 터질 때처럼 번쩍이며 과거의 회상으로 들어간다. 커트백과 다른 점은 과거의 회상에 더 효과적이고 말 그대로 플래시(flash)처럼 번쩍이는 시각적 음향적 효과를 주는 것이다. 과거 회상장면으로 넘어갈 때는 '과거', '장소 00', 다시 현재로 돌아오면 '현재', '장소 00'으로 정리하면 된다.

긴박한 추격 신이라든지, 각기 다른 장소에서 동시다발적으로 사건 또는 상황이 진행되는 경우, 교차편집이 자주 활용된다. 하나의 사건에 관련된 각기 다른 장면을 교차적으로 보여줌으로써 시간에 따른 갈등을 분배하는 작업이다.

＊ 교차 편집 시 (예) 추격 신 → 도로, (한편) 사무실

〈그림 14〉 〈표적〉(2014, 창)

장면묘사에는 극적 분위기 조성을 위한 정경묘사도 있지만 영상의 초반부에서는 대부분 배경의 상징성을 통해 장면 내에서 인물의 성격과 심리를 간접적으로 드러내기도 하고, 앞으로 일어날 사건에 대한 복선을 드러내기도 한다.

KBS 드라마 〈힐러〉(2014, 이정섭 · 김진우)의 주인공인 28세 서정후는 웨어러블 스마트 기기로 무장하고, 짐승 같은 촉과 무술실력으로 어떤 의뢰든 완수하는 업계 최고의 심부름꾼이다. 돈을 모아 남태평양 무인도를 구입해서 혼자 사는 것이 최종 목표였지만 채영신(인터넷신문사 썸데이 뉴스 기자)을 만나면서 또 다른 스토리가 전개된다.

드라마 전개상 첫 회 첫 장면 묘사에서 정후가 사는 공간(폐건물, 첨단 생활공간, 철제 선반에 놓인 사진 액자-부부와 갓난아이, 다섯 젊은이)을 보여주면서, 드라마 전개상 숨겨진 정후의 출생에 대한 이야기, 범상치 않은 캐릭터를 구축해 가고, 앞으로 일어날 사건에 대한 정보를 사전에 드러내고 있다. 이 드라마를 화면해설 할 경우, 이런 화면정보를 놓쳐서는 안 된다.

〈그림 15〉 KBS 드라마 〈힐러〉(2014, 이정섭 · 김진우)

프롤로그 부분에 화면해설[3] 된 내용을 보면 다음과 같다.

---

3) http://able.kbs.co.kr/

KBS 드라마 〈힐러〉(2014, 이정섭 · 김진우)

구분	시간	간격	대사 / 화면해설
NA	00:05	20″	위성 카메라가 켜지더니 대한민국 서울의 강북 어느 지점을 빠른 속도로 접근하며 촬영한다. 미로처럼 복잡하게 이어진 실내에는 먼지가 부옇게 쌓이고 쓰레기와 건물 자재 등이 버려져 있다.
NA	00:25	20″	카메라가 철창으로 덮인 환풍구를 지나자, 침대와 책상, 소파, 주방이 갖춰진 주거 공간이 나타난다. 철제 선반에는 할머니와 남학생, 부부와 갓난아이, 다섯 젊은이들의 모습이 담긴 사진 액자들이 진열되어 있다.

3) 전개되는 상황에 대한 정보 전달

화면해설은 무음의 공간에서 일어나는 영상 정보를 해설하는 작업이다. 누가, 어디에서 누구와 어떤 동작을 하는지, 눈에 보이는 대로 화면을 시각적으로 그려내야 한다. 스토리 전개와 관련한 사건의 전개, 복선이 되는 화면정보는 놓치지 않아야 한다. 또한 인물의 움직임, 연관된 소리(대사, 음향), 음악에 대한 설명도 시각장애인들이 스토리 전개를 이해하는 데 필요한 정보가 된다. 그리고 역사극의 경우, 자막이 중요한 역할을 맡기도 한다.

(1) 소리와 관련한 정보

대다수 시각장애인의 경우 원 영상물에서 대사 없이 진행되는 소리에 대하여 궁금증을 갖게 되므로 소리의 정체에 대하여 정확히 제시해야 한다. 소리(대사, 음향, 움직임 등)의 주체와 관련된 정보를 제때 전달해야 하는데, 예를 들어 '문을 걸어차는 소리'가 들린다면 '○○○이 ○○문을 걸어찬다' 등의 설명을 해야 한다. 간혹 화면해설에서 소리 자체를 설명하는 경우도 있다. 예를 들면 '전화벨 소리가 울린다', '음악소리가 들린다' 이런 설명 대신 '누구의 전화벨이 울린다, 또는 누구에게서 전화가 온다' 이런 식으로 소리의 정보에 대한 해설을 해야 시각장애인들이 영상을 이해하는 데 도움이 된다. 소리 자체를 설명하는 것이 아니라 소리의 주체를 설명해야 한다는 사실을 기억해야 한다. 간혹 전화벨이 무음이나 진동으로 됐을 경우는 '전화벨이 울린다'

로 해설하기도 한다.

스토리 전개와 관련한 인물의 움직임, 연관된 소리에 대해서는 주어진 시간이 짧더라도 설명이 필요하다. 시각장애인들이 영화를 감상할 때 가끔 소리는 들리는데 설명이 없어서 답답하다는 얘기를 하기도 한다. 시간만 있다면 소리에 대한 설명은 필요하다.

영화 〈표적〉에서 납치범이 쇼핑몰에서 킬러들을 발견하고 도망갈 때 포크를 떨어뜨리고 간다. 쇼핑몰의 왁자지껄한 소리 가운데서도 바닥에 떨어지는 철제 포크 소리는 들린다. 때문에 납치범이 태준을 만나러 갈 때 쇼핑몰 야외 테이블에서 포크를 슬쩍 들고 가는 장면을 놓치지 말고 설명해야 한다.

〈표적〉(2014, 창)

구분	시간	간격	대사 / 화면해설
NA	30:19		낮, 쇼핑몰 안, 태준이 인파속에서 주변을 둘러본다, 핸드폰이 울린다.
대사	30:24	8″	-여보세요? -왜 혼자야? -그 사람은 지금 움직이기 힘든 상태라고 했잖아요. -거짓말 하지 마! 씨발. -거짓말 아니에요. 제가 왜 거짓말을…….
NA	30:32	2″	끊어진 전화기를 본다. 전화가 끊어진다.
대사	30:34	2″	-여보세요!
NA	30:36	2″	테이블에서 포크를 슬쩍 들고 가는 납치범.
대사	30:38	1″	-이씨.
NA	30:39	2″	한편, 도로, 킬러가 성훈의 휴대전화 위치 추적앱을 보고 있다.
대사	30:41	1″	-야!
NA	30:42	1″	
대사	30:43	1″	-빨리 서둘러.
NA	30:45	12″	속도를 높이는 킬러들, 추격하는 여훈 킬러들을 따라 함께 움직이며 도로를 질주한다.
NA	30:57	7″	쇼핑몰, 두리번거리는 태준 뒤에 바짝 붙어 포크로 위협하는 납치범.

대사	31:04	19″	-형 어딨어? 안내해. 거기 형 없으. 없으면 여자 죽는다. -형이라구요? -빨리 안내 하라구. -희주 어딨습니까? 먼저 보여줘요!
NA	31:23	10″	납치범이 에스컬레이터 타고 오는 킬러들을 발견하고 기겁하여, 포크를 떨어뜨리고 도망치기 시작한다. 태준도 성훈을 쫓아 달린다.
대사	31:33	1″	거기서 거시 서 이 새끼야.

기본적으로 원 오디오가 중요하기 때문에 그것을 방해하는 것을 지양한다. 하지만 흐름상 꼭 해설을 해야 하는 상황이 있다. 이럴 경우는 원 오디오와 겹치더라도 해설을 해야 한다.

〈그림 16〉 〈표적〉(2014, 창)

〈표적〉(2014, 창)

구분	시간	간격	대사 / 화면해설
NA	04:56	5″	엘리베이터에서 내리는 두 사람. 희주가 태준의 팔짱을 끼고 있다.
대사	05:01	5″	-가서 일 봐. -응급실에 간호사들 많은데 뭐! 요 앞까지만.
NA	05:06	5″	휴대전화 진동이 울리자 태준이 팔짱을 풀고 통화한다.
대사	05:11	2″	알았어. 갈게. 간다. 가!
NA	05:13	1″	①희주 어깨를 감싸는 태준.
대사	05:14	3″	-미안. -빨리 가 봐. -미안해.
대사	05:17	5″	-아침밥은 내가 한다. -알았어. -더 이상 나쁜 남편 만들지 마라.
대사	05:22	1″	늦지나 마!
NA	05:23	1″	②밤, 병원에서 취객이 행패 부리고 있다.
대사	05:24	3″	형이 임마 외로워서 그래 임마.
대사	05:27	4″	쉿~쉿~. 그러지 말고 한 대만 봐주라.
대사	05:31	3″	-아저씨 여기서 이러시면 안돼요. -편의점에서 포도당을 안 준대잖아~씨.
대사	05:34	2″	형이 임마. 외롭다 아주 진짜.
대사	05:36	1″	-경비실에 연락 해봐요. -네!
대사	05:37	2″	포도당.
대사	05:39	2″	아이 야! 임마. 너. 이 씨.
대사	05:41	3″	-아! 아으 -아 아으 하!
NA	05:43	2″	침대에 눕히려다 태준이 같이 바닥에 넘어진다.
대사	05:45	5″	-일어나세요. -알았어. 임마, 새끼들! 야 형 다친다. 임마.

NA	05:50	11″	직원들이 취객을 끌고 나간다. 바닥에 넘어진 태준이 침대 아래에서 워커 차림 의사가운을 입은 남자를 본다. 의아해하며 일어선다.
대사	06:01	1″	저기요.
NA	06:02	1″	③태준이 남자를 부른다.
대사	06:03	1″	저기 선생님.

위 화면해설에서 보면 ①②③은 모두 해설 공간이 1초이다. 사실 1초의 시간이라면 일반적으로 앞뒤의 소리(대사 또는 현장음)를 들을 수 있도록 비워둔다. 위의 경우는 어떤가? 실제로 이 시퀀스의 경우, 설명해야 할 화면은 많고, 인물들의 대사도 쉴 새 없이 이어지기 때문에 해설할 공간을 찾기가 쉽지 않다. 이럴 때 우선 정보를 파악해서 버릴 건 버리고 대사와 겹치더라도 해설해야 할 내용은 해설해야 한다. 단, 문장은 가능한 한 축약해서 간결하게 구성해야 하며, 대사의 중요성이 조금 떨어지는 사이사이 틈을 이용해서 활용해야 한다.

(2) 사건의 전개

〈써니〉(2011, 강형철)의 프롤로그는 40대 주부 나미의 일상적인 아침 모습을 보여주는 장면이다. 아침 6시에 일어나 분주하게 남편과 딸의 아침 식사를 준비하고, 출근/등교 배웅을 한다. 아래 화면은 아침에 나미가 가족을 배웅하고 혼자 남아서 집안 곳곳을 청소하는 장면이다.

컷(cut)에 따른 나미의 동작을 정리하면 다음과 같다. [4]

1. 거실 청소 – 청소기(소리)

〈그림 17〉 〈써니〉(2011, 강형철)

---

4) 유승관·김정희,『장애인을 위한 화면해설론』, 시간의물레, 2015, 48-52면.

2. 텔레비전(홈쇼핑) – 전화 주문 ☞ '건강식품'에 대한 정보

〈그림 18〉 〈써니〉(2011, 강형철)

3. 거실 소파 정리

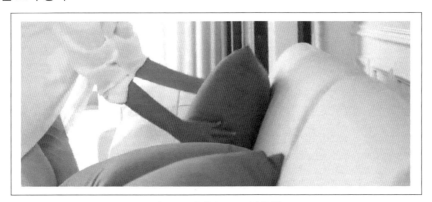

〈그림 19〉 〈써니〉(2011, 강형철)

4. 딸 방 침대 시트 정리

〈그림 20〉 〈써니〉(2011, 강형철)

5. 거실 텔레비전 리모컨 볼륨을 높임 ☞ '<u>학교폭력</u>'에 대한 정보

〈그림 21〉 〈써니〉(2011, 강형철)

6. 부엌 설거지 마치고 고무장갑을 벗는다. 손에 경련이 일어난다.

〈그림 22〉 〈써니〉(2011, 강형철)

주인공 나미는 거실과 딸 방을 청소하고 정리하면서 틈틈이 거실에 있는 텔레비전 홈쇼핑을 보고, 뉴스를 보기도 한다. 구체적으로 화면에 드러나지는 않지만 청소를 하다 텔레비전으로 추정되는 블랙화면 옆으로 와서는 리모컨을 들고 볼륨을 높이기도 하고, 채널을 바꾸기도 한다. 이런 스토리는 화면에 드러난 정보와 함께 화면에서 들리는 소리(TV소리 등)로 짐작할 수 있다. 작가가 원고를 작성할 때는 인물의 동작이 어떤 의미를 가지는지 고민하면서 정리해야 한다. 화면에 드러난 장면이 어떤 의미가 있는지 살펴보자.

우선 화면에서 나미가 전화기를 들고 TV화면으로 추정되는 블랙화면에 바짝 다가서서 주문하는 소리와 함께 모습이 비춰진다. 이때 감독은 건강식품, 가족 건강을 챙기는 40대의 전형적

인 전업주부의 모습을 보여주고자 하였을 것이다. 다음 장면, 학교폭력 뉴스가 나오자 리모컨 볼륨을 높인다. 이 장면은 여고생 자녀를 둔 학부모로서 관심 표명이기도 하지만, 나미가 과거 '써니' 멤버로서 학교폭력과 연관이 있었다는 사실, 그리고 추후 극의 전개상 드러나는 내용(딸이 학교폭력의 피해자)에 대한 복선으로 확대 해석할 수도 있다. 결국 화면정보 하나하나에 감독이 영화에서 전하고자 하는 내용이 나미라는 인물의 일상적인 동작에 숨어 있다고 할 수 있다.

영화의 첫 부분은 도처에 스토리의 실마리가 될 만한 전조들이 숨어 있기 때문에 간단하게라도 이 부분을 짚어줘야 관객이 영화를 감상하는 데 도움이 된다. 그러기 위해서 작가는 화면해설 원고를 작업하기 전에 꼼꼼하게 영화를 보고 전체 흐름을 정확하게 파악하고 있어야 관객이 영화를 감상하는 데 도움이 되는 정보를 놓치지 않는다. 아래 사례(a-d)[5]에 주요 내용이 화면해설에 포함돼 있는지 살펴보자.

(a) 〈써니〉(2011, 강형철)

구분	시간	간격	대사 / 화면해설
NA	03:06	3″	(청소기 소리) **거실. 나미가 청소기로 청소하기 시작한다.**
NA	03:09	12″	홈쇼핑 방송에 건강식품이 나오자 전화로 주문한다. (버튼 누르는 소리 들림) **소파 위 쿠션과 예빈의(방) 침대시트를 정리한다. 다시 TV 앞에 멈춰 선 나미.**
NA	03:21	5″	**학교폭력에 관한 내용이 나오자 TV 볼륨을 높인다.** (리모컨 볼륨 높이는 소리 들림)
NA	03:26	8″	**부엌. 나미가 설거지를 마치고 고무장갑을 벗는다. 손이 저린 듯 잠시 주무른다.**

5) 동명대학교 신문방송학과 〈화면해설사 실습〉과정(2015년)에서 수강생들의 실습 원고를 첨삭 지도한 내용 중 일부를 발췌함.

(b) 〈써니〉(2011, 강형철)

구분	시간	간격	대사 / 화면해설
NA	03:06	20″	(청소기 소리 2초 후)**(장소)** 나미가 청소기로 청소를 한다. 홈쇼핑(방송)에 건강식품이 나오자 전화로 주문한다. (전화 버튼소리) 거실과 침실을 정리하고 짬짬이 TV채널도 돌려본다. (리모컨 소리) **→ 소파 위 쿠션과 예빈의(방)침대시트를 정리한다.** **다시 TV 앞에 멈춰 선 나미.** **학교폭력에 관한 내용이 나오자 TV 볼륨을 높인다.**
NA	03:26	8″	나미가 싱크대에서 고무장갑을 벗는다. **당뇨로 손가락이 살짝 떨린다.** **→ 손이 저린 듯 잠시 주무른다.**

(b)는 장소(거실)가 누락되었다. 무엇보다 나미의 동작이 장면에 따라 시각적으로 그려져야 하는데, 기존 원고는 장면마다 정보가 독립적으로 존재한다는 생각이 든다. 컷이 모여서 신을 이루는 상황에서 감독이 전하고자 하는 메시지를 파악한 후 컷에 대한 설명이 이뤄져야 한다. 또한 (b)의 사례는 화면해설 글쓰기의 중요한 원칙인 '객관적'으로 해설해야 한다는 원칙에 위배되는 부분(당뇨로 손가락이 살짝 떨린다)이 있다. '손가락이 살짝 떨린다'의 범주가 경련의 성격으로 이해해서 표현하는 것은 가능하다고 본다. 하지만 나미가 당뇨인지는 지금 화면에 드러난 정보로는 알 수가 없다. 화면해설은 영화의 진행과 속도를 맞춰야 한다. 화면에 드러나지 않은 정보를 추측한다든지, 미리 알려준다든지 하는 식의 해설은 지양해야 한다.

(c) 〈써니〉(2011, 강형철)

구분	시간	간격	대사 / 화면해설
소리	03:06		진공청소기 소리.
NA	03:07 03:08	1″	①여인이 거실바닥 매트를 청소기로 밀고 있다.
소리	03:09		텔레비전 소리

구분	시간	간격	대사 / 화면해설
NA	03:16 03:34	17″	②텔레비전 홈쇼핑 방송을 보고 전화기 버튼을 누르는 여인. 소파를 정돈하고, 아이 방 침실도 정리한다. ③또 다시 리모컨을 들고 홈쇼핑 방송을 본다. 설거지를 끝내고 고무장갑을 벗는다. 그런데 ④자신의 손이 떨리는 것을 느낀다.

(c)의 사례를 살펴보자

①에서는 '나미'라는 이름 대신 '여인'으로 지칭했다. 앞으로 펼쳐갈 이야기들이 많기 때문에 '여인'이 등장한 시점부터 이름을 밝혀주는 것이 좋다. 가급적 빨리 주인공 이름과 나이(연령대- 40대)를 알려주어 관객이 주인공을 통해 영화의 분위기를 파악하도록 해야 한다.

얼핏 화면을 보면 '나미가 청소하면서 리모컨을 들고 방송을 본다'는 것이 틀린 해설은 아니라고 할 수 있다. 하지만 청소 중간중간에 화면을 보면서 자신의 현 상황, 관심거리에 대한 정보가 있을 때 화면 앞에 서서 집중해서 어떤 동작을 하고 있다. 화면해설의 첫 번째 원칙은 '객관적'이어야 한다. 하지만 사진기와는 달라야 한다. 이 장면에서는 인물(나미)의 동작과 의미에 대해서 고민해야 한다.

④의 '자신의 손이 떨리는 것을 느낀다.'는 부분은 어떤가? 이 부분은 작가가 전지적 작가시점으로 인물의 심리에 개입한 형국이 되었다. 화면해설작가는 객관적으로 화면에 보이는 장면을 그대로 글로 옮겨서 전해야 한다. 어떤 상황에서도 인물에 감정이입이 돼서 원고를 작성하면 안 된다.

(d) 〈써니〉(2011, 강형철)

구분	시간	간격	대사 / 화면해설
NA	03:06	28″	나미가 청소기를 들고 밀고 있다. (☞장소 없음) 티비 홈쇼핑을 보고 전화 다이얼을 누르는 나미 (☞가족의 건강을 챙긴다는 의미에서 시간이 허락한다면 '건강식품'이라는 정보를 전하는 게 좋음)

			소파의 쿠션을 바로잡고, 침대를 정리한다. 싱크대 앞에서 장갑을 벗고 손을 바라보는 나미 ☞가족을 위해 성심성의껏 살림을 해온 주부 나미의 상황 간접 전달하는 숏. 싱크대에서 설거지 마무리하는 숏의 의도를 파악해야 함. 전업 주부의 일상적인 손 저림에 대한 상황을 전해야 함.

〈끝까지 간다〉(2013, 김성훈)

구분	시간	간격	대사 / 화면해설
NA	19:58	12″	① 장례식장 한 쪽 구석에 헤드라이트가 깨진 건수 차가 환풍구를 가리며 주차되어 있다. (운전석 문을 열어 둔 채) ② 건수가 쪼그리고 앉아 환풍구 덮개를 동전으로 열고 있다.
NA	20:10	7″	(환풍구) ③ 덮개를 뜯어내자 ④ 사각으로 된 좁고 긴 철제 통로가 나온다.
NA	20:17	8″	⑤ 건수가 양복 안주머니에서 장난감 병정을 꺼낸다. 발목에 줄이 묶인 병정을 통로 끝까지 집어 던진다.
소리	20:25		철커덕 (병정 떨어지는 소리)

1	

2	
3	
4	

5

〈그림 23〉 〈끝까지 간다〉(2013, 김성훈)

(3) 복선

화면해설에서 스토리 감상에 꼭 필요한 정보를 꼽으라면 복선을 들 수 있다. 소위 복선을 깐다는 것은 미래에 일어날 일에 대한 모티브 및 인과관계를 주기 위한 사전 작업이다. 소도구, 지문의 상황 설정, 대사로도 가능하다. 이때 카메라의 구도를 볼 줄 알아야 한다. 클로즈업 숏이나올 경우, 영상의 흐름을 놓치지 않고 읽어낼 수 있어야 한다.

〈표적〉(2014, 창)에서 주인공 백여훈이 킬러와의 총격전 후 응급실로 실려 온 다음, 의식불명 상태에서 진료를 받고 있는 상황이다. 이때 여훈을 진료하고 나가는 태준의 시선으로 여훈이 누워 있는 침대 번호 13번 푯말이 클로즈업된다. 클로즈업 숏은 감독이 관객에게 뭔가 기억해달라는 메시지를 전하는 장치와도 같다.

이후 납치범이 태준에게 전화를 걸어 '13번 환자'를 병원 밖으로 데리고 나오라고 한다. 앞부분에서 '13번'에 대해 언급해 놓지 않으면 관객들은 '13번 환자'가 누구를 말하는지, 또 어디에 있는지, 의아해 할 수밖에 없다. 따라서 영화 맥락상 필요한 정보는 사전에 놓치지 말고 제때해설을 해야 한다.

<그림 24> <표적>(2014, 창)

<표적>(2014, 창)

구분	시간	간격	대사 / 화면해설
NA	06:26	8″	간호사가 호흡기로 산소를 공급하고, 태준이 힘껏 심폐소생술을 하지만 신호가 들어오지 않는다.
NA	06:34	9″	다시 한 번 심폐소생술을 하는 태준, 그제서야 바이탈 신호가 정상으로 돌아온다.
대사	06:43	1″	-아 됐다.
NA	06:44	3″	태준이 안도한다.
대사	06:47	2″	-10분 단위로 체크해서 알려줘요.
대사	06:49	1″	-네
NA	06:50	2″	다른 간호사가 제세동기를 싣고 온다.
대사	06:52	1″	-빨리도 온다.
NA	06:53	2″	여훈 침대에 '13번' 팻말이 붙어있다.

〈표적〉(2014, 창)

구분	시간	간격	대사 / 화면해설
NA	08:39	6″	거실 바닥에 흩어진 알약사이에 놓인 휴대전화가 울린다. 전화 받는 태준.
대사	08:47	1″	-아아악.
대사	08:50	2″	-희주. 희주야.
대사	08:52	2″	-조용해!
대사	08:54	8″	-지금. 지금부터 내 말 안 들으면 이 여자 죽는다.
NA	09:02	1″	야상차림의 납치범.
대사	09:03	2″	-도대체 원하는 게 뭡니까?
대사	09:05	2″	-13번 으……..
대사	09:07	2″	-13번 환자.
대사	09:09	4″	-병원 밖으로 데리고 나와.
대사	09:13	5″	-네? -실패하거나 경찰에 신고하면 씨발.
NA	09:18	3″	야상 모자를 쓴 납치범이 숨을 몰아쉰다.
대사	09:21	3″	-여보세요! 여보세요. 여보. 여보. 여보세요.

〈그림 25〉 〈표적〉(2014, 창)

〈표적〉(2014, 창)

구분	시간	간격	대사 / 화면해설
NA	27:04	24″	낮, 명진 빌딩 골목 옆으로 난 길 주변을 찬찬이 둘러보는 영주. 구석 바닥에서 핏자국을 발견한다. 쪼그려 앉아 유심히 들여다보는 영주. 빌딩 벽은 부당경매를 반대하는 벽보로 가득하다. 뭔가 미심쩍어하는 영주, 맞은 편 벽으로 이동한다.
NA	27:28	11″	철문에 다가가 냄새를 맡는다. 김 형사와 통화하는 영주.
대사	27:39	1″	지문 감식 결과 나왔습니다.
NA	27:40	1″	
대사	27:41	7″	이름은 백여훈이구요 나이는 마흔, 철원에서 특전사 하사관으로 복무하다가 10년 전에 제대했구요.
NA	27:48	1″	
대사	27:49	8″	-보니까 최근까지 동남아 쪽에서 용병으로 일을 했네요. -용병? 야! 야! 이거 넘겨. -예! -잠시만요. 예.
NA	27:57	1″	
대사	27:58	3″	호크블렛이라고 우리나라에 하나 있는 민간 군사기업이구요.
NA	28:01	1″	
대사	28:02	4″	10년 용병생활 마치고 국내에 3개월 전에 들어온 걸로 나오고요.
NA	28:06	1″	
대사	28:07	1″	-야 백여훈 신상 광수대 넘기지 마. -예? -넘기지 말라구.

〈그림 26〉 〈표적〉(2014, 창)

〈표적〉(2014, 창)

구분	시간	간격	대사 / 화면해설
NA	28:20	10″	여훈의 집, 식탁 위에 놓인 잡지책에서 메모를 본다. 〈명진 빌딩, 408호 장 사장.〉
대사	28:30	2″	-장 사장.
NA	28:32	12″	잠시 생각에 잠기는 여훈, 책상 서랍을 열어 명함 뭉치를 꺼내들고 한장 한장 넘기며 살펴본다.
NA	28:44	″	인력개발 명함 넉 장을 손에 든 여훈. 인기척이 들리자 맥스가 현관문으로 달려가 짖는다. 여훈이 급히 몸을 피한다.

〈그림 27〉 〈끝까지 간다〉(2013, 김성훈)

〈끝까지 간다〉(2013, 김성훈)

구분	시간	간격	대사 / 화면해설
NA	02:43	5″	도로에 갑자기 개가 나타난다. 건수가 개를 피해 급하게 핸들을 꺾는다.
대사	02:48	4″	건수: 아 저 개새끼 미쳤나 진짜.
소리	02:52	4″	차 소리.

NA	02:56	25″	놀란 건수가 운전대를 꺾으며 급브레이크를 밟는다. 차가 중앙선을 넘어 길 건너편으로 돌아가 멈춘다. 차 안. 대시보드에 놓인 딸 민아의 사진이 흔들거린다. 운전대에 머리를 파묻었던 건수가 천천히 고개를 든다. 차 앞 유리에 크게 금이 가 있다. 겁에 질린 건수. 건너편 도로를 보니 누군가가 쓰러져 있다.
NA	03:21	2″	차 문 닫는 소리.
NA	03:23	11″	건수가 안전벨트를 풀고 차 문을 열고 나온다. 쓰러져 있는 사람 쪽으로 황급히 뛰어간다.
대사	03:34	″	건수: 아저씨.

(4) 자막

자막은 영화나 텔레비전에서 관객이나 시청자가 읽을 수 있도록 화면에 비추는 글자, 표제, 배역을 포함해 때로는 등장인물의 대화(소리가 정확하게 들리지 않을 경우, 외화일 경우), 영상과 관련한 설명 등이 포함된다.

〈그림 28〉〈광해〉(2012, 추창민)

〈그림 29〉 〈광해〉(2012, 추창민)

〈광해〉(2012, 추창민) 오프닝 시퀀스 첫 장면이다. 배경음악(BGM)이 깔리면서 위의 장면이 차례로 뜬다. 이때 소리는 배경음악(BGM)이 들리기 때문에 화면에 대한 정보(영상+자막)를 전하지 않으면 관객들은 시대적인 상황을 알지 못한 채 영화를 감상하게 된다.

〈화면해설 정보〉

1. 흰 눈으로 덮인 종묘
2. 자막을 읽어줘야 함

〔광해군 8년 역모의 소문이 흉흉하니. 임금께서 은밀히 이르다. 닮은 자를 구하라. 해가 저물면 편전에 머물게 할 것이다. 숨겨야 할 일들은 조보에 남기지 마라. 광해군 일기 2월28일〕

---

4) 객관적 정보전달

화면해설 작업을 하는 과정에서 작가에게 요구되는 자질 중 하나는 '객관적'인 시각으로 영상을 바라보고, 화면정보를 정리해서 관객에게 전달하는 것이다. 객관성 기준에 대한 지침은 프랑스 〈화면해설방송헌장(la Charte de l'audiodescription)〉에서 찾아볼 수 있다.[6] 객관성의 기준을 정리하면 다음과 같다.

첫째는 개인적 감정을 개입시키지 않고 객관적인 방법으로 그러나 감정을 불러일으킬 수 있

---

6) 송종길 외, 「장애인방송제작물 제작 편성 확대를 위한 정책연구」, 방송통신위원회, 2009, 67면.

는 방식으로 제작한다. 둘째는 4가지 기본 정보(사람, 장소, 시간, 행동)를 반드시 포함해야 하며, 내용을 명확히 전달한다. 셋째는 화면해설자가 이미지를 자의적으로 해석해서는 안 되며 오직 이미지에 대한 객관적 묘사만을 해야 하고, 정보나 스토리의 전개를 주관적으로 재구성해서는 안 된다. 넷째는 명료한 글쓰기 작업으로 설명 내용을 압축적으로 구성해야 한다.

〈프랑스 화면해설방송 헌장〉에서 제시한 객관성의 기준을 살펴보면 화면해설 글쓰기 작업을 할 때 '객관성'이 포괄적인 의미로 받아들여진다. 여기에서는 프랑스의 화면해설방송 헌장에서 제시한 객관성 기준 가운데 개인적 감정을 개입시키지 않고, 자의적으로 해석하지 말아야 한다는 두 가지 기준을 토대로 정리해 보고자 한다.

(1) 개인적 감정, 즉 작가의 주관적 감정을 개입시키지 않아야 한다.

화면해설의 목적은 영상을 구체적으로 시각화하는 것이다. 즉 화면해설은 인물과 사건, 배경 등을 통해 구체화되는데, 스토리에 몰입하기 위해서 중요한 부분은 인물의 외적 및 내적 모습을 정확하게 표현해내야 한다. 인물의 동선이나 표정은 영화나 드라마에서 가장 비중을 차지하는 부분이기 때문이다. 인물의 표정이나 행동은 비교적 객관적으로 인지할 수 있는 것이기 때문에 가급적 보이는 대로 직접 표현해주어야 한다. 등장인물의 감정을 주관적으로 표현해서는 안 된다.

〈그림 30〉〈끝까지 간다〉(2013, 김성훈)

〈끝까지 간다〉(2013, 김성훈)

구분	시간	간격	대사 / 화면해설
NA	04:46	2″	멀리서 전조등을 켠 순찰차가 다가온다.
대사	04:48	4″	민아: 아빠. 건수: 어, 민아야. 아빠 나중에 전화할게.
NA	04:52	35″	건수 급히 전화를 끊고, 남자의 시체를 끌고 도로 가장자리에 쌓인 야적물 더미 뒤로 몸을 황급히 숨긴다. 그 모습을 강아지가 파수꾼처럼 지켜보고 있다. 건수는 숨을 헐떡거리며 공포에 질린 표정이다. 그때 전화벨이 한 번 희미하게 울리다 꺼진다. 건수는 경찰차가 그를 발견하지 못하고 그냥 지나가길 초조하게 기다린다.
대사	05:27	2″	건수: 아이 씨.

이 장면은 '비오는 밤, 건수가 차를 몰고 국도를 지나다 갑자기 차로 튀어든 사람이 죽은 사실을 확인하는 사이, 멀리서 순찰차가 다가오고 있다. 긴박한 상황이다. 시체를 숨기기 위해 건수는 황급하게 시체를 끌고 도로 가장자리로 간다. 시체를 숨긴 후, 그 옆에 쪼그리고 앉아서 순찰차의 움직임을 초조하게 지켜보고 있는 상황이다. 이 장면은 초조해하는 건수의 심리 상황을 표현하기 위해 클로즈업 숏이 많다. 일촉즉발의 상황이다. 이런 상황에서 주인공 건수는 순찰차자 그냥 지나가기를 바라고 있었을 것이다.

그러나 화면해설을 할 때는 인물의 심리 상황을 전지적 작가시점에서 해설해서는 안 된다. 지극히 화면에 드러난 상황과 건수의 표정을 잘 묘사함으로써 해설을 듣는 관객들이 '건수가 들킬까 들키지 않을까?' 나아가 '제발 들키지 않아야 할 텐데…'라고 마음 졸이며 작품에 몰입할 수 있게 해 줘야 한다. 작가가 객관적 관점에서 벗어나 인물에 감정이입을 하게 된다면 관객들이 누려야 할 감상의 묘미를 작가 스스로가 빼앗을 수도 있다는 사실을 명심해야 한다. 결국 화면해설은 등장인물이 어떤 동작을 하는가? 어떻게 하는가? 그 동작을 할 때 표정은 어떤가? 그 동작으로 인한 결과(상황의 변화, 상대 배우의 반응 등)는 무엇인지 잘 설명하는 것이지 결론을 내는 것은 아니다.

다음 장면도 〈끝까지 간다〉(2013, 김성훈)의 한 부분이다. 제시된 화면해설 원고(a, b)를 보고 객관적이어야 하는 부분에서 주관적인 감정이 개입된 부분을 확인해 보시라. 객관성의 기준이 보이는가? 그렇다면 화면해설작가로서 기본기를 다져가고 있다고 볼 수 있다.

<그림 31> <끝까지 간다> (2013, 김성훈)

(a) <끝까지 간다> (2013, 김성훈)

구분	시간	간격	대사 / 화면해설
대사	1:01:55	7″	-나랑 대화 할 때는 이렇게 하는 거야. 응?
NA	1:02:02	12″	건수를 놔주며 뺨을 툭툭 치는 창민. 문을 열고 나간다. 변기물이 자신의 손에 묻은 것이 기분 나쁜 창민. 세면대에서 다시 깨끗이 손을 씻는다.
대사	1:02:14	4″	-그리고 오늘 밤 이광민 준비해요.
NA	1:02:18	5″	창민이 종이타월로 손을 닦고 옷매무새를 고친다.
대사	1:02:23	3″	-하. 전화할게요.
NA	1:02:26	9″	창민이 화장실에서 나간다. 건수는 변기 옆에 널브러져 있다. 완전한 패배자의 모습이다.

(b) 〈끝까지 간다〉(2013, 김성훈)

구분	시간	간격	대사 / 화면해설
대사	01:01:55	4″	창민: 나랑 대화 할 때는 이렇게 하는 거야 응!
NA	01:02:02	1″	(톡톡)창민이 건수의 뺨을 툭툭 친다.
대사	01:02:03	3″	창민: 흐씨.
소리	01:02:06	1″	문소리 타당.
NA	01:02:07	3″	창민이 칸막이 문을 열고 세면대로 간다.
NA	01:02:10	4″	(물소리) 창민이 (찝찝한 듯) 변기물 묻은 것이 찝찝해 손을 씻는다.
대사	01:02:14	3″	창민: 그리고 오늘 밤 이광민 준비해요.
NA	01:02:19	5″	창민이 종이타월로 손을 닦고 거울을 보며 매무새를 가다듬는다.
대사	01:02:22	2″	창민: 허, 전화 할게요.
NA	01:02:24	3″	창민이 화장실 밖으로 나간다.
소리	01:02:27	1″	(화장실 문 닫히는 소리)
NA	01:02:28	3″	칸막이 안, 바닥에 널브러져있던 건수가 발버둥친다.
NA	01:02:31	2″	화가 치밀어 오르는 건수.
대사	01:02:33	1″	건수: 으아~ 씨.
NA	01:02:34	2″	건수가 절규한다.

화면해설 끝 부분에 건수가 '으아~씨'라고 소리친다. 그 소리만 들어도 건수가 화가 나서 절규~하는 상황을 상상할 수 있다. 다만 '소리'에 대한 설명이 아니라 소리 외에 화면에 비쳐지는 행동(동작)을 묘사하는 방법을 고민해야 한다. 화면에서 드러나는 '소리'에 대한 보다 친절한 해설이 필요한 부분이다. 소리의 주체나, 행동 등을 설명해 줌으로써 관객들이 '소리'에 대한 이해의 폭을 넓힐 수 있다.

화면해설 글쓰기를 할 때 인물의 감정이나 심리상태에 대해서는 작가의 주관적인 요소가 개입될 수 있기 때문에 객관적으로 하는 것이 좋다. 당사자가 아니면 알 수 없는 감정의 영역에서 벗어나 객관적으로 알 수 있는 동작과 몸짓으로 설명해야 한다. 즉 보이는 대로 해설해야 한다. 객관적으로 행동을 묘사하는 것만큼 감정도 객관적인 전달이 중요하다. 소설이나 시나리오 작업을 할 때 인물을 특징화(characterizing) 할 경우 중요한 요소로 가식·위장(charade)를 꼽는다. 인물의 표정이나 동작을 통해서 인물의 성격과 심리, 인물이 처한 상황 등을 표현해내는 기법이다.

영화의 고전, 1930년대에 만들어진 〈바람과 함께 사라지다〉(1939, 빅터 플래밍)에서도 곳곳에서 인물의 가식과 위장의 장면 찾아볼 수 있다. 대표적으로 주인공 스칼렛 오하라가 검은 상복을 입고 전쟁을 위한 모금바자회에 참석한 장면을 꼽을 수 있다. 전쟁미망인인 스칼렛은 춤을 출 입장이 아니다. 테이블에 얌전히 앉아 댄스파티를 바라보고 있지만, 테이블 밑에서 그녀는 미친 듯이 댄스 스텝을 밟고 있다. 상복을 입은 정숙한 미망인 상반신과 테이블 밑에서 춤추는 발을 대비해서 인물의 심리를 잘 드러내고 있다. 화면해설을 할 경우, 이런 가식과 위장의 장면을 놓쳐서는 안 된다.

인물의 심리는 얼굴 표정을 묘사하거나 행동을 설명하는 방식으로 간접적으로 제시한다. '화가 나 있다'가 아니라 '화가 난 것을 주체하지 못하는 듯 몸을 부르르 떤다'는 식으로 해설하면 어느 정도 객관성을 담보할 수 있다.

예를 들어 영상에서 주인공이 '천천히 눈을 감았다 뜨는' 장면이 있다고 하자. 그렇다면 화면을 통해 눈에 보이는 모습은 '주인공이 눈을 감았다 뜬다'라고 해설해야 한다. 주인공이 단순하게 눈을 감았다 뜰 수도 있지만 중요한 무언가를 결심한다는 뜻을 담을 수도 있다. '천천히'라는 부사가 첨가되면 그런 주인공의 심리적인 상태를 간접적으로 전달하는 효과가 생긴다.

주인공의 심리적인 변화가 있는지 또는 무언가를 결심했다면 그 내용이 무엇인지에 대해서는 스토리의 앞뒤 맥락에서 짐작할 수 있다. 이럴 때는 보이는 모습 그대로 '눈을 감았다 뜬다'라고 표현하기보다는 가급적 인물의 심리상태가 표현될 수 있도록 "포기한 듯 눈을 감았다 뜬다" 또는 "체념한 듯 눈을 감았다 뜬다", "결심한 듯 눈을 감았다 뜬다"라는 식으로 화면에 비쳐진 인물의 표정을 설명하면 관객이 장면을 이해하는 데 도움이 된다.

객관성을 유지하기 위한 방안으로 행동과 표정을 비교적 자세하게 묘사함으로써 시각장애인들이 인물의 감정과 심리를 추측, 상상하게 만드는 방식을 취하기도 한다. 심리적 상태 때문에 행해지는 행동에 대해서는 심리상태와 행동을 같이 해설한다. 예를 들어 '슬프다'는 인물의 심리상태를 표현하기 위해서는 '눈물을 머금고', '울상이 되어' '눈물이 양 볼을 타고 내려온다' '고개를 가로저으며' 등의 표정과 행동으로 설명하는 것이 바람직하다.

(2) 영상을 자의적으로 재구성하거나 요점 정리해서는 안 된다.

화면 해설은 가급적 세세하게 그려내서 시각장애인들이 화면을 상상하고 궁극적으로 스토리를 이해할 수 있도록 해야 한다. 등장인물의 위치, 동작 반경, 움직임(방향)에 대한 최소한의 정보를 제공해야 할 필요가 있다. 신(scene)의 이해를 위해 편집(cut)의 변화를 세세하게 표현해야 할 경우도 있다. 가끔 화면해설 작품을 보다보면 화면에 드러난 객관적인 장면이 아니라 장면을 보면서 작가가 이해한 내용을 요약해서 전달하거나 장면의 의미(감독의 의도)를 직접적으로 전하는 경우가 있다.

〈그림 32〉〈갈망아지〉(2012, 코롤도즈 초이주반지그, 몽골)

　몽골 영화 〈갈망아지〉(2012, 코롤도즈 초이주반지그)는 2013년 제18회 부산국제영화제 상영작품이다. 8살 몽골 소년 갈트가 우연히 만난 갈망아지와 우정을 쌓아가는 이야기다. 다음은 주인공 소년 갈트가 갈망아지를 데리고 집을 떠나 나담 축제가 펼쳐지는 경주장으로 가는 장면에 해당하는 화면해설 원고이다.

〈갈망아지〉(2012, 코롤도즈 초이주반지그, 몽골)

구분	시간	간격	대사 / 화면해설
NA	01:04:55	14″	드디어 경기장으로 향하는 갈망아지와 갈트, 바담과 토모르도 모두 함께 말을 타고 나란히 목장을 나선다.
대사	01:05:09	7″	바담: 사자바위 옆으로 가자.
NA	01:05:16	16″	나담 축제의 말 경기장. 차들과 말들 섞여 다닌다. ①나담 축제는 몽골의 사회주의혁명을 기념하기 위해 매년 7월에 전국적으로 개최되고 활쏘기, 씨름, 경마 등 민속경기를 연다.
소리	01:05:32	9″	장내 안내: 곧 경기를 시작하겠습니다. 다들 경기장으로 모여 말의 등자에 축복의 마유를 뿌려주세요.
NA	01:05:41	″	참가할 말들과 기수들이 줄지어 입장한다. 뎀비가 쿠렐의 말등에 마유를 뿌려준다. 아버지가 갈트와 갈망아지를 출발점으로 안내한다.

　①은 화면에 드러나지 않은 정보를 원고로 작성하였다. 화면해설 객관성 원칙에 위배된다. 축제를 시작하기 전 경기장의 풍경을 보이는 대로 중계해야 한다. 넓게 펼쳐진 광활한 초원, 참가 차량, 말, 사람들 붐비는 모습, 갈트가 경주를 준비하는 모습을 보이는 대로 설명해야 한다. 예를 들면 경주에 나선 소년들의 전통의상 '델'모자 등 차림새, 전통 문양이나 말 모습이 장식된 나무막대나 솔 들고 있는 모습 등 몽골 나담 축제가 펼쳐지는 광경을 객관적인 글로 묘사해야 한다. 영상 내용을 주관적으로 재구성하는 것도 객관성에 위배되지만, 화면해설을 할 시간이 충분함에도 특별한 이유 없이 요점을 정리해서 전달해서도 안 된다.

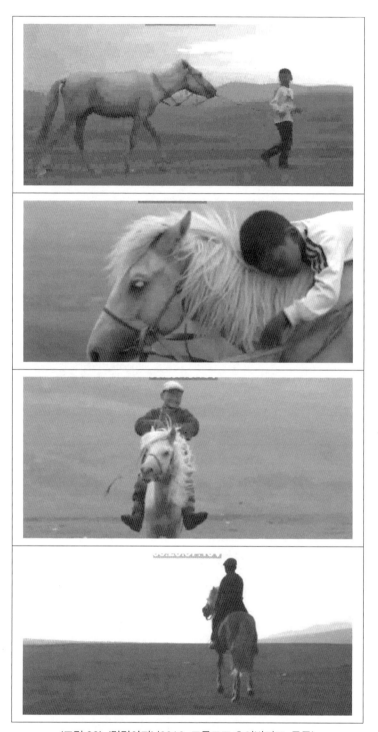

〈그림 33〉 〈갈망아지〉(2012, 코롤도즈 초이반지그, 몽골)

갈트가 도둑맞았던 갈망아지를 찾아 우정이 깊어지는 모습, 감정적으로 교류를 하는 모습을
드러내는 장면(광활한 초원에서 갈트가 갈망아지와 행복한 시간을 보내는 장면/ 함께 달리고,
쉬고, 다시 달리는 장면)은 갈트와 갈망아지가 서로 교감하는 신이다. 이 부분에서 서로 마음을
개괄적으로 요점 정리하듯 해설을 할 경우, 시각장애인들은 주인공 갈트와 갈망아지와의 친밀
한 감정교류 장면을 유추하기 어렵게 된다. 갈트와 갈망아지가 있는 장소, 시간적 분위기, 행동,
이동 동선, 둘의 친밀한 감정 교류 모습 등이 세세한 표현을 통해 드러나야 한다. 다행스럽게도
이 부분에서 상황을 제대로 묘사할 수 있을 만큼 무음의 공간(시간)도 충분하므로 조금 더 자
세하게 화면을 묘사해 설명하는 것이 좋다.[7]

〈화면해설 감수 후 수정 예시〉

〈감수 전〉
석양이 지는 초원을 갈망아지와 함께 걸어가는 갈트, 갈망아지 등에 업혀 목을 안고 갈기를 쓰다듬어 준
다.

- -

〈감수 후〉
☞ 뉘엿뉘엿 석양이 지는 초원, 갈트가 갈망아지의 목줄을 잡고 보조를 맞춰 쉬엄쉬엄 걷고 있다.
(쉬고) 초원 한가운데에 갈망아지가 한가로이 서 있고 갈트가 갈망아지 등에 올라타고 있다. 갈트가 상체
를 갈망아지 등에 붙인 채 어루만지듯 정성스럽게 갈기를 쓰다듬어준다.
(쉬고)
석양이 지는 광활한 초원, 갈트가 갈망아지를 타고 다시 내달린다.

---

5) 내용 파악에 필요한 정보 제시

[제2회 DMC 단편영화 페스티벌]에서 선보인 〈안녕 보름달〉(2015, 박주연)은 감독이 모교인
만월초등학교 건물이 없어진다는 소식을 듣고 학교의 흔적을 담기 위해 이 영화를 기획했다고
한다. 영화가 상영되는 동안 왜 제목이 〈안녕 보름달〉인지 인지하지 못하는 관객들도 있을 것

---

7) 유승관 · 김정희, 앞의 책, 54면.

이다. 특히 화면해설에 의존하는 시각장애인들의 경우는 화면해설에 제목에 대한 내용이 포함돼 있지 않다면 제목과 학교와의 연관 관계를 전혀 눈치챌 수 없을 것이다. 때문에 화면해설작가는 제목처럼 보름달인 만월초등학교와 굿바이 인사를 하는 감독의 감성을 제대로 전달해야 한다. 사라지는 공간처럼 우리가 기억하는 시절도 사라지지는 않을까 걱정하는 그 마음을 말이다. 때문에 작가는 전반부에서 생기 있는 학교 모습(아이들이 밝은 표정으로 뛰어다니고 노는 모습), 후반부는 세월이 흘러 낡고 지저분해진 학교 건물을 글로 또한 영화 끝부분에 화면에 비쳐지는 〈꿈과 보람을 키우는 희망찬 만월교육〉이라는 교훈은 반드시 해설해주어야 한다. 단편영화(7분)인 데다 해설할 공간이 많지 않아 여러 모로 화면해설이 어려운 작품이지만 감독이 영화를 통해서 전하고자 하는 주요한 메시지, 즉 제목과 연관성이 있는 감독의 연출 의도를 잘 전달해야 한다.[8]

〈그림 34〉〈안녕 보름달〉(2015, 박주연)[9]

〈안녕 보름달〉(2015, 박주연)

구분	시간	간격	대사 / 화면해설
NA	01:30:32	6″	운동장 스탠드 계단. 계단은 낡았고, 페인트가 벗겨져 지저분하다.
NA	01:30:38	9″	우뚝 서있는 초등학교 건물, **정면에 〈꿈과 보람을 키우는 희망찬 만월교육〉이라는 교훈이 그대로 붙어 있고,** 학교 뒤로 고층 아파트가 에워싸듯 서 있다.

---

8) 유승관·김정희, 위의 책, 39-41면.
9) 단편영화.

NA	01:30:47	8″	아이들이 놀던 나무 그늘 밑 모래밭에는 낙엽만 떨어져있다.
NA	01:30:55	9″	일렬로 늘어선 철봉에도 아무도 없다. 텅 빈 운동장.
NA	01:31:04	8″	아이들이 공차기를 하며 놀던 학교 뒤편에는 그늘이 져 있다.
NA	01:31:12	10″	쉼터에는 줄지어 늘어선 벤치만 덩그러니 놓여 있다.
NA	01:31:22	8″	아이들이 하나도 없는 정글짐. (쉬었다) 적막하다.
NA	01:31:30	8″	화면이 어두워진다. 영화 〈안녕, 보름달〉 끝.

2. 화면해설 글쓰기 실전

1) 타임체크 제대로 하기[10]

화면해설작가는 시나리오, 드라마 대본을 쓸 때처럼 영상에서 전하는 스토리 전개와 영상(화면)을 구체적으로 시각화하고, 상상할 수 있도록 글을 써야 하고, 그 글은 무음(소리가 없는 공간)시간에 맞게 글을 써야 한다. 그 과정을 통해 관객인 시각장애인들은 영상을 감상할 수 있게 된다. 시각장애인들이 영상(영화, 방송 등)을 잘 감상하도록 필요한 화면정보를 최대한 객관적으로 전달하도록 신경 써야 한다.

화면해설 작업의 또 다른 중요한 원칙은 주어진 시간에 맞게 글을 써야 한다는 것이다. 소리(대사, 현장음 등)를 제외한 공간에 내레이션 시간을 확보하는 타임체크 작업이 중요한 이유다.

(1) 타임체크 방법

타임체크 - 일반적으로 숏 또는 장면(scene)을 기준으로 나누어 준다.

---

10) 유승관 · 김정희, 앞의 책, 61-66면.

<お타임체크 시 유의사항>

① 무음공간 확인: 소리(대사, 현장음)가 없는 부분의 장면을 체크한다.
② 시작 점부터 끝 지점까지 간격을 정확하게 체크한다. 가급적 10초 이하로 구분하는 것이 정확한 원고 작성에 도움이 된다.
③ 소리(대사, 현장음 등)를 체크해서 타임체크 본에 그대로 받아 적는다.

이어서 〈표적〉의 오프닝 시퀀스를 타임 체크해 보자. 〈타임체크1〉의 경우를 살펴보자.

〈오프닝 시퀀스 타임체크1〉

1. 무음의 공간을 기준으로 나누었다. (d 〈잠깐〉 e 〈저기요〉 f)
2. 장면(scene)에 따른 구분도 있다.
   (a: CJ엔터테인먼트 로고 b: Gaumont 로고 c: 투자지원 등)

〈표적〉 오프닝 시퀀스 〈타임체크 1〉

〈표적〉(2014, 창)

구분	시간	간격	대사 / 화면해설
NA-a	00:00	19″	
NA-b	00:20	22″	
NA-c	00:44	19″	
NA-d	01:02	83″	
대사	02:25	1″	잠깐
NA-e	02:27	21″	
대사	02:46	1″	저기요,
NA-f	02:47	72″	

〈타임체크2〉

〈표적〉(2014, 창)

구분	시간	간격	대사 / 화면해설
NA-a	00:00	13″	별이 반짝이는 저녁 바닷가, 아이 세 명이 작은 섬 위에서 폭죽을 쏘아 올리자 빨강, 노랑, 파랑색 폭죽이 밤하늘 높이 길게 꼬리를 그리며 올라가다 파편을 뿌리며 '꽃잎모양'으로 터진다.
NA-a	00:14	6″	꽃 잎 세 개가 CJ 엔터테인먼트 로고로 바뀐다.
NA-b	00:20	24″	검은 화면에 빨간 점이 나타나 긴 선으로 변한다. 선은 다시 흩날리는 꽃잎으로 변한다. 빨간 꽃잎들이 흩날리다 모여 글자가 된다. Gaumont.
NA-c	00:44	5″	블랙 화면 자막, 제공/배급 CJ 엔터테인먼트
NA-c	00:49	6″	공동제공, 아이디어브릿지자산운동, KDB 산업은행 외 13개 회사
NA-c	00:54	4″	투자지원, 문화체육관광부 외 2, 공동투자 장석환 외 14분
NA-c	00:58	4″	제작, (주) 바른손, 용필름.
NA-d	0:01:02	5″	명진 빌딩, 폭우가 내리는 깜깜한 저녁, 번개가 친다.
NA-d	01:07	7″	어두운 복도, 여훈이 복부를 움켜쥐고 비틀거리며 문에 기대선다.
NA-d	01:14	8″	복부를 감싼 손이 피로 가득하다. (빠르게) 이를 악문 채 고개 돌려 옆을 보는 순간
NA-d	01:22	2″	(총소리)
NA-d	01:24	5″	총알이 문에 박힌다. 손전등 불빛에 쫓기며 복도를 뛰어
NA-d	01:29	4″	빌딩 밖으로 나온다.
NA-d	01:33	13	담벼락을 타고 넘어오다 유료주차장 컨테이너 지붕에 떨어진다. 다시 뛰어내려 빗물이 고인 웅덩이를 지나 도망친다.
NA-d	01:46	14″	비틀거리며 주차된 트럭으로 간다. 무릎을 꿇은 채 푹 꼬꾸라진다. 복부를 움켜잡고 고통스러워한다. 두 손은 피로 홍건하다. 다시 주변을 둘러본다.
NA-d	01:59	5″	유료주차장 지붕 위에 킬러 두 명을 보고 트럭 밑으로 몸을 숨긴다.
NA-d	02:04	5″	트럭 밑에 엎드린 채, 워커를 신은 킬러들을 숨죽여 지켜본다.
NA-d	02:09	8″	킬러들이 간 것을 확인한 후.
NA-d	02:17	7″	트럭 밑에서 기어 나와, (킬러 반대쪽으로) 비틀거리며 빠져나간다.

NA-d	02:24	1″	(빠르게) 킬러가 (뒤돌아) 여훈을 본다.
대사-d	02:25	2″	잠깐
NA-e	02:27	2″	(빠르게) 킬러가 쏜 총알이 트럭 백미러를 날려버린다. 총을 쏘며 여훈을 쫓는 킬러들.
NA-e	02:29	12″	총알을 피하면서 도망가는 여훈, 킬러들을 보며 뒷걸음질 치며 대로변 도로로 달려간다. 뒤쫓는 킬러들.
NA-e	02:41	1″	승용차에 치인다.
소리-e	02:42	1″	(교통사고 소리)
NA-e	02:43	3″	아스팔트 도로에 쓰러진 여훈.
대사-e	02:46	1″	저기요.
NA-f	02:47	4″	행인들이 몰려들자 숨어서 (지켜보던) 킬러들이 발길을 돌린다.

〈타임체크2〉는 〈타임체크1〉에 비해 좀 더 상세하게 정리가 되어 있다. 현장음도 상세하게 표시되어 있고, 간격도 10초 이내로 적절하게 나누어 정리하였다. 만일 〈타임체크1〉처럼 작업을 해서 원고를 작성한다면 내레이션 속도를 맞추기도 어렵고, 중간에 엔지(NG)가 날 경우 시작점을 찾기도 어렵다. 다시 말해 제작시간이 몇 배로 길어질 수도 있다.

아래 〈타임체크3〉의 경우를 보면 쉽게 이해가 될 것이다. 타임체크 부분을 제외하고 내용 부분만 보면 영상이 그림으로 그려진다. 소설이나 드라마 대본을 읽을 때처럼 말이다. 주인공의 상황, 사건이 일어나는 장소, 분위기 등이 상세하게 그려진다. 하지만 화면해설이라는 장르를 다시 한 번 상기해보자. 가장 중요한 원칙은 무음의 공간을 정확하게 체크하여 그 길이에 맞게 원고를 작성하는 일이다. 무음 공간을 체크한 다음, 장면에 따라 적절하게 10초 이내로 나누어 화면해설 원고를 작성해야 한다.

원고 상에 장면을 잘 구분하게 되면 작가가 원고를 작성할 때 작업이 수월하다. 작가뿐만 아니라 원고가 완성되면 내레이터의 목소리로 해설을 입혀야 한다. 더빙 작업을 할 때 내레이터가 영상에 맞게 원고를 읽는 시점을 찾기가 수월하고, 엔지니어와 제작자(연출)도 제작 작업이 원활하게 된다. 제대로 타임체크가 되어 있지 않은 원고로 더빙작업을 할 경우, 정확하게 타임체크가 되어 있는 원고에 비해 제작 시간이 두 배 이상 소요된다. 때문에 타임체크를 하는 작가는 처음 시작할 때부터 이 점을 명심해서 정확하게 초 단위까지 작성할 것을 제안한다.

〈타임체크3〉

〈표적〉(2014, 창)

구분	시간	간격	대사 / 화면해설
NA	00:00	25″	CJ 타이틀
NA	00:25	20″	바람이 불고 비가 많이 내린다. 천둥이 치고 하늘이 번쩍거리는 빌딩 앞.
NA	00:45	17″	어두운 복도를 여훈이 다친 배를 움켜쥐고 절뚝거리며 걷고 있다. 지친 여훈이 문에 털썩 기댄다. 그 충격으로 아픈 듯 얼굴을 찌푸리며 피가 나는 배를 움켜쥔다. 거친 숨을 몰아쉬다 문에서 끼익 소리가 나자 재빨리 몸을 피한다. 그러자 총격으로 문이 뚫린다.
NA	01:02	60″	여훈을 찾는 듯 손전등 불빛이 이리저리 어른거린다. 여훈은 뒤를 살피며 미친 듯이 뛰고 있다. 건물 창문에서 여훈이 뛰어내린다. 떨어지자 아픈 듯 짧은 신음을 뱉고는 주위를 두리번거린다. 여훈이 벽을 타고 넘어오다 유료주차장 컨테이너에 떨어진다. 잠시 고통에 몸부림치다 얼른 다시 뛰어내려와 주위의 큰 공사 트럭 뒤로 몸을 숨기다 털썩 주저앉는다. 그 충격으로 아픈 듯 피가 나는 배를 움켜쥐다 손에 묻은 피를 바라본다. 쿵쿵 발소리가 들리자 여훈이 재빨리 뒤를 돌아본다. 컨테이너 위에 검은 복장을 한 두 남자가 총을 들고 두리번거리고 있자 여훈이 트럭 밑으로 몸을 숨긴다. 트럭 밑으로 뒤쫓아 온 두 남자의 발이 보이고 긴장한 여훈이 거친 숨을 참고 있다. 곧 두 남자가 반대 방향으로 가는 것을 확인한 여훈이 트럭 밑에서 기어 나와 비틀거리며 도망간다.
대사	02:02	2″	잠깐
NA	02:04	20″	반대쪽으로 뛰어가던 두 남자가 여훈을 발견하고 멈춰 서서 총을 쏜다. 여훈이 피하자 두 남자가 총을 쏘며 뒤쫓아 뛰어온다. 여훈은 총을 피해 뒤를 살피며 뛰어가다 큰길에서 달려오던 차에 치인다. 뒤쫓던 두 남자는 멈춰 서서 그런 여훈을 본다.
대사	02:24	1″	저기요.
NA	02:25	73″	여훈 주위로 사람들이 몰리고 여훈을 지켜보던 두 남자는 그 자리를 뜬다. 여훈은 도로에 정신을 잃은 채로 비를 맞으며 누워 있다. 표적 타이틀

(2) 영상에서 얻은 정보를 모두 문장으로 변환한다.

타임체크 하면서 소리(대사, 현장음, 음악 등)를 제외한 무음부분에 해당하는 장면 설명을 토대로 시간에 맞게 스토리 전개에 필요한 정보 위주로 원고 작업을 해 간다. 영화 〈끝까지 간다〉(00:03-10:20)의 사례[11]를 보면 〈타임체크 후 화면해설 정보정리 → 원고 작성〉의 과정을 이해할 수 있다.

〈끝까지 간다〉(2013, 김성훈)

구분	시간	간격	대사 / 화면해설
NA	01:23	5″	영화 제목 〈끝까지 간다.〉
NA	01:28	13″	어두운 밤, 젖은 도로, 헤드라이트, 건수 통화 중, → 밤. 국도. 검은색 8734번 승용차가 헤드라이트를 켜고 젖은 도로를 달리고 있다. 검은 색 양복에 상주 완장을 찬 건수, 한 손으로 핸들을 잡고 다른 손으로 통화한다.
대사	01:41	59″	건수: 가고 있다고 자식아, 가고 있잖아, 지금. 도형사: 그래도 어떻게 나오셨습니다, 어디십니까? 건수: 아 몰라. 도형사: 그냥 열쇠 둔 데만 알려주시면 제가 잘 감춰둘 수 있는데 말입니다. 건수: 아, 키가 지금 나한테 있다니까 넌 지금 몇 번을 얘기하니, 아 진짜 야, 걔네가 언제 온다고? 도형사: 감찰반 애들 한 시간 안으로 온다는데 아, 빨리 좀 오셔야 할 것 같습니다. 건수: 알았다고 안달 좀 하지 말라고 새끼야. 내 금방 가니까 내 자리 건드리지 마라잉. 야, 잠깐만 끊어봐. → (02:08-09) 장례식장 여동생: 오빠, 언제 와. 어른들이 상주가 자리 비웠다고 뭐라 그러잖아. 건수: 그니까 내가 오죽하면 장례 치르다가 나오겠니? 내가. 여동생: 도대체 뭔 일인데. 건수: 야 됐고, 나 금방 갈 테니까. 너 김 서방이랑 잘 좀 하고 있어, 알았지. 여동생: 효자 생색은 지 혼자 다 내더니 자리나 비우고 있고, 아, 몰라 빨랑 와. 건수: 야 민아는? 민아는 뭐해 자? 여동생: 오빠 새끼 잘 있다. 건수: 아 이게, 야 곧. 아 나 진짜 좋게 얘기하려고 해도 도움이 안 되네.

---

11) 시청자미디어재단 부산시청자미디어센터에서 진행한 배리어프리인력양성과정 화면해설작가 심화반(2015년) 수업 자료를 토대로 재정리함.

소리	02:40	3″	빵빵
NA	02:43	5″	개가 갑자기 도로에 나타난다. 건수가 개를 피해 급하게 핸들을 꺾는다.
대사	02:48	4″	건수: 아 저 개새끼 미쳤나 진짜
소리	02:52	4″	차 소리
NA	02:56	38″	뭔가 차에 부딪힘, 건수 당황, 딸 사진 흔들, 앞 유리 금, 사람 쓰러짐, 건수 벨트 풀고 나옴. → 건수의 차에 뭔가 부딪히며 앞 유리창에 금이 간다. 깜짝 놀란 건수가 운전대를 최대한 왼쪽으로 꺾으며 급브레이크를 밟는다. 차가 중앙선을 넘어 길 건너편으로 돌아가 멈춘다. 멈춰선 차 안. 대시보드에 꽂혀있는 건수와 딸 민아 사진이 흔들린다. 놀라 고개를 숙였던 건수가 천천히 고개를 들고 주변을 살핀다. 차 앞 유리에 크게 금이 가 있다. 겁에 질려 당황한 기색이 역력한 건수. 길 건너편 도로에 누군가가 쓰러져 있다. (소리 03:21 차 문 닫고) 건수가 안전벨트를 풀고 차 문을 열고 나온다. 쓰러져 있는 사람 쪽으로 황급히 뛰어간다.
대사	03:34	5″	건수: 아저씨
NA	03:39	7″	쓰러진 남자, 뒤로 물러나는 건수. → 건수가 옆으로 누워 있는 남자를 정면으로 눕힌다. 건수가 흠칫 놀라며 뒤로 물러선다.
대사	03:46	1″	건수: 저기요
NA	03:47	19″	건수 사람 숨 쉬는지 코에 귀대고 들음, 건수 놀람 (→ 여기서부터 사람이 아닌 시체로 칭함) 시체 몸에서 피, 건수 구두바닥 피 적심, 건수 뒤 돌아봄. → 남자의 몸에서 나온 붉은 피가 길바닥을 흥건하게 적시고 건수 구두 아래로도 번진다. 건수가 주위를 살피더니 몸을 숙여 천천히 남자의 호흡을 확인한다. 뒷걸음질 친다.
대사	04:06	2″	건수: 으아.

NA	04:08	9″	건수 앞에 다시 나타난 개. 발밑 쪽에 자리 잡고 앉음. →건수 앞에 다시 나타난 개. 천천히 다가와 남자의 발밑 쪽에 자리를 잡고 앉는다.
대사	04:17	″	건수: 아 씨발!

(3) 소리라도 다 같은 소리가 아니다.

때로는 해설을 쉬어주며 감상의 격을 높이기도 한다. 시각적 정보를 수용할 수 없는 시각장애인들에게 언어적, 청각적 정보가 없으면, 답답하고 불안함을 느끼는 경우도 있다고 한다. 하지만 반드시 공백을 채워야만 하는 것은 아니다. 대사만으로 충분히 이해할 수 있는 경우도 있다. 빈 시간을 채우기보다 인물들의 상황을 파악하고 호흡을 같이 할 수 있게끔 끌어주는 것이 화면해설의 역할이다.

특히 반복적으로 흐르는 음악, 우는 소리 등이 10초 이상씩 이어지면 화면해설작가들은 난감해지기도 한다. 드라마 〈다르게 운다〉(2014, 이응복)의 경우, 여고생 지혜와 엄마(경희), 오빠(지한)이 각자의 어려운 상황으로 힘들어하다 아버지의 죽음을 확인하고 서로 목 놓아 우는 장면이다. 스토리 전개상, 관객들은 그동안 등장인물의 갈등 상황에 대해서 어느 정도 이해를 하고 있다.

이 장면에서는 세 사람이 처한 공간, 동선, 행동만 제시해 주고 각자 목 놓아 우는 소리를 제대로 들을 수 있도록 해설을 툭 던지듯이 제시하고 목 놓아 우는 인물들의 심리상황을 상상할 수 있도록 여지를 남겨 두는 것이 화면해설의 미덕이 된다.

드라마 〈다르게 운다〉(2014, 이응복)

구분	시간	간격	대사 / 화면해설
NA	55:46	5″	집 거실, 소파에 경희와 지혜, 지한이 앉아있다.
대사	55:51	4″	경희: 다들, 생각은 해봤어?
NA	55:55	4″	세 사람 사이에 정적이 흐른다.

대사	55:59	17″	지혜: 성연이네 아빠가, 상속포기각서 쓰러 오래. 아빠. 은행 말고도 빚이 많더래. 장례식은 가지 않는 게 좋겠다고.
NA	56:16	3″	고민하는 지한.
대사	56:19	10″	지한: 야 류지혜. 그, 상속 어쩌고 그거 내일 쓰러가자. 됐지 그럼? 나간다.
NA	56:29	9″	지한이 소파에서 일어나 현관 앞으로 가 앉는다. 지혜도 일어나 자기 방으로 향한다.
대사	56:38	2″	경희: 좀 살아있을 것이지.
NA	56:40	4″	지혜와 지한이 동작을 멈춘다.
대사	56:44	32″	경희: 그렇게 사람 속 태우고 떠났으면, 잘 살 것이지. 　　　왜 끝까지 사람 애간장을 찢어놔, 왜 　　(경희 우는소리) 지한: 아, 뭐 슬프다고 울어. 없어도 잘 살았잖아. 　　　앞으로도 잘 살면 돼. 우리끼리. 잘 살면 돼.
NA	57:16	49″	현관 앞에서 앉아서 신발을 신으려던 지한은 그 자리에서 어깨를 들썩이며 흐느끼기 시작한다. 경희는 소파에 앉아 울음을 터트린다. 지혜는 자기 방으로 향한 채 거실 바닥에 그대로 주저앉아 운다. (세 사람 울음소리)
대사	58:05	10″	지혜Na : 강아지는 멍멍, 매미는 맴맴 하고 울 때, 우리 인간 셋은 모두 다른 울음소리를 냈다.

2) 오프닝 시퀀스와 엔딩 크레디트

(1) 오프닝 시퀀스

오프닝 시퀀스는 영화의 첫인상을 결정한다. 일반적으로 검은 배경화면에 흰 글씨로 투자자들의 이름이 박혀져 나오고, 화면 위로 배우와 스텝들의 이름이 쓱쓱 지나가는 장면이다. 하지만 영화의 톤을 정돈하는 데 중요한 역할을 하는 것으로 알려지면서 영화(사)마다 오프닝 시퀀스에 신경을 쓰기도 한다.

〈그림 35〉〈표적〉(2014, 창)

〈표적〉(2014, 창)

구분	시간	간격	대사 / 화면해설
NA	00:00	14″	별이 반짝이는 저녁 바닷가, 아이 세 명이 작은 섬 위에서 폭죽을 쏘아 올리자 빨강, 노랑, 파랑색 폭죽이 밤하늘 높이 길게 꼬리를 그리며 올라가다 파편을 뿌리며 꽃잎모양으로 터진다.
NA	00:14	6″	꽃 잎 세 개가 CJ엔터테인먼트 로고로 바뀐다.
NA	00:20	24″	검은 화면에 빨간 점이 나타나 긴 선으로 변한다. 선은 다시 흩날리는 꽃잎으로 변한다. 빨간 꽃잎들이 흩날리다 모여 글자가 된다. Gaumont.

NA	00:44	5″	블랙 화면 자막, 제공/배급 CJ 엔터테인먼트
NA	00:49	5″	공동제공, 아이디어브릿지자산운동, KDB 산업은행 외 13개 회사
NA	00:54	4″	투자지원, 문화체육관광부 외 2, 공동투자 장석환 외 14분
NA	00:58	3″	제작, 주 바른손, 용필름

오프닝 시퀀스에서 타이틀에도 다양한 감독의 이야기가 숨어 있는 경우가 많다. 영화 〈세븐〉(1995, 데이빗 핀처)은 성서에 나온 7가지 죄악을 토대로 벌어지는 연쇄살인사건을 다루고 있다. 스릴러의 교과서 같은 영화라고 하는 이 영화의 오프닝은 클로즈업과 다소 섬뜩한 이미지, 소름끼치는 사운드로 이루어지며 다소 수상한 한 남자의 모습을 담고 있다. 면도칼로 자신의 지문을 지우기도 하고, 알 수 없는 메모를 남기기도 한다. 이 남자가 영화 속 살인자 '존 도우'이다. 이렇게 스토리를 담는 경우도 있다. 영화 〈스타워즈 에피소드4-새로운 희망〉(1977, 조지 루카스) 오프닝에도 스토리를 담고 있다. "A long time ago in a galaxy far(아주 오래 전 머나먼 은하계에)..."로 시작되는 문장 뒤로 익숙한 스타워즈 로고와 함께 영화의 백스토리가 묘사된 오프닝 스크롤이 등장한다.

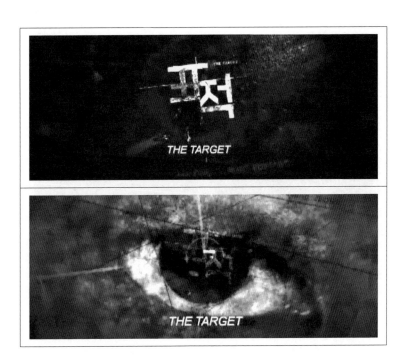

〈그림 36〉 〈표적〉(2014, 창)

〈표적〉(2014, 창)

구분	시간	간격	대사 / 화면해설
NA	02:59	6″	화면이 검게 변하며 쓰러진 여훈 위로 십자가 모양의 표적 표시 위에 흰 글자로 〈표적〉이 뜬다.
NA	03:05	5″	표적 주위로 원이 그려지고 원은 사람 눈동자 일러스트로 변한다. 자막 제작투자 정태성.
NA	03:10	9″	십자가 표시 가로선을 따라가며 나오는 총알 박힌 벽, 총알 발사하는 권총 일러스트, 투자총괄 권미경,
NA	03:19	3″	총 들고 있는 남자 일러스트.

NA	03:22	7″	여권에 박히는 총알, 여훈의 군인 기록. 프로듀서 이준우.
NA	03:29	6″	408, 주위로 총알 박히고, 총알구멍 사이로 빛이 새어 나온다.
NA	03:35	9″	총 발사하는 남자 손 일러스트. 류승룡, 이진욱.
NA	03:44	7″	표적 표시를 지나 검은 십자가 목걸이, 여훈 얼굴 일러스트 김성령.
NA	03:51	9″	검은 벽 일러스트, 벽 뒤 몸을 숨긴 야상차림 남자. 십자가 표적 표시에 들어와 있다. 감독 창.

오프닝 시퀀스에서 스토리를 알려주는 정보를 일러스트 형태로 보여주고 있다. 주인공 여훈 (류승룡 분)의 직업(국제 용병)을 알려주는 정보-여권, 영문으로 쓰여진 군인 기록-, 사건 현 장(명진 빌딩 408호), 벽 뒤에 몸을 숨긴 야상차림의 남자는 여훈의 동생(성훈)이다. 그런가 하 면 스토리를 알려주는 일러스트 중간중간에 등장인물의 이름도 자막 형태로 나타난다. 화면을 일일이 설명하기에는 시간이 부족하고, 그렇다고 출연진의 이름만 밝히기도 난감하다. 이럴 때 는 주어진 시간 안에 스토리 전개상 중요하다고 판단되는 화면정보에 중요한 출연진의 이름을 읽어주어야 한다.

(2) 엔딩 크레디트

〈표적〉(2014, 창)

구분	시간	간격	대사 / 화면해설
NA	01:41:38	36″	〈표적 엔딩 크레디트〉 제공/배급 CJ엔터테인먼트 제작투자 정태성 투자지원 문화체육관광부 중소기업청 한국벤처투자(주) 투자총괄 권미경 투자책임 방옥경 기획 임승용 각본 전철홍 조성걸

			감독 창 프로듀서 이준우 촬영 최상묵 조감독 홍성민 조은빈 l Gaumont l 2014년 용필름 작품
NA			(3초 후) 지금까지 여러분께서는 화면해설영화 〈표적〉을 감상하셨습니다. (2초 후) 기획　　　부산시청자미디어센터 내레이션　이은경 감수　　　박순옥 기술　　　박광현 글　　　　김정희 연출　　　정기평 조연출　　이유진 (2초 후) 이 화면해설 영상물은 방송통신위원회 방송발전기금을 지원받아 제작한 것입니다.

(3) 음악

영화 감상의 깊이를 더하는 데 있어 음악의 역할도 중요하다. 음악은 가끔 감독의 메시지를 서정적으로 잘 풀어주기도 하고, 영상의 분위기를 더 잘 상상하게 만드는 매개가 된다. 영화에서 관객이 스토리(주인공의 감정, 인물의 갈등 상황, 해소 등)에 몰입해서 공감하게 하고, 나아가 관객 개개인이 스스로의 해석을 할 수 있게끔 하는 감상의 여지를 만들어주는 역할을 하기도 한다. 그런가 하면 영화 속 음악(노래)는 가끔 중요한 영화 메시지를 담고 있다. 멜로디로도 영상의 분위기를 전달해주지만 노래 가사에 중요한 메시지를 담고 있는 경우도 있다.

2013년 부산국제영화제에서 상영한 대만 영화 〈GFBF(여자친구, 남자친구)〉(2012, 양야처)는 1980-90년대 대만의 격변기를 사는 젊은이들의 사랑과 우정을 담은 작품이다. 영화 중간중간에 세 친구의 사랑과 우정이 담긴 추억을 회상하는 장면이 나오고, 함께 음악이 흘러나온다.

고등학교 시절 등장인물들이 즐겨 불렀던 추억의 노래도 나온다. 영화 끝 부분에 남자 주인공 천쫑량이 쌍둥이 두 딸(메이바오와 아론의 딸)과 시장을 보고, 버스를 기다리는 장면에서 추억을 회상하면서 계속 노래가 흐른다. 이때는 현재 화면을 간단하게 언급해주고, 음악의 가사를 해설해 주어야 한다. 멜로디를 통해 관객도 예전의 영상을 떠올리게 해야 한다. 또한 가사가 반복적으로 나오기 때문에 화면과 가사의 적절한 부분을 추려서 전달해 주는 것도 좋다. 이때는 영상은 단지 배경이 되고, 노래 가사가 감독이 주인공들의 삶을 통해 전달하고자 하는 메시지가 숨어 있기 때문이다.

〈그림 37〉〈GFBF(여자친구, 남자친구)〉(2012, 양야처)

〈GFBF(여자친구, 남자친구)〉(2012, 양야처)

구분	시간	간격	대사 / 화면해설
NA	1:39:29	13″	시장에서 장 보는 천쭝량과 쌍둥이 딸 딸들이 목련꽃 향기를 맡는다.
노래	1:39:42	24″	누가 나에게 마지막으로 손 흔들어주며 내 미지의 길을 축복해 줄 수 있을까 나의 집, 내가 태어난 곳 유년기의 아름다운 시절이 있는 곳.
NA	1:40:06	13″	가로수길, 천쭝량이 메이바오처럼 나뭇잎 향을 맡는다.
노래	1:40:19	13″	나의 집, 내가 태어난 곳, 내 평생에서 가장 따뜻했던 시절
NA	1:40:32	6″	천쭝량과 쌍둥이 딸이 버스정류장 벤치에 앉아 있다.
NA	1:40:38	6″	길게 쭉 뻗은 가로수길 천쭝량과 메이바오, 왕신런이 각자 오토바이를 타고 이리저리 경주하듯 달린다.
노래	1:40:44		나의 집, 내가 태어난 곳, 유년기의 아름다운 시절이 있는 곳 그곳은 나중에 내가 도망쳐 나온 곳 또한 지금 나의 눈물이 향하고 있는 곳

3) 화면해설 작업 시 주의 사항

(1) 내레이터

화면해설은 내레이터라는 '목소리'가 등장함으로써 '화자의 개성' 즉 '목소리의 개성에 의해 영화 전반에 새로운 분위기를 조성한다. 전달은 안정적이고, 과격하지 않고, 비개인적이어야 한다. 그렇다고 단조로워서는 안 된다. 가능하면 해설자의 개성이나 관점이 프로그램의 느낌에 변화를 주어서는 안 된다. 때문에 영화의 장르나 분위기에 맞게 신중하게 내레이터의 목소리를 결정해야 한다.

내레이터는 기본적으로 감정을 자제하고, 객관적인 중계자의 역할을 해야 한다. 그러나 간혹 긴장감이 있는 장면이나 감성적인 분위기의 경우는 그에 맞게 읽는 방법에 다소 변화를 주기도 한다. 그밖에 내레이터를 선정할 때 영화의 등장인물 특히 주연급 배우들의 목소리와 캐릭터가 중복되는지를 확인해야 한다.

하종원과 송종현의 연구에 따르면, 해설자의 목소리는 일반적으로 밝은 톤을 유지하는 것이 좋고, 목소리의 발성 및 표현방법 등을 전문적으로 교육받은 성우나 아나운서가 담당하는 것이 좋다고 한다. 또한 원 영상물 자체의 내레이션과 구별하기 위해 내레이터와 다른 성별의 해설자가 담당할 것을 조언한다.[12]

(2) 시제

화면해설 원고를 작성할 때는 관객의 입장에서 스토리가 진행되는 현재 시점을 기준으로 감상할 수 있도록 해야 한다. 때문에 시제를 군이 따지자면 현재 시점으로 전달해야 한다. 화면해설은 실시간으로 이루어져야 하며, 현재시점을 일반적으로 사용하고 진행형은 적당한 경우에 사용하여야 한다. 화면해설은 영상에서 누가, 어디서, 무엇을, 어떻게, 왜 하는지를 친절하게 이야기해 주는 작업이다. 화면해설이 시각장애인에게 영화를 직접 보는 것과 같은 느낌을 전달하

---

12) 하종원 · 송종현, 「시각장애인 방송환경 개선을 위한 화면해설방송 활성화 방안」, 한국방송통신전파진흥원, 2011, 10면.

기 위해서는 눈앞에 펼쳐지는 화면을 그대로 그려내야 하기 때문에 가급적 현재 시제를 쓴다.

간혹 습관적으로 현재진행형을 사용하는 경우가 있다. 하지만 영화 속에서는 모든 것들이 진행되고 있는 상황이지만 현재형으로 쓰는 습관을 길러야 한다. 창문이 열려 있고, 태양이 빛나고 있고, 구름이 흘러가고 있고, 사람들이 웃고 있다 등등 상태(존재)를 나타내는 경우를 제외하고 진행형인 '있다'는 가능한 절제해서 써야 한다.

부사의 사용은 감정이나 행동을 묘사하는 좋은 방법이나 주관적으로 사용하여서는 안 된다. 전체적으로 단어는 프로그램 장르와 조화될 수 있어야 하며, 정확하고, 이해하기 쉽고, 간결하여야 한다.

해설은 그 자체만으로도 의미가 통하는 글이어야 할 뿐 아니라 소리를 통해 전달되는 만큼 귀로 들었을 때 리듬이나 여운도 중요하다. 따라서 동사의 선택에 따라 듣는 즐거움이 달라진다는 것을 기억해야 한다.

(3) 화면해설 글쓰기 주의점

하종원과 송종현은 언어적 표현 측면에서 주의해야할 점을 부적절한 표현/어색한 표현, 잘못된/어려운 단어, 작가의 주관적 표현을 꼽았다.[13] 그중 부적절한 표현/어색한 표현과 잘못된/어려운 단어 부분, 작가의 주관적 표현에 대한 부분을 정리해 보았다.

가. 부적절한 표현/어색한 표현

화면해설에서 적절하지 않고 어색한 표현은 어떤 것들이 있을까? 시각장애인들은 언어로 이미지를 구성한다는 점에서 표현에 민감하다. 적절치 못하거나 어색한 표현은 작품에 대한 몰입과 이해를 방해한다. 문학적 수사가 동원된 표현보다는 익숙한 용어로 간결하게 정리되어 이해하기 쉽게 표현되기를 원하고 있다.

---

13) 하종원 · 송종현, 위의 보고서, 116-123면.

나. 잘못된/어려운 단어

시각장애인들은 집중력과 기억력이 상대적으로 발달하였기에 이런 디테일한 부분들도 적절하고 합리적인 어휘를 선택해주어야 작품 몰입에 방해가 되지 않는다. 단어 하나의 차이가 때론 전체적으로 아주 다른 내용으로 이해할 수도 있기 때문에 평소에 쉽게 접할 수 있는 단어들로 해설하는 것이 시각장애인들이 작품을 감상하는 데 바람직할 것이다.

전문적인 영역(패션이나 증권 등)을 다루는 영화나 과거를 무대로 하는 사극의 경우 전문적이고 생소한 단어들이 다수 나온다. 이러한 단어들은 내용을 정확하게 이해하거나 정보의 습득에 중요한 열쇠가 되기도 한다. 누구나 쉽게 이해할 수 있게 좀 더 쉬운 표현과 일반적인 용어로 해설해야 한다.

다. 작가의 주관적 표현

화면해설은 화면에 대한 단순한 묘사가 아니라 재구성과 재창조의 과정으로 이해할 수 있다. 따라서 화면해설작가가 일정 부분 창작적 표현을 할 수 있다. 이에 대해 시각장애인들은 그 취지를 이해하면서도 지나치게 작가가 단정적인 표현을 할 경우 시각장애인 개개인의 느낌을 방해하는 결과로 나타날 수 있다는 점에 우려를 표한다. 화면해설에 있어서 주관적 창작과 객관적 묘사의 접점을 어떻게 설정하는가에 대한 과제를 던진다.

위에 제시한 내용을 숙지하여 화면해설 글쓰기 작업에 들어간다면 도움이 될 것이다. 화면해설은 대본의 지문과 비슷하다. 그래서 많은 사람들이 '누구, 무엇하다'라는 식의 문장으로 묘사한다. 하지만 귀에 더 부드럽게 들리고 영화나 드라마 속에서 화면해설이 튀지 않기 위해서는 '누가 무엇하다'라고 쓰는 것이 필요하다.

화면해설처럼 이미 만들어진 영상을 보고 해설하는 글을 쓸 때는 무엇보다 영상의 정보를 잘 전달해야 한다. 또한 입말로 전달하기 때문에 한번 들었을 때 이해하기가 쉬운 글이어야 한다. 간결하고 의미가 명확해서 분명한 글이 좋은 문장이라고 하는 이유도 여기에 있다. 좋은 글쓰기의 출발은 단어에서 시작된다. 정확한 단어를 사용하고 어법에 맞는 글을 써야 분명하게 의미를 전달할 수 있다. 문장은 의미를 이루는 최소 단위의 글을 가리키므로, 좋은 글을 쓸 때 문장의 기본형식과 구조를 파악하는 일은 무엇보다 우선돼야 한다. 3C를 기억하자! clear(쉽고,

분명한 글) correct(정확한 글) concise(간결한 글)!! 언어표현 측면에서 다시 한 번 점검해 보아야 하는 원칙이다. 쉽고, 올바른 어휘를 사용하고, 올바른 문장으로 정리한다. 또한 퇴고를 할 때 다음 사항[14]을 참고하면 글쓰기에 도움이 될 것이다.

〔단어수준〕

오자나 탈자는 없는가

읽는 사람이 이해하기 어려운 단어를 쓰지는 않았는가

지시대명사나 접속사를 너무 많이 쓰지는 않았는가

속어, 유행어, 또는 차별어 등 부적절한 용어를 쓰지는 않았는가

한자어나 외래어를 너무 많이 쓰지는 않았는가

같은 말을 여러 번 사용하지는 않았는가

〔문장수준〕

문장이 너무 길지는 않은가

주어와 서술어는 호응하고 있는가

수식어와 피수식어가 너무 떨어져 있지는 않은가

불필요한 것이 쓰여져 있지는 않은가

다시 정리하면 다음과 같다.

① 없어도 뜻이 통하는 단어나 어휘를 삭제한다.

비슷한 내용을 중언부언하거나, 없어도 의미 전달에 전혀 문제가 없는 단어가 쓰여진 경우가 있다. 이런 글은 전체 문장이나 단락의 뜻을 모호하게 하거나 걸림돌이 될 우려도 있기 때문에 과감히 삭제한다.

② 이해가 어려운 부분은 삭제한다.

뜻이 명쾌하게 전달되지 않으면 글의 논리가 제대로 정리되지 않았다는 말이다. 과감하게 삭제하거나 다시 써야한다.

---

14) 유승관 · 김정희, 앞의 책, 123-125면.

③ 너무 자세한 부분을 간결하게 한다.

가급적 전달하고자 하는 뜻을 정확하게 파악하여 일관성 있게 정리하도록 한다. 보충해서 설명을 하고자 하면 불필요한 접속사나 불필요한 수식어를 사용할 수밖에 없다. 문장에서 불필요한 접속사나 수식어를 삭제하는 것도 바로 그런 이유에서다.

④ 문장을 나누어라.

적절한 수식어는 문장에 설득력과 생기를 주지만 남발하면 역효과를 가져온다. 한 문장에 같은 성분을 가진 수식어를 연달아 쓰면 문장이 어색해진다.

제VII장

배리어프리 화면해설 글쓰기의 사례

제Ⅶ장 배리어프리 화면해설 글쓰기의 사례

1. ⟨끝까지 간다⟩ 화면해설 대본 – 작가 : 송명희(2015.5)

감독	김성훈	장르	범죄, 액션
제작년도	2014.05.29.	러닝타임	111분
등장인물	고건수(이선균), 박창민(조진웅), 강력반장, 최 형사, 여동생, 민아(건수 딸), 도 형사(막내)		

색인 설명 구분 – NA: 화면해설(어두운색), 대사: 본대본(흰색), 간격: 화면해설이 들어갈 시간

구분	시간	간격	대사 / 화면해설
NA	00:03	18″	쇼박스 로고
NA	00:21	14″	AD406픽처스
NA	00:35	9″	다세포클럽
NA	00:44	8″	암전
NA	00:52	5″	제공/배급: 쇼박스(주)미디어플렉스
NA	00:57	22″	기획/제작: 차지현, 장원석
NA	01:19	9″	어둠 속에서 간헐적으로 비치던 빛이 점점 환해지고 커지면서 (01:23) 타이틀 ⟨끝까지 간다⟩
NA	01:28	13″	어두운 밤 국도, 자동차 한 대가 헤드라이트를 켜고 달리고 있다. 40세가량의 남자 건수가 한 손으로 핸들을 잡고 다른 손으로 통화를 하고 있다. 상복 차림을 한 건수는 팔에 차고 있던 상주 완장을 뺀다.

대사	01:41	59″	건수: 가고 있다고 자식아, 가고 있잖아, 지금. 도 형사: 그래도 어떻게 나오셨습니다, 어디십니까? 건수: 아 몰라. 도 형사: 그냥 열쇠 둔 데만 알려주시면 제가 잘 감춰 둘 수 있는데 말입니다. 건수: 아, 키가 지금 나한테 있다니까 넌 지금 몇 번을 얘기하니, 아 진짜. 야, 걔네가 언제 온다고? 도 형사: 감찰반 애들 한 시간 안으로 온다는데 아, 빨리 좀 오셔야 할 것 같습니다. 건수: 아, 알았다고 안달 좀 하지 말라고 새끼야. 내 금방 가니까 내 자리 건드리지 마라. 응. 도 형사: 그럼 빨리 오시지 말입니다. 건수: 야, 잠깐만 끊어봐 여동생: 오빠, 언제 와? 어른들이 상주가 자리 비웠다고 뭐라 그러잖아. 건수: 그니까 내가 오죽하면 장례 치르다가 나오겠니? 내가. 여동생: 도대체 뭔 일인데. 건수: 야, 됐고, 나 금방 갈 테니까 너 김 서방이랑 잘 좀 하고 있어, 알았지. 여동생: 효자 생색은 지 혼자 다 내더니 자리나 비우고 있고, 아, 몰라 빨랑 와. 건수: 야 민아는? 민아는 뭐해 자? 여동생: 오빠 새끼 잘 있다. 건수: 아 이게, 야 곧. 아, 나 진짜 좋게 얘기하려고 해도 도움이 안 되네.
소리	02:40	2″	빵빵.
NA	02:42	2″	도로에 강아지 한 마리가 갑자기 나타난다.
대사	02:44	8″	건수: 아 저 개새끼 미쳤나 진짜.
소리	02:52	4″	차 소리, 물체 부딪치는 소리.
NA	02:56	40″	강아지를 피하려던 건수 차에 뭔가가 부딪힌다. 전화를 하고 있던 건수가 순간 당황하여 급브레이크를 밟는다. 차가 중앙선을 넘어 길 건너편으로 가 멈춘다. 대시보드 위의 건수와 딸 민아가 환하게 웃고 있는 사진이 흔들린다. 놀란 표정의 건수, 천천히 고개를 든다. 앞 유리창에 금이 크게 나 있다. 건수는 상황 파악을 위해 밖을 살피다 차 밖으로 나와 길 건너편으로 뛰어간다. (차 문 닫는 소리) 그리고 길바닥의 물체를 확인한다. 그것은 뜻밖에 사람이다.

대사	03:34	5″	건수: 아저씨.
NA	03:39	7″	건수가 길바닥에 모로 누워 있는 사람을 바로 눕히자 삼십대로 보이는 남자다. 건수는 놀라 흠칫 뒤로 물러난다.
대사	03:46	1″	건수: 저기요
NA	03:47	19″	건수는 남자가 살아있는지 호흡을 확인한다. 남자의 몸에서 흘러나온 피로 길바닥이 흥건하다. 건수의 구두바닥이 피에 젖는다. 건수는 두려움에 떨며 순간적으로 뒤를 돌아본다.
대사	04:06	2″	건수: 으아.
NA	04:08	9″	건수가 당황하여 허둥댄다. 건수의 차가 조금 전 피하려던 강아지가 남자의 시체 발치에 와서 앉는다.
대사	04:17	2″	건수: 아 씨발!
NA	04:19	5″	건수가 휴대전화에 112를 찍고 버튼을 누를까 망설이는데 딸에게서 전화가 걸려온다.
대사	04:24	22″	(벨소리) 건수: 어, 왜, 왜. 민아: 아빠 난데 아빠 뭐해? 건수: 어, 민아, 민아야. 민아: 아빠 케이크 샀어? 건수: 어? 어어. 민아: 사준다고 약속했잖아, 초콜릿 케이크. 건수: 아 그거 아, 아. 초콜릿 케이크. 민아: 아직 안 샀어?
NA	04:46	2″	멀리서 순찰차가 다가온다.
대사	04:48	4″	민아: 아빠. 건수: 어, 민아야 아빠 나중에 전화할게.
NA	04:52	35″	건수는 급히 전화를 끊고, 시체의 발을 잡아당겨 길가 야적물 더미 뒤로 몸을 황급히 숨긴다. 그 광경을 강아지가 빤히 지켜보고 있다. 순찰차가 점점 가까이 다가온다. 웅크리고 숨어 있는 건수의 얼굴이 공포에 질려 있다. 건수는 경찰차가 아무것도 발견하지 못하고 그냥 지나가길 초조하게 기다린다.
대사	05:27	2″	건수: 아이씨.
NA	05:29	13″	건수가 숨어 있는 바로 앞에서 순찰차가 좌회전을 하여 농로 쪽으로 들어간다. 건수는 비로소 안도의 숨을 내쉰다.

소리	05:42	2″	어, 어, 아우, 어(한숨).
NA	05:44	26″	털썩 주저앉아 있던 건수가 남자 시체에 새삼 소스라치게 놀란다. 건수는 허둥대며 시체를 푸른색 방수포로 감싸 차 트렁크에 싣는다.
소리	06:10	1″	트렁크 닫는 소리….
NA	06:11	39″	건수가 주위를 불안하게 살피며 차에 올라 운전을 한다. 아까 그 강아지가 길 가운데서 떠나가는 건수의 차 〈05마 8734〉를 계속 쳐다보고 있다. 과속 방지턱에 걸려 차가 계속 덜컹대자 건수는 목을 돌려 트렁크 쪽을 돌아본다. 건수의 얼굴에는 땀이 번져 있다. 모퉁이를 돌자 경찰들이 음주단속을 하고 있다. 건수는 뒤를 한 번 돌아보고 어쩔 수 없이 차를 멈춘다.
대사	06:50	2″	건수: 미치겠네.
NA	06:52	17″	음주단속 경찰이 다가오라고 막대등을 흔든다. 건수는 천천히 다가가 차를 세운다.
대사	07:09	55″	(똑똑똑) 순경: 수고하십다. 음주 단속 팀입니다. 건수: 아, 예 수고하십다. 아, 저기, 나 서부경찰서 강력반 고건수 형산데. 순경: 북부서 순경, 이 순경입니다. 건수: 아, 그래. 수고한다. 수고해라. 어, 고생이 많다. 순경: 저기, 한 번 불고 가시죠. 건수: 어? 순경: 술 드셨죠? 그죠? 건수: 하. 순경: 드셨네. 건수: 내 어머니 상중이라, 딱 한 잔 했는데 미안한데. 그냥 한 번 가자. 순경: 에이 그냥 불고 가시죠. 건수: 우리 어머니가 돌아가셨다고, 어? 순경: 하. 알겠습니다. 잠시 만요. 건수: 야! 이 순경. 순경: 예 잠시만 계세요.
NA	08:04	17″	음주단속 순경이 음주측정기를 건수에게 들이대려다 건수 차 앞 유리창에 금이 간 것을 발견한다. 건수는 슬며시 기어를 주행모드로 바꾼다. 단속 순경이 호루라기를 불며 그의 차를 가로 막는다.

대사	08:21	10″	(삐!) 단속 순경: 차에서 내리세요. 차에서 내리세요, 빨리. 고참 순경: 뭐야. 단속 순경: 검문불응에 도주하려 했습니다. 차에서 내리세요.
NA	08:31	6″	건수가 어쩔 수 없이 차에서 나와 고참 순경에게 다가간다.
대사	08:37	24″	건수: 아 예, 수고하십니다. 아, 저. 서부서 강력반 고형사라고 하는데요. 어머니 상중이라. 간단하게 한 잔 했는데 미안합니다. 한 번 갑시다. 단속순경: 신분증도 없고 괜히 긴장하는 게 수상합니다. 건수: 야 이 순경 뭔 말을 그렇게 해. 고참 순경: 주민번호 불러 주세요. 건수: 같은 경찰끼리. 갑시다. 고참 순경: 그러니까 주민번호 불러주세요.
NA	09:01	7″	경찰 여러 명이 건수를 에워싼다. 마지못해 건수가 주민번호를 불러준다.
대사	09:08	20″	건수: 760625-1265317. 순경: 14자리 그, 숫자가 하나 더 있는데 말입니다. 건수: 뭐? 뭐. 뭐. 순경: 14자리 부르셨지 말입니다. 그런데 주민번호 13자리지 말입니다. 건수: 똑바로 적어. 순경: 똑바로 적었지 말입니다. 건수: 760625-12. 고참 순경: 아아, 일단 차로 가서 확인하시죠. 건수: 뭘 차로 가요. 이거 다 확인해 보면 될 거 아냐. 서에 전화해 보시면 될 거 아녜요. 고참 순경: 아 가서 확인하시자구요. 건수: 아, 그니까 여기서 확인. 야야야! 너 일로 와봐.
NA	09:28	4″	순경이 건수 차의 전조등이 깨진 것을 발견한다.
대사	09:32	12″	순경: 차사고 난 지 얼마 안 된 것 같은데 말입니다. 건수: 야, 빨리 확인해보라고. 고참 순경: 야 최 순경, 트렁크 좀 열어봐.
대사	09:44	1″	순경: 예.
NA	09:45	2″	건수가 경찰을 저지한다.
대사	09:47	1″	건수: 야!

NA	09:48	4″	건수는 경찰의 멱살을 잡아 넘어트리고 트렁크를 닫는다.
대사	09:52	5″	(트렁크 닫는 소리) 차로 가서 확인해 보자고요. 건수: 야 이 새끼야 너 지금 뭐하는 거야? 순경들: 잡아.
NA	09:57	4″	여러 명의 경찰이 건수에게 달려들어 제압한다.
대사	10:01	2″	건수: 야, 놔놔 이 새끼들이….
NA	10:03	7″	건수가 헤딩에 주먹까지 날리자 경찰 1명이 건수에게 가스총을 발사한다.
대사	10:10	2″	건수: 켁. 켁.
NA	10:12	7″	다시 가스총이 발사된다. 다른 순경이 전기 충격기를 건수의 목에 대자 건수가 쓰러진다. 한 순경이 고참에게 무전기를 건넨다.
대사	10:19	5″	순경: 본서에서 무선전화 왔습니다. 고참 순경: 네. 무전기 속 경찰: 문의하신 분 서부경찰서 고건수 형사 맞습니다. 고참 순경: 아이 씨.
NA	10:24	9″	강력반 사무실, 감찰반원이 건수의 책상을 뒤지고 있다. 강력반 형사들 그 모습을 못마땅한 듯 지켜본다.
대사	10:33	7″	최 형사: 거 한솥밥 먹는 사이인데 같은 경찰끼리 너무 한 거 아니냐고. 시팔.
대사	10:40	12″	감찰반원: 여기 책상 좀 열어봐요. 뭘 이리 자물쇠를 많이 채워놨데. 고건수 씨 여기 없어요? 도 형사: 지금 상중인데 말입니다. 감찰반원: 뜯어!
NA	10:52	2″	단속반원 건수 책상으로 다가간다.
대사	10:54	9″	최 형사: 안에 확인했냐? 도 형사: 그냥 두라 그래서…. 최 형사: 뭐? 도 형사: 성격 아시지 않습니까. 최 형사: 아, 시발 진짜.
NA	11:03	2″	단속반원, 망치로 건수 책상의 자물통을 부순다.
NA	11:05	2″	다시 도로 위, 건수가 단속순경의 뺨을 후려친다.

대사	11:07	2″	건수: 정말 고맙다. 이순경: 아닙니다.
NA	11:09	3″	건수가 경찰을 향해 손짓을 한다.
대사	11:12	6″	건수: 너 나와 봐. 너 열네 자리 너 나와 봐. 신 의경: 의경 신현진. 건수: 아이, 씨.
NA	11:18	8″	건수는 한 손에 물병을 들고 다른 손으로 가스총 발사로 따가워진 눈을 부비며 경찰 5명을 줄 세워 놓고 군기를 잡는다.
대사	11:26	11″	건수: 야. 신 의경: 아, 아, 아. 건수: 야, 너 말대꾸 하지 마. 너. 신의경: 예, 알겠습니다. 알겠습니다. 건수: 조심해, 너 신의경: 알겠습니다.
NA	11:37	3″	건수가 차에 올라타 한숨을 내쉰다. (차 두드리는 소리-똑똑똑)
대사	11:40	5″	건수: 왜? 이순경: 선배님, 대리 불러 가시는 게 좋을 것 같습니다. 그게 아니라 오늘 일제히 단속, 아닙니다. 들어가십시오.
NA	11:45	2″	건수는 무시하고 차를 출발시킨다.
대사	11:47	3″	경찰: 야, 열네 자리 너 때문에 그런 거 아냐. 신의경: 아. 고참 경찰: 야, 그만해, 그만해(남은 경찰들 서로 책임 공방을 벌인다.)
NA	11:50	5″	강력반 사무실, 감찰반원 건수의 책상서랍을 빼 돈다발을 책상 위에 쏟아놓는다.
대사	11:55	2″	감찰반장: 허! 좋겠다. 니들!
NA	11:57	7″	지휘봉을 든 다른 감찰반원이 비아냥거린다. 강력반 형사들은 난감한 표정이다.
대사	12:04	1″	반장: 사무실 꼴이 이게 뭐야?
NA	12:05	6″	강력반장이 들어와 감찰반원들 앞으로 다가온다. 감찰반원 일어서며 경례한다.
대사	12:11	3″	반장: 오밤중에 난리치는 이유가 뭐야? 응?
NA	12:14	4″	감찰반원 눈짓으로 돈을 가리킨다.

대사	12:18	11″	반장: 근거도 모르는 돈 몇 푼 때문에 상 당한 애한테 꼭 이렇게 해야 하냐? 감찰반은 사람 사는 데가 아니냐? 감찰반원1: 저희도 명령대로 움직이는 거라. 반장: 철수해. 장례 끝나고 다시 와. 뭘 멍청히 서 있어. 정리 안 해
NA	12:29	4″	감찰반원 책상을 치며 장부를 집어 든다.
대사	12:33	17″	감찰반장: 여기 보면 말입니다. 업소 상납금 받아 퍼 드신 분들 명단이 줄줄이, 줄줄이 적혀 있는데 반장: 철수하란 말 못 들었어? 감찰반장: 도출배, 최상오 350. 고건수 350. 만, 십만, 백만, 천. 액수가 남다르십니다. 반장님.
NA	12:50	8″	감찰반원은 장부의 책장을 넘기며 강력반장에게 냉소를 날린다.
NA	12:58	25″	밤, 고가도로 아랫길 자동차 안. -전화벨소리- 건수에게 최 형사로부터 문자 메시지가 온다. "아 씨발!! 감찰반에게 다 털렸어. 전화 좀 받아." 문자를 받고 어쩔 줄 몰라 하는 건수, 여동생한테서 전화가 온다.
대사	13:23	13″	건수: 왜 왜 왜. 여동생: 오빠, 진짜 이럴 거야. 빨리 안 들어오고 뭐하는 거야. 건수: 나 좀 내버려둬 좀. 여동생: 뭘 내버려둬, 뭘. 지금 엄마 입관해야 된다는데. 아들이 있어야 할 거 아냐. 빨리 와. 건수: 아, 씨 정. 아후 씨.
NA	13:36	20″	건수가 전화기를 조수석에 내던진다. 건수의 얼굴에 땀방울이 방울방울 맺혀 있다. 한참을 차 안에서 앉아 있던 건수는 핸들에 얼굴을 파묻는다.(클랙슨 소리) 건수가 어머니의 장례식장으로 출발한다.
NA	13:56	22″	밤, 장례식장 분향소, 건수는 맥을 놓고 한동안 어머니 영정사진을 심난한 표정으로 바라본다. 총을 든 장난감로봇이 기어오다 건수의 발에 부딪힌다. 그때 딸 민아가 가림막 너머에서 손에 장난감로봇을 집어 들고 얼굴을 내민다.
대사	14:18	2″	민아: 아빠 발.
NA	14:20	4″	건수가 지친 표정으로 민아를 올려다본다.

대사	14:24	21″	건수: 야 고민아, 너 아직까지 안 자고 뭐해? 민아: 아까 잤잖아. 초콜릿 케이크는? 건수: 미안, 아빠가 다음에 사줄게, 다음에 알았지. 민아야 미안해. 아빠가.
NA	14:45	18″	실망한 딸이 가버린다. 강력반장과 형사 3명이 분향실로 들어온다. 분향 후 건수에게 엎드려 조문인사를 주고받는다.
대사	15:03	27″	반장: 우리 다 초상 치르게 생겼다. 건수: 죄송합니다. 반장님, 죄송한데요. 오늘은 그만 돌아가시죠. 최 형사: 야, 고건수. 너 이 상황에 뭔가 좀 책임지는 그런 말을 해야 되는 거 아니냐. 건수: 뭐?
NA	15:30	7″	장례식장 밖 건물 뒤편, 건수와 최 형사 사이에 갈등이 고조된다.
대사	15:37	37″	건수: 아. 혹시. 나한테 그러니까 독박 쓰라 이야기 하는 거야 지금 초상집에. 아. 타이밍 죽이네. 어. 최 형사: 야. 미안하다. 미안한데. 야, 우리 다 죽을 수는 없잖아. 니 선에서 마무리하자 좀. 야. 뒤는 봐줄 테니까 걱정하지 말고. 건수: 야, 봐주긴 뭘 봐줘. 니 걱정이나 해. 이 새끼야. 너 절대로 못 빠져나가. 너 안마 접대한 것까지 다 적혀있어. 가을이가 니 지명이지. 최 형사: 아이 씨발. 새끼 너 미쳤냐? 건수: 그래 씨발. 미쳤으면 좋겠다. 반장: 야. 야. 야.
NA	16:14	4″	말다툼을 하는 사이 저쪽 편에서 여동생이 나타난다.
대사	16:18	2″	여동생: 오빠, 엄마 입관한대!
NA	16:20	13″	검은색 상복차림의 여동생이 형사들에게 목례를 하고 돌아간다. 동료 형사들은 장례식장까지 찾아와 감찰 책임문제를 거론한 사실을 미안해한다.
대사	16:33	2″	남형사: 죄송합니다. 도 형사: 가보겠습니다.
NA	16:35	17″	강력반장이 건수의 어깨를 두드리고, 최 형사와 후배 형사들도 인사하고 떠난다. 건수가 인상을 찌푸리며 그 자리에 쪼그려 앉는다. 최 형사가 몇 걸음 걸어가다가 다시 돌아온다.
대사	16:52	3″	최 형사: 경찰서 개판 돼가지고 봉투 하나도 없더라.
NA	16:55	2″	최 형사가 돈 몇 만 원을 건수 상복상의 포켓에 찔러준다.

대사	16:57	2″	최 형사: 어머니 잘 모셔라.
NA	16:59	21″	건수가 주차바닥에 주저앉아 총체적 난국을 어떻게 타개해야 할지 고심한다. 묘책이 떠오르지 않는 건수는 한 손으로 뒷목을 잡았다 놓는다. 담배를 피워 문 건수가 연기를 길게 내쉬다가 담배를 바닥에 내던지고 일어선다. 환풍구에서 여동생의 울음소리가 들려온다.
NA	17:20	17″	안치실, 어머니의 염습이 진행 중이다. 마스크를 쓰고 흰 장갑을 낀 장례지도사가 유해에 수의를 입히고 있다. 비통한 표정의 건수, 여동생, 매제 세 사람이 나란히 서서 지켜본다. 장례지도사는 수의버선을 유해에 신겨주고 소렴절차를 마친다.
대사	17:37	4″	장례지도사: 넣어드릴 물품이 있으면 지금 넣으세요.
NA	17:41	5″	여동생이 나무 십자가를 어머니의 관에 넣는다. 뚜껑이 닫힌다.
대사	17:46	4″	장례지도사: 나무못이 놓여 있는 순서대로 못질하겠습니다. 여동생: 아우 엄마!!
NA	17:50	7″	관을 사이에 두고 마주 선 장례지도사와 건수가 관 뚜껑 위에 놓인 망치를 들어 못질을 시작한다.
소리	17:57	2″	전화벨이 울린다.
NA	17:59	19″	전화벨소리에 건수가 못질을 멈춘다. 전화를 받자 끊기고 문자가 들어온다. "감찰반 사람들 그쪽으로 간 것 같아요. 차 수색할지도 몰라요. 거긴 뭐 없죠?" 문자를 본 건수, 장례식장 주차장에 세워진 자신의 자동차를 떠올린다. 차량번호 〈05마 8734〉
대사	18:18	2″	장례지도사: 상주님.
NA	18:20	23″	장례지도사가 못질을 계속하라고 건수를 쳐다본다. 건수가 못질을 하다 천정의 환풍구를 바라본다. 초조해진 건수 집중을 못해 망치로 손가락을 때리고 만다.
대사	18:43	1″	(소리) 앗-.
NA	18:44	14″	손가락을 움켜쥐고 있던 건수가 환풍구를 홀린 듯이 쳐다본다. 건수는 안치실을 나와 복도 천정에 연결된 환풍구 배기관을 확인한다.
NA	18:58	17″	침침한 복도를 지나 계단을 뛰어올라가는 건수.
대사	19:15	3″	여동생: 오빠 어디 가? 매제: 형님.
NA	19:18	5″	잠시 후 장례식장 인근 도로, 노란 풍선다발을 들고 나타나는 건수.

대사	19:23	31″	최 형사: 저거 뭐야, 저거, 건수 아닙니까? 반장: 쟤 왜 저래. 최 형사: 반장님, 감찰반 애들 후딱 따죠. 같이 물어야 삽니다. 반장: 걔들이 뭐 나오겠냐? 명색이 감찰반인데. 최 형사: 아휴, 뭐 감찰반은 경찰 아닙니까? 우리 대한민국 경찰 한 번 믿어보시죠 예?
NA	19:54	30″	밤, 장례식장 뒤편 주차장. 건수가 전조등이 깨진 자신의 자동차 문을 열어 가려놓고 환풍구 하나를 조심스레 떼어낸다. 주위를 둘러보고 좁고 긴 철제 환풍기 통로 안을 살펴보던 건수는 양복 안주머니에서 장난감로봇을 꺼낸다. 줄로 묶은 로봇을 환풍구 안쪽으로 던지자 로봇은 반대편 창턱에 올려진다.
NA	20:24	2″	안치실, 건수로부터 돈 봉투를 받아드는 장례지도사.
대사	20:26	16″	건수: 선생님, 진짜 마지막으로 어머니랑 단둘이 있고 싶습니다. 부탁 좀 드립니다. 장례지도사: 아 근데 수칙에 없는 일이라 12시까지만입니다. 아 근데 이건 뭡니까?
NA	20:42	9″	장례지도사가 안주머니에 돈 봉투를 넣으며 건수가 든 풍선다발을 가리키며 묻는다.
대사	20:51	9″	건수: 딸애를 주려고…. 장례지도사: 아, 네.
NA	21:00	24″	장례지도사가 나가자 건수는 풍선을 들고 벽 쪽 긴 의자에 앉는다. 손에 들고 있던 끈을 놓자 풍선들은 천장의 CCTV를 가린다. 완벽하게 가려진 CCTV를 보고 건수는 기도하듯 손을 모은다. 어머니의 관을 보며 말한다.
대사	21:24	2″	건수: 미안해 엄마!
NA	21:26	1′07″	건수가 재빠르게 안치실 출입문을 잠근다. 탁자를 환풍기 쪽으로 끌어와 그 위에 올라서서 안쪽 환풍구 뚜껑을 떼어낸다. 환풍구 안에는 아까 밖에서 던져둔 장난감로봇이 놓여 있다. 건수가 리모컨을 누르지만 장난감로봇은 움직이지 않는다. 건수가 리모컨의 주의사항을 살펴보자 '작동거리 3m 이내'라고 적혀 있다. 거리를 조정하여 다시 리모컨 버튼을 누르자 장난감로봇은 건수를 향해 기어온다. 로봇 다리에 연결된 줄에는 커다란 물체가 묶여 있다.
소리	22:33	2″	총소리.

NA	22:35	9″	장난감로봇이 총을 쏘자 깜짝 놀란 건수가 중지버튼을 누른다. 안치실 시계는 11시 50분을 가리키고 있다. 건수가 다시 리모컨을 누른다. 장난감로봇은 총소리를 내며 움직인다. 건수가 바닥으로 내려와 구두끈을 푼다.
NA	22:44	19″	안치실 밖 복도, 장례지도사가 이상한 소리가 들리자 고개를 갸웃거리며 천장을 올려다본다. (여자 가래침 뱉는 소리) 장례지도사가 복도 한 곳의 문을 여니 간호사가 쪼그리고 앉아 담배를 피우다가 놀라 일어선다.
NA	23:03	4″	환풍구 안, 로봇이 안치실 쪽으로 움직인다.
NA	23:07	17″	다시 총소리. 안치실, 건수는 풀어낸 자신의 구두끈으로 관에서 나무못을 뽑아낸다. 담배를 피던 간호사 복도로 나온다. 천정 환풍구 통로에서 무슨 소리가 들리자 안치실 문에 귀를 바짝 대고 소리를 듣는다.
NA	23:24	42″	건수가 나무못을 뽑다 바닥에 떨어뜨린다. 간호사 그 소리를 듣고 기겁하여 어디론가 달려간다. 밖의 인기척 소리에 서두르던 건수의 못을 뽑던 구두끈이 끊어진다. 건수가 손으로 못을 마저 뽑고 관 뚜껑을 연다. 건수는 어머니의 시신을 향해 용서를 구한다.
대사	24:06	4″	내가 미친놈이야! 진짜. 내가 나중에 진짜.
NA	24:10	8″	안치실 문손잡이가 덜컹거리자 기겁한 건수가 문 쪽을 쳐다본다. 청원경찰 문 앞에서 주먹으로 문을 두드린다.
대사	24:18	2″	청원경찰: 계세요?
NA	24:20	5″	건수가 숨을 죽이고 리모컨 버튼을 누르자 장난감로봇에서 나던 총소리가 멈춘다.
대사	24:25	2″	여간호사: 지금 무슨 소리 났죠? 청원경찰: 글쎄요.
NA	24:27	3″	청원경찰 무전기로 경비를 부른다.
대사	24:30	13″	청원경찰: 장비경비 하나. 장비경비 하나. 경비직원: 네. 장비경비소입니다. 청원경찰: 아, 여기 모니터 하나만 확인 좀 부탁드립니다. 여기 시신안치실인데요. 안에서 무슨 소리가 난다고 신고가 들어와서요.
NA	24:43	4″	경비실 모니터에는 노란색밖에 아무것도 보이지 않는다.
NA	24:47	4″	건수가 꼼짝 않고 문밖의 대화를 듣고 있다.

대사	24:51	16″	경비직원: 예. 청원경찰: 왜요. 경비직원: 안 보이는데. 들어가 봐야 할 것 같은데. 청원경찰: 열쇠 거기 있죠. 경비직원: 저기, 내가 유 씨한테 바로 확인해 보라고 할게. 청원경찰: 아, 네, 알겠습니다. 수고하십시오. 열쇠 가져 올 때까지 기다리실 거예요? 여간호사: 아니요. 청원경찰: 그럼 가시죠. 여간호사: 네 건수: 아이씨.
NA	25:07	34″	건수가 장난감로봇을 다시 작동시키지만 움직이지 않는다. 건수가 손을 뻗쳐 로봇을 잡아당겨 보지만 손이 닿지 않는다. 탁자에서 내려온 건수가 관 속에서 나무십자가를 꺼내 다시 올라간다. 건수 십자가를 장난감로봇에 걸어 줄을 끌어당긴다. 묵직한 무게에 손이 아픈 건수가 상의를 벗어 줄을 감싸고 온힘을 다해 잡아당긴다. 끌려오던 물체가 모퉁이에 걸려 꼼짝을 하지 않자 건수는 줄을 어깨에 메고 앞으로 걸어가며 잡아당긴다. 드디어 환풍기 입구에 드러난 물체는 트렁크에 넣어두었던 푸른색 방수포에 싸인 남자의 시체. 조심스럽게 시체를 받아 내리던 건수가 무게를 못 이겨 바닥에 깔리고 만다.
대사	26:41	2″	청원경찰: 오지 마요!
NA	26:43	9″	안치실 위층 복도, 경비원이 열쇠를 바닥으로 밀어 보내자 장례지도사가 구둣발로 잡는다.
대사	26:52	3″	장례지도사: 고마워.
대사	26:55	3″	건수: 엄마, 금방 빼드릴게요. 미안해. 으흐(숨소리).
NA	26:58	5″	안치실, 관 속에는 어머니 시신과 장난감로봇, 십자가. 그리고 방수포에 싼 시체가 있다.
대사	27:03	1″	건수: 어흐!
NA	27:04	3″	장례지도사가 계단을 내려온다.
NA	27:07	2″	손과 팔꿈치로 못을 내려치는 건수.
대사	27:09	3″	건수: 윽!
NA	27:12	8″	신고 있는 구두를 벗어서 나무못을 바삐 내려친다.

NA	27:20	1″	못이 깨진다.
NA	27:21	2″	관에 박힌 채 부서진 나무못.
소리	27:23	2″	쿵쿵쿵.
NA	27:25	5″	환풍구 뚜껑을 닫는 건수.
NA	27:30	6″	모든 일을 끝낸 건수가 옷을 추스르고 안치실 출입문의 잠금을 푼다.
소리	27:36	5″	건수: 허, 후, 하
NA	27:41	4″	어머니 관 앞에 앉은 건수.
소리	27:45	5″	벨소리.
NA	27:50	4″	건수가 일어나 관에 귀를 대본다. 관 속에서 들려오는 핸드폰 벨소리.
NA	27:54	10″	계속 벨소리가 울리자 안절부절못하는 건수가 관 뚜껑을 주먹으로 친다.
대사	28:04	1″	건수: 아 뭐야? 씨발 진짜.
NA	28:05	13″	건수가 구두끈을 풀다가 시계를 본다. 12시가 다 되어가는 것을 확인하고 그만 둔다. 벨소리가 계속 울린다.
대사	28:18	4″	건수: 아, 나, 씨바, 미치겠네.
소리	28:22	2″	발소리/열쇠소리
NA	28:24	3″	장례지도사가 열쇠를 쥐고 안치실 복도를 걷는다.
대사	28:27	11″	건수: 어? 아휴, 씨바. 어? 어 제발 안 되는데. 씨. 끊어! 야, 끊어! 끊어! 야이, 씨발, 다 왔는데, 씨발(씨 끝나고 바로)
NA	28:38	2″	문 앞에 다다른 장례지도사.
대사	28:40	6″	건수: 엄마, 엄마, 엄마 좀 어떻게 좀 해줘. 제발 끊어, 끊어, 야이 씨발, 끊어. 허
NA	28:46	6″	장례지도사는 열쇠를 꽂으려다 말고, 손잡이를 돌려본다.
소리	28:52	1″	문 열리는 소리
NA	28:53	3″	안치실로 들어오는 장례지도사.
NA	28:56	2″	관 앞에 앉아 있는 건수.
소리	28:58	2″	문 닫히는 소리
NA	29:00	1″	건수, 문소리에 움찔한다.

대사	29:01	3″	장례지도사: 이제 그만 나가셔야 되는데?
대사	29:04	1″	건수: 네
NA	29:05	6″	관 쪽으로 다가가는 장례지도사.
NA	29:11	2″	건수가 장례지도사 눈치를 살핀다.
NA	29:13	3″	장례지도사가 못 머리가 반쯤 깨진 나무못을 발견한다. 건수는 눈치를 보다 일어난다.
소리	29:16	2″	건수 일어나는 소리
대사	29:18	4″	장례지도사: 저기요. 건수: 네?
NA	29:22	5″	장례지도사가 서둘러 나가던 건수에게 풍선다발을 건네준다.
NA	29:27	3″	황급히 인사 하고 안치실을 나가는 건수.
소리	29:30	3″	문 닫히는 소리.
NA	29:33	5″	안치실 문 앞에서 풍선을 든 건수가 털썩 주저앉는다.
NA	29:38	4″	이른 아침, 한적한 고속도로. 운구차 뒤를 장의버스가 따른다.
NA	29:42	7″	장의버스 안에서 운구차를 보며 걱정스러워하는 건수.
NA	29:49	2″	운구차 안.
소리	29:51	3″	다시 핸드폰 벨소리.
NA	29:54	4″	운전기사는 눈동자가 불안하게 흔들리며 백미러를 본다.
NA	29:58	3″	백미러로 확인하는 관.
NA	30:01	2″	운전기사는 십자가 목걸이를 백미러에 건다.
대사	30:03	7″	(찬송가)기사: 흠흠, 내 주를 가까이, 하….
NA	30:10	3″	공원묘지, 장례지도사들이 하관을 하고 있다.
대사	30:13	11″	장례지도사: 이거 진짜 왜 이렇게 무거워. 워, 워, 워, 워. 장례지도사: 조심해, 관 뚜껑 열리겠다야.
소리	30:24	6″	포크레인 소리/여동생 울음소리.
NA	30:30	5″	포크레인으로 흙을 관에 덮자 건수가 털썩 주저앉아 통곡한다.

대사	30:35	11″	건수: 엄마, 미안해. 꼭 다시 올게요. 장례지도사: 아이고, 효자 두셨어. 효자. 건수: 엄마! 장례지도사: 효자 두셨어.
NA	30:46	2″	장례지도사들이 삽으로 흙을 고른다.
NA	30:48	2″	공원묘지 입구. (담배를 피우며 서 있는 건수의 뒷모습)
대사	30:50	1″	매제: 형님, 이제 그만 가시죠?
NA	30:51	8″	착잡한 표정의 건수가 알았다고 손짓하며 계속 어머니 묘지 쪽을 바라보며 담배를 피운다.
NA	30:59	2″	장의버스 안, 버스에 오른 건수가 좌석에 앉는다.
NA	31:01	2″	뒷자석에서 장난감차를 조종하는 민아.
NA	31:03	4″	(미니카 소리) 건수가 발로 통로를 왔다 갔다 하는 장난감차를 막는다.
대사	31:07	15″	건수: 야, 야야야야. 뭐야 이거. 여동생: 그거. 아 세상에 어떤 미친놈이 인형을 훔쳐 갔어! 도라이 새끼 잡히기만, 확 그냥. 씨. 아, 울고불고 난리 쳐가지고 병원 편의점에서 하나 사줬어. 뭐 비싼 거 아니야. 건수: 병원 편의점?
소리	31:22	1″	미니카 소리.
NA	31:23	2″	건수는 장난감차를 켕기는 표정으로 바라본다.
대사	31:25	1″	매제: 야이, 빠르네.
NA	31:26	3″	건수의 발밑에 와서 멈춘 장난감차
대사	31:29	5″	건수: 야, 야, 민아야, 그만해. 아빠 화 날라 그래.
NA	31:34	2″	낮, 세차장. 세차 중인 건수.
대사	31:36	11″	반장: 감찰반 애들, 의외로 쉽게 걸리네. 서랍 속에 있던 현금만 압수해가는 걸로 잘 마무리됐다. 이번에 너 살린다고 다들 진짜 고생 많았어. 역시 믿을 건 동료뿐이지?
NA	31:47	1″	건수 차 안.
대사	31:48	6″	건수: 예, 알겠습니다. 그러면, 내일 뵐게요. 예, 알겠습니다. 예.

NA	31:54	23″	낮, 인적이 드문 도로가, 건수가 정차 중이다. (그의 차 운전석 백미러에 금이 가 있다.) 200m 전방 경찰차에서 경찰들이 내린다. 지켜보던 건수가 안전벨트를 맨다. 건수는 빵을 (마우스피스처럼) 앞니에 끼우고, 전속력으로 경찰차를 향해 질주해 경찰차를 힘껏 들이받는다.
소리	32:17	1″	차 소리(쾅).
NA	32:18	8″	튕겨나가는 경찰차. 볼라드(진입억제용 말뚝)가 넘어진다.
대사	32:26	2″	경찰: 에? 경찰: 허, 참.
NA	32:28	3″	건수가 핸들을 부여잡고 경찰 눈치를 살핀다. 경찰 두 명이 다가온다.
대사	32:31	4″	(똑똑똑똑) 경찰: 아이씨, 나와요.
NA	32:35	2″	경찰이 신분증을 제시하자 건수가 창문을 내린다.
대사	32:37	10″	경찰: 아이씨, 술 드셨어요? 건수: 아유, 수고하십니다. 나 서부서 고 형산데. 야 너희는 우회전 차선에다가 차를 대놓고 그르냐. 위험하게. 어?
소리	32:47	2″	기계 소리.
NA	32:49	6″	자동차 정비소, 건수는 차의 범퍼와 앞 유리를 교체한다.
NA	32:55	2″	서부 경찰서 앞마당에서 폭탄시연회 중이다.
대사	32:57	7″	경찰1: 자, 이번에 저희가 압수한 사제폭탄은 소량의 C4 폭약이지만 폭발력이 무척 크고, 5m 내에서 원격 조종이 가능하다는 것이 특징입니다. 이번에-
NA	33:04	3″	강력반원들 2층 복도에서 지켜보고 있다.
대사	33:07	5″	반장: 신임 청장한테 잘 보인다고 지랄들을 한다. 애쓴다. 애써. 최 형사: 기자들도 별로 안 왔네.
대사	33:12	16″	경찰1: 이 리모컨을 누르면, 2분 후에 터지도록 맞춰져 있습니다. 자, 그럼 직접시연을 보시겠습니다. -차렷 더불어, 4대악 척결 캠페인으로 4대악 인형을 같이 넣어 한 방에 날려버리겠습니다. -탈착?
소리	33:28	1″	리모컨 누르는 소리(삑) 진행자가 폭탄을 작동한다.

대사	33:29	25″	최 형사: 어? 고형사 왔네. 반장: 어머니 잘 모셨어? 건수: 예. 반장: 욕봤다, 여러 모로. 최 형사: 야, 고생했다. 힘들었지? 건수: 어, 너 땜에. 반장: 그래도 최 형사한테 고맙다고 절해. 이번 건 최 형사 덕에 해결된 거야. 최 형사: 고맙지? 한턱 쏴. 건수: 알았다. 가을이 잘 있냐? 최 형사: 에이씨. 이 새끼한테 물어봐야 돼. 경우 없는 새끼.
NA	33:54	2″	최 형사가 도 형사(의) 머리를 친다.
대사	33:56	8″	건수: 하여튼 조심해야 돼. 조만간에 단속 뜰 거야. 조심해, 둘 다. 도 형사: 저거 터질 것 같은데 말입니다. 반장: 얼라들 폭죽까지고 호들갑들은.
NA	34:04	2″	(빵 폭탄 터지는 소리) 강력반원들 놀라 주저앉는다.
대사	34:06	16″	최 형사: 어우, 씨발 깜짝이야. 어우 겁나 쎄네. 놀람- 도 형사: 반장님? 저거, 반장님 새로 산 차 같은데? 최 형사: 어? 그렌져! 반장: 야이, 저, 야이! 야이씨! 최 형사: 와나, 와 조심 좀 하지.
NA	34:22	2″	반장 차 위에서 (불량식품 글씨가 쓰여진) 인형이 불타고 있다.
대사	34:24	1″	건수: 아이, 이거 키가 안 돌아가, 씨.
NA	34:25	2″	강력반 사무실, 건수가 책상서랍을 열려고 한다.
대사	34:27	1″	남 형사: 여기요~
NA	34:28	3″	남 형사가 서류 책을 건수가 책상 위에 올려놓는다.
대사	34:31	5″	건수: 뭐야, 이거? 남형사: 미제사건하고 공소시효 얼마 안 남은 사건들인데, 당분간 여기 집중하랍니다. 건수: 왜? 남형사: 징계 대신 받은 거 같습니다. 아이구.
NA	34:36	2″	(자물통 소리 딸랑) 건수가 자물통을 풀어 책상 위에 올려놓는다.

대사	34:38	2″	반장: 야, 출동 준비해. 제보 들어왔다. 건수: 예?
NA	34:40	3″	반장이 수배자 전단을 남 형사에게 내민다.
대사	34:43	4″	최 형사: 뭐요? 줘봐. 이광민이.
NA	34:47	3″	최 형사가 남 형사로부터 전단을 받아든다. (윗옷을 입는 건수)
대사	34:50	3″	아, 새끼. -생겼다이.
NA	34:53	8″	건수가 남 형사가 책상 위에 올려놓은 살인사건용의자 수배전단을 보다가 손으로 집어 들어 자세히 들여다본다.
대사	35:01	5″	반장: 야, 뭐해? 건수: 예. 반장: 빨리 나와. 건수: 예.
NA	35:06	12″	반장이 사무실을 나간다. 건수는 그대로 서서 수배전단 속 남자의 얼굴을 뚫어지게 바라본다. 이광민, 만 36세, 폭력 및 사기 전과 9범. 167cm, 58kg. 전단을 보던 건수의 표정이 갑자기 굳어진다.
NA	35:18	7″	전단 속 용의자 이광민은 건수가 자동차로 친 바로 그 남자다.
NA	35:25	2″	출동하는 승합차 안. (강력반장 사건을 설명한다.)
대사	35:27	15″	반장: 이광민 이놈은 유흥업소 바지사장 하던 놈인데, 경쟁업소 사장을 둘이나 죽인 유력한 용의자야. 이거 놔두면 근신탈출이 문제가 아니라 진급도 가능해. 최 형사: 야, 이 새끼 잡으면 니가 수갑 채워라. 내가 몰아줄게. 존나 고맙지? 히히히히.
NA	35:42	8″	최 형사가 건수를 보며 낄낄거린다. 하지만 복잡한 표정의 건수는 창밖을 보며 손으로 연신 뒤통수를 훑는다.
NA	35:50	5″	승합차가 고물상 단지에 도착한다. 반원들 차에서 내려 권총을 들고 방어하며 이광민의 고물상 입구로 다가간다.
소리	35:55	5″	형사들 발소리.
대사	36:00	5″	최 형사: 아, 저 개새끼 저거 씨. 반장님, 이거 장난전화 아닐까요? 반장: 아니야, 느낌 있어.
NA	36:05	2″	눈치를 보다 말하는 건수.

대사	36:07	3″	건수: 반장님, 저도 여기 없을 거 같은데요.
NA	36:10	4″	건수가 반장과 최 형사 뒤에 엉거주춤 서 있다.
대사	36:14	6″	반장; 그럼 어딨는데? 건수: 아이, 거야, 모르죠. 반장: 아씨, 총 꺼내. 에씨. 야!
NA	36:20	4″	최 형사와 건수가 권총을 들고 건물 안으로 들이닥친다.
대사	36:24	2″	최 형사: 꼼짝 마! 엎드려!
NA	36:26	6″	건수는 건성으로 경계하는 시늉만 하고 있다.
대사	36:32	10″	반장: 뭐야, 이거. 없잖아. 최 형사: 아이씨. 오? 반장님. 이거.
NA	36:42	1″	최 형사가 이광민의 주민등록증을 찾아낸다.
대사	36:43	2″	최 형사: 이 새끼, 여기서 살았던 거 맞네? 응?
NA	36:45	1″	달갑잖은 표정의 건수.
대사	36:46	13″	최 형사: 이거 눈치 까고 이거 튄 거 아닙니까? 반장: 일단, 단서 될 만한 거 없나 더 찾아보자. 형사들: 네. 예. 아휴, 이 새끼 어디 갔을까 씨.
NA	36:59	2″	고물상 앞에서 각자 흩어지는 강력반원들.
NA	37:01	10″	건수가 주위를 둘러보다 며칠 전 사고 현장에서 봤던 강아지를 발견한다. 강아지가 뛰어가자 건수는 뒤쫓는다.
NA	37:11	2″	(차 소리) 강아지 고물상단지를 나와 도로를 건너간다.
NA	37:13	10″	고물상 입구 도로, 건수가 좌우를 둘러보며 그곳이 바로 며칠 전 자신이 사고를 냈던 현장임을 깨닫는다. 하늘에는 구름이 잔뜩 끼어 있다.
NA	37:23	26″	건수는 연신 주위를 두리번거린다. 도로엔 사고 당시 급정거를 하며 냈던 스키드마크(타이어자국)가 선명하게 남아 있다. 그가 순찰차를 피해 숨었던 야적물 더미도 그대로다. 강아지가 사고현장을 계속 맴돌고 있다. 사고의 뚜렷한 흔적들이 눈에 띄자 불안해진 건수가 야적물 더미 쪽으로 다가간다.
NA	37:49	11″	건수는 야적물 더미 앞에 쭈그려 앉아 바닥을 이리저리 살펴본다. 그때 건수 뒤쪽에서 경찰차가 다가와 길 건너편에 주차한다.
소리	38:00	2″	경찰차 소리.

NA	38:02	4″	순경 한 명이 차에서 나와 건수에게 다가온다.
대사	38:06	4″	이 순경: 거기서 뭐 하십니까?
NA	38:10	3″	건수는 일어서며 경찰 신분증을 보여준다.
대사	38:13	8″	이 순경: 아! 중부서 이진호 순경입니다. 건수: 너 뭐야? 이순경: 교통사고 신고가 들어와서 확인 나왔습니다.
소리	38:21	1″	빠작.
대사	38:22	2″	이 순경: 응? 여긴가 보네?
NA	38:24	4″	이 순경 자신의 구둣발에 밟힌 유리 파편을 주워 비닐봉지에 담는다.
대사	38:28	6″	건수: 인명사고야? 이 순경: 아 예. 뺑소니 사곤데, 쓰러진 사람을 트렁크에 싣고 도주했답니다.
NA	38:34	2″	(까마귀 나는 소리)하늘엔 한 무리의 까마귀 떼가 날아오른다.
대사	38:36	12″	건수: 언제? 뭐? 오늘 난 거야? 이순경: 아니요, 며칠 됐답니다. 21일 밤인가? 건수: 제보자는? 이순경: 공중전화로 사고내용만 말하고는 그냥 끊었답니다.
NA	38:48	3″	(불안해진 건수가 손으로 머리를 훑는다.) 반장과 최 형사가 도로로 나온다.
대사	38:51	20″	최 형사: 고 형사! 뭐 있어? 어? 어! 이 순경! 이 순경: 충성! 최 형사: 어, 충성. 일전에 그 감찰반 엮었을 때 도와줬던 박 경위 있잖습니까? 그 친구 부섭니다. 반장: 아, 그래? 최 형사: 너 뭐하고 있었어? 이 순경: 뺑소니 조사 나왔습니다. 사람을 쳤는데, 트렁크에 싣고 도망갔다고 합니다. 최 형사: 그래? 야 이거 대범한 새끼네. 뭐 좀 나왔어? 이 순경: 저기 CCTV 화면 확보되면 확인해봐야죠.
NA	39:11	7″	이 순경이 전봇대의 CCTV를 손으로 가리키자 건수의 눈동자가 휘둥그레진다.
대사	39:18	3″	반장: 오~ 잘 됐네. 우리도 저거 함 보자.

NA	39:21	2″	반장과 최 형사도 CCTV를 올려다본다.
대사	39:23	8″	이광민이 꼬랑지라도 나오지 않겠냐? 최 형사: 네. 반장: 니가 가서 보고 와. 최 형사: 예. 건수: 아, 저, 반장님. 저기, 거기 제가 갔다 올게요.
NA	39:31	2″	건수가 급히 반장 앞으로 다가간다.
대사	39:33	16″	반장: 그럴래? 건수: 예예. 반장: 아니다, 그냥, 최 형사가 가. 건수: 아니요, 제가, 제가 갈게요. 반장: 가서 일 마치고 박 경위 술 한 잔 사주고 와. 너 박 경위 잘 모르잖아. 건수: 아니 저 그냥 오랜만에 출근했는데. 최 형사: 알겠습니다. 제가 다녀오겠습니다. 이 순경: 그럼 저는 현장사진만 찍고 들어가겠습니다. 최 형사: 어, 그래? 그럼 있다 보자. 이 순경: 예, 들어가십쇼!
NA	39:49	2″	건수는 CCTV를 다시 올려다본다.
NA	39:51	3″	중부경찰서, 최 순경이 통화중이다.(이 순경 CCTV영상을 확인중이다.)
대사	39:54	6″	최 형사: 아, 예, 알겠습니다. 나중에 크게 모시겠습니다. 예. 아 오늘이 딱이었는데. 어? 어쩐 일이냐?
NA	40:00	4″	건수가 비닐봉지에 간식을 사들고 들어온다.
대사	40:04	11″	이 순경: 안녕하세요. 최 형사: 어, 이게 무슨 안 하던 이런 아름다운 행실이야 이게. 건수: 먹어. 뭐 좀 나왔니? 최 형사: 없어.
NA	40:15	4″	건수가 이 순경 뒤에 바짝 붙어 CCTV영상을 뚫어져라 바라본다. 이 순경이 몸을 옆으로 피한다.
대사	40:19	15″	건수: 어, 뺑소니 사건은 잘 돼? 이 순경: 화질도 별로고, 사고 지역이 이쯤인 거 같은데 화면에 안 잡히네요. 건수: 어, 화질이 별로구나. 어. 최 형사: 이 순경, 먹고 하자~. 건수: 어, 일로 와. 먹어먹어.

NA	40:34	4″	건수, 안심하고 의자에 앉는다.
대사	40:38	4″	최 형사: 어, 잠깐만. 거 다시 뒤로 돌려봐. 이 순경: 예? 최 형사: 화면 말이야 화면. 뒤로.
NA	40:42	7″	최 형사가 닭다리를 입에 넣으려다 말고 모니터 화면을 가리킨다. (키보드 소리)
대사	40:49	1″	최 형사: 플레이.
NA	40:50	2″	모니터에 검정색 자동차가 스치는 모습. (최 형사 치킨을 씹으며)
대사	40:52	1″	최 형사: 거기 스탑.
소리	40:53	4″	키보드 소리.
대사	40:57	1″	최 형사: 한 컷만 앞으로.
소리	40:58	1″	키보드 소리.
대사	40:59	19″	최 형사: 그르치! 저거. 저거! 오~! 브레이크 등! 이순경: 뭔데요? 최형사: 다른 차들은 다 그냥 가는데 왜 이 차만 브레이크를 밟았을까? 갑자기 뭔가 확 나타나니까는 브레이크를 확 밟은 거야. 그 다음에 어떻게 됐을까? 빠!
대사	41:18	32″	최 형사: (화면을 정지시키고.) 사고지점이 어디라고? 이 순경: 이쯤인 거 같은데요. 최 형사: 그르치. 여기다 빡 치고 확 던져져 가지고 팍 쏠렸단 말이야. 봐 봐봐봐, 이 개새끼. 이 개새끼도 뭘 보고 있잖아. 그러니까 이건 여기에 무슨 일이 있다~ 이거지. 이 순경: 신고 된 날도 21일 밤인데요? 차종이 최 형사: 로체네 로체. 검정색 로체. 어. 니 차도 로체지? 로체 맞지, 이거? 건수: 어. 이 순경: 번호가. 최 형사: 음, 이거 8이네. 맨 앞에 8. 고 형사 이거 8 맞지? 8.
NA	41:50	9″	이 순경과 최 형사가 모니터를 뚫어져라 들여다본다. 뒤에서 건수도 긴장한 표정으로 지켜본다.
대사	41:59	8″	건수: 야, 3 아냐? 3? 이 순경: 8 맞네요, 8. 앞에도 희미하게 딱 보이네. 최 형사: 그래, 딱 8, 8이라니까. 딱 번호가.

NA	42:07	11″	최 형사가 눈을 가늘게 뜨고 모니터에 시선을 집중한다. 뒤에 앉은 건수는 두려움에 동공이 커진다.(긴장감 고조시키는 음악: 3초)
대사	42:18	6″	최 형사: 아으씨, 모르겠다. 이 순경: 아유, 뭐지?
NA	42:24	2″	한숨 돌리는 건수.
NA	42:26	4″	밤 건수의 집 거실, 건수가 소파에 앉아 얼굴을 감싸 안고 있다.
대사	42:30	49″	여동생: 우리 주말에 속초 가는 거지? 민아 생일? 건수: 갈 거야, 내가 간다 그랬잖아. 여동생: 저기 오빠, 내가 오빠한테 의논할 게 있는데. 화 내지 말고 들어. 건수: 어 여동생: 동대문 점포, 담배 가게 내보내고 토스트 가게 우리가 하면 안 돼? 오빠 거기 그런 장사 되게 잘 된대. 월세도 원래 내가 내던 대로 그대로 낼게. 건수: 어떻게 계약된 사람을 내보내? 여동생: 오빠 경찰이잖아. 건수: 아 경찰이 무슨 깡패야? 여동생: 일 좀 하게 해줘. 어? 아 우리가 언제까지 오빠한테 얹혀살 수도 없는 거고. 매제: 아 뜨거! 여동생: 아 또 데였어? 괜찮아? 매제: 어, 어. 여동생: 아, 나 저놈의 샤워기 저거 어떻게 좀 하든지 해야지. 오빠 그런데 이거 되게 좋은 생각인 거 같지? 응? 건수: 나중에 얘기하자, 나중에, 나중에.
NA	43:19	2″	건수가 일어선다.
NA	43:21	4″	건수가 방안에서 윗옷을 벗는데 여동생이 방문을 연다.
대사	43:25	27″	여동생: 아, 근데 오빠. 건수: 아, 왜? 또? 여동생: 엄마한테 혹시 남자 있었어? 건수: 아, 뭔 소리야. 여동생: 아니, 어제 내가 인생 상담 갔었는데. 거기서 자꾸 엄마한테 남자가 있다는 거야. 근데 지금도 옆에 같이 있대. 건수: 뭐 여동생: 다 맞췄거든. 저 사람 꽃집 말아 먹은 거 오빠 이혼한 거 다 알던데. 엄마한테 진짜 남자가 있었나봐.

NA	43:52	1″	건수가 놀란다.
대사	43:53	12″	매제: 정말? 장모님이? 여동생: 어, 그랬데. 매제: 어, 장모님 멋진데!
NA	44:05	11″	강력반 사무실. 건수가 책상에 앉아 '전국 검은색 로체 차량 소유주 목록'에서 서울과 경기도를 체크하며, '05마 8734' 자기 이름도 체크한다.
NA	44:16	6″	(건수: 하) (전화벨소리) 맞은편의 도 형사가 엎드려 있어 건수가 전화를 받는다.
대사	44:22	17″	건수: 네 서부서 강력반입니다. 박창민: 수고하십니다. 실례지만 제보전화 하려고 하는데요. 건수: 아, 네 잠시 만요. 네 말씀 하세요 박창민: 아 제가 이광민을 봤는데요. 건수: 네? 누구요? 박창민: 이광민 봤다고요.
NA	44:39	5″	건수가 깜짝 놀란다.
대사	44:44	6″	건수: 아저씨. 장난전화 하지 마요. 네.(전화 끊는 소리)
NA	44:50	3″	잠에서 깬 도 형사가 건수를 쳐다본다.
대사	44:53	4″	도 형사: 서부경찰서 강력반입니다.
NA	44:57	4″	건수가 도 형사를 바라본다.
대사	45:01	4″	도 형사: 아까 그 사람인 거 같은데. 건수: 왜? 도 형사: 고 형사님 바꿔 달라는데 말입니다.
NA	45:05	3″	건수가 전화를 받는다.
대사	45:08	33″	건수: 아, 왜요. 아저씨, 장난 전화하지 마시라구. 박창민: 아, 수배자 봤다고 전화한 건데 왜 그게 장난전화죠? 건수: 말씀하세요. 그럼. 박창민: 제가 이광민을 봤는데요. 건수: 지금 어디 있는데요? 네. 박창민: 제가 그걸 물어보려고 하는 건데. 건수: 장난해요. 지금. 이 양반이 진짜. 박창민: 그게 아니라. 어디로 데려 갔나요. 고 형사님 건수: 뭐요 박창민: 하늘로 솟았나요. 땅으로 꺼졌나요. 검정색 로체 고건수 씨.

NA	45:41	4″	(전화 끊는 소리)건수는 신경질적으로 전화를 끊는다.
NA	45:45	11″	건수의 휴대전화에 '발신번호 표시제한'으로 계속 전화가 오지만 받지 않는다.
NA	45:56	4″	(벨소리)사무실 전화기가 울린다.
대사	46:00	13″	도 형사: 서부경찰서 강력반. 네. 고 형사님! 건수: 어. 도 형사: 핸드폰 받으시라는데 말입니다. 건수: 뭐? 도 형사: 핸드폰.
NA	46:13	13″	건수의 핸드폰으로 다시 걸려온 발신번호 표시제한 전화. 건수는 선뜻 받지 못하다가 떨리는 손으로 전화를 받는다.
대사	46:26	5″	건수: 누구세요? 박창민: 니가 이광민 죽였다는 거 아는 사람.
NA	46:31	8″	건수가 도 형사 눈치를 보다가 사무실 밖으로 나온다.
대사	46:39	59″	박창민: 어떻게 사람 죽이고도 지낼 만해요? 건수: 아 지금 나한테 무슨 이야기하는지 도무지 모르겠는데. 당신 누구야? 박창민: 고 경사. 자꾸 그러면 안쓰러워진다. 건수: 아, 아무래도 뭔가 좀 착각을 하고 있는 것 같은데. 박창민: 아, 참 깔끔하게 숨겨놨네. 바쁘셨겠어? 건수: 아, 차는 그거 엊그저께 접촉사고가 나가지고. 보험 처리한 건데. 아 그 확실히 뭔가 잘못 아셨네. 그죠? 박창민: 고새 알리바이까지 만드셨네. 건수: 그만 끊읍시다. 박창민: 그럼 이번에는 이광민 양자산에 있다고 신고해 볼까. 깊숙이 묻으셨나 몰라. 건수: 그런 적 없으니까 시발. 시발놈아 박창민: 어, 어, 어, 끊으면 바로 신고 할 건데. 못 끊겠지. 봐봐 니가 죽였잖아. 건수: 야. 이 개새끼야.
NA	47:38	2″	경찰서 마당으로 나온 건수.
대사	47:40	9″	건수: 너 뭐야. 너 뭐하는 새끼야. 야 이…. 박창민: 아아아 저 한 번만 더 욕해도 신고한다. 쫄았지.
NA	47:49	4″	건수는 발신자가 서부경찰서 안에서 전화를 한다는 걸 알아챈다.

대사	47:53	20″	박창민: 지금 뭐 쉽게 얘기를 들을 것 같지가 않네. 속 좀 태우고 나서 그때 용건만 간단히 하자. 아, 그리고 나 찾을 생각하지 마. 귀찮게 굴면 바로 신고할 테니까. 근데 얼굴이 생각보다 좋던데. 죄책감 안 느끼나봐. 성격 좋네.
NA	48:13	22″	경찰서 정문 입구(전화 끊기는 소리 찰칵). 건수가 공중전화를 끊고 정문을 빠져 나가는 검은 색 옷차림의 남자를 발견한다. 건수는 남자를 향해 달려가지만, 남자는 주황색 택시를 잡아타고 출발한다. 건수가 남자가 탄 택시 번호를 확인하고 자기 차로 뛰어가 재빨리 차를 몰고 택시를 추격한다.
NA	48:35	39″	이차선 도로로 나온 건수 차. 건수의 표정이 다급하다. 반대 차선으로 달리다가 달려오는 차를 아슬아슬하게 피한다. 중앙선을 마구 침범하며 빈 차선으로 왔다 갔다 차를 모는 건수, 이를 꽉 깨물고 앞만 보며 핸들을 돌린다. 옆을 지나는 차 소리. (소리 살림) 건수의 차를 옆으로 피해가는 차들. 건수가 좌우를 빠르게 살피기 시작한다. 골목 교차로를 순식간에 통과한 건수는(브레이크 소리) 급히 브레이크를 밟고, 후진한다.
NA	49:14	4″	건수가 주황색 택시를 발견한다.
소리	49:18	1″	클랙슨: 빠아앙/ 건수차: 끼익/ 올라가는 소리 슈우우우웅….
NA	49:19	12″	건수가 차들을 무시하고, 방향을 틀어 위쪽으로 차를 몬다. 앞을 유심히 쳐다보는 건수. 남자가 탄 택시 큰 도로로 빠져나간다.
NA	49:31	20″	8차선 도로에 진입한 주황색 택시와 건수 차. 택시 2차선 신호등 아래 안전선 쪽에 있고, 건수의 차는 3차선에 차량 대여섯 대 뒤쪽에 있다. 도로가 막혀 건수가 조금씩 차를 움직이며 택시에서 눈을 떼지 않는다. 핸들에 한 손을 올리고 초초하게 신호를 기다린다.
NA	49:51	2″	파랑불로 바뀐 신호등.
NA	49:53	19″	(빵빵) 차를 움직이며 앞쪽 상황을 파악하는 건수, 주황색 택시가 그대로 서 있자 다른 차들이 클랙슨을 울리거나 삿대질을 하며 지나간다.
대사	50:12	2″	운전자: 아저씨. 신호 바뀌었는데 왜 안 가?
NA	50:14	2″	택시 안, 기사가 승객(남자)을 본다.
대사	50:16	15″	택시기사: 그만 갈까요? 박창민: 아저씨, 1초에 만원이라 그랬잖아요. 그럼 벌써 15, 16, 어, 20만원 버셨네.

NA	50:31	8″	남자가 택시 창문 밖으로 팔을 뻗어 휴대전화를 내보인다. 쳐다보는 건수. 남자 가볍게 휴대전화를 흔든다.
NA	50:39	8″	건수의 휴대전화에 발신자표시제한 문자가 들어온다.
NA	50:45	2″	〈차 퍼지셨어요???^^〉 (놀리는 톤으로)
대사	50:47	2″	건수: 이씨. 박창민: 준비하세요.
NA	50:49	27″	건수가 약이 바짝 올라 차에서 내려 남자가 탄 택시를 향해 달려간다. 왼쪽으로 유턴하는 택시, 필사적으로 쫓아가는 건수. 택시 속도를 내며 달려간다.
대사	51:16	10″	건수: (하, 하, 하) 하, 하, 하, 하, 하, 하. 씨발. 후.
NA	51:26	12″	낮, 건수가 가쁜 숨을 몰아쉰다. 남자, 한 건물로 들어간다. 유리문을 양손으로 열어 제치고 복도를 지나 끝 방으로 들어간다. (음악소리)
소리	51:38	2″	문 열리는 소리/캐비닛.
소리	51:40	2″	옷 벗는 소리.
NA	51:42	14″	캐비닛을 열자 와이셔츠들이 가지런히 걸려 있다. 검은색 상의를 벗은 남자의 등에는 독수리 문신이 새겨져 있다. 흰색 와이셔츠로 갈아입는 남자는 매무새를 가다듬고, 넥타이를 맨다.
NA	51:56	7″	(캐비닛 닫는 소리) 남자가 캐비닛을 닫는다.
NA	52:03	11″	교통제복을 입고 모자를 쓴 남자는 덩치가 크고, 눈빛이 매섭다. 가슴에 부착된 이름표엔 박창민이라고 써어 있다.
NA	52:14	9″	창민이 중부경찰서 밖으로 당당히 걸어 나온다.
NA	52:23	24″	(회상장면) 건수, 도로에서 처음 사고가 났던 순간, 남자의 시체, 그리고 시체를 지켜보던 강아지, 건수 다시 사고현장에서 CCTV를 올려보던 순간, 서부경찰서 복도에서 바라본 폭탄시연회(꽝). 이광민의 주민등록증, 서부경찰서 공중전화로 건수에게 전화를 걸고 유유히 빠져 나가던 박창민, 강력반 사무실로 걸려온 전화. 사고 이후 협박을 받고 있는 현재까지의 장면들이 차례로 스친다.
NA	52:47	6″	건수의 차, 최 형사가 유리창을 두드리자 운전석에 눈을 감고 기대있던 건수가 놀라 창문을 내린다. (똑똑)

대사	52:53	14″	최 형사: 왜 그래? 건수: 뭐? 최 형사: 꿈 꿨냐? 도 형사: 주무셨단 말입니까? 우린 지금 새빠지게 산 타다 왔는데. 건수: 어디 갔다 오는데? 최 형사: 양재산. 양재산. 아, 니 어머님도 그쪽에 모셨지. 건수: 응. (음악소리)
NA	53:07	2″	차에서 내리는 건수.
소리	53:09	2″	자동차 문 닫는 소리.
대사	53:11	24″	건수: 야! 건수: 근데 거긴 왜? 도 형사: 이광민 휴대폰 최종 위치가 그쪽으로 나와서 가봤는데 기지국이 중첩이 되어 가지고 위치가 정확히 나올 수가 없답니다. 최 형사: 야 거 새 차 같다. 너 범퍼 갈았냐? 뭐 사고 났었어. 건수: 어. 아 저번에 얘기 했잖아. 최 형사: 어. 앞에 싹 갈았네. 너 안 다친 게 다행이다. 최 형사: 야. 전화 건수: 어. 최 형사: 전화 왔어.
NA	53:35	22″	대시보드 위에 올려둔 건수의 휴대전화가 진동으로 울리자(진동음) 발길을 돌리는 최 형사, 도 형사가 떠난다. 건수가 황급히 차안으로 들어와 발신번호제한 전화임을 확인한다. 차 문을 닫고 창문도 올린 후 전화기를 지켜보던 건수가 주위를 살피며 전화를 받는다.
대사	53:57	56″	박창민: 그 미행을 그렇게 못해서 어떻게 해. 형사가. 흐흐흐. 고민 좀 했어요? 이제 대화가 좀 되려나. 건수: 나 하나만 물어 볼게요 박창민: 네 건수: 내가 이광민이 묻는 거 어떻게 본 거야. 그 야밤에? 박창민: 밤이라고 그걸 못 보나. 쓸데없는 데 관심 갖지 말고. 건수: 너 직접 본 거 아니구나. 너 이광민이 어디 있는지 모르지. 어? 박창민: 흐흐흐흐. 건수: 야, 너 그럼 신고하든 너 혼자 삽 들고 지랄하든 어 너 마음대로 해 봐. 야, 근데 너 절대로 못 찾아. 왜. 묻은 사실이 없으니까. 이 개새끼야. 묻은 사실이 없다고 이 시발놈아. 끊어. 시발놈.

NA	54:53	2″	전화를 끊는 건수의 눈빛이 흔들린다.
대사	54:55	8″	어우, 나 시발. 야, 고건수 쫄지 마, 시발. 아, 그래.
NA	55:03	6″	열받은 건수 얼굴이 피곤에 지쳐 있다
NA	55:09	3″	저녁, 강력반 사무실, 전화가 울린다.
NA	55:12	8″	사무실 유선전화 벨소리가 계속 울린다.
대사	55:20	12″	반장: 전화 좀 받아라. 밥 먹으러 가자. 도 형사: 서부경찰서 강력반입니다. 잠시 만요. 교통사고 제보 전화라는데 말입니다. 건수: 야야야.
소리	55:32	2″	(철컥) 전화 끊는 소리.
NA	55:34	1″	건수 달려와 전화를 끊는다.
대사	55:35	2″	건수: 장난전화야. 장난전화. 최 형사: 뭐.
NA	55:37	6″	앉지 못하고 초조하게 서 있는 건수, 형사들 책상에 앉아 각자 일에 열중이다.
소리	55:43	2″	전화벨소리.
NA	55:45	2″	건수는 전화를 받자마자 끊는다. 철컥.
대사	55:47	12″	반장: 뭔데 그래? 건수: 낮에부터 계속 장난 전화가 와 가지고요. 최 형사: 오, 아이 이 장난전화 벌금형으로 안 돼 이거. 건수: 밥 먹으러 가, 빨리. 최 형사: 어
소리	55:59	3″	전화 벨소리, 전화 끊는 소리.
NA	56:02	1″	수화기를 든 건수.
대사	56:03	3″	최 형사: 그래도 야 그거. 안 받으면 안 받는다고 지랄이야. 또.
대사	56:06	2″	(전화 놓는 소리) 최 형사: 아휴 문제야. 에휴.
NA	56:08	4″	건수가 전화벨이 더 이상 안 울리도록 송수화기를 전화기에 걸쳐 놓는다.
NA	56:12	8″	(휴대전화 벨소리) 건수 자신의 휴대전화가 울려도 받지 않는다. (음악)
NA	56:20	7″	음악소리 점점 커지고 다가오는 음악소리에 건수 긴장한다.

NA	56:27	14″	불투명 유리 뒤로 누군가 다가오는 것이 비친다. 들어서는 사람은 박창민이다. 건수가 놀라 자리에 그대로 서 있다. 굳은 표정의 창민이 들어오자마자 다짜고짜 건수를 마구 팬다.
대사	56:41	6″	최 형사: 왜 이래? 왜 이래? 왜 이래?
NA	56:47	1″	말리는 형사들.
대사	56:48	5″	박창민: 감히 내 전화를 씹어? 어? 입 한 번 열어봐, 이 새끼야. 반장: 야. 최 형사: 아니 왜 그래요?
NA	56:53	2″	건수가 황당한 상황에 어쩔 줄 몰라한다.
대사	56:55	2″	최 형사: 아니 왜 그래요?
NA	56:57	2″	전화기를 들고 건수를 내려치는 창민.
대사	56:59	12″	박창민: 아우 씨 이거 아니네. 아냐. 아냐. 아냐. 어휴. 최 형사: 뭐야. 잘못 본 거야. 우리 동료야. 박창민: 형사야. 최 형사: 예, 형사.
NA	57:11	2″	(탁)자신의 이마를 때리는 창민.
대사	57:13	27″	박창민: 어우 씨. 아우 미안해. 내 돈 갖고 튄 놈인 줄 알고. 아 죄송합니다. 최 형사: 반장님, 우리 감찰반 정보 줬던 박창민 경위입니다. 반장: 아아아 박 경위. 고마워요. 정말 고마웠어요. 우리 은인이잖아. 최 형사: 고 형사 은인한테 한 방 맞았네. 박창민: 아, 고건수 형사님이야? 최 형사: 응. 박창민: 아, 진짜. 아 이거 내가.
NA	57:40	2″	화장지를 뽑아 건수를 닦아주려 하는 창민.
대사	57:42	6″	박창민: 피 나신 거 아닌가 몰라. 아우 미안하게 됐수다. 정식으로 인사합시다. 박창민입니다.
NA	57:48	2″	창민이 손을 내민다.
대사	57:50	5″	반장: 둘 진짜 인연이네. 저 번에는 살려 주시더니만 오늘은 잡을 뻔하셨네.
NA	57:55	2″	창민이 건수의 손을 덥석 잡는다.

대사	57:57	15″	박창민: 인상 참 좋으시네. 어 어우 시발 내가 이거, 이거를, 흐흐흐. 미안해요. 어 나 화장실 좀 갔다 올게. 하하하 최 형사: 아휴, 어어.
NA	58:12	3″	유들거리는 창민은 최 형사 어깨를 치며 사무실을 나간다.
대사	58:15	5″	최 형사: 허허허허, 진짜, 하휴 박창민 뭐야. 건수: 저 사람이 박 경위야?
NA	58:20	3″	건수가 씩씩거리며 묻는다.
대사	58:23	1″	최 형사: 으응.
소리	58:24	1″	문소리.
NA	58:25	1″	화장실 안으로 건수가 들어온다.
NA	58:26	4″	건수가 빨리 화장실 문을 잠근다.
소리	58:30	2″	(찰칵:30초) 화장실 문 잠그는 소리.
NA	58:32	7″	건수가 닫힌 가운데 칸막이 앞에서 창민이 나오기를 기다린다.
NA	58:39	3″	창민이 칸막이에서 나오다 멈춰 선다.
대사	58:42	2″	박창민: 아휴 깜짝이야. 흐흐.
NA	58:44	4″	창민이 세면대로 가 손을 꼼꼼히 씻는다.
대사	58:48	3″	박창민: 인간의 유형에는 두 가지 유형이 있대요.
NA	58:51	2″	건수가 헛웃음을 친다.
대사	58:53	2″	강자 앞에서 바로 꼬리를 내리는 인간.
NA	58:55	2″	건수가 뒤에서 노려본다.
대사	58:57	6″	꼬리가 잘린 후에야 부랴부랴 애를 쓰는 인간이 있대. 우리 고건수 경사는 어느 쪽이지?
NA	59:03	8″	건수가 출입문 앞에서 무릎을 약간 꺾고 서서 창민의 뒷모습을 노려보다 실소한다. 건수가 몸을 바로 세운다.
대사	59:11	16″	건수: 경찰이었어. 박창민: 경찰 보니까 무섭지. 잡아 갈까봐. 건수: 너 원하는 게 뭐야.
NA	59:27	2″	창민이 벽에서 종이타월을 뽑아 손을 닦는다.

대사	59:29	8″	박창민: 야 니가 지금까지 했던 말 중에 제일 현명하고 똑똑한 말이다. 어, 내가 원하는 거. 간단해. 이광민 가져와. 이유는 묻지 말고. 건수: 왜?
NA	59:37	1″	건수의 말이 거슬리는 창민
대사	59:38	3″	박창민: 궁금한 게 많아지면 수명이 짧아져요.
NA	59:41	3″	창민이 돌아서서 건수를 마주본다.
대사	59:44	2″	박창민: 쓸데없는 소리 하지 말고. 가져와.
NA	59:46	4″	창민이 화장실 입구로 발걸음을 옮긴다.
대사	59:50	7″	건수: 야, 근데 어떡하냐. 나 진짜 광민이 어딨는지 모르는데. 응.
NA	59:57	9″	건수가 웃으며 창민을 조롱하듯 여유 있게 응대한다. 창민이 나가려다 돌아서서 건수를 향해 경고하듯 손가락질을 한다.
대사	01:00:06	2″	창민: 음, 안 좋아요.
NA	01:00:08	12″	참지 못한 건수가 갑자기 달려들어 창민을 벽을 향해 밀치고 등에 마구 주먹질을 가한다. 일방적으로 맞고 있는 창민. 건수가 창민의 몸을 돌려세워 목을 잡고 일격을 가하려다 창민에게 팔을 붙잡힌다. 하지만 잽싸게 빼내 창민의 복부를 가격한다. 창민이 꼬꾸라진다.
대사	01:00:20	3″	창민: 아~ 아~ 아~.
NA	01:00:23	3″	창민이 건수의 눈치를 봐가며 아픈 척한다.
대사	01:00:26	4″	창민: 아~~. 건수: 좆도 아닌 새끼가. 창민: 아, 잠깐만. 잠깐만.
NA	01:00:30	2″	창민이 일어선다.
대사	01:00:32	10″	창민: 아우 좋다. 캭. 캭. 캭. 이 경찰이 경찰을 이렇게 때리면 어떡해. 아우 주먹으로 이렇게 맞아도 이렇게 아프네.
NA	01:00:42	2″	(신음소리) 계속 엄살을 떠는 창민.
대사	01:00:44	5″	창민: 주먹으로 맞아도 이렇게 아픈데. 차에 치인 광민이는 얼마나 아팠을까.
소리	01:00:49	1″	(소리, 씨이 쿵) 후후후 막대 치는 소리.
NA	01:00:50	4″	창민이 주먹을 날리는 건수를 피해 변기칸막이로 들어가 문을 잠근다.

대사	01:00:54	2″	창민: 오오오. 건수: 야, 나와, 씨.
NA	01:00:56	2″	건수가 문을 치다가 칸막이 위로 고갤 내민다.
대사	01:00:58	2″	건수: 야, 나오라니까 새끼.
소리	01:01:00	2″	다따닥(건수를 칸막이 밑으로 끌어내리는 소리) 악(건수)
NA	01:01:02	2″	창민이 건수를 칸막이 안으로 끌어내려 바닥에 패대기친다.
대사	01:01:04	1″	건수: 아악
대사	01:01:05	3″	건수: 컥컥 창민: 야씨
NA	01:01:08	4″	창민이 건수의 머리를 변기통 안으로 처박는다.
대사	01:01:12	4″	창민: 몇 대 맞아주니까 자신감이 생기고 그런다 그지? 어?
NA	01:01:16	3″	변기통에서 건수의 머리를 잡아 올리는 창민.
대사	01:01:19	1″	건수: 우엑 어. 어. 어.
NA	01:01:20	4″	변기통 물을 들이킨 건수가 고통스러워한다.
대사	01:01:24	2″	창민: 괜찮아? 아직 쌩쌩하네. 자자….
NA	01:01:26	2″	창민이 다시 건수 머리를 변기통에 처박는다.(물소리)
대사	01:01:28	4″	창민: 어휴, 남자 둘이서 뭐하는 짓이냐. 어? 가만히 있어.
소리	01:01:32	2″	탁탁탁탁.
NA	01:01:34	2″	건수가 그만하라는 듯 창민의 다리를 손으로 두드린다.
대사	01:01:36	9″	창민: 흠흠흠. 가만 좀 있어. 그만 파닥거려. 흠흠흠~~.
NA	01:01:45	2″	창민이 허우적거리는 건수 머리를 들어올린다.
대사	01:01:47	3″	건수: 헉, 헉, 갖고 올게 갖고 올게 갖고 올게.
NA	01:01:50	4″	창민이 건수의 턱을 움켜쥔다.
대사	01:01:54	1″	우엑 켁켁켁.
대사	01:01:55	7″	창민: 나랑 대화할 때는 이렇게 하는 거야 응!
NA	01:02:02	1″	(톡톡)창민이 건수의 뺨을 툭툭 친다.
대사	01:02:03	3″	창민: 흐씨.
소리	01:02:06	1″	문소리 타당.

NA	01:02:07	3″	창민이 칸막이 문을 열고 세면대로 간다.
NA	01:02:10	4″	(물소리) 창민이 변기통 물이 묻은 손을 다시 꼼꼼히 씻는다.
대사	01:02:14	3″	창민: 그리고 오늘 밤 이광민 준비해요.
NA	01:02:17	5″	창민이 종이타월로 손을 닦고 거울을 보며 매무새를 가다듬는다.
대사	01:02:22	2″	창민: 허, 전화 할게요.
NA	01:02:24	3″	창민이 화장실 밖으로 나간다.
소리	01:02:27	1″	(화장실 문 닫히는 소리)
NA	01:02:28	3″	칸막이 안, 건수가 화장실 바닥에 널브러져 허덕거린다.
NA	01:02:31	2″	화가 치밀어 오르는 건수.
대사	01:02:33	1″	건수: 으아~ 씨.
NA	01:02:34	2″	건수가 절규한다.
소리	01:02:36	2″	배경음악.
NA	01:02:38	7″	늦은 오후, 국도변을 빠르게 달리는 건수의 차. 운전 중인 건수의 표정이 결연하다.
NA	01:02:45	6″	석양 무렵의 공원묘지, (흙 파는 소리) 건수가 삽으로 어머니 묘를 파고 있다.
NA	01:02:51	5″	(관 여는 소리) 건수가 끌개로 관 뚜껑을 연다.
NA	01:02:56	7″	푸른 방수포에 싸놓은 시체를 관에서 끌어내는 건수.
NA	01:03:03	8″	(으으어) 건수가 주위를 살피며 칼로 시신을 감싼 방수포의 줄을 잘라 시체를 푼다. (방수포 푸는 소리)
대사	01:03:11	11″	건수: 하 하 하 씨발. 분명히 찾는 뭐가 있을 거야. 죽은 사람을 찾는 이유가 뭐냐고 대체 이 씨발. 에엠.
NA	01:03:22	2″	건수가 광민의 바지에서 휴대전화를 찾아낸다.
NA	01:03:24	1″	(건수: 하!) 전원이 꺼져 있다.
대사	01:03:25	2″	건수: 아휴, 씨! 끝까지
NA	01:03:27	9″	건수가 휴대전화를 던져두고 점퍼 안주머니를 뒤지다가 안에 입은 셔츠에 피가 번져 있는 것을 발견한다.

대사	01:03:36	1″	건수: 뭐야 이거.
NA	01:03:37	1″	(다시 살펴보니) 점퍼에도 총알자국이 나있다.
소리	01:03:38	2″	셔츠 젖히는 소리.
NA	01:03:40	7″	건수가 시체의 셔츠를 풀어 젖히자 가슴에 두 개의 총알자국이 선명하다.
소리	01:03:47	1″	배경음악.(쾅!)
대사	01:03:48	3″	건수: 이거 총알 자국 아냐!
NA	01:03:51	3″	건수가 시체를 내려다보며 황당해한다.
대사	01:03:54	4″	건수: 이 새끼 죽어 있었던 거야.(음악)
NA	01:03:58	3″	건수가 이광민의 휴대전화를 챙겨 묘지를 떠난다.
NA	01:04:11	4″	밤, 이광민의 고물상 입구 도로, 건수가 차에서 내린다.
소리	01:04:15	3″	문 여는 소리.
NA	01:04:18	6″	캄캄한 고물상, 건수가 안으로 조심스레 들어온다. 손전등으로 이리저리 지저분한 실내를 비춰본다.
NA	01:04:24	4″	책상 위에서 휴대전화 충전기를 찾은 건수.
대사	01:04:28	2″	건수: 어허허
NA	01:04:30	2″	광민의 휴대전화에 충전기를 연결해 전원을 켠다.
소리	01:04:32	3″	휴대전화 켜지는 소리 띵똥.
소리	01:04:35	1″	손가락으로 책상 두드리는 소리 딱딱.
NA	01:04:36	3″	건수가 뭔가 휙 지나가는 소리에 놀란다.
대사	001:04:39	1″	건수: 거기 누구야?
NA	01:04:40	4″	손전등으로 소리가 난 안쪽을 비추는 건수.
NA	01:04:44	11″	잔뜩 긴장한 건수가 막대기를 들고 안쪽으로 들어간다. 투명한 비닐 커튼이 쳐진 쪽으로 다가가는 건수.
소리	01:04:55	3″	음악, 다시 소리 두 번 난다.
NA	01:04:58	4″	건수가 재빨리 커튼을 한쪽으로 젖히고 손전등으로 안을 확인한다.
소리	01:05:02	1″	개소리: 끼이잉.
NA	01:05:03	2″	개집에 들어있는 건 사고현장에 있던 강아지다.
대사	01:05:05	2″	건수: 아 아, 저 개새끼 저 씨발.

NA	01:05:07	3″	건수가 다가가자 개집을 빠져나가는 강아지.
NA	01:05:10	12″	건수가 개집에서 먼지투성이의 지갑을 발견한다. 지갑 속 명함들을 살피다 돼지금고의 광고명함을 유심히 들여다본다.
소리	01:05:22	3″	휴대전화 벨소리, 발걸음 소리
NA	01:05:25	9″	건수가 책상으로 달려가 광민의 휴대전화에 걸려온 전화를 받는다.
대사	01:05:34	9″	돼지금고주인: 야, 이광민 개새끼야. 너 왜 이렇게 연락이 안 돼. 나 벌써 니가 창민이한테 뒈진 줄 알았잖아. 쯧 거기 어디야. 이 새끼 왜 대답.
소리	01:05:43	1″	잠시 소리가 끊긴다.
대사	01:05:44	3″	너 이광민 아니지. 너 누구냐.
NA	01:05:47	5″	(전화 끊기는 소리) 삐삐, 건수가 걸려온 번호로 전화를 걸지만 (연결음) 연결되지 않는다.
NA	01:05:52	2″	깜깜한 도로, 빠르게 운전 중인 건수.
대사	01:05:54	26″	도 형사: 네. 나이 38세. 이름은 조능현. 전과 세 개 있고 이광민 하고는 고향 선후배 사이로 최근까지 같이 활동한 거 같습니다. 건수: 야 야 야 이 번호로 위치 확인하고 얼굴하고 현 위치 파악해서 휴대폰으로 빨랑 보내. 도 형사: 고 형사님. 이거 다 불법인데 말입니다. 이거 정식으로 서류 청구해서 승인받아야. 건수: 야, 임마, 뭔 서류 청구야. 지금 급해 죽겠는데. 빨랑 보내. 내가 책임질게.
NA	01:06:20	2″	강력반 사무실, 도 형사가 전화를 끊는다.
대사	01:06:22	2″	최 형사: 고 형사지? 도 형사: 네.
NA	01:06:24	2″	최 형사가 자리에 앉는다.
대사	01:06:26	7″	최 형사: 어디래 도 형사: 어, 어, 그건 모르겠는데 말입니다. 최 형사: 어우 씨 어딜 자꾸 싸돌아다니는 거야. 아 그거 뭐냐.
NA	01:06:33	4″	최 형사가 상의를 벗고 과태료 고지서를 집어 든다.
대사	01:06:37	9″	도 형사: 우리 팀 교통 딱지 빼 놓은 겁니다. 벌금으로 넘어가기 전에. 최 형사: 내 거냐. 어, 고건수 꺼네. 12만원. 겁나 밟았어요. 흐.

NA	01:06:46	8″	최 형사가 과태료 고지서에서 전조등이 깨진 검정색 로체 차량의 번호판 (〈05마8734〉) 사진과 날짜를 보며 눈동자가 커진다.
NA	01:06:54	1″	동네 편의점 건너편.
소리	01:06:55	1″	차 소리.
NA	01:06:56	3″	건수가 차에서 내린다.(문 닫는 소리 쾅)
NA	01:06:59	7″	건수가 휴대전화에 도 형사가 전송한 조능현의 위치정보와 사진을 확인하고 편의점 앞으로 간다.
소리	01:07:06	1″	발소리.
NA	01:07:07	5″	편의점 유리창 쪽 테이블에 서서 라면을 먹고 있는 대여섯 명의 남녀.
NA	01:07:12	3″	건수가 바깥에서 남자들의 얼굴을 찬찬히 살피며 왔다 갔다 한다.
NA	01:07:15	8″	테이블 끝 쪽에서 소주와 라면을 먹고 있는 조능현 앞에 서서 건수가 유리창을 노크하듯 두드린다.
소리	01:07:23	2″	똑똑/ 소주 따르는 소리.
소리	01:07:25	1″	배경음악.
NA	01:07:26	5″	옆문으로 급히 빠져나와 도망치려는 조능현을 건수가 막아선다.
소리	01:07:31	1″	소주병 깨지는 소리.(쟁그렁)
NA	01:07:32	2″	조능현이 소주병을 던지고 도망친다.
대사	01:07:34	1″	건수: 야이 씨!
NA	01:07:35	5″	골목길, 건수가 층계로 올라가며 도망치는 조능현을 뒤쫓는다.
대사	01:07:40	3″	건수: 야이씨! 이씨.
NA	01:07:43	5″	좁은 주택가 골목길과 층계를 오르내리며 죽을힘을 다해 달리는 조능현과 온힘을 다해 쫓아가는 건수.
대사	01:07:48	9″	건수: 허우, 씨. 야이 새끼야! 너 잡으러 온 거 아니야아! 잠깐만 얘기 좀 하자고! 씨. 야 임마! 씨.
NA	01:07:57	7″	좁은 계단을 내려가다 도로로 굴러 떨어지는 조능현. 지나가는 차를 가까스로 피한다.
대사	01:08:04	4″	건수: 야아! 야 임마! 괜찮아?! 어휴!
NA	01:08:08	2″	일어선 조능현이 8차선 도로를 위태롭게 건너간다.
대사	01:08:10	1″	건수: 야야! 위험해! 차!

소리	01:08:11	1″	차 크랙션: 빠앙.
대사	01:08:12	2″	건수: 저 새끼, 미쳤나 저거. 야아!
소리	01:08:14	2″	차 크랙션: 빠-빠-빠-빠빵
NA	01:08:16	4″	건너편 인도에 도착한 조능현이 기진맥진하여 길바닥에 뻗는다.
대사	01:08:20	6″	건수: 어, 어우! 저 또라이 같은 새끼. 저거 씨바 미친 새끼. 아, 잠깐 얘기 좀 하자니까 저거, 씨발.
NA	01:08:26	2″	건수도 완전히 탈진상태다.
대사	01:08:28	17″	조능현: 아아! 저 진짜 모른다니까요. 건수: 아, 그러니까. 박창민이 이광민을 찾는 이유가 뭐냐구, 그것만 얘기하라니까. 조능현: 아, 진짜 몰라요. 진짜. 아, 제발 좀 보내주세요, 예? 보내주세요. 건수: 야, 진짜 몰라? 어? 조능현: 몰라, 시바알!
NA	01:08:45	6″	건물 옥상, 조능현이 손이 묶인 채 옥상 모서리 끝에 세워져 있다. (어어어)
대사	01:08:51	10″	건수: 그래, 가라, 가. 조능현: 감사합니다. 건수: 야, 앞으로 좀 가봐. 야, 좀 더 가봐. 앞으로 가보라고. 영원히 보내줄게~.
NA	01:09:01	6″	건수가 조능현을 묶은 줄을 풀어버릴듯 위협하며 그의 다리를 툭툭 찬다. 조능현 금방 떨어질 듯 위태롭다.
대사	01:09:07	6″	건수: 야, 앞으로 가봐. 가봐, 임마. 조능현: 아! 풀지 말라고! 풀지 마, 개새끼야! 어으야!!! 건수: 앞으로 가, 보내 달라며! 조능현: 아, 말할게! 말할게! 말할게! 말할게! 어, 씨발. 말할게.
NA	01:09:13	2″	(빰 치는 소리) 건수가 조능현의 빰을 후려친다.
대사	01:09:15	6″	건수: 반말하지 마, 이 새끼야. 반말하지 말구, 이 새끼가. 진짜, 씨. 조능현: 말할게요.
NA	01:09:21	3″	조능현의 얼굴이 온통 땀투성이다.

대사	01:09:24	8″	조능현: 하하, 씨. 광민이가. 창민이 열쇠를 훔쳐갔어요. 건수: 열쇠? 조능현: 사금고 열쇠요. 금고 열쇠. 건수: 그게 뭐가 있는데?
NA	01:09:32	2″	조능현이 머뭇거린다.
대사	01:09:34	3″	조능현: 아씨. 건수: 아유! 새끼가 진짜, 씨!
NA	01:09:37	3″	건수가 조능현의 뒷덜미를 움켜잡고 손으로 친다.
대사	01:09:40	26″	조능현: 아악! 아유, 좀! 씨발! 존나 무섭다고! 개새끼야! 건수: 처음부터, 하나씩, 똑바로, 얘기해. 어?! 조능현: 예, 말할게요. 건수: 되묻게 하지 말고. 알았지? 조능현: 예, 말할게요. 박창민이가, 가져온 마약을. 건수: 마약? 조능현: 예. 박창민이 마약반에 있을 때, 그 압수한 마약을 빼돌렸다고요.
NA	01:10:06	6″	(회상장면) 어느 사무실 안, 마약반 경찰들이 압수한 마약가루를 개수대에 털고 수돗물을 튼다.
NA	01:10:12	3″	창민이 그 옆에 서서 경찰들의 눈치를 살핀다.
NA	01:10:15	7″	고무장갑 낀 경찰들이 계속해서 마약가루를 수돗물에 흘려보낸다.
NA	01:10:22	7″	아래층, 이광민이 위층 수도관에 연결된 호스에서 흘러내려오는 마약 물을 생수통에 모은다.
NA	01:10:29	8″	마약 물을 솥에서 끓여 증발시키고 남은 덩어리를 긁어모아 빻는 방식으로 마약을 제조한다. 건조시킨 마약가루를 술병에 넣는다.
대사	01:10:38	27″	조능현: 하, 세관에서 걸린 거, 이런 것들 하면. 양이 뭐 어마어마하다고 하는데. 뭐, 그걸 팔기도 하고, 또 클럽하고 룸 몇 개를 운영했거든요. 완전 대박 났죠. 이런 거 먹어보면 딴 데 못 가거든요. 한 번 오면 평생 고객 되는 거죠. 일본 야쿠자 새끼들까지 끼겠다고 난리 났었어요. 그래서 창민이가 기세등등하게 그 바닥에 들락날락했었으니까요.
NA	01:11:05	12″	사우나 탈의실, 커다란 덩치에 문신을 한 남자들이 한 가득 앉아 있다. 창민이 거들먹거리며 남자들 사이를 걸어가다 의기양양 양팔을 벌린다.
NA	01:11:17	5″	야쿠자 보스 서너 명이 들어가 앉은 사우나 욕조 가장자리에 창민이 신발을 신고 옷을 입은 채로 거만하게 걸터앉는다.

대사	01:11:22	9″	물소리. 조능현: 근데 야쿠자하고 계약하러 갔을 때. 딱 그때 광민이가 튄 거죠. 돈하고 마약하고 다 빼돌려가지고.
NA	01:11:31	2″	건수가 얼굴을 찡그린다.
대사	01:11:33	7″	건수: 그럼 그 열쇠. 지금 어디 있는데? 조능현: 광민이는 중요한 건 반드시 몸에 지니고 다녀요. 몸에요.
NA	01:11:40	6″	어두운 밤 공원묘지. 옆에 손전등을 켜놓고 건수가 금속탐지기로 이광민의 시체를 훑고 있다.
소리	01:11:46	10″	건수: 어흐. 하아. 삑. 삑! 삑! 삑! 삑!
대사	01:11:56	1″	건수: 내가 별짓 다하네. 진짜, 씨.
NA	01:11:57	3″	금속탐지기가 반응한 시체 항문에서 물건을 찾아낸 건수.
대사	01:12:00	3″	건수: 아으, 드러, 씨. 아으, 씨.
NA	01:12:03	4″	종이에 싸인 물건을 칼로 벗겨낸다.
소리	01:12:07	5″	종이 벗기는 소리.
NA	01:12:12	3″	둥근 립스틱 모양의 물건이 나온다.
NA	01:12:15	2″	립스틱 뚜껑을 열려는 건수.
NA	01:12:17	2″	누군가 건수의 뒤로 다가온다.
소리	01:12:19	1″	효과음 쿠웅.
NA	01:12:20	3″	환한 손전등 불빛이 건수를 비춘다.
NA	01:12:23	3″	놀란 건수가 급히 시체를 덮고 칼을 들고 방어한다.
대사	01:12:26	3″	최 형사: 고건수! 가만있어. 움직이지 마. 움직이지 마. 가만있어.
NA	01:12:29	2″	건수에게 총을 겨누는 최 형사.
대사	01:12:31	10″	최 형사: 야. 씨. 너 뭐하냐. 칼 내려놔. 건수: 야, 상우야. 최 형사: 칼 내려놔. 건수: 야, 너, 야. 최 형사: 칼 내려놓으라고, 씨발! 건수: 아, 아, 아. 알았어. 흥분하지 마. 어?
NA	01:12:41	2″	엉거주춤한 자세로 칼과 찾은 물건을 내려놓는 건수.
소리	01:12:43	1″	총 놓는 소리. 탁.

대사	01:12:44	12″	최 형사: 가, 가만있어. 건수: 야, 야야야, 야! 내가 그런 거 아니야. 최 형사: 니가 안 죽였는데, 여기 왜 있냐고! 니가! 건수: 내가, 내가, 내가 죽인 거 아니야. 이거 씨. 야! 어떻게 된 거냐면 이건. 너, 내 말, 믿어야 돼. 그러니까. 이건, 아.
NA	01:12:56	2″	최 형사가 건수 앞으로 온 교통위반과태료 고지서를 던진다.
대사	01:12:58	25″	최 형사: 이거, 이거 봐. 너, 사고 났던 날. 응? 23일. 그 이틀 전 사진이야, 이게. 응? 사고 났다는 날. 전에 이미 니 차가 이게 박살났었어. 이게 오해냐? 이게 오해야 이 새끼야?! 건수: 알았으니까 총 좀 치우라고 좀. 씨발. 건수: 야, 상우야. 야야! 야야! 너 뭐하는 거야, 이게 지금. 야! 최 형사: 우리가, 아무리 모범 경찰은 아니지만. 아니, 씨발. 이건 아니잖아 진짜! 건수: 야, 진짜! 이건 아니야 임마! 야, 나 진짜 미치겠네! 어우, 씨발!
NA	01:13:23	4″	최 형사가 곤혹스런 표정으로 건수에게 수갑을 채운다. 건수는 울부짖는다.
NA	01:13:27	3″	공원묘지 입구에 최 형사와 건수의 차가 주차돼 있다.
NA	01:13:30	3″	최 형사가 담배를 피우다 자신의 차에 탄다.
소리	01:13:33	4″	차 문 여는 소리.
대사	01:13:37	2″	최 형사: 하.
NA	01:13:39	1″	최 형사의 차 안, 운전석 창 손잡이에 수갑을 찬 채 묶여 있는 건수.
대사	01:13:40	13″	최 형사: 너 어쩌다 이 지경까지 왔냐? 건수: 됐다, 그만해라. 서에 가서 전부다 얘기할 테니까. 빨리 가자. 하. 나 오늘 진짜 피곤하거든?
NA	01:13:53	3″	최 형사와 건수가 눈을 감으며 등받이에 등을 기댄다.
대사	01:13:56	27″	건수: 뭐 어떻게 되든 간에. 빨리 가서 좀, 쉬고 싶다. 최 형사: 쉰다고. 쉬겠다? 치. 너 참 편해. 어? 야. 너 과실치사에 시체 유기면 환갑이 돼도 못나와. 넌 그렇다고 치자. 니 딸은? 에휴, 내가 너 땜에 진짜, 씨.
NA	01:14:23	4″	(라이터 켜는 소리) 최 형사가 담배에 불을 붙여 입에 물고 주머니에서 열쇠를 꺼낸다.

소리	01:14:27	2″	부스럭
대사	01:14:29	6″	최 형사: 에휴, 씨발. 몰라. 모르겠다. 니 마음대로 해. 니 알아서 해.
NA	01:14:35	1″	건수의 수갑을 풀어주는 최 형사.
대사	01:14:36	1″	최 형사: 에휴.
NA	01:14:37	2″	교통위반과태료 고지서를 내미는 최 형사.
대사	01:14:39	1″	최 형사: 이거 가져가.
대사	01:14:40	4″	최 형사: 모르겠다. 씨.
NA	01:14:44	2″	최 형사가 고지서를 찢어 창밖으로 버리자 건수가 놀란다.
대사	01:14:46	10″	최 형사: 휴. 내가 너 잡아넣고, 맘 편히 살겠냐? 참, 니 팔자도 가관이다. 가관이야. 어머니 장례 치른 지 얼마나 됐다고. 이게 뭐냐, 이게 씨.
대사	01:14:56	7″	건수: 상우야. 최 형사: 고맙다는 말, 하지 마. 쪽팔리니깐. 건수: 나 좀 도와주라. 최 형사: 뭘 또?
대사	01:15:03	22″	건수: 나 지금 협박당하고 있다. 경찰한테. 최 형사: 뭔 소리야, 또~! 건수: 너도 아는 놈이야. 박창민. 이광민 그 자식도, 그 인간이 죽인 거 같아. 저 위에 있는 시체. 그거, 이광민이야.
NA	01:15:25	3″	최 형사가 담배를 손에 든 채 어이없어 한다.
대사	01:15:28	11″	너, 지금부터 내가 하는 얘기. 무조건 믿어야 돼. 알았지? 그러니까 그 날. 내가, 사람을 친- 핸드폰 잉- 잉- 잉-
대사	01:15:39	1″	건수: 잠깐만.
NA	01:15:40	2″	발신번호 표시제한 전화가 건수에게 걸려온다.
소리	01:15:42	2″	이잉- 이잉-
NA	01:15:44	2″	건수가 망설이다 전화를 받는다.

대사	01:15:46	10″	건수: 여보세요. 창민: 어, 난데. 옆에 최 형사 있지? 건수: 뭐? 창민: 밖으로 좀 나와라. 중요한 얘기다. 건수: 너 지금 우리 지켜보고 있는 거야? 어?
NA	01:15:56	4″	건수가 차 안에서 주위를 두리번거리지만 아무것도 보이지 않는다.
대사	01:16:00	7″	창민: 최 형사한테 민폐 안 끼치려면 빨랑 밖으로 나와서 받어. 최 형사: 야!
NA	01:16:07	3″	최 형사가 말리지만 건수는 차에서 나온다.
대사	01:16:10	4″	최 형사: 아, 뭔데에!/쿵
대사	01:16:14	10″	건수: 너 훔쳐보는 게 취미냐? 어? 아이씨, 죽인다. 창민: 쓸데없는 소리 하지 말고, 그 앞에 도로 있잖아. 그렇지. 그 쪽으로 계속 걸어 나와. 한 다섯 발자국만 더 나와 봐.
NA	01:16:24	3″	창민의 지시대로 도로변으로 걸어 나온 건수.
대사	01:16:27	12″	창민: 나왔어? 건수: 그래 왔다. 너 어디야? 어?! 창민: 오케이. 건수: 여보세요. 야. 야! 야. 하, 이 새끼, 씨.
NA	01:16:39	3″	건수가 전화기를 귀에서 떼고 캄캄한 좌우를 둘러본다.
소리	01:16:42	2″	(컨테이너 떨어지는 소리) 쿵 쾅.
NA	01:16:44	32″	건수가 뒤돌아보자 컨테이너가 떨어져 완전히 납작해진 최 형사 차에서 연기가 부옇게 인다. 건수는 박살난 최 형사의 차를 보며 망연자실 할 말을 잃는다. 건수가 주위를 둘러보다 압록트럭 위에서 내려다보는 창민을 발견하고 분노에 떤다.
NA	01:17:16	6″	(전화 벨소리) 건수는 자기 때문에 죽은 최 형사가 불쌍해 울먹이며 발신표시제한 전화를 받는다.

	01:17:22	01′:06″	창민: 아 그. 트럭운전수 어때. 깔끔하던가. 나 더 이상 말로 안 한다고 했지. 내일 오전 6시까지 이광민 꺼내와. 건수: 너 뭐하는 짓이야. 내가 갖고 간다 했잖아. 개새끼야. 창민: 너 지금 울어. 야! 너 되게 감성적이었구나. 야! 우리 그러지 말고 이제 일하자 건수: 다 필요 없어. 나 이제 뭐 자수할 거니까. 너도 이제 끝이야. 개새끼야. 너도 끝이야. 개새끼야. 창민: 그래요. 그럼 잠깐만 있어 봐요. 여동생: 누구세요. 창민: 네. 조금 전에 전화 드린 박창민 경위입니다. 여동생: 안녕하세요. 창민: 아, 반가워요. 여동생: 아, 오빠 아직 안 왔는데. 창민: 지금 통화 중이었는데. 에. 지금 집에 도착했어요. 건수: 야! 이 개새끼야. 창민: 안에서 기다려요. 아 그래요. 빨리 와요. 아이고 니가 민아구나! 건수: 야 잠깐만.
NA	01:18:28	15″	건수는 창민이 자신의 집에 도착했다는 말에 전속력으로 차를 몰아 집으로 향한다.
NA	01:18:43	4″	건수의 집, 건수가 손에 권총을 들고 급히 현관으로 들어선다.
대사	01:18:47	2″	매제: 형님, 오셨어요. 여동생: 오빠.
NA	01:18:49	2″	건수가 집안 여기저기를 둘러본다.
대사	01:18:51	2″	매제: 민아 자요.
NA	01:18:53	8″	민아 방문을 연 건수는 민아가 침대에 잠들어 있자 비로소 안도의 숨을 내쉬며 방문을 조용히 닫는다.
대사	01:19:01	7″	여동생: 오빠. 여동생: 오빠 왜 그래?
NA	01:19:08	2″	민아 방 앞에서 숨을 고르는 건수.
대사	01:19:10	8″	건수: 야, 건수: 누구 오지 않았어. 어? 여동생: 오빠 친구. 민아 장난감 사주고 금방 갔어. 왜 그래.

NA	01:19:18	20″	여동생은 라면을 끓이다 젓가락을 들고 건수의 행동과 말에 의아한 표정을 짓는다.
NA	01:19:38	40″	다시 민아의 방, 건수는 민아가 장난감을 손에 든 채 잠들어 있자 장난감을 빼내 협탁 위에 놓고 이불을 바로 덮어준다. 그때 건수의 휴대전화에 창민이 보낸 문자가 들어온다. 〈고맙지? 네가 자수한다고 끝이 아니야. 우리 감방 가더라도 여기 올 사람 많아. 이광민이 데리고 6시까지 와. *장소: 위도 36° 6′ 52, 41″ 경도 126° 46′ 40, 26″〉 건수는 질린다는 표정으로 바닥에 주저앉아 손으로 머리를 훑는다. 건수가 권총 탄환 다섯 개를 손바닥에 올려놓고 응시하다 꼭 쥐고 비장한 표정으로 민아 방을 나온다.
NA	01:20:18	2″	건수가 자기 방으로 들어간다.
대사	01:20:20	15″	건수: 야, 콘도 예약해 놨으니까. 민아 깨면 내일 아침 일찍 너희들 먼저 강원도로 가. 알았지. 여동생: 오빠 같이 안 가? 건수: 내 일 마치면 금방 갈 테니까. 너희 먼저 가. 여동생: 언제 올 건데. 건수: 최대한 빨리 갈 테니까 먼저 가라구. 여동생: 오빠 뭐 안 좋은 일 있는 거 아니지.
대사	01:20:35	7″	건수: 아니야. 야. 이거 콘도 영수증이니까 이거 가지고 가. 알았지 나 갈게.
NA	01:20:41	2″	건수가 영수증을 식탁 위에 놓고 나간다.
NA	01:20:43	2″	경찰서 무기보관실, 공포탄 다섯 발과 실탄 다섯 발이 나란히 탁자 위에 놓여 있다.
대사	01:20:45	12″	무기보관실 순경: 공포탄 다섯 발 회수됐고요. 실탄 다섯 발. 아, 고 형사님. 반출확인서에 사인 좀 해주세요. 어, 없네. 잠시만요.
NA	01:20:57	2″	순경이 통제구역으로 들어가자 건수는 권총에 실탄을 장전한다.
대사	01:20:59	10″	무기보관실순경: 아, 고 형사님, 야식 시켰는데 식사 안 하셨으면 같이 드실래요. 고기가 이게 뭔가 소스가 달라요. 아이 맛있더라고요.
NA	01:21:09	3″	건수는 통제실 안을 뚫어져라 바라본다.
NA	01:21:12	16″	동이 터오는 들판, 건수가 트렁크에 실은 이광민 시체 안에 뭔가(폭발장치)를 집어넣는다.
대사	01:21:28	2″	건수: 그래, 돌려준다. 개새끼.

NA	01:21:30	6″	건수는 폭발장치 리모컨을 자동차 열쇠고리에 끼우고 운전석에 올라 출발한다.
NA	01:21:36	25″	건수의 차는 길 양편으로 벼가 익어가는 넓은 들판 길을 지나 산길을 달려간다. 창민은 건수 휴대전화로 지시를 내린다.
대사	01:22:01	10″	창민: 어, 이제 그 속도 좀 줄이고. 더 이상 오지 말고 그쯤에 멈춰. 어, 내려서 가져와.
NA	01:22:11	33″	작은 저수지, 건수는 창민의 차가 보이자 100여 m 앞에서 차를 멈춘다. 건수는 리모컨을 주머니에 넣고 차에서 내려 이광민의 시체를 메고 창민의 차를 행해 걸어간다. 건수 차 대시보드 위에서 웃고 있는 민아 사진. 창민은 흰색 밴의 트렁크를 열어 놓고 그곳에 걸터앉아 건수를 기다리다 일어서서 건수를 향해 다가온다.
대사	01:22:44	2″	창민: 실어
NA	01:22:46	6″	건수, 창민의 트렁크에 시체를 싣는다. 창민이 주위를 살피며 건수의 등을 잡고 몸을 수색한다.
대사	01:22:52	3″	창민: 가만있어. 가만있어. 새끼야. 이거 봐 이거. 새끼.
NA	01:22:55	5″	건수의 허리춤에서 권총과 열쇠꾸러미를 발견한 창민.
대사	01:23:00	2″	창민: 야, 뭐 다른 건 없어.
NA	01:23:02	4″	창민이 건수의 권총에서 탄환을 탈착하여 땅에 버린다.
대사	01:23:06	2″	창민: 헤헤. 이 새끼 봐라.
NA	01:23:08	13″	창민이 빈 권총을 건수에게 돌려주고, 금속탐지기로 열쇠꾸러미도 검색하고 나서 건수에게 던져준다. 건수는 땅에 떨어지지 않도록 급히 받으며 식겁한 표정이다.
대사	01:23:21	1″	잡아.
NA	01:23:22	20″	창민이 금속탐지기로 방수포에 싸인 이광민의 시체를 훑는다. 금속탐지기가 반응하자 방수포를 들추는 창민.
대사	01:23:42	2″	창민: 이 새끼 잘 갖고 있네.
NA	01:23:44	2″	창민이 만족스런 미소를 짓는다.
대사	01:23:46	8″	건수: 야 그 총알자국. 니가 죽였냐. 창민: 그래. 그 총알자국. 오케이. 총을 쐈어. 그 다음 차가 바로 꽉.
NA	01:23:54	6″	창민은 열어 놓은 트렁크에 걸터앉고 건수는 창민을 노려보며 마주 서 있다.

	01:24:00	8″	창민: 그럼 누가 죽인거야. 너야. 나야. 오케이 뭐. 그건 중요한 게 아니고. 건수: 그럼 이젠 끝난 거지.
NA	01:24:08	4″	건수가 폭탄 리모컨을 만지작거린다.
대사	01:24:12	4″	창민: 뭐 확인서 써줄까. 건수: 간다.
NA	01:24:16	3″	건수가 리모컨을 누른다.
대사	01:24:19	3″	창민: 저 잠깐만. 마무리를 해야지.(탕)
NA	01:24:22	3″	창민이 건수의 등 뒤에서 권총을 쏜다. 건수는 빨리 몸을 숙인다.
대사	01:24:25	47″	창민: 아이 이 공포탄이잖아. 건수: 야 야 야 잠깐만 야. 씨발 나도 형사 짠밥 10년인데 씨발 달랑 권총 하나 들고 왔겠냐. 씨발. 야. 잠깐만. 야 씨발 너 나 지금 죽이잖아! 야, 그러면 예약된 메일 하나가 아침에 경찰서로 날아가. 너. 창민: 또. 건수: 니가 그동안 마약 빼돌려 처먹은 거 그거. 유흥업소 불법 운영한 거. 이광민이 살해한 거. 최 형사 살인교사 한 것까지 다 적혀 있어. 뭐 니가 잘못한 거의 극히 일부겠지만. 최소한 무기징역 나온다에 내가 십팔만 원 건다. 씨발. 새끼야. 창민: 뭐 더 있지 않나.
NA	01:25:12	2″	건수 (성큼성큼) 창민에게 다가간다.
대사	01:25:14	11″	건수: 쏘아봐 씨발. 쏘아봐. 같이 죽든가. 쏘지 않을 거면 이 총 치워라. 씨발. 시간 가니까.
NA	01:25:25	6″	건수가 창민의 손에 든 권총에 자신의 이마를 쏴보라는 듯 갖다 대고 노려본다.
대사	01:25:31	2″	창민: 오케이.
NA	01:25:33	2″	창민이 권총을 건수의 이마에서 뗀다.
대사	01:25:35	10″	창민: 야. 너를 왜 죽여. 쓸 만한 친구를 만났는데. 내가 왜 허허허. 어차피 우리 한 배 탔잖아. 어.
NA	01:25:45	2″	건수가 빨리 손목시계를 본다.
대사	01:25:47	15″	창민: 나랑 일 하자. 애들 삥 같은 거 그만 뜯고 돈 많이 벌어야지. 열심히 살아야지. 민아도 이쁘게 키우고. 와, 와. 이거 죽였어. 어. 늦겠다. 가봐.

NA	01:26:02	6″	건수가 뒷걸음질을 치다 돌아선다. 창민은 차에 올라탄다.
NA	01:26:08	10″	창민이 차에 시동을 걸자 건수는 빠른 걸음으로 자신의 차로 돌아간다.
대사	01:26:18	2″	건수: 아이씨 또 왜 이쪽으로 와.
NA	01:26:20	12″	창민이 차를 돌려 건수 쪽으로 다가온다. 창민의 차가 건수를 지나쳐간다.
대사	01:26:32	2″	건수: 왜 왜 왜.
NA	01:26:34	2″	건수가 빨리 손목시계를 보며 뒷걸음질 친다.
대사	01:26:36	4″	건수: 왜 왜 오지 마. 오지 마. 야 씨발.
NA	01:26:40	6″	다시 창민이 차를 후진하여 건수에게 다가온다.
대사	01:26:46	16″	창민: 고 형사. 여기 조금만 가면 맛 집 해장국집이야. 여긴 내가 아무도 모르는 데야. 내가 특별히 딱 너만 데려갈 테니까. 거기 선지가. 건수: 안 먹어~.
NA	01:27:02	2″	무안해진 창민.
대사	01:27:04	1″	창민: 알았다.
NA	01:27:05	6″	창민의 차가 떠나자 건수는 다시 초초하게 손목시계를 본다.(쾅)
NA	01:27:11	1′:24″	몇 십 미터 앞에서 창민의 차가 폭발하며 저수지로 굴러 떨어진다. 건수가 귀를 막고 주저앉았다가 일어서서 급히 달려가 조금 전 창민이 길바닥에 버린 탄환 2개를 줍는다. 건수는 빨리 이광민의 차가 굴러 떨어진 뚝 아래로 달려 내려가 권총을 꺼내든다. 이광민의 차는 수면 아래로 가라앉는다. 건수가 권총에 장전하다 총알 하나를 놓친다. 건수 창민이 떠오를 것을 대비하여 수면을 향해 계속 권총을 겨냥하고 있다.
NA	01:28:35	42″	수면 가까이에 창민의 검은 머리가 떠오르자 건수 긴장하며 권총을 겨눈다. 하지만 창민은 두 손을 앞으로 뻗은 채 서서히 수면 아래로 가라앉는다. 건수는 저수지 한쪽 벽에 그려진 16m의 수심을 확인하고 다시 시계를 들여다본다.
NA	01:29:17	25″	건수가 권총을 거두고 털썩 주저앉는다. 잠시 후 엉덩이를 털며 일어나 뚝 위로 올라간다. 차에 탄 건수가 차를 후진한 다음 방향을 돌려 현장을 빠져 나간다.
NA	01:29:42	12″	(음악소리 들으며) 창민이 가라앉은 수면은 아무 일도 없었던 듯 바람에 물살이 조용히 일렁인다.

NA	01:29:54	23″	건수의 집 목욕탕, 물속에 잠겨 있는 건수의 얼굴, 건수가 욕조에서 몸을 일으킨다. 한숨을 내쉬고 머리를 훑으며 심난한 표정을 짓는 건수.
NA	01:30:17	10″	옷을 입고 거실로 나온 건수가 가방을 메고 있다. 건수는 탁자 위에 놓인 권총을 집어 서랍에 넣고 휴대전화를 받는다.
대사	01:30:27	8″	건수: 어, 이제 갈 거야. 야. 민아 뭐해? 여동생: 아, 잠깐만. 민아야. 아빠 전화. 건수: 아. 민아야. 아빠. 밥 먹었어?. 미역국이랑.
NA	01:30:35	7″	바닷가 모래사장, 민아에게 건수로부터 온 전화를 건넨 여동생이 남편과 물장난을 친다.
대사	01:30:42	16″	민아: 응. 많이 먹었어. 건수: 아빠 거기 없어도 너 고모랑 고모부 말 잘 듣고 너 밥도 잘 먹고 그래야 돼. 어? 민아: 알았어. 아빠도 빨리 와. 건수: 그래, 조금만 기다려.
NA	01:30:58	2″	건수의 집 거실, 건수가 미소 짓는다.
대사	01:31:01	9″	민아: 아빠 빠이빠이. 건수: 그래. 빠이빠이. 민아: 아빠 많이많이 사랑해. 건수: 응. 여동생: 아빠 뭐래. 아빠 언제 온대. 민아: 빨리 오신대요. 여동생: 앙.
NA	01:31:10	4″	건수가 울컥하는 표정으로 전화를 끊는다. 그리고 어깨에 멨던 가방을 바닥에 내려놓는다.
대사	01:31:14	2″	건수: 후….
NA	01:31:16	26″	가방을 내려놓은 건수는 뭔가 결심한 듯 비장한 표정이다. 건수가 휴대전화 전화부에서 반장을 검색한다. 건수가 신발을 신으려 앉았다 일어선다. 결심한 듯 전화를 걸며 현관을 나선다.
대사	01:31:42	1″	창민: 집에 있었구나.
NA	01:31:43	2″	오른쪽 얼굴에 잔뜩 화상을 입은 창민이 현관에 들어선다.
대사	01:31:45	3″	창민: 고맙다. 아~. 어~.
NA	01:31:48	11″	창민이 경악하는 건수를 밀치며 구둣발로 화장실에 걸어 들어가 소변을 본다.(오줌발 소리)

대사	01:31:59	2″	창민: 어휴. 어.
NA	01:32:01	17″	창민이 물을 내리고 화장실을 나온다. 건수는 충격이 가시지 않은 듯 현관에 그대로 서 있다.
대사	01:32:18	7″	창민: 놀랬구나. 나도 놀랬다.
NA	01:32:25	4″	건수는 귀신이라도 본 듯 놀라 아무 말도 하지 못한다.
대사	01:32:29	2″	창민: 들어와.
NA	01:32:31	2″	창민이 건수에게 다가간다.
대사	01:32:33	2″	창민: 들어와.
NA	01:32:35	23″	창민이 건수의 멱살을 잡고 마구 때리고 발로 찬다. 창민이 화분을 들어 건수에게 내던진다. 넋이 나간 건수는 아무런 대항을 하지 못한 채 그냥 맞고 있다. 창민이 바닥에 쓰러져 일어나지도 못하는 건수에게 다가가 다시 발로 찬다. 건수가 바닥에 나둥그러진다.
NA	01:32:58	24″	바닥에 떨어진 건수의 휴대전화에 반장으로부터 전화가 걸려온다. 분노로 눈이 뒤집힌 창민은 손과 발로 건수를 무자비하게 후려친다. 급기야 건수를 집어 들어 책장 쪽으로 내던진다.
소리	01:33:22	6″	건수 신음소리.
NA	01:33:28	9″	창민이 건수의 몸 위로 책장을 잡아당겨 넘어트린다. 책장 아래 깔린 건수가 꼼짝도 하지 않자 창민은 당황한다.
대사	01:33:37	5″	창민: 죽어. 씨발.
NA	01:33:42	4″	창민이 주저앉아 건수가 죽었는지 확인하려는데 건수의 발이 꿈틀거린다.
대사	01:33:46	3″	창민: 아~ 놀래라. 아이, 씨팔. 퉤.
NA	01:33:49	14″	창민이 일어서서 냉장고에서 생수병을 꺼내 식탁에 걸터앉아 벌컥벌컥 들이킨다. 물이 얼굴에 난 상처에 쏟아지자 창민은 따가워 얼굴을 찡그린다.
대사	01:34:03	4″	창민: 아이, 쓰스쓰 아이.
NA	01:34:07	6″	책장 아래 깔린 건수가 몸을 움직여보려 하지만 꼼짝도 할 수 없다.
NA	01:34:13	3″	창민은 벽을 손으로 후려치고 거울을 보며 머리모양을 가다듬는다.
대사	01:34:16	8″	창민: 아이, 내가 너 땜에 개새끼야. 장수 기록 갱신한다. 이 새끼야.

NA	01:34:24	35″	책장 밑에 깔린 건수의 눈에 책상서랍에서 빠져나온 권총이 들어온다. 건수가 손을 뻗쳐 권총을 잡으려고 한다. 창민은 계속 거울을 보며 얼굴을 가다듬는다. 건수의 손이 겨우 권총에 닿아 꺼내려는데 못에 걸려 권총을 빼낼 수가 없다. 창민이 건수의 발을 잡아끈다.
대사	01:34:59	4″	창민: 야, 너 거기서 뭐하냐. 이리 나와 봐. 새끼야. 건수: 야이.
NA	01:35:03	4″	책장에서 빠져나온 건수가 창민을 발로 차며 반격한다.
대사	01:35:07	3″	창민: 또, 하자구. 또, 하자구.
NA	01:35:10	2″	건수가 얼른 자기 방으로 들어가 손잡이를 잠근다.
대사	01:35:12	3″	창민: 문 열어 개새끼야.
NA	01:35:15	24″	건수가 서랍장으로 문을 가로막고 이어서 침대를 끌어와 문을 막는다. 창민이 가위로 나무로 된 방문을 부순다. 뚫린 구멍으로 안을 들여다보던 창민이 손을 넣어 손잡이를 열려고 한다. 건수가 뭔가 공격할 도구를 찾다가 그대로 달려들어 창민의 손을 잡아당기며 입으로 문다.
대사	01:35:39	10″	창민: 너 뭐하는 거야? 이 새끼야. 창민: 야~. 건수: 아. 저 미친 새끼 아냐.
NA	01:35:49	13″	창민이 문밖에서 손을 잡아당기며 방문을 친다. 창민이 문밖에서 손을 빼내려 힘을 써보지만 건수가 안에서 창민의 손을 넥타이로 묶어 잡아당겨 꼼짝할 수 없다. 문을 사이에 두고 두 사람의 힘 대결이 팽팽하다.
대사	01:36:02	14″	너 뭐할 거야? 이 새끼야? 아아 야?
NA	01:36:16	11″	건수는 넥타이를 묶어 줄을 만든 후 창민의 손을 방문 상단 옷걸이에 묶어 놓고 베란다로 나와 아파트 아래쪽을 살핀다. 아파트 16층 아래쪽 바닥이 아찔하게 내려다보인다.
대사	01:36:27	11″	건수: 아이 씨. 건수: 야! 이. 야! 이.
NA	01:36:38	29″	건수가 두 눈을 질끈 감고 베란다 밖으로 나와 벽을 타고 옆 베란다로 가려고 시도한다. 옆 베란다에 건수의 손이 닿을 듯 말 듯 위태롭다. 건수는 혼신의 힘을 다해 가까스로 옆 베란다를 통해 거실로 넘어 들어가 쓰러진다.(쿵) 옆방에서 창민이 그 소리를 듣는다.
대사	01:37:07	2″	창민: 야, 너 너 날았냐. 어?
NA	01:37:09	22″	창민이 죽을힘을 다해 손을 묶은 넥타이 줄을 끊어낸다.

대사	01:37:31	11″	창민: 이놈의 개새끼야. 어이, 이리와 개새끼야. 건수: 야.
NA	01:37:42	28″	건수는 넘어오면서 팔이 다쳤는지 일어나지 못한다. 그 사이 창민이 거실로 건너온다. 창민이 상의를 벗고 본격적으로 건수를 가격하기 시작한다. 건수가 온힘을 다해 창민을 향해 몸을 날린다.
NA	01:38:10	33″	목욕탕, 건수와 창민이 욕조 안에서 격투를 벌린다. 창민이 샤워기 호스로 건수의 목을 조인다. 벽 위쪽 샤워기에서 뜨거운 물이 쏟아지자 둘은 진저리를 치며 욕조 밖으로 나온다.
NA	01:38:43	1′:01″	목욕탕 밖으로 빠져나간 창민이 건수의 머리를 붙잡고 입으로 문다. 건수 바닥에 깔린 채 저항하지 못한다. 목욕탕 샤워기에서는 물이 계속 쏟아진다. 엎치락뒤치락 하던 두 사람은 거의 동시에 책장 밑에 깔린 권총을 발견한다. 창민이 먼저 권총을 차지하려고 기어가고 그 뒤에서 건수가 쫓아간다. 두 사람은 먼저 권총을 차지하려고 권총을 향해 손을 뻗치며 사투를 벌린다. 하지만 권총은 책장 못에 걸려 꺼낼 수가 없다.
소리	01:39:44	1″	탕(총소리)
NA	01:39:45	1′:01″	그때 두 사람의 손가락에 잘못 건드려진 권총에서 총알이 오발돼 어항이 깨어지고 물이 쏟아진다. 두 사람은 기절한 듯 꼼짝도 않고 어항 속에서 쏟아져 나온 금붕어들이 허우적거린다. 잠시 뒤 건수가 눈을 뜬다. 바닥에 물과 함께 피가 흥건하게 흘러나오는 것을 본 건수는 권총을 살핀다. 총알이 발사된 권총에선 아직 탄연이 피어오른다. 바닥에서 일어나지 못한 채 건수는 눈동자가 휘둥그레진다. 건수는 창민의 눈동자가 떠진 채로 미동도 하지 않는다는 것을 발견한다. 건수는 총알이 창민을 향해 발사되어 그가 죽었다는 것을 비로소 깨닫고 눈을 질끈 감는다. 거실에는 창민과 건수가 책장에 깔려 있고, 깨어진 어항에서 흘러나온 물과 창민의 피로 거실 바닥이 핏빛으로 흥건하다.
NA	1:40:46	7″	저수지, 경찰이 출동하여 크레인으로 창민의 차를 물속에서 끌어올리고 있다.
대사	01:40:53	23″	경찰청 차장: 현직경찰. 마약 절취 및 밀매. 불법 유흥업소 운영. 경관살해. 살인교사. 뺑소니 사체유기. 폭발물절취. 이거 알려지면 우리 다 죽는다. 이거 덮자. 취조실 비서: 예? 아, 저 친구는 어떻게 할까요?
NA	01:41:16	4″	경찰청 차장실, 차장은 취조실 안에 앉은 건수를 난감한 표정으로 바라본다.

대사	01:41:20	14″	경찰청 차장: 하, 청장님 새로 취임하자마자 이게 뭐냐. 장 반장이라 그랬냐. 반장: 네, 그렇습니다. 경찰청 차장: 이거 죽을 때까지 묻어 둘 수 있겠냐. 저 친구를 위해서.
NA	01:41:34	4″	반장과 차장, 취조실에 탈진하여 앉은 건수를 건너다본다.
대사	01:41:38	4″	반장: 네. 무덤까지 가겠습니다. 경찰청 차장: 그래.
NA	01:41:42	10″	경찰서 강력반, 이마에 반창고를 붙인 건수가 책상을 정리하고 있다. 옆자리에서 반장이 건수를 지켜보고 있다.
대사	01:41:52	25″	반장: 너 기분은 알겠는데. 기분으로 인생사냐? 공기 좋은 데 가서 한 1년 푹 쉬고 나오면. 1년 그거 금방이다. 너 퇴직금 나눠서 최 형사 어머니 가게 차려주려고 한다면서. 경찰 관두면 뭐하게. 어? 건수: 우리나라에 직업이 만이천 개가 된다는데. 뭐 할 일 없겠어요.
NA	01:42:17	3″	반장이 자리에서 일어난다.
대사	01:42:20	2″	반장: 그래도 임마 너까지 나가면 아무도 없잖아.
NA	01:42:22	3″	건수가 반장을 바라본다.
대사	01:42:25	17″	반장: 건수야. 너 경찰 됐을 때 다짐 그거 기억하냐. 반드시 이루겠다던 니 목표. 건수: 정년퇴직요. 반장: 그래, 우리 같은 공무원들 최대목표 정년퇴직하기. 우리 초심 잃지 말자. 사표 처리 안 하고 기다릴 테니까 빨리 돌아와.
NA	01:42:42	11″	건수는 대답은 하지 않고 미소 지으며 책상을 마저 정리한다. 건수 책상 위의 스탠드를 끄며 반장에게 인사한다.
대사	01:42:53	2″	건수: 가보겠습니다.
NA	01:42:55	2″	건수가 사물상자를 들고 사무실을 떠난다.
NA	01:42:57	5″	공원묘지, 건수 어머니의 묘지를 다시 정비한다.
대사	01:43:02	36″	건수: 아저씨 봉분 테두리 쪽으로 해가지고 돌림석을 좀 단단히 좀 해주세요. 파헤쳐지지 않게. 장례지도사: 무슨 왕릉도 아닌데. 누가 파헤치겠습니까. 건수: 아, 아무튼 튼튼하게 해 달라구요. 장례지도사: 거 어머님이 자제분들 교육을 잘 시키셨구나. 요즘 세상에 부모님 묘소 이렇게 돌보는 사람이 어딨습니까. 흐흐. 내 저번부터 봤는데 어휴 우리 이 양반이 효자야. 효자. 흐흐흐 예.

			여동생: 좋겠네. 효자. 흠. 우리 오빠 이제 회사도 관두고 이제 뭐 먹고 사나.
NA	01:43:38	4″	상복을 입은 건수, 여동생, 매제가 돗자리를 펴고 새로 돌로 축조한 묘소 옆에 앉아 캔 맥주를 마시고 있다.
대사	01:43:42	1′:01″	건수: 야, 영철아. 매제: 네. 건수: 너 쬐그만 그 중고트럭 좀 알아봐. 매제: 중고트럭 예? 건수: 아, 그 토스트 가게. 그 스낵카부터 시작해 보자고. 우리 반장님한테 얘기 해 놓을 테니까 그 경찰서 앞에 펼쳐놓고 짠밥에 지친 애들한테 팔아 보자고. 여동생: 아, 저 오빠. 매제: 형님, 경찰서에 짭새가 얼마나 살아요? 건수: 뭐, 임마! 매제: 몇 분 계세요? 건수: 뭐 의경 애들까지 합치면 한 3백 7~80 되나 매제: 그럼 보자. 토스트 하나에 천오백 원. 곱하기 이백오십 명만 잡아도 하루에 오~. 여동생: 얼마야? 매제: 몰라. 나 문과잖아. 여동생·건수: 흐흐흐. 건수: 야 정리해. 가자. 야, 민아야. 올라와. 가자. 할머니께 인사하고 가자. 빨리 와 빨리 와.
NA	01:44:43	3″	건수가 다른 사람의 묘소 앞에서 놀고 있는 민아에게 오라고 손짓한다.
대사	01:44:46	12″	민아: 네. 건수: 할머니한테 인사드리고 가자. 민아: 할머니, 안녕히 계세요. 또 올게요. 여동생: 아이고 우리 민아 손 닦아야지. 아이고, 잘했다. 우리 민아 손 닦자.
NA	01:44:58	17″	민아가 가지고 놀던 종이컵에서 돌멩이와 건수가 이광민의 몸에서 꺼낸 립스틱 모양의 열쇠가 떨어진다. 건수는 그것을 손으로 주워들어 유심히 본다.
NA	01:45:15	16″	돼지 금고 입구, 건수가 청바지에 후드티 그리고 선글라스까지 쓰고 가방을 어깨에 메고 안으로 들어간다.

대사	01:45:31	2″	종업원: 사장님, 손님 오셨는데요.
NA	01:45:33	7″	뚱뚱한 종업원이 사장에게 건수를 안내한다. 고기를 구워먹고 있던 사장이 옆에 놓인 화분에 열린 고추를 따 먹으며 건수를 쳐다본다.
대사	01:45:40	4″	최 사장: 야, 확인해봐. 종업원: 네.
NA	01:45:44	8″	종업원을 따라간 건수가 열쇠를 내민다.
대사	01:45:52	2″	종업원: 키!
NA	01:45:54	6″	열쇠를 받아든 종업원이 뚜껑을 돌려 열고 확인한다.
대사	01:46:00	3″	종업원: 우리 꺼 맞는데요. 최 사장: 모셔다 드려 그럼.
NA	01:46:03	2″	이마에 반창고를 붙인 건수가 껌을 쩝쩝 씹고 있다.
대사	01:46:05	11″	종업원: 신분 확인 안 해도 돼요? 사장: 야, 그거 확인하면 우리 장사 못 한다. 찾아 가시는 거죠. 건수: 네. 사장: 얼마나. 건수: 다요. 전부다.
NA	01:46:16	4″	사장이 건수의 가방과 차림새를 보며 고개를 갸웃거린다.
대사	01:46:20	4″	사장: 금고 주인한테 설명을 제대로 못 들으셨나보네. 건수: 네?
NA	01:46:24	3″	종업원이 허름한 건물의 문을 열어준다.
대사	01:46:27	5″	종업원: 키패드 번호 누르시고 들어가시면 됩니다.
NA	01:46:32	53″	종업원이 떠나는 걸 확인하고 건수가 건물 안으로 들어서서 문을 닫는다. 열쇠에 적힌 숫자를 눌러 금고 방의 문을 여는 건수. 껌껌한 방안에 들어선 건수는 벽을 더듬어 전등 스위치를 켠다.
NA	01:47:25	4″	건수의 가슴 높이까지 지폐더미들이 큰 방안 가득 쌓여 있다. 〈끝까지 간다〉 엔딩 크레디트가 올라간다.
NA	01:47:29	4″	이선균, 조진웅

NA	01:47:33~	60″	제공배급　　　쇼박스(주)미디어플렉스 투자지원　　　문화체육관광부 각본/감독　　　김성훈 조감독　　　　신선영 프로듀서　　　이동윤 [나오는 사람들] 고건수　　　　이선균 박창민　　　　조진웅 반　장　　　　신경근 최 형사　　　　정만식 지금까지 여러분께서는 화면해설영화 〈끝까지 간다〉를 감상하셨습니다.

2. 〈로봇, 소리〉 화면해설 대본 – 작가 : 우남희(2016. 5)

감독	이호재	장르	드라마
제작년도	2016.01.27.	러닝타임	117분
등장인물	해관(이성민), 진호(이희준), 지연(이하늬), 구철(김원해), 최수빈(유주), 심은경 (소리-목소리)		

색인 설명 구분 – NA: 화면해설(어두운색), 대사: 본대본(흰색), 간격: 화면해설이 들어갈 시간

구분	시간	간격	대 사 / 화 면 해 설
NA	00:00	24″	북소리에 맞춰 나란히 놓인 5개의 북이 울린다. 북 위의 맑은 물이 튀어 올라 빨주노초파남보 화려한 색의 물감으로 변하며 음악에 맞춰 불꽃처럼 퍼지다 사라진다. 붉은 색의 로고 "LOTTE ENTERTAINMENT".
NA	00:24	11″	푸르스름한 하늘에 흰 구름이 보이다 흐려지며 글자가 나타난다. "영화사 좋은날".
NA	00:35	09″	푸른 바다 속 산호와 해초 사이에 큰 조개가 입을 열자 입안에서 환한 빛이 쏟아지며 로고가 뜬다. "DCG PLUS"
NA	00:44	06″	제공/배급 롯데엔터테인먼트.
NA	00:50	05″	공동제공 디씨지 플러스 외 열 곳. 기획개발투자 (유)크릭앤리버스토리.
NA	00:55	03″	제작투자 차원천 / 공동투자 박현태, 김성수, 신강영, 이동환. 투자총괄 이상무 / 투자책임 이재필, 이여한.
NA	00:58	02″	기획 정재원, 제작 박현태, 정재원, 신혜연, 제작총괄 홍인표.
NA	01:00	13″	(전화벨 소리) 캄캄한 우주공간.
NA	01:13	09″	어둠을 뚫고 불빛들이 켜진 지구가 서서히 모습을 드러낸다. 지구의 궤도를 따라 인공위성이 돌고 있다.
NA	01:22	08″	(전화벨 소리) 원기둥 모양의 위성 몸체에는 태양전지판이 날개처럼 펼쳐져 있다.
NA	01:30	13″	몸체 아래에는 반짝이는 안테나가 3개 달려 있다. 안테나가 붉은 불빛을 반짝이며 전화기에서 수신되는 다양한 목소리를 수신하고 있다. 위성의 하단부가 세 갈래로 열리면서 원형의 반구가 고개를 내밀 듯 아래로 내려온다. (01:38: 전화벨소리~~)

대사	01:43	12″	해관: 여보세요. 어 왜? 아내: 어. 실은. 해관: 왜? 아내: 아이. 유주가 장보러 같이 왔는데 어디 없어졌는데. 당신 지금 시간돼?
NA	01:55	17″	반구가 빙그르르 회전하자 눈처럼 달린 동그란 카메라 렌즈가 나타난다. 렌즈가 지구를 비추면 멀리 지구의 어느 곳에서 환한 빛이 나온다. 화면 속의 빛이 손전등의 불빛으로 변한다.
NA	02:12	06″	와이셔츠에 넥타이를 맨 깔끔한 차림의 40대 남자 해관이 손전등을 이리저리 비추며 어두운 골목길을 헤매고 있다.
NA	02:18	02″	자막〉1990년 대구 직할시.
대사	02:20	02″	아내: 유주야!
NA	02:22	04″	해관이 길모퉁이에 선 아내를 보고 다가온다.
대사	02:26	11″	해관: 거 애를 좀 살펴보지 좀. 정신을 어따 두고 다니노? 아내: 허어. 해관: 저. 저. 저 위로 가봐.
NA	02:37	02″	해관과 아내가 서로 다른 골목으로 향한다.
대사	02:39	01″	해관: 유주야.
NA	02:40	05″	해관이 피아노 학원을 찾아왔지만 학원은 셔터를 반쯤 내린 채 닫혀있다.
대사	02:45	01″	해관: 유주야.
NA	02:46	11″	골목을 지나 찾아간 문방구도 불이 꺼져 있고 밖에 내놓은 전자오락기의 불빛만 환하다.
대사	02:57	03″	해관: 에이. 씨.
NA	03:00	12″	해관이 큰길로 나와 담배를 꺼내 불을 붙인다. 해관이 담배를 한 모금 피며 길 건너편을 바라본다. 대여섯 살쯤 된 아이가 환하게 불이 켜진 아이스크림가게 안을 기웃거리고 있다.
대사	03:12	01″	해관: 유주야.
NA	03:13	05″	유주가 몸을 돌려 해관을 바라본다. 아이스크림 가게 안.

대사	03:18	08″	해관: 그렇게 막 돌아다니다 길 잃어버리면 어쩌려고 그래? 해관이 유주 못 찾았으면 으? 유주 혼자 살아야 된다. 혼자. 유주: 미안.
NA	03:26	08″	팔짱 끼고 유주를 바라보던 해관이 유주의 아이스크림을 크게 한 입 떠먹는다.
대사	03:34	17″	해관: 음. 너무 맛있어. 아빠는 이거 치약 맛 난다. 치약 맛. 이빨 안 시려? 유주: 시려우면 식혀서 먹지. 해관: 아이스크림을 어떻게 식혀 먹어? 유주: 봐. 이렇게 하면 돼.
NA	03:51	04″	유주가 아이스크림을 숟가락으로 휘휘 젓는다.
대사	03:55	12″	해관: 김유주. 해관: 집 주소. 유주: 대구시 남구 대명동 314-2. 해관: 아빠 핸드폰 번호? 유주: 017 510 3789.
NA	04:07	03″	해관과 유주가 손바닥을 마주친다.
대사	04:10	22″	해관: 만약에 또 오늘처럼 길을 잃어버리잖아. 유주: 다시는 안 그런다니까. 해관: 그래도 또 오늘처럼 우리유주 길 잃어버리면 바로 여기로 오는 거야. 음. 여기서 이거 먹고 있으면 아빠가 금방 찾으러 올게. 아 그러니까 여기가….
NA	04:32	02″	해관이 가게 밖에 서 있는 아내와 눈이 마주친다.
대사	04:34	02″	해관: 아빠랑 유주의 비밀공간이야. 좋아?
NA	04:36	03″	유주가 그렇다고 고개를 끄덕인다.
소리	04:39	01″	(아이스크림 가게 문 여는 소리)
NA	04:40	12″	아내가 가게 안으로 들어와 유주를 나무라다가 이내 눈을 맞추며 이야기하는 모습이 멀리 창 너머로 보인다.
NA	04:52	15″	시간이 흘러 어느 화창한 날. 색색의 풍선을 든 해관이 두리번거리며 아이스크림 가게로 달려온다. 가게 안에 혼자 앉아있는 유주를 발견하고는 얼른 안으로 뛰어 들어간다. 유주에게 풍선을 건네는 해관이 창 너머로 보인다.

대사	05:07	01″	지나가는 아이: 엄마 예뻐.
NA	05:08	13″	어느 비 오는 밤. 초등학생이 된 유주가 아이스크림가게 앞에 앉아 있다. 잠시 망설이다 우산도 없이 빗속으로 뛰어 간다.
NA	05:21	11″	유주가 떠나고 해관이 유주에게 줄 우산을 쥐고 가게로 온다. 해관이 가게 안팎을 둘러보며 유주를 찾는다.
NA	05:32	08″	세월이 흐른 어느 여름날, 해관이 아이스크림가게 앞을 지나다 친구들과 걸어오던 중학생 유주와 마주친다.
대사	05:40	02″	해관: 아아. 유주야.
대사	05:42	03″	소녀3명: 안녕하세요. 해관: 어. 그래.
NA	05:45	04″	해관은 친구들과 가버리는 유주를 한참 쳐다본다.
NA	05:49	11″	아이스크림가게 앞에 눈발이 날린다. 졸업식 꽃다발을 든 고등학생 유주가 친구와 걷다말고 뒤를 돌아본다. 뒤따라오던 엄마와 팔짱을 끼고 다정하게 웃으며 지나간다.
NA	06:00	23″	그러던 어느 날, 해관이 어두운 표정으로 혼자 아이스크림 가게에 앉아 있다. 폴더폰과 가게 밖을 번갈아 가며 살피며 유주를 기다린다.
NA	06:23	12″	나무테이블에는 민트아이스크림이 놓여 있다. 그 옆으로 영화제목이 새겨져 있다. "로봇, 소리" 화면 어두워진다.
NA	06:35	07″	2013년 대구광역시 / 해관의 집 앞, 낮. 구청직원이 새 주소 팻말을 대문 옆 문패 아래에 붙이고 있다.
NA	06:42	07″	(문 여는 소리) 덥수룩한 머리에 국방색 코트를 입은 초췌한 얼굴의 해관이 한쪽 어깨에 낡은 가방을 메고 현관문을 나서고 있다.
소리	06:49	01″	(문 닫는 소리)
대사	06:50	01″	해관: 뭡니까?
NA	06:51	01″	해관이 우편함에서 우편물을 꺼낸다.
대사	06:52	03″	아저씨: 새 주소 다는 겁니다. 내년부터 주소 싹 다 바뀌잖아요.
NA	06:55	03″	놀란 해관이 구청직원과 새 주소팻말을 바라본다.

대사	06:58	22″	해관: 주소를 바꿔요? 거 저 남의 집 주소를 주인 허락도 받지 않고 누가 바꿔? 아저씨: 나라가 하는 일을 낸들 압니까? 해관: 아 뭐. 나라가 이사를 갔나? 아 멀쩡하게 잘 있는 집 주소를 왜 바꾸냐고? 아저씨: 아 주소 바뀐다고 집이 어디로 도망 안 가요. 해관: 아! 이 양반아. 이래 갑자기 주소를 이렇게 확 바꾸면 원래 주소 알고 있던 사람이 집 찾아올 때 애 먹을 거 아냐? 그 누가 책임져? 아저씨: 갑자기는 무슨 갑자기요? 그동안 홍보한 기간이 얼만데?
NA	07:20	01″	해관이 새 주소팻말을 떼 길가에 던진다.
대사	07:21	14″	해관: 아 몰라. 몰라. 몰라 나는. 나는. 나는 이거 원래 주소 쓸 거니까. 이런 거 붙이지마. 아저씨: 아. 뭐 하시는 거야? 진짜 아저씨. 어. 몰라 나두. 벌금을 맞든지 말든지. 해관: 벌금. 매기라 매기. 매기라 이 자식아. 어. 내께 내께 물리라. 어 벌금. 천국이다. 자쓱아.
NA	07:35	07″	(빠르게) 해관이 들고 있던 우편물로 구청직원의 헬멧을 때린다. (오토바이 사라지는 소리)
NA	07:40	02″	자막〉 같은 시각, 아프가니스탄 상공
대사	07:42	05″	자막〉 폭격지원 요청. 좌표를 보내겠다. 자막〉 찰리, 알파, 노멤버, 폭스트룩, 에코, 에코
대사	07:49	09″	자막〉 거기는 민간인 지역이다. 자막〉 폭격요청 거부 자막〉 S19 위성에 의하면 주요 타깃이 이 지역에 숨어있다. 자막〉 더 이상 병사들을 위험에 빠트릴 수 없다.
대사	07:58	16″	자막〉 알겠다. 자막〉 폭격지원 요청 승인 자막〉 (전화벨 소리) 전화를 받을 수 없으니 메시지를 남겨주세요. 자막〉 (어린아이 목소리)학교가 폭격됐어요! 자막〉 도와주세요! 아무도 없어요?
대사	08:14	02″	자막〉 엄마, 아빠. 무서워요.
대사	08:16	03″	자막〉 어디계세요. 너무 무서워요.
대사	08:19	06″	자막〉 너무 무서워요. 도와.

NA	08:22	03″	지구 밖 우주. (08:25 → 인공위성 소리와 겹침) 전화 속 목소리를 수신하던 위성이 (스스로?) 추진 장치가 가동되면서 움직이기 시작한다. 위성은 궤도를 벗어나 지구를 향해 움직이고 있다.
NA	08:37	03″	자막〉 NORAD (북미 방공사령부)
대사	08:40	54″	관제실장: 현재 위성의 위치는? 관제사1: 추락궤도를 확인해봤을 때 위성은 극동 아시아의 서해라는 바다로 추락할 가능성이 높습니다. 관제실장: 하필이면 중국과 북한 한가운데라니. 해킹의 징후는 없었나? 칼: S19호는 지상의 어떤 명령도 받지 않도록 설계되었습니다. 그런데, 이것 좀 보십시오. 위성은 궤도 이탈 전부터 데이터 송신을 거부했습니다. 이런 판단을 스스로 한다는 것은. 마이크: 이럴 시간이 없습니다. 추락지점이 확인되면 당장 수색팀을 투입해야 합니다. 관제실장: 안 돼! 위성은 세상에 존재하지 않는 물건이야. 군대가 움직이면 스스로 인정해 버리는 꼴이잖아. 당신이 가. 당신이 설계한 위성이니 제일 잘 알 것 아니야. 칼: 저. 저 말입니까? 관제실장: 당신은 나사 소속이니까. 민간인 신분으로 최대한 조용히 회수를 진행하라고 관제사 2: 위성에서 신호가 들어오고 있습니다!
NA	09:34	14″	세 사람이 일제히 상황 모니터를 주시한다. 모니터에는 "I NEED TO FIND HER", 그녀를 찾아야 한다는 메시지가 나타난다.
NA	09:48	06″	굴업도 선착장에 배가 들어온다. 어깨에 등산배낭을 메고 양손에 짐을 든 한 무리의 관광객들이 배에서 내린다.
대사	09:54	03″	(소리) 전단지 보고 전화 드렸는데요. 찾으시는 분 굴업도 면사무소에서 본 것 같아요.
NA	09:57	04″	사람들 틈에 섞여 배에서 내린 해관이 트럭이 있는 곳으로 다가간다.
대사	10:01	02″	트럭기사: 자. 자. 잡아주고. 아이고. 해관: 저 말씀 좀 여쭙겠습니다.
NA	10:03	01″	(빠르게) 트럭기사가 해관의 가방을 낚아채 싣는다.
대사	10:04	12″	트럭기사: 을 아. 아. 타세요. 허어잇. 일단 타고 얘기하세요. 해관: 아닛. 그게 아니라 제가 뭐. 뭐. 물어볼 게. 좀. 트럭기사: 편의점 없고 식당 없고 인터넷 안 터져요. 됐어요?

			해관: 제가. 트럭기사: 일단 타시라고. 어허이. 자자자자. 하나 둘 자.
NA	10:16	01″	남자가 다짜고짜 해관을 트럭 짐칸에 태운다.
대사	10:17	01″	해관: 아. 아. 미안합니다.
NA	10:18	09″	해관이 먼저 탄 사람들을 피해 맨 안쪽으로 들어간다. 해관은 자포자기한 얼굴로 앉아 가방을 무릎 위에 올려놓는다.
NA	10:27	03″	(트럭의 짐칸막이를 내리는 소리) 사람들 모두 내리고 해관 혼자 짐칸에 가부좌 자세로 앉아있다.
대사	10:30	26″	트럭기사: 예약을 안 하셨네? 아이. 그거 왜 앉아있어요? 해관: 타라면서요? 트럭기사: 오늘따라 방이 풀인데. 해관: 내가 방 잡으러 온 게 아니고요. 트럭기사: 미안하면 미안하다 해야지. 이 양반아. 해관: 뭐가 미안해 내가? 트럭기사: 있어 봐요. 내가 할매한테. 아이. 꼬장꼬장한데. 내가 함 전화하면은 방이 있을 거야. 여보세요? 아이 여보세요? 아 할매.
NA	10:56	02″	온갖 잡동사니가 가득한 할머니 집의 쪽방.
대사	10:58	06″	할머니: 10만원. 해관: 예? 할머니: 카드는 11만원
NA	11:04	05″	백발의 할머니가 평상에 앉아 신용카드승인기로 결재중이다. (영수증 끊는 소리)
대사	11:09	39	할머니: 근데 뭐한다고 혼자서 이 먼데까지 왔어? 해관: 사람 좀 찾을라꼬예. 할머니: 사람? 아이고 이 섬에서 제일 보기 힘든 게 사람이여. 해관: 이 섬에 젊은 여자 하나 살고 있지 예? 나이가 29쯤 됐고. 할머니: 헷. 이 섬에는 나보다 연하가 둘 있어. 청년회장 마누라가 쉰 넷이고, 또 한 사람은 저 밑에 대성 댁이 육십 둘이고…. 해관: 거. 여기 면사무소에서 얼마 전에까지 일했다 카든데. 할머니: 아이구. 여기 면사무소가 어디 있어?
NA	11:48	06″	해관이 가방을 열고 실종 전단지를 한 장 꺼내 보인다.
대사	11:54	02″	해관: 어머니 저 혹시 보신 적 없으십니까?

NA	11:56	05″	전단지에는 2003년에 실종된 유주 사진이 담겨있다.
대사	12:01	01″	해관: 제 딸입니더.
NA	12:02	06″	할머니가 전단지를 바라보며 고개를 갸웃한다. 이를 바라보는 해관의 눈빛이 간절하다.
대사	12:08	07″	국정원 직원: 미국 항공우주국에서 협조요청 넘어 온 건데. 무슨 위성추락 관련해서 수색요청 지원요청 부탁한다는 공문입니다.
NA	12:15	06″	(자막) 대한민국 국가정보원(NIS)
대사	12:21	09″	국정원 차장: 이거 신주로 보내. 항우연에서 그 쪽 분야 박사 하나 붙여주고. 국정원 직원: 네. 국정원 차장: 바빠 죽겠는데 별걸 다 시키고.
NA	12:30	09″	자막〉한국 항공우주 연구원. 연구실. 연구원 가운을 입은 20대 후반의 여성 강지연을 향해 동료 성진이 다가온다.
NA	12:39	02″	지연은 핸드폰으로 헤어진 남친의 페북을 검색중이다.
대사	12:41	27″	성진: 언니가 장거리 연애는 안 된다 했지? 첨에야 애틋하고 그렇지. 갈수록 추해져요. 지연: 내가 오빠 인스타 팔로 한 여자들 중에서 고른 애가 딱 넷이거든. 애, 봐라. 애는 아이디가 아예 러블리야. 러블립인지. 칫. 야 러블리라는 거는 남이 나한테 불러 주는 거지. 자기가 어떻게 러블리라고 하냐? 아구 애는 말끝마다 이 내용이야. "오빠 너무너무 멋져요." "짱이에요." 성진: 뭐하는 앤데? 지연: 뭐하는 앤지는 모르겠구. 뭐 먹고 사는지는 알겠다.
NA	13:17	03″	(빠르게)핸드폰에 온통 음식 사진이 가득하다. 구내식당
대사	13:20	36″	지연: 그래서 이 언니가 이 기가 막힌 어플 하나 만들었잖니. 봐봐봐. (핸드폰 본다.) 이게 상대방 위치 추적은 물론이고 통화 메신저 이런데 싹 다 ○○○된다는 거 아냐. 어플 이름이 더 좋아. "오빠 뭐해?" 어때? 성진: 그 오빠 뭐 하는지 안 궁금해. 지연: 참 드라이하다 매사가 그냥. 근데 이게 문제 아닌 문제가 있어. 그 상대방도 이 어플을 깔아야 한다는 치명적인 문제가 있지. (성진 핸드폰 알림소리) 성진이 자신의 핸드폰을 본다. 지연: 그런데 말이야 성진아. 혹시 언니를 위해서 이 어플 한 번 안 깔아볼래? 성진: 언닌 핸드폰이 없어요.

대사	13:57	37″	지연: 현대인들한테 프라이버시 잡아주고 포기된 지 오래야. 봐봐라 CST 빌딩마다 다 있지. 지들이 알아서 차마다 블랙박스 다 깔아놓지. 무슨 프라이버시야 이 세상에. 성진: 지연아. 그냥. 남자친구 집 앞에 가서 스토킹을 해. 이 언니는 얼른 먹고 짐 싸서 서울 가야해. 지연: 서울엔 왜? 성진: 뭐 학회 때문에 나사에서 온다는데. 뭐 한우연도 참석해야 되나봐. 헤에. 낼 모레가 논문심사인데. 내 이러고 있어야겠니? 지연: 이러고 있으면 안 되지. 성진아. 너 그렇게 논문 심사가 호락호락한 게 아니에요. 언니가 갈게. 성진아. (성진이 식판 들고 일어선다) 논문심사 주력해서 해. 성진아. 성진아.
NA	14:34	26″	해지는 바닷가, 해관이 바위에 앉아 유족의 실종신고를 확정하는 실종선고심판청구서를 꺼내 보고 있다. 참담한 표정의 해관이 잡고 있던 서류를 놓자 서류가 바람에 날아간다. (폴더폰 울림소리) 해관이 코트 주머니에서 폴더폰을 꺼내 전화를 받는다.
대사	15:00	28″	(전화기 여는 소리) 해관: 왜? 아내: 서류 받았어? 해관: 아니. 아내: 싸인 안 할 거야? 여보? 10년이야. 이제 그만 할 때. 해관: 보상금 때문에 그래? 아내: 사람이 왜 점점 못되고 못났냐? 해관: 뭐 산사람은 살아야. 응? 돈 있다고. 아내: 지금 그게 사는 거야? 오늘 무슨 날인지 알지? 그러고 있는 거 보면.
NA	15:28	12″	해관이 폴더폰을 닫아 버린다. 해관이 안주머니에서 지갑을 꺼내 연다. 유주가 엄마와 찍은 고등학교 졸업사진이 있다.
대사	15:40	08″	해관: 우리 딸 생일 축하해.
NA	15:48	11″	우주공간. 너덜너덜해진 태양전지가 몸체에서 떨어져 우주로 날아 가버리고, 허름한 몸체만 남은 위성이 지구로 추락중이다.
NA	15:59	25″	해관은 사방이 어두워질 때까지 꼼짝도 않고 바위에 앉아 있다. 고요한 밤바다를 마주하고 앉아 생각에 잠겨있던 해관이 (16:06) 멀리서 들려오는 굉음 소리를 듣고 고개를 들어 하늘을 바라본다. (16:14) 해관이 앉았던 자리에서 일어나자 바다가 출렁거린다. 바람이 불며 저만치 먼 하늘에서 유성처럼 노란 불꽃이 떨어진다.

NA	16:24	21″	(쾅음소리) 놀란 해관이 팔을 들어 얼굴을 막지만 바닷물이 해관을 덮친다. 해관이 몸부림치며 바다 깊숙하게 빠져든다.
NA	16:45	16″	고요한 심연의 바다에서 해관이 두 팔과 두 다리를 쫙 펼친 채 떠있다. 해관이 눈을 뜨자 자그마한 물체가 보인다. 지구로 추락한 위성이다.
NA	17:01	07″	유주의 어린 시절. 숲속. 낮. 해관이 유주의 민트색 운동화 끈을 매준다.
대사	17:08	05″	해관: 길이 험하니까 아빠 발자국 그대로 잘 따라와.
NA	17:13	17″	해관이 등산로를 앞서 걷자 유주는 해관의 발자국을 그대로 밟으며 따라간다. 그러다 갑자기 유주는 빠른 걸음으로 해관을 앞질러 산을 올라간다.
대사	17:30	01″	해관: 유주야.
NA	17:31	02″	해관을 앞지른 유주가 어느새 아가씨로 성장해 있다.
대사	17:33	01″	해관: 앞질러 가지 말라니까.
NA	17:34	01″	유주가 뒤돌아선다.
NA	17:35	18″	바닷가, 파도에 떠밀려 온 해관이 정신을 잃고 누워있다. 해관의 의식이 돌아온다.
대사	17:53	01″	해관: 허.
NA	17:54	48″	(17:54) 해관이 두 손으로 바닥을 짚고 일어나 무릎을 구부리고 앉는다. (18:00) 주위를 둘러보던 해관이 코트에서 폴더폰을 꺼낸다. 폰에서 물이 주르르 흐른다. (18:13) 해관은 저만치 먼 해변에 사람이 누워있는 것을 발견한다. (18:20) 해관이 얼른 일어나 그 곳으로 달려가지만 사람이 아닌 해녀복과 잠수 장비가 바닷물에 쓸려와 있다. (18:30) 실망한 해관이 주변을 살피는데 1미터 가량의 원기둥 깡통 모양의 로봇이 있다. 해관이 다가가 무릎을 꿇고 만지는 순간 로봇의 나사가 잠긴다.
NA	18:42	08″	(18:42: 로봇 나사 잠김 소리) 놀란 해관이 고개를 들자 '폭파하는 기뢰로 사람이 튕겨나가는 그림'이 그려진 '기뢰 주의' 표지판이 있다.
대사	18:50	01″	해관: 아.
NA	18:51	11″	해관은 양손으로 로봇을 붙잡고 그대로 얼어붙는다. 날이 밝고 뜨거운 햇살이 구름을 빠져나온다. 뙤약볕 아래 해관은 꼼짝달싹하지 못하고 진땀을 흘리고 있다.

대사	19:02	03″	해관: 아. 아이 죽겠다.
NA	19:05	15″	더위에 지쳐 더 이상 참지 못하겠다는 표정으로 몸을 비튼다. 해관이 한 손을 살짝 떼고 꿇은 무릎을 옆으로 돌려 바지춤을 내린다.
NA	19:20	05″	해관이 앉은 채로 소변을 눈다.
대사	19:25	05″	해관: (바닥에 오줌 소리) 아~아. 아휴 살겠다.
NA	19:30	05″	바지 지퍼를 올리다가 중심을 잃고 그 자리에 엎어진다.
대사	19:35	02″	해관: 에. 에잇. 진짜. 에잇. (로봇작동소리)
NA	19:37	28″	해관이 몸을 일으키다보니 해초에 가려진 로봇의 액정이 켜진 것을 발견한다. 액정에는 영어 메시지가 줄줄이 나타났다 사라지고 있다. 해관이 해초를 걷어내자 액정 가장자리에 사각 모듈이 빠르게 움직인다. 해관의 동공이 확대된다. 해관이 모듈의 움직임에 놀라 로봇으로부터 저만치 뛰어가 철퍼덕 엎드린다. 해관이 멀찍이서 숨죽이고 있는데, 로봇의 액정 모듈이 한참을 작동하다 멈춘다.
NA	20:05	10″	(로봇의 삐삐삐소리) 해관이 조심스레 고개를 든다.
NA	20:15	21″	해관이 로봇을 쳐다보고 벌떡 일어난다. 해관이 얼굴에 묻은 모래를 털고 로봇 쪽으로 천천히 다가간다. 그러자 로봇의 몸체 안에 있던 반구 모양이 밖으로 빠져나오며 원형렌즈가 나타난다.
NA	20:36	10″	해관은 로봇이 있는 곳에서 조금 떨어져서 반구가 회전하며 작동하는 것을 계속 살핀다.
NA	20:46	09″	해관이 로봇 가까이 다가가자 반구가 회전하며 두 개의 원형렌즈가 나란히 조합되며 사람의 눈처럼 보인다. 로봇이 두 개의 렌즈로 해관의 얼굴을 스캔한다.
대사	20:55	01″	해관: 뭐야 이거.
NA	20:56	08″	로봇의 액정 화면에 "+82 017 520 3789 숫자가 나타난다.
대사	21:04	01″	해관: 전화번호 내 건데.
NA	21:05	05″	액정 화면에 전화번호가 지워지고 영어로 "I NEED TO FIND HER"이라고 뜬다.
대사	21:10	10″	해관: 나는 필요하다. 그녀를 찾는 것이. 나는 그녀를 찾아야 한다.

NA	21:20	07″	해관이 로봇의 얼굴을 쳐다본다.
NA	21:27	02″	(빠르게) 공항로비. 큰 기둥에 기대앉은 지연이 스마트폰으로 뉴스를 보고 있다.
대사	21:29	04″	지연: 유성우로 보이는 물체가 서해안.
NA	21:33	07″	말쑥한 검정 정장차림의 30대 국정원 직원인 진호가 지연에게 다가와 선다.
대사	21:40	8″	진호: 저기 혹시 항우연 강지연 박사 되십니까? 지연: 네, 맞는데 누구세요? 진호: 아. 네. 진호: 야 강지연 씨 만났어.
NA	21:48	04″	지연이 기둥에서 폰충전기를 빼서 가방을 챙겨 진호 옆으로 온다.
대사	21:52	10″	진호: 학교 다닐 때 공부 좀 했었나봅니다. 박사라고 해서 나이가 좀 있는 분이 오실 줄 알았더니. 지연: 학교 다닐 때 공부 되게 못했나 봐요? 자기소개도 못 하는 걸 보니까.
NA	22:02	02″	진호가 멈칫한다.
대사	22:04	26″	진호: 이번 수색 한국 쪽 책임자 뭐 그렇게 아시면 됩니다. 그쪽은 기술 쪽 고문이시고. 지연: 아 한국 쪽 수색이요? 저 학교 성적으로. 아 지금 뭘 고문하고 뭘 수색한다는 거예요? 진호: 어젯밤에 유성우 떨어졌다는 뉴스 보셨죠? 지연: 네 근데 그거 어제 밤이잖아요. 연락받은 건 낮인데. 진호: 유성이 아닌 거죠. 지연: 아 거 속 시원하게 말해주면 안 될까요? 진호: 모르시는 거 애써 궁금해 하실 필요 없습니다. 지연: 아. 뭐. 국정원에서라도 나오셨어요?
NA	22:30	05″	진호가 지연의 말을 무시하고 귀에 꽂은 이어폰에 손을 갖다 댄다.
대사	22:35	02″	진호: 어. 어 저기 오셨네.
NA	22:37	02″	입국장에서 칼과 마이크가 걸어 나온다.
NA	22:39	06″	해관이 묵고 있는 할머니 집 마당. 낮. 빨랫줄에 해관의 옷들이 걸려있다. 몸뻬 차림의 해관이 로봇을 수돗가로 옮기고 있다.

대사	22:45	15″	할머니: 바닷가에서 뭐 함부로 주워 오면 안 돼. 빨갱이들이 뭘 떠내려 보낼지 모르니까. 해관: 어무이 이기. 이기 꼭 사람 같지요? 이거. 이거 팔도 있고. 할머니: 사람은 무슨 사람. 꼭 김칫독 같구먼.
NA	23:00	03″	해관이 수돗가 작은 의자에 앉아있다.
대사	23:03	04″	할머니: 오늘 간다고 했지. 해관: 예. 할머니: 밥 해줄게. 먹고 가.
NA	23:07	01″	해관이 호수를 잡고 수돗물을 튼다.
대사	23:08	03″	해관: 괜찮은데. 할머니: 아 그럼 굶든지.
NA	23:11	04″	해관이 거품투성이의 로봇을 씻고 있다.
대사	23:15	07″	청년회장: 아. 형님. 나이가 몇 갠데 아직도 술 먹고 싸움박질입니까? 예? 이번에 들어가면 못 나옵니다. 못 나온다고.
NA	23:22	09″	해관이 로봇의 액정에 자신의 전화번호가 아닌 새로운 전화번호가 뜨는 것을 본다. 불현듯 해관은 할머니의 집 전화기를 눈여겨본다.
대사	23:31	14″	청년회장: 아. 여보세요. 형님. 전화가 들어오는데. 그 새긴가 모르겠어. (전화기를 누르는 소리) 아, 여보세요. 이. 여보세요? 여보세요. 여보세요.
NA	23:45	02″	전화를 걸던 해관이 수화기를 내려놓는다.
대사	23:47	11″	청년회장: 어떤 새끼가 식전부터 장난질이야. 확. 마 그냥. 해관: 전화번호를 어떻게 알아맞히지?
NA	23:58	02″	액정화면에 "VOICE"라고 영문이 뜬다. (자막) 목소리)
대사	24:00	04″	해관: 목소리로?
NA	24:04	10″	액정화면에 "YES!"라고 메시지가 뜨자 해관이 놀라 뒤로 물러선다. 액정화면이 깜빡거린다. 해관이 자신의 귀를 로봇 가까이에 들이댄다.
대사	24:14	05″	해관: 지금 제가 하는 말이 들립니까?
NA	24:19	01″	액정화면에 "I'M LISTENING" 듣는 중이라고 뜬다.
대사	24:20	02″	해관: 내가 하는 말을 알아듣는다고?
NA	24:22	04″	로봇의 깜빡이던 액정이 꺼진다.

대사	24:26	02″	해관: 왜 이래?
NA	24:28	01″	해관이 로봇을 친다.
대사	24:29	12″	이쉬. 어이. 잠깐만. 야. 야. 야. 야. 정신 차려. 정신 차려. 여보슈.
NA	24:41	06″	해관이 로봇을 끌어안고 다급하게 친다. 부엌에서 밥상을 들고 나오던 할머니가 이상하다는 듯 쳐다본다. 해관이 멋쩍어한다. 인천부둣가 주차장. 낮.
대사	24:47	30″	지연: 서울에서 잠깐 학회만 참석하면 될 줄 알았는데. 나 지금 인천이야. 나 지금 인천 부둣가 와 있잖아. 아 몰라 물어보면 배타고 들어와서 섬에서 뭘 찾는다고. 뭐 말 더 안 해서. 어. 아. 그래서 목요일은? 목요일 밤. 회식? 오빠 회식 같은 것은 그냥 나중에 하면 안 되냐? 나 여기까지 왔는데. 오빤 꼭 왜 그런 회식이냐? 아이. 됐어.
NA	25:17	07″	해관이 고장 난 차 트렁크 문을 머리로 받치며 짐을 실으려 안간힘을 쓰고 있다. 마침 지나가던 지연이 쳐다본다.
대사	25:24	01″	지연: 아 오빠 잠깐만.
NA	25:25	01″	지연이 해관의 차 트렁크 문을 잡아준다.
대사	25:26	01″	해관: 아. 네 고맙습니다.
NA	25:27	02″	해관이 마대자루로 꼭꼭 묶어 흰 박스에 담은 로봇을 싣고 트렁크를 닫는다.
대사	25:29	03″	(트렁크 닫는 소리) 해관: 고맙습니다.
NA	25:32	07″	해관이 지연에게 인사하고 차를 탄다. 지연이 해관의 차 뒤쪽 유리창에 붙여놓은 유주의 실종전단지를 물끄러미 본다.
대사	25:39	02″	(차 시동 거는 소리) 지연: 어. 금요일은? 금요일 밤.
NA	25:41	01″	해관의 차가 주차장을 벗어난다.
대사	25:42	12″	지연: 고모부 생신? 아. 자긴 뭐 고모부 생신까지 챙겨? 자기야. 너무 가족행사에 집착하는 거 아니냐?
NA	25:54	01″	(빠르게) 인천 부둣가. 낮.

대사	25:55	23″	자막〉칼: 마지막 추적 지점부터 계산해 보면 자막〉칼: 예상 추락지점은 여기, 여기, 여기입니다. 자막〉마이크: 완전히 건초더미에서 바늘 찾는 격이군. 지금이라도 군에 협조를 부탁하는 것이. 지연〉지연: 잠깐만요. 여길 다 가본다고요? 칼: 자막〉무슨 제안이라도 있습니까? 지연: TLE 차트 갖고 계시죠? 좀 볼까요?
NA	26:18	03″	칼이 눈짓으로 마이크의 의견을 묻는다.
대사	26:21	03″	위성을 찾는 거라면 TLE 차트 정도는 있을 게 아니에요?
NA	26:24	06″	칼이 마이크의 고개 짓으로 차트를 지연에게 건넨다.
대사	26:30	31″	지연: 오케이. 지연: 이건 유투브에 올라온 어젯밤 유성 영상이에요. 당연히 유성은 아니지만. 이 영상을 찍은 곳은 저기 보이는 인천대교에요. 펜 좀 빌려주시겠어요? 여기는 아니고. 여기도 아니고. 아마 여기쯤이겠네요. 이 섬 여기부터 가보는 게 좋겠네요.
NA	27:01	02″	구철: 어 해관아 여기. 여기. 여기.
NA	27:03	02″	(빠르게) 도심 상가 건물 주차장. 저녁.
대사	27:05	03″	구철: 더 더 더 더. 이게 뭐야?
NA	27:08	03″	구철이 해관이 던진 폴더폰을 받아 연다.
대사	27:11	21″	(폴더폰 여는 소리) 구철: 어이구 바닷물에 처박는 것도 모자라서 진흙 밭에다 빡빡 굴려놓고 나보고 고쳐내라. 으? 어으. 짜. 아 그냥 새 거 사. 해관: 나 전화번호 못 바꾸는 거 알잖아. 구철: 이놈은 박물관으로 가야지. 알아서 들어가자.
NA	27:32	02″	휠체어를 탄 구철이 돌아서 간다.
대사	27:34	02″	해관: 하나 더 있다. 구철: 응? 뭐가?
NA	27:36	06″	해관이 트렁크를 연다. 흰색 큰 박스 안에 마대자루로 싼 로봇의 머리가 나와 있다. 상가 안 복도.

대사	27:42	26″	구철: 뭐 보아하니 가다는 인공위성인데. 별거 없어. 위성이든 밥솥이든 전지 먹는 것들은 뚜껑을 따보면 대충 비슷해요. 해관: 아. 그래서 고칠 수 있다는 거야? 구철: 거 은근히 남의 자존심을 갖고 드리블을 잘해. 지금이야 이 모양이 꼴이지. 어? 세운상가 시절엔 우리 같은 가게 세 개가 모이면 원자폭탄도 만든다. 그랬다. 근데 너야말로 그 맛탱이 간 인공위성 고쳐다 얻다 쓰게? 너한테 뭐 좀 물어볼 게 있어.
NA	28:08	06″	해관이 로봇을 안고 구철의 수리점을 향해 걷는다. 구철은 그런 해관을 불만스럽게 쳐다본다.
NA	28:14	05″	도시 상가 건물 사이로 아침이 밝아온다.
NA	28:19	09″	구철의 수리점. 로봇을 수리중인 구철. (28:20 탁탁 소리) 소파에서 자던 해관이 일어난다.
대사	28:28	09″	해관: 해관아. 놀라지 마라. 이 형아가 아주 새 삥을 만들어 놨다는 거 아니냐. 자 봐라.
NA	28:37	08″	(하하하하하.) 로봇의 몸체에 싸구려 스피커와 가로등용 태양광 집열판이 어수선하게 부착되어 있다.
대사	28:45	25″	해관: 뭐냐? 이거 조잡하게. 구철: 에그. 무식하긴. 에그. 야. 임마 이거 나름 국산인데 보이스 웨어라고 그 문자를 음성으로 변환해 주는 기계야. 너 스티븐 호킹이라고 알아? 이 휠체어 타고 다니는 사람 중에 젤 똑똑한 사람인데 그 사람도 이걸로 막 사람들이랑 말하고 그러지 않냐? 자. 레디 액션.
NA	29:10	09″	해관과 구철이 각각 집열판과 연결된 케이블 선을 자동차용 배터리에 연결해 전압을 올리지만 로봇은 반응이 없다.
NA	29:19	01″	(똑똑 소리) (빠르게)구철이 다이얼을 돌려 전압을 더 올린다.
대사	29:20	02″	구철: 액션
대사	29:22	07″	(똑똑 소리) 구철: 어라. 이게 시. 이게 뭐야 이 전압이 부족한가?
NA	29:29	05″	구철이 전압을 올리자 로봇의 액정이 반응한다.
대사	29:34	01″	구철: 그렇지. 그렇지.

NA	29:35	11″	전원이 들어온 로봇이 고주파 음을 내자 그 진동으로 유리잔과 창문이 깨진다. (29:41 유리창 깨지는 소리)
대사	29:46	02″	구철: 오오. 오.
NA	29:48	15″	놀란 해관이 도망치다 뒤쳐져 오는 구철에게 달려가 휠체어를 밀고 자리를 피한다. (29:58) 로봇의 머리에 흰 연기가 피어오르면서 전원이 꺼진다.
NA	30:03	14″	다시 구철의 수리점. 해관과 구철이 로봇을 들여다보고 있다. 양 귀에 휴지를 꼽고 고무 목장갑을 낀 해관이 양손에 든 전선을 접촉하자 불꽃이 튄다. 구철이 헤드셋을 쓰는 동안 해관은 케이블을 자동차 배터리에 연결한다.
NA	30:17	07″	(찌릿. 찌릿) 구철이 뒤로 물러선다. 해관도 앉은 의자를 뒤로 뺀다. 드디어 로봇의 전원이 켜지고 몸체에서 머리가 위로 올라온다.
대사	30:24	08″	로봇: 외국어 쏼랄랄라.
대사	30:32	01″	구철: 5개 국어를 지원한다는데.
NA	30:33	17″	로봇이 쏟아내는 말소리에 해관과 구철은 점점 지쳐간다. 해관과 구철이 컵라면을 먹으며 말소리가 멈추길 기다린다. 구철이 못 참겠다는 듯 머리를 전동 휠체어에 박으며 힘겨워한다. 그러나 해관은 뚫어져라 로봇을 응시하고 있다.
대사	30:50	03″	구철: 그냥 선을 확 뽑아볼까? 해관: 아니. 기다려봐.
NA	30:53	03″	해관이 드라이브를 뽑아들고 로봇을 친다.
대사	30:56	03″	해관: 야. 야. 야. 야.
NA	30:58	03″	로봇이 해관을 향해 고개를 돌린다.
NA	31:01	02″	로봇이 해관의 얼굴을 스캔하며 고주파를 울리려한다.
대사	31:03	02″	해관: 아. 저 잠깐만. 잠깐만. 잠깐만.
NA	31:05	07″	로봇이 드라이브를 보고 스캔하자 해관이 드라이브를 뒤로 던진다.
대사	31:12	01″	해관: 너 나 기억하지?
NA	31:13	02″	로봇이 고개를 아래로 내린다.

대사	31:15	26″	로봇: 3789. 해관: 그래. 3789. 구철: 너 저기다 니 번호 저장했냐? 해관: 야. 말했잖아. 목소리만 가지고 전화번호를 딱 맞춘다니까. 구철: 야. 이 미친놈아. 그게 말이 돼? 야 그럼 너. 반대로도 가능해? 그니까 전화번호를 알면은 그 사람 찾을 수 있어? 로봇: 나는 인간의 명령을 수행하지 않는다. 해관: 너 이거 아주 확 뽑아버린다. 아주 그냥 푹 잘래?
NA	31:41	02″	(빠르게)해관이 전선을 잡고 있다. 로봇이 고개를 든다.
대사	31:43	02″	로봇: 번호를 입력하세요.
NA	31:45	03″	로봇이 해관의 전화번호를 입력한다.
대사	31:48	07″	해관: 017 535 0607.
NA	31:55	04″	로봇이 검색을 완료한다.
대사	31:59	12″	로봇: 마지막 발신. 2003년 2월 18일 10시 32분. 위치, 대한민국 대구시 중구 남일동 중앙로역.
NA	32:11	01″	〈2003년 병원 응급실〉
대사	32:12	13″	형사: 통화기록 나왔는데요. 위치상으로는 사고현장 근처에 따님이 있었던 건 맞아요. 아내: 어떻게 여보. 해관: 비켜봐. 몇 번을 말씀드려요. 불이 10시에 났다면서요. 게가 중앙로에 내려 준 게 아침 8시라니까.
NA	32:25	03″	형사가 당혹스러워한다.
대사	32:28	18″	형사: 따님이 뭘 했는지는 저도 모르죠. 그니까. 좀 저한테 좀 그러지 마시고 일단 실종자 명단에 이름 좀 올리세요. 해관: 자기 자식 아니라고 말 함부로 하지마 좀. 어? 그 애가 뭐한다고 2시간 동안 거기서 멍하니 있었겠냐고? 아내: 이러지 좀 마. 유주 찾아야 될 거 아니야. 해관: 찾긴 뭘 찾아? 여기서 아를 왜 찾아?
NA	32:46	02″	아내가 형사에게 다가간다.
대사	32:48	14″	아내: 어디 전화했는지 혹시 알 수 있을까요? 형사: 마지막 발신 번호가 3789. 통화는 못했다고 나오구요. 아시는 번호입니까? 해관: 아뇨.

NA	33:02	01″	현재
대사	33:03	07″	해관: 유주 거기 없었어. 없었다고.
NA	33:10	03″	구철이 두 손으로 해관의 손을 잡는다.
대사	30:13	09″	구철: 재수씨를 생각해서라도 이건 아니야. 이제 그만 좀 하자. 허. 해관: 허.
NA	33:22	07″	구철이 해관의 등을 쓸어내리자 해관이 의자에 주저앉는다.
대사	33:29	01″	해관: 그 애를 꼭 찾아야 해.
NA	33:30	02″	로봇이 해관과 구철을 바라본다.
대사	33:32	05″	해관: 찾아야 된다고.
대사	33:37	21″	로봇: 검색자 음성과 85퍼센트 일치한 최근통화내용 2013년 5월 16일. 구철: 야 16일이면 일 주일 전이잖아. (통화소리- 야. 물건 준비됐냐? 당근이지. 너 저번같이 못생긴 애 나오면 죽는다. 아. 걘 싸구려라 그런 거구 이번엔 완전 예뻐. 예뻐봤자지. 씨.)
대사	33:58	06″	구철: 남자 놈들 목소리뿐이잖아. 어떻게 유주가. 해관: 좀 가만히 있어봐. (느낌으로다가 잘빠졌어. 씨끼야.)
NA	34:04	03″	(빠르게) 해관이 주차된 차로 온다. (차 문 닫는 소리)
대사	34:07	21″	구철: 해관아. 야. 해관아. 노랫소리가 누구 목소리인지 어떻게 알아? 해관: 분명히 유주 목소리였어. 너도 들었잖아. 85프로라잖아. 유주 지금 거기 잡혀있는 거라니까. 구철: 야. 니. 그게. 너 이게 뭔지도 확실히 모르잖아. 해관: 저게 뭔지 몰라도 하나는 확실하다. 우리 딸 찾을 마지막 기회란 걸.
NA	34:28	02″	해관이 차에 타려한다.
대사	34:30	07″	구철: 아. 알았다. 해관아, 해관아. 저기 저거라도 챙겨가. 너 저 무거운 걸 어떻게 들고 다니려고 그래? 허리 나가려고.
NA	34:37	03″	구철이 주차장 구석에 세워둔 전동휠체어를 가리킨다. 굴업도 해변.
대사	34:40	07″	진호: 아휴. 섬은 조그만데 뭐가 이렇게 해변이 넓어 또?

대사	34:47	28″	지연: 저 박사님이 누군지 아제야 생각이 났어요. 칼: 나를 안다고요? 지연: 네. 싸이언스지이 딥 러닝에 관한 논문 올리신 적 있죠? 인공지능은. 칼과 지연이 함께: 오랜 시간의 반복된 학습과 소통을 통해 성장할 수 있다. 칼: 읽으셨군요. 고맙습니다. 지연: 찾고 있는 위성이 인공지능과 관련이 있는 건가요?
NA	35:15	07″	멀리서 마이크가 다가오자 칼이 아무 일 없다는 듯 고개를 숙인다.
대사	35:22	01″	마이크: 칼, 나랑 얘기 좀 하지.
NA	35:23	06″	마이크와 칼이 떠난 자리에 지연이 혼자 남아 차트를 정리한다.
NA	35:29	11″	(핸드폰 벨소리) 지연이 전화벨소리가 어디서 나는지 살핀다. 지연이 의자에 걸쳐 둔 진호의 재킷에서 핸드폰을 꺼내 발신번호를 확인한다.
NA	35:40	02″	핸드폰 자막-엄마 010-2800-4523.
대사	35:42	02″	지연: 허.
NA	35:44	04″	전화기를 들여다보던 지연이 장난기 가득한 얼굴로 회심의 미소를 짓는다. (지연이 진호의 폰에 "오빠 뭐해?" 어플을 깔았음을 알 수 있다.)
NA	35:48	04″	(빠르게) 이때 지연에게 다가오던 진호의 발이 물웅덩이에 빠진다.
대사	35:52	05″	진호: 아이씨. 지연: 방금 전화 왔었어요. 엄마, 엄마, 엄마.
NA	35:57	04″	지연이 진호를 놀리듯 전화 받는 시늉을 한다.
대사	36:01	20″	진호: 아. 저 여자. 저기 가만히 계세요. 본인 일만 해요. 요원: 팀장님. 섬 주민들 심문 마쳤는데. 특이 사항 있습니다. 이틀 전에 40대 남성이 여기 묵었는데 바닷가에서 어떤 물체를 주운 걸 봤다는데요. 진호: 어디야? 요원: 이쪽입니다. 진호: 가자.
NA	36:21	01″	(빠르게) 해관이 머물렀던 할머니 민박집.

대사	36:22	48″	요원2: 그니까. 할머니. 할머니. 그 남자가 어? 인상착의 어떻게 생겼어요? 할머니: 그 사람은 간첩이 아니라고. 딸 찾으러 온 아빠라고 그랬다니까! 요원2: 딸 찾으러 온 아빠가 어떻게 생겼었구? 얼굴이? 할머니: 사람처럼 생겼어. 왜? 요원2: 미치겠네. 진짜. 진호: 야. 야. 야. 너 나와. 어디 어르신 집에서 버릇없이. 진호: 죄송해요. 할머니. 우리가 나랏일 하다보니까 이렇게 앞뒤 없이 실례가 되는 경우가 많아요. 이해좀 해주시구. 할머니. 할머니 죄 없어요. 할머니 간첩인 거 알고 집에 들이신 거 아니잖아요. 으. 그니까. 할머니가 그 물건을 봤어? 그 물건 본거야? 할머니: 아 그 물건? 요만했나? 진호: 확실히 봤죠?
NA	37:10	03″	(빠르게)먼발치서 지연이 지켜보고 있다.
NA	37:13	16″	어느 골목길. 해관이 로봇을 차에서 내려 전동 휠체어에 싣는다. 로봇은 신기한 듯 두리번거리며 주위를 살핀다.
대사	37:29	04″	해관: 그만 좀 두리번거리고 어디야? 로봇: 반경 100미터 내 발신자 확인.
NA	37:33	12″	해관이 전동휠체어를 밀며 주택가 도로를 걷고 있다. 부동산 가게 앞에서 막걸리를 마시던 노인들이 로봇을 태우고 가는 해관을 의아하게 쳐다본다.
대사	37:45	03″	노인: 뭐야 저게?
NA	37:48	08″	폐지 수레를 끌고 가던 할머니가 해관과 로봇을 지나치다 뒤돌아본다.
대사	37:56	14″	로봇: 전방 5미터에서 오른쪽으로. 2미터. 1미터. 우회전. 오른쪽 아니 왼쪽.
NA	38:10	04″	골목을 돌자 해관의 차가 주차된 곳이다.
대사	38:14	02″	해관: 아이 시. 이 뭐. 이런.
NA	38:16	03″	(빠르게) 해관이 로봇을 한 대 때린다.
대사	38:19	04″	해관: 아이구 씨.
NA	38:23	19″	로봇이 팔 끝에 달린 집게로 전동 휠체어 조종간을 잡는다. 로봇이 전동 휠체어를 움직여 해관을 지나쳐가다 전봇대를 들이받는다. 뒤로 후진했다가 다시 전봇대를 들이박는다.

대사	38:42	08″	해관: 참 기능 다양하다. 허휴. 로봇: 발신지 도착.
NA	38:50	20″	로봇이 고개를 돌린다. 해관이 로봇의 시선을 따라 전봇대 옆 반지하방의 방범창을 들여다본다. 남자가 운동복 차림으로 컴퓨터 앞에 앉아 있다. 해관이 반지하방의 현관문으로 살피며 다가간다. (39:05: 똑똑똑 소리)-〈빠르게〉 해관이 현관문을 두드린다.
대사	39:10	17″	남자: 누구요? 해관: 택배입니다. 남자: 놓고 가요. 해관: 안 돼요. 저 사인해 주셔야 되는데. 좀. 나. 나 나 나오셔야 됩니다. 남자: 아이씨. 귀찮게. 아. 기다려요. 좀. 옷 좀 입고.
NA	39:27	15″	해관이 무기로 쓸 만한 것을 찾으려 현관 주위를 두리번거리지만 마땅한 것을 찾지 못한다. 안에서 기척이 없자 해관이 현관문에 귀를 갖다 댄다. 수상하게 여긴 해관이 현관문 옆 창문으로 방 안을 들여다본다.
NA	39:42	06″	남자가 바지를 입으며 엉거주춤하다가 방범창 쪽으로 몸을 돌린다. 해관도 서둘러 방범창 쪽으로 달려온다. 남자의 머리가 방범 창살에 끼어 있다.
대사	39:48	09″	로봇: 발신자 머리 발견. 남자: 뭐야. 씨이. 발 이거는. 아이씨.
NA	39:57	05″	해관이 방범창 앞으로 걸어와 남자의 얼굴 앞에 쭈그리고 앉는다.
대사	40:02	04″	해관: 내 딸 어디 있어? 남자: 딸. 무슨 딸? 아씨. 누구야. 아씨. 짭새야?
NA	40:06	03″	해관이 실종 전단지의 유주 사진을 남자에게 보여준다.
대사	40:09	12″	해관: 잘 봐. 기억나지? 내 딸 김효주 어디다 팔아먹었어? 남자: 뭐래는 거야? 이 아저씨. 해관: 대답 안 해? 남자: 아. 이. 이거부터 빼고 물어보든지 말든지.
NA	40:21	07″	해관이 실종 전단지를 바지주머니에 꽂고 일어서 자신의 차로 걸어간다.
대사	40:28	04″	남자: 어. 어. 저. 어디가 이거 빼주고 가야지. 야. 시발아.
NA	40:32	08″	해관이 엔진오일을 가져와 남자의 머리에 들이붓는다.
대사	40:40	08″	남자: 기름. 불. 불. 불. 불. 붙이려 그래요? 잘못했어요.살려주세요. 살려주세요. 해관: 빼. 빼라고.

NA	40:48	06″	(빠르게) 남자가 기름범벅이 된 얼굴을 손으로 훔친다. 두 손으로 창살을 잡고 머리를 뺀다.
NA	40:54	05″	머리가 창살에서 쑥 빠지며 남자는 방으로 나가떨어진다. 해관이 지저분한 방안을 살피고 있다.
대사	40:59	12″	남자: 아이씨. 나 진짜 인신 매매범 아니거든요. 해관: 그럼. 일주일 전에 그 전화 통화내용은 뭐야? 물건 준비됐다. 못생기면 죽는다. 이번엔 진짜다. 이게 인신매매가 아니면 뭐야?
NA	41:11	02″	(빠르게) 해관이 손에 든 슬리퍼로 남자를 때린다.
대사	41:13	08″	남자: 아. 그건 저거네 저거. 주형이가 하도 빌려달라고 해서. 앗. 진짜에요. 해관: 저게. 저거. 저거라고?
NA	41:21	02″	(빠르게) 방구석에 성인크기의 여자인형이 있다.
대사	41:23	03″	남자: 취존 몰라요? 취존? 취향은 존중받아야 하는 거라구요.
NA	41:26	02″	(빠르게) 로봇이 바닥에 놓인 폰미팅 번호로 전화를 건다.
대사	41:28	07″	(전화벨소리) 여자목소리: 이 밤이 외로우세요? 아. 아. 참지 말고 전화 줘요. 뜨거운 여대생이….
NA	41:35	03″	(빠르게) 해관이 손에 들고 있던 신발을 로봇에게 던진다.
대사	41:38	03″	여자목소리: 당신의 거친 손길 기다려요. 해관: 배터리 그냥 확 뽑아버린다.
NA	41:41	04″	로봇이 머리를 내리자 액정이 꺼진다.
대사	41:45	01″	남자: 근데. 저 진짜 뭐예요?
NA	41:46	02″	(빠르게) 해관이 베개를 집어 남자의 머리를 친다.
대사	41:48	11″	해관: 몰라도 돼. 이 변태 자슥아. 그러면은 그때 노래 부르던 여자 누구야? 남자: 여기서 여자가요? 그럴 리가요?
NA	41:59	03″	해관이 다시 두 손으로 베개를 치켜든다.
대사	42:02	03″	남자: 아이. 진짜 모른다니까요. 아저씨 진짜 뭔데?
NA	42:05	10″	남자가 뭔가 생각이 났는지 머뭇거리다 자리에서 일어나 컴퓨터로 간다.
NA	42:15	10″	남자가 시디롬 사출버튼을 누르자 2003년 1월에 제작된 유주의 첫 번째 데모CD가 나온다.
대사	42:23	07″	남자: 낙원상가에서 기타 훔칠 때, 딸려 온 건데, 듣기 괜찮아서 꼽아놓고 있었거든요.

NA	42:30	17″	해관의 차 안. 해관이 유주의 데모CD를 카오디오에 넣어보지만, 오디오가 고장 났는지 CD가 밖으로 나온다. (42:42-쾅쾅) 해관이 주먹으로 카오디오를 치고 다시 CD를 넣어보지만 또다시 CD가 밖으로 나온다.
대사	42:47	02″	해관: 씨~이. 휴-우.
NA	42:49	05″	(씨~이 다음에 휴-우 물림) 성난 해관이 심호흡 후 CD로 로봇을 톡 친다.
대사	42:54	09″	해관: 시디 플레이는 안 되냐? 로봇: 광학 디스크. 재생 불가. 해관: 헤. 에. 너 용도가 뭐야?
NA	43:03	02″	로봇이 해관을 쳐다본다.
대사	43:05	03″	로봇: 통신 감청 및 타깃 위치 추적.
NA	43:08	03″	해관을 바라보던 로봇이 궤도를 벗어나기 전의 기록을 재생한다.
대사	43:11	37″	자막 〉 메시지를 남겨주세요. 자막 〉 학교가 폭격됐어요! 도와주세요! 아무도 없어요? 엄마 아빠 무서워요. 어디계세요. 너무 무서워요. 도와. 해관: 야. 그게 어느 나라 말이야? 로봇: 북위 31도. 3분 동경 65도. 해관: 그렇게 말하면 내가 아냐? 로봇: 그녀를 찾아야 한다. 해관: 아. 그녀가 누군데. 대체. 로봇: 그녀를 찾아야 한다. 그녀를 찾아야 한다. 그녀를 찾아야 한다. 해관: 알았어. 알았어. 그만해 좀. 정신 산란스러워. 로봇: 찾아야 한다. 해관: 알았다고.
NA	43:48	13″	운전 중이던 해관이 차를 멈춘다. 해관이 뭔가 좋은 방법을 찾으려는 듯 골똘히 생각에 잠긴다. 한참을 생각하던 해관의 눈이 반짝인다.
대사	44:01	29″	해관: 이렇게 하자. 일단 니가 나를 도와주면은 내가 너 원하는 데로 내가 데려다 줄게. 오케이? 로봇: 인간은 자신의 약속 73.4퍼센트를 지키지 못한다. 해관: 골 때리네. 헛. 야. 내가. 내. 내. 옛날 그 늠 하던 데가 관세청이야. 관세청. 알지. 커스톰. 거기 내 동기가 쫙 깔렸어. 너 하나. 임마. 배로 실어 내 보내는 거 일도 아니야. 진짜야.

NA	44:30	03″	로봇이 해관을 외면한다.
대사	44:33	02″	해관: 아이고. 정말.
NA	44:35	04″	해관이 다시 운전을 한다.
대사	44:39	08″	해관: 근데 넌. 왜 그녀를 찾아야 하는데? 로봇: 그녀가 위험한 것은 내 책임이다.
NA	44:47	11″	(빠르게) 해관이 충격을 받은 듯 멍한 얼굴로 로봇을 바라본다. 해관의 눈에는 과거 조수석에 앉아 눈물 흘리던 유주의 모습과 지금 차창 밖을 바라보는 로봇의 모습이 겹쳐진다. 인천 항. 밤.
대사	44:58	32″	자막 〉 일단 오늘은 숙소로 돌아가시고요. 자막〉 내일 대대적으로 수색을 진행할 것입니다. 자막〉 섬 주민 중에 위성을 봤다는 사람은 없었습니까? 자막〉 아니요. 그런 신고는 들어온 게 없었습니다. 걱정할 거 없습니다. 금방 찾을 겁니다. 자 정리하자. 지연: 저 화장실 좀 다녀올게요. 진호: 배에서 뭐했어?
NA	45:30	03″	지연이 새침한 표정으로 진호를 돌아본다.
대사	45:33	02″	지연〉 여자 친구 없죠?
NA	45:35	04″	진호가 멈칫하는 순간 지연이 획 돌아서서 걷는다.
대사	45:39	02″	진호: 아. 진짜 맘에 안 드네. 저거.
NA	45:41	05″	화장실로 들어가던 지연이 벽보판 전단지들 맨 위에 붙여진 유주의 실종 전단지를 본다.
NA	45:46	04″	실종 장소가 대구 중앙로역이라고 적혀있다.
NA	45:50	06″	(전화벨 소리) 기타 가게가 빽빽하게 들어선 낙원상가. 밤. 해관의 전화가 울린다.
대사	45:56	49″	해관: 아. 여보세요. 지연: 저 실종 전단지 보고 전화 드렸는데요. 해관: 아. 예예예. 말씀하세요. 지연: 저. 기 혹시 저 섬에서 인공위성 주우셨어요? 해관: 누구시죠? 지연: 혹시 갖고 계세요? 해관: 아니. 전화 거신 분 누구시냐고요? 지연: 아. 저는 항공우주국 소속 강지연이라고 하는데요. 저 굴업도에서 주운 거 맞죠? 인공위성.

			해관: 내가 어디서 뭘 했는지 어떻게 알았습니까? 지연: 여기 아저씨가 가져간 거 다 알아요. 지금 어디계세요? 큰일 나기 전에 얼른 가지고 오세요. 미국이랑 국정원이랑 지금 그거 찾는다고 난리 났어요. 지연: 여보세요?
NA	46:45	02″	해관이 잠시 머뭇거린다.
대사	45:47	15″	지연: 여보세요? 해관: 전단지 보고 전화했다고 했죠? 미친 소리 같겠지만 이 위성으로 어쩌면 잃어버린 제 딸을 찾을 수 있을지 모르겠습니다.
대사	47:02	14″	지연: 잃어버린 딸을 찾는 다구요? 위성요? 해관: 뭐. 도청이 옳다 그르다 전 다 몰라요. 그냥 난 이게 꼭 필요합니다. 지연: 도청이요? 해관: 전 이만 끊겠습니다. 저 딸 찾으면 그때 제가 다시 전화드리겠습니다.
NA	47:16	02″	해관이 전화를 끊는다.
대사	47:18	04″	지연: 여보. 여보세요. 여보세요.
NA	47:22	03″	해관이 폴더폰의 배터리를 빼고 주변을 살핀다.
NA	47:25	04″	지연이 복잡한 표정으로 생각에 잠긴다.
NA	47:29	07″	해관이 악기상가의 한 가게로 찾아온다. 가게를 정리하던 고사장 앞에 기타를 멘 해관과 로봇이 서 있다.
대사	47:36	24″	고사장: 수리 맡긴 거라 많이 곤란했었는데 암튼 고맙게 됐소. 해관: 혹시 이게 뭔지 아시겠습니까? 이것도 여기서 훔쳤다고 하던데. 고사장: 음. 이거 데모CD네. 음반 내고 싶은 애들이 뿌리는 거지. 여긴 음악한다는 사람들이 다 왔다 갔다 하는 데니까. 해관: 우리 애가 음악을 했다고 예? 유주가예? 고사장: 딴따라 이해할 부모가 얼마나 되겠어? 근데. 이제 와서 왜?
NA	48:00	04″	해관이 가방에서 실종 전단지를 빼낸다.
대사	48:04	11″	해관: 제 딸이 당시 실종이 됐어. 고사장: 아이고 저런. 쯧, 쯧, 쯧쯧. 마음고생이 크시겠구만. 음. 가만 있어 봐라. 이게 뭐지?
NA	48:15	03″	데모CD에 왕관을 쓰고 혀를 내미는 입술모양 그림이 그려져 있다.
대사	48:18	02″	고사장: 잠깐만 잠시만 있어 봐요.

NA	48:20	08″	고사장이 자리에서 일어나 뭔가를 찾으러 간 사이 로봇이 가게를 돌아다 닌다.
대사	48:28	16″	고사장: 음. 맞구만 이거. 음. 홍대 쪽에서 공연하는 남자 놈이 맡긴 건데. 좀 뜨더니 전화번호도 바꾸고 오지도 않아. 해관: 혹시 번호는 알고 있습니까? 옛날 전화번호라도? 고사장: 바뀐 번호 알아서 뭐 해? 받지도 않을걸.
NA	48:44	08″	(48:44: 기타 쓰러지는 소리) 기타를 넘어뜨린 로봇이 미안한지 머리를 내리고 뒤로 물러선다.
대사	48:52	01″	해관: 그건 상관없습니다.
NA	48:53	07″	해관이 로봇을 쳐다본다. 지연이 호텔방에서 컴퓨터로 "위성, 도청, NSA."위성과 도청에 대해 검색중이다.
대사	49:00	02″	지연: 도청 위성이라.
대사	49:02	01″	(오빠 뭐해? -어플 알림 소리-) (→ 어플이 진호에게 깔려있음을 알 수 있다.)
NA	49:03	09″	지연이 핸드폰을 켜고 "오빠 뭐해" 어플을 확인한다. 진호의 통화내역이 뜨자 지연이 웃는다.
NA	49:12	18″	젊은이들이 붐비는 밤거리. 해관이 로봇을 태운 전동휠체어를 밀고가자 젊은 아가씨들이 의아한 듯 바라본다. 지나가던 강아지도 로봇에게 달려와 짖어 댄다. 해관이 마주 걸어오는 경찰을 발견하고 얼른 옷가게로 들어선다.
대사	49:30	01″	상점주인: 어서 오세요.
NA	49:31	04″	가게 주인이 해관과 로봇을 번갈아 보고 어리둥절하다.
대사	49:35	07″	상점주인: 찾으시는 거 있으세요? 해관: 눈에 좀 잘 안 띄는 옷 좀 없어요?
NA	49:42	07″	해관이 옷걸이에 걸린 많은 옷들 중에서 짙은 쥐색 후드 티를 고른다.
대사	49:49	01″	해관: 이 이 이거
NA	49:50	12″	로봇이 해관이 고른 옷을 외면하고 가게 안쪽으로 더 들어간다. 핑크빛 후드티 앞에 멈춰선 채 해관을 바라본다. 해관이 어이없어 한다.
대사	50:02	02″	해관: 니가 여자야? 상점주인: 네?
NA	50:04	01″	상점 주인이 놀란다.

대사	50:05	01″	해관: 아니.
NA	50:06	02″	해관이 들고 있던 옷을 두고 로봇에게로 걸어간다.
대사	50:08	01″	해관: 참 살다 살다.
NA	50:09	02″	로봇이 다시 핑크빛 후드티를 바라본다.
대사	50:11	08″	해관: 이. 이. 이거 얼마요? 상점주인: 아. 저거는 신상이라.
NA	50:19	04″	상점 주인이 손가락 5개를 쫙 편다.
대사	50:23	01″	해관: 아휴.
NA	50:24	03″	카페 옆 담벼락
대사	50:27	05″	해관: 고르긴. 니가 옷이 뭔진 알기나 해?
대사	50:32	07″	로봇: 옷. 외부 자극으로부터 신체를 보호하기 위해 섬유 혹은 동물의 가죽으로 만든 인공 외피.
NA	50:39	05″	해관이 후드티의 모자로 로봇의 얼굴을 덮는다.
대사	50:44	10″	로봇: 이 옷은 나를 보호하기 위한 것입니까? 해관: 그래. 너 보호해 주려고 그래. 이럴 땐 그냥 "고맙습니다." 그러는 거야. 로봇: 보호는 고마운 것입니까?
NA	50:54	03″	해관이 그만 조용하라는 듯 후드티 모자로 로봇의 얼굴을 덮는다.
NA	50:57	04″	해관이 쓰레기 더미에 놓인 종이박스로 로봇을 가려준다.
NA	51:01	09″	카페 지하에서 한 무리의 고등학생들이 나오자 해관이 카페로 들어선다. 20대 초반의 청년이 한껏 허세를 부리며 기타를 치며 앉아있다.
대사	51:10	14″	해관: 저. 혹시 씨 없는 딸기씨? 청년: 뭐? 오디션이라도 보러 오셨어요? 허. 고독한 비타민이야 뭐야? 참. 해관: 아니. 그게 아니라
NA	51:24	01″	(빠르게) 해관이 메고 있던 기타를 꺼내 청년에게 건넨다.
대사	51:25	01″	청년: 너 펜 있니?
NA	51:26	04″	청년이 기타에 붙은 그림을 보고 해관을 알아본다.
대사	51:30	09″	씨 없는 딸기: 오오. 김. 유주 아버님이시죠? 저 기억 안 나세요? 그 오피스텔.

NA	51:39	04″	(빠르게) 과거. 해관이 유주의 오피스텔 현관으로 들어선다.
대사	51:43	05″	해관: 앗 따 바빠 죽겠는데. 뭘 자꾸 시키고 그래? 그냥 택배로 보내면 될 것을.
NA	51:48	02″	(빠르게) 벽에 공연포스터와 섹시한 여자사진이 붙여있다.
대사	51:50	01″	해관: 으이그. 알았어.
NA	51:51	06″	해관이 전화를 끊고 반찬통을 냉장고에 넣다가 문 쪽에 꽂힌 소주를 발견한다.
NA	51:57	03″	해관이 소주병을 들어 살핀다.
NA	52:00	03″	(해관과 씨 없는 딸기: 으으으으.) 그 때 욕실에서 청년이 나온다.
NA	52:03	08″	해관과 청년이 나란히 유주의 침대에 앉아있다.
대사	52:11	06″	해관: 학생인가? 청년: 학생. 언더그라운드에 싱어송 라이터입니다.
NA	52:17	02″	해관이 헝클어진 머리의 청년을 바라본다.
대사	52:19	41″	해관: 유주하고 무슨 사이야? 청년: 음.. 유주가 저한테 음악적으로 영감을 많이 받았어요. 굳이 말하자면 스치는 사이. 딱 마주한 느낌이 아니라. 해관: 스치는 사이? 야 이 양아치 새끼야. 스치듯이 함 맞아볼래? 너 이 새끼. 순진한 애한테 무슨 짓을 한 거야? (가발을 잡은 해관)뭐. 뭐. 뭐야. 이거. 청년: 왜 오버한다고 그러세요? 아이 저는 유주한테 집을 넘겨받은 거라고요. 해관: 집을 넘겨받아? 청년: 네. 보증금 있는 거 다 내주고 기타하고 해가지고. 해관: 보증금. 아. 그.
NA	53:00	01″	현재.
대사	53:01	10″	청년: 그러곤 유주가 그냥 갑자기 사라졌다는 얘기만 들었어요. 그래서 저는 아버님이 머리라도 깎아서 데리고 내려갔나? 했죠.
NA	53:11	05″	해관이 말문이 막힌 채 얼굴이 굳는다.
대사	53:16	08″	청년: 들어보셨어요? 해관: 뭐? 뭘? 청년: 유주 노래요. 정말 좋은데.

NA	53:24	08″	해관이 청년에게서 유주의 CD를 빼앗아 주머니에 넣으며 일어선다.
대사	53:32	22″	청년: 잘 모르시겠지만 유주 정말 재능 있는 애였어요. 아. 씨. 걔 음악을 계속했어야 했는데 해관: 잘 모르셨겠지만? 유주 내 딸이야. 내 딸. 니가 걔를 얼마나 봤다고. 20년을 키운 내 앞에서 뭐?
NA	53:54	07″	말문이 막힌 청년을 외면하고 해관이 자리를 떠난다.
대사	54:01	11″	해관: 시간 뺏어서 미안하네. 씨 없는 수박: 저. 이 기타 가져가세요. 이거 원래 유주 거예요.
NA	54:12	01″	주택가 골목길.
대사	54:13	07″	해관: 기껏 공부하라고 서울 보내 놨두마는 저런 양아치하고 어울리고 음악 무슨 어쩌고.
NA	54:20	02″	해관의 차에 주차위반 딱지가 붙어있다.
대사	54:22	02″	해관: 이런 양아치 같은 새끼들
NA	54:24	02″	해관이 주차위반 딱지를 손으로 벅벅 긁어낸다.
대사	54:26	08″	해관: 이런 똥차에다가 딱지나 떼고 . 씨. 아. 아. 아휴.
NA	54:34	05″	(첫 번째 "아"할 때) 해관이 아픔에 북받쳐 울부짖는다. 마침 로봇의 액정이 작동한다.
대사	54:39	12″	(로봇의 소리) 여자친구: 유주 아버지가 찾아왔었다고? 씨 없는 딸기: 어. 어떻게 알고 공연장으로 찾아왔다니까. 내가 무슨 걔 남자친구도 아니고. 여자친구: 너보고 남자친구냐 하셔? 그건 아닌데. 걔 남자친구 따로 있었어. 씨 없는 딸기: 그러니까.
대사	54:51	05″	(차 시동소리) 로봇: 발신자 위치. 충청북도 괴산군 장연현.
NA	54:56	9″	어두운 호텔방. 밤. 지연이 밤새 칼이 연구해 발표한 위성의 인공지능 논문을 검토하고 있다. 피곤한 듯 지연이 기지개를 편다.
대사	55:05	01″	지연: 아흐.
NA	55:06	05″	지연이 낮에 해관과 통화하던 일을 떠올린다.
대사	55:11	08″	(소리: 이 위성으로 어쩌면 잃어버린 제 딸을 찾을 수 있을지 모르겠습니다.)

대사	55:19	03″	(똑똑똑 소리) (소리만) 요원: 강지연씨 팀장님이 잠깐 보자십니다.
NA	55:22	06″	팀장이 머문 호텔방. 진호가 지연의 국가정보원의 신상정보를 살피고 있다.
대사	55:28	08″	진호: 아. 오셨습니까? 지연: 여자를 이런 식으로 방으로 부르는 건 좀 아니잖아요? 진호: 앉아봐.
NA	55:36	02″	지연이 소파에 앉는다.
대사	55:38	41″	진호: 강지연씨. 나한테 숨기는 게 있었네. 원래는 항우연에서 다른 사람이 오기로 했는데 강지연씨가 자원을 했어. 지연: 제가 서울에 볼 일이 좀 있어서요. 진호: 야 그것도 줘봐. 서울에 사는 누구지? 박? 박 뭐였더라. 박동현. 남자친구지? 어. 이제 한 7개월 됐나? 떨어져 지낸 지가? 뭐 근데 불안하지 않아? 동거하다 이렇게 떨어져 있으면 불안할 텐데? 남자가 그렇게 믿을 만한 동물이 아냐. 어떻게 내가 함 알아봐줘? 지연: 이거 명백한 사생활 침해예요. 국정원이 막 이래도 되는 거예요? 막무가내로? 진호: 저기보자.
NA	56:19	01″	진호가 TV모니터를 켠다.
대사	56:20	10″	진호: 이름 김해관. 대구 남구 거주. 직업 미상. 현재 인공위성 실종과 관련 가장 유력한 용의자지. 저기 봐. 저거 누구야?
NA	56:30	08″	지연이 주차장에서 해관을 도와주는 CCTV영상이 켜진다. 지연이 어이없어 한다.
대사	56:38	1′00″	지연: 저거는. 저건 정말로 우연히 만난 거예요. 진호: 김해관 휴대폰 사용 내역도 뽑아보니까 말야. 누구랑 전화를 했냐면. 지연: 네 제가 했어요. 말 하려고 했는데. 진호: 아. 미쳐 말할 기회가 없었어? 그런 얘기 제일 많이 해. 지연: 저 사람 잃어버린 딸을 찾고 있다고 그랬어요. 진호: 딸? 딸? 그 줘봐. 김해관 딸? 딸은 김유주. 2003년 대구 지하철 화재사고 당시 사망. 지연: 죽었다구요? 진호: 오래 지속된 화재로 인해 시신이나 유류품을 발견하지 못함. 실종으로 처리되었으나 이후 5년이 경과하여 사망으로 결론. 이게 위성과 무슨 상관이야?

			지연: 그 사람은 자기가 딸을 잃어버렸다고 했다구요. 그래서 그 딸 찾는데 그 위성이 필요하다고 했어요. 진호: 딸 찾는데 그 떨어진 고장 난 위성을 왜 필요해? 말이 안 되잖아. 지연: 그 위성이 도청기능이 있다고 했다고요. 진호: 뭐? 지연: 아잇. 자세한 건 나도 들은 게 아닌데. 어쨌든 그 위성이 도청장치 기능이 있어서 자기 딸 찾는데 뭐. 어떻게 해볼 수 있다고 했던 것 같아요.
NA	57:38	04″	진호가 기쁨을 감춘 채 의미심장한 미소를 짓는다.
대사	57:42	01″	진호: 아.
NA	57:43	05″	진호가 소파에서 일어나 주머니에 손을 꽂고 서성인다.
대사	57:48	11″	진호: 당신은 지금부터 수색작업에서 빠지는 거야. 그리고 앞으로 행동거지 조심해서 하고. 일거수일투족. 알지?
NA	57:59	03″	진호가 요원에게 지연을 숙소로 데려다주라고 손짓한다.
대사	58:02	01″	요원: 가시죠.
NA	58:03	09″	유치원. 밤. 해관이 전동 휠체어를 밀고 유치원선생님이 된 유주의 친구 수진을 찾아온다.
대사	58:12	02″	아이들: 안녕히 계세요.
NA	58:14	09″	수진이 미동 없는 해관을 바라본다. 과거. 유주의 대학교 정문 앞. 겨울밤. 유주와 수진이 팔짱을 끼고 함께 걷고 있다.
대사	58:23	26″	해관: 김유주. 이놈의 자슥이 공부하라고 서울 보내 놨더니만 도 너 지금 뭐하고 샛 돌아다녀? 어? 유주: 무슨 소리야? 해관: 너 왜 방 뺐어? 요즘 누가하고 있어? 유주: 나 친구하고 있어. 걱정 안 해도 돼. 아빠. 해관: 친구 누구? 애야? 니가 유주 꼬셔서 방 빼라 그랬어? 어? 너 뭐하는 학생이야. 어? 너거 집 어디야? 유주: 아빠 여기서 이러면 나 어떡해? 해관: 너희 부모님 집에서 그렇게 가르쳤어? 유주 여친: 그날 남자친구 소개시켜준다고 했었거든요.
NA	58:49	01″	현재. 유치원교실 안.

대사	58:50	16″	유주 여친: 그 친구한테 방 빼준 거 앨범 녹음비 대신이었어요. 유주가 뭐하고 싶었는지 아시죠? 해관: 그렇게 연예인이 되고 싶었대? 유주 여친: 유주는 노래가 하고 싶었어요. 해관: 그게 그거지. 뭐가 달라. 똑같지.
NA	59:06	04″	(수진의 벨소리) 수진이 걸려온 전화를 받는다.
대사	59:10	10″	유주 여친: 네 아빠. 어 쫌 있다 출발할거야. 친구 아버지가 찾아오셔서요. 예 끊어요.
NA	59:20	05″	해관이 수진을 빤히 쳐다본다.
대사	59:25	11″	유주 여친: 유주도 끝까지 숨기려고 했던 건 아니었을 거예요. 때가 됐으면 분명히 말씀드렸겠죠.
대사	59:36	04″	해관: 무슨 때? 유주 여친: 아빠랑 다시 친해질 때요.
NA	59:40	03″	공원벤치. 캄캄한 밤.
대사	59:43	12″	해관: 아빠는 이제 정말 모르겠다. 유주야. 로봇: 김유주. 관련 키워드. 김해관의 생물학적 후손.
NA	59:55	06″	해관과 로봇이 나란히 앉아 별빛 가득한 밤하늘을 바라보고 있다.
대사	01:00:01	06″	해관: 생물학적
대사	01:00:07	18″	해관: 내 딸이지. 로봇: 앞 산. 해관: 유주 어릴 때. 데려가던 곳. 로봇: 민트초코 해관: 유주가 제일 좋아하던 아이스크림. 로봇: 비밀본부
NA	1:00:25	05″	비밀을 들킨 해관이 놀라 로봇을 바라본다.
대사	1:00:30	01″	해관: 니가 그걸 어떻게 알아?
NA	01:00:31	02″	로봇이 해관을 바라본다.
대사	01:00:33	32″	해관: 허기사 뭐. 남의 말 엿듣는 게. 니 일이니까. 로봇: 나는 더 이상 인간의 명령을 수행하지 않는다. 해관: 너 짤렸나? 로봇: 인간은 수집한 정보로 인간을 해친다. 해관: 세상이 그런 거야. 나는 그런 세상에서 내 딸을 보호하고 싶었다고.

NA	01:01:05	03″	해관이 커피를 한 모금 마신다.
대사	01:01:08	42″	로봇: 보호는 고마운 것입니까? 해관: 이놈의 자슥이 어데서 꼬박꼬박 말대꾸 하는 거 배워 갖구. 야. 너. 너. 이. 이 이름 뭐야? 이름? 로봇: 식별부호 1989-037B-S19. 해관: 뭐 그리 복잡해? 이름 하나 가지고. 가만. 야. 너는 세상 그 소리를 다 듣잖아. 그니까 저. 소리 어때? 소리? 어. 야. 그 소리 소리 좋네. 허허.
NA	01:01:50	06″	해관이 소리의 머리를 손으로 친 뒤, 소리의 어깨쯤에 손을 댄다. 소리가 해관의 손과 얼굴을 번갈아 본다.
대사	01:01:56	01″	로봇: 소리?
NA	01:01:57	11″	해관이 벤치에서 일어나 혼자 걸어가자 소리가 그 뒷모습을 물끄러미 바라본다.
대사	01:02:08	02″	해관: 춥다. 그만 들어가자.
NA	01:02:10	07″	해관이 한 손에는 소주병을 다른 손에는 종이컵을 든 채 앞서 걷고 소리가 그 뒤를 따른다.
NA	01:02:17	14″	지연의 호텔방. 지연이 현관문의 작은 구멍으로 복도를 살핀다. 남자 하나가 방 앞을 지키고 서 있다. 지연이 주머니에서 핸드폰을 꺼내 전화번호를 찍다 만다. 조금 전에 진호가 한 말을 떠올린다.
대사	01:02:31	05″	소리: 앞으로 행동거지 조심해서 하고 일거수일투족 알지?
대사	01:02:36	05″	지연: 허. 어. 소리: 용의자 위치 파악됐으니까 5분 내로 정리하고 출동이다.
NA	01:02:41	02″	문밖 소리를 듣고 지연이 방문을 살짝 연다.
대사	01:02:43	05″	진호: 어. 됐어? 당신 이제 따라 올 거 없어. 나중에 항우연에서 봐. 어디라고?
NA	01:02:48	12″	공원 주차장. 새벽. 해관이 차 안에서 단잠에 빠져있다. 차창으로 쏟아지는 따사로운 햇살에도 여전히 해관은 세상모르고 코를 골며 잠들어 있다.
NA	01:03:00	27″	(01:03:00) 해관이 주차한 곳 아래로 또 다른 주차장이 있다. 철제 울타리 아래로 내려다 보이는 주차장 입구로 검정색 밴 한 대가 조용히 들어온다. 검정색 밴은 해관의 차가 주차된 위쪽 주차장으로 올라와 해관의 차 뒤에 선다. (01:03:16) 검정색 밴에서 진호가 내린다. (01:03:18: 차 문 닫는 소리) 진호가 해관의 차로 천천히 걸어가 운전석 문 앞에 선다.

대사	01:03:27	03″	(차 창 두드리는 소리. 똑 똑) 진호: 김해관씨. (똑 똑 똑 똑 똑) 김해관씨.
NA	01:03:30	02″	(빠르게) 해관이 어리둥절해하며 잠에서 깬다.
대사	01:03:32	05″	진호: 에. 문 좀 열어보세요. 아 저게 그 인공위성이야?
NA	01:03:37	01″	진호가 차 안을 들여다본다.
대사	01:03:38	05″	진호: 아. 참. 뭐 옷을 입혀 놓은 거야? 자. 문 여세요.
NA	01:03:43	09″	(01:03:43) 해관이 당황하며 어찌할 바를 몰라 머뭇거리다 소리를 잠시 바라본다. (01:03:47) 해관이 차 문을 열려는 순간, 소리의 액정이 켜진다.
대사	01:03:52	20″	소리: 음성확인. 김유주 음성과 92퍼센트 일치한 통화 포착. 해관: 지금 유주 목소리가 들린다고? 소리: 011-3325-2232. 진호: 자. 빨리 빨리 문 여세요. 소리: 위치. 대구시 중구 남일동 143-19 진호: 야. 야. 안되겠다. 여기 문 열어야겠다.
NA	01:04:12	02″	다급해진 해관이 안전벨트를 매고 차의 시동을 건다.
NA	01:04:14	03″	해관이 후진을 하자 검은색 밴이 뒤를 막는다.
대사	01:04:17	03″	진호: 아이고. 이거 왜 이러시나? 막판에.
NA	01:04:20	22″	소리가 결의에 찬 해관의 표정을 보고 얼굴을 아래로 내린다. 두 눈을 부릅뜬 해관은 기어를 변속해 가속 페달을 힘껏 밟는다. 두려움에 두 눈을 질끈 감은 채 해관은 철제 울타리를 들이받고 아래 주차장으로 떨어진다. 해관이 속력을 높여 질주한다.
대사	01:04:42	01″	진호: 어 저 미친 새끼.
NA	01:04:43	02″	해관의 차가 주차장을 빠져나간다.
대사	01:04:45	02″	진호: 야 용의자 도주한다. 입구에서 막아.
NA	01:04:47	01″	진호가 차로 뛰어간다.
대사	01:04:48	01″	진호: 따라와.
NA	01:04:49	02″	공원 입구에선 요원들이 장애물을 설치한다.

NA	01:04:51	07″	(01:04:51: 해관의 차 소리) 해관이 급하게 차를 몰며 뒤따라오는 차가 없는지 확인한다. 해관의 차가 휘어진 산길을 내려온다.
대사	01:04:58	06″	소리: 전방에 요원 대기 중. 해관: 뭐라고? (소리〉진호: 야. 용의자 도주한다. 입구에서 막아.)
NA	01:05:04	02″	해관이 차를 갈림길에서 입구와 반대방향으로 돌린다.
NA	01:05:06	07″	4명의 요원이 서 있는 입구가 조용하다. 요원들은 서로의 얼굴을 보며 의아해 한다.
대사	01:05:13	04″	요원: 안 내려오는데요? 진호: 뭐? 뭐라고? 운전자: 팀장님. 팀장님 저기.
NA	01:05:17	03″	조수석에 앉은 진호가 목을 빼 차창 밖을 내다본다.
대사	01:05:20	03″	진호: 야. 샛잖아. 경찰들 무전 때려.
대사	01:05:23	06″	소리: 도주사건 발생. 38라 8498 하늘색 레조. 발견 즉시 검거 바랍니다.
대사	01:05:29	04″	해관: 야. 야. 야. 갈림길. 갈림길. 어디 어디 어디로? 소리: 좌회전
NA	01:05:33	05″	갈림길 양 쪽으로 진입하는 차를 피해 해관의 차가 좌측으로 도주한다. 잠시 뒤 해관의 차가 강 위에 놓인 다리로 진입한다.
대사	01:05:38	09″	해관: 야. 그 다음에. 소리: 전방에 과속 단속 카메라. 해관: 찍으라. 그래. 소리: 80. 80. 80. 해관: 야. 어디로 가라고? 소리: 우회전.
NA	01:05:47	26″	(01:05:47) 해관이 회전교차로에서 급우회전해 굽은 도로로 진입한다. 해관의 차가 비틀거린다. (01:05:50) 내부순환도로. 2차선 도로에 차들이 빽빽하게 줄 서 있다. 경찰이 차로를 막고 검문중이다. (01:05:55) 밀짚모자와 얼굴토시로 무장한 뻥튀기 상인이 정차한 차량으로 가서 뻥튀기를 팔고 있다. (01:06:00) 길게 늘어서 차량 행렬 끄트머리에 해관의 차가 서 있다. (01:06:04) 해관이 초조해하며 주위를 살핀다.

대사	01:06:13	09″	해관: 야. 딴 길 없어? 아 이런 건 좀 실시간으로 좀 아이. 시. 소리: 500미터 전방 경찰 검문중. 해관: 알아. 알아. 나도 느낌이 그래. .하. 아.
NA	01:06:22	08″	(초조해진) 해관이 불안하며 핸들을 부여잡고 두리번거리다 자신의 차 쪽으로 다가오는 뻥튀기 상인을 발견한다. 해관의 동공이 확대된다.
NA	01:06:30	12″	(01:06:30 경찰차 사이렌소리) (01:06:34) 뻥튀기 상인으로 변신한 해관이 경찰을 피해 전동 휠체어를 밀며 걷고 있다. 소리는 두 눈만 빼꼼히 남기고 뻥튀기로 둘러싸여 있다.
NA	01:06:42	03″	경찰국 CCTV 관제소.
대사	01:06:45	06″	진호: 자 우리 어디서 온줄 알죠? 다들 주목. 하던 일이 뭐든지 당장 다들 그만 멈추시고. 자 주목.
NA	01:06:51	03″	국정원 요원이 수배전단을 직원에게 돌린다.
대사	01:06:54	33″	진호: 자. 이름은 김해관. 지금부터 이놈을 찾습니다. 아. CCTV에서 이놈을 찍어 내기 전까지 아무도 못 나갑니다. 아시겠죠? 자, 찾으세요. 마이크: Wait. 칼: 마이크 마이크: 자막〉왜 이 사람에 대한 정보를 공유하지 않았습니까? 진호: 자막〉이제 알았잖소. 잃어버린 물건 찾아주느라 바쁜 거 안 보입니까? 마이크: 자막〉당신이 국정원 요원이라는 걸 이미 알고 있었소. 계속 이런 식으로 하면 양국간의 신뢰가 깨질 줄 아시오. 진호: 자막〉신뢰? 그럼 당신들은 위성이 NSA의 것이라고 말한 적 있습니까?
NA	01:07:27	03″	칼과 마이크가 놀라 말문이 막힌다.
대사	01:07:30	02″	진호: 차. 우릴 차 찾으세요. 우리 시간 없어.
NA	01:07:32	07″	(빠르게) 서대구로 진입하는 고속도로. 낮. 해관과 소리가 고속버스를 타고 있다. 10년 전. 유주가 실종되던 날의 기억. (대구) 해관의 차 안.
대사	01:07:39	1′:14″	소리 〉 해관: 다 그만둬. 다 그만두고 재수해서 집에서 학교 다녀. 유주: 아빠 왜 꼭 다 아빠가 결정해야 돼? 해관: 아빠가 하루라도 먼저 살아봤으니까 해주는 말 아냐? 거 왜 그렇게 생각 없이 행동해?

NA	01:08:53	11″	양복차림의 해관이 화를 참으며 운전 중이다. 조수석의 유주가 큰 심호흡을 쉰 뒤 마음을 다잡고 해관을 바라본다.
대사	01:08:04	26″	유주: 아빠 들어봐. 아빠도 나만 할 때 그런 생각 안 해봤어? 이건 정말 꼭 해야겠다. 안하면 진짜 평생 후회할지도 모른다. 해관: 아빠하고 상의도 안 하고 하긴 뭘 해? 유주: 지금 얘기하잖아. 해관: 아이구야. 기껏 딴 짓하다 들키니까 이제 와서? 유주: 나 진짜 원하는 게 생겼다고. 내 말 좀 들어봐 좀. 해관: 너 이제 겨우 스물이야. 유주: 그래. 나 이제 스무 살이야. 해관: 너 니가 원하는 게 뭔지 아직 잘 몰라.
NA	01:08:30	18″	할 말을 잃은 유주는 크게 실망스러운 눈빛으로 해관을 바라본다. 차가운 얼굴의 해관을 향한 유주의 시선은 이내 차창 밖으로 향한다. 두 눈에 맺힌 눈물이 주르륵 흐른다. 굳은 표정의 해관은 유주를 외면한 채 운전에만 집중한다.
대사	01:08:48	22″	해관: 허. 어. 김유주. 그렇게 감정적으로 나오면 아빠하고 무슨 대화를 해? 눈물 닦고 아빠 말 귀담아 들어봐. 살다보면은. 유주: 아빠. 내가 왜 우는지 모르지? 아빤 내가 하고 싶은 게 뭔지 궁금하지도 않잖아?
NA	01:09:10	05″	해관의 차가 대구 중앙로 지하철 입구역 앞에 선다.
대사	01:09:15	15″	해관: 그래. 니가 그렇게 잘 났다고 살 것 같으면 내려. 이놈의 자식이 뭐? 먹이고 입히고 뭐 공부 시키고 키워놓으니까. 니 혼자 다 큰 것 같아? 어디니. 니 맘대로 함 살아봐. 니 같은 딸 필요 없으니까 내려.
NA	01:09:30	04″	해관이 조수석 자리의 문을 연다.
대사	01:09:34	02″	해관: 아. 내려.
NA	01:09:36	27″	(01:09:36 안전벨트 푸는 소리) 유주가 안전벨트를 풀고 차에서 내리자 해관은 그 자리를 뜬다. (01:09:42 차 떠나는 소리) 홀로 남겨진 유주는 떠나는 해관의 차를 바라보고 멍하니 서있다. (01:09:46) 해관은 두고 온 유주를 룸미러로 바라본다. 유주의 모습이 점점 멀어진다. (01:09:49) 해관이 마음을 다잡고 유주에게 전화를 걸려다 말고 갑자기 폴더폰을 집어던진다.
NA	01:10:03	05″	조수석에 떨어진 해관의 폴더폰이 깨진다.

NA	01:10:08	03″	현재 〉해관과 소리가 지하철 입구에 서 있다.
대사	01:10:11	03″	해관: 유주가 저기 있다고?
NA	01:10:14	07″	소리와 함께 해관은 넋 나간 듯 멍하니 10년 전에 유주를 내려줬던 지하철 입구 아래 계단을 바라본다.
대사	01:10:21	03″	소리: 발신자 위치 확인.
NA	01:10:24	03″	(빠르게)해관이 소리를 긴장된 표정으로 쳐다본다.
대사	01:10:27	18″	소리: 반경 50미터에서 접근. (:29)40. (:32)30. (:35)25. (:38)20. (:41)15.(:44)10미터.
NA	01:10:45	03″	해관이 두 눈을 부릅뜨고 멍하니 서 있다.
대사	01:10:48	02″	소리: 5미터
NA	01:10:50	01″	(빠르게)한 남자가 계단을 오른다.
대사	01:10:51	07″	소리: 3미터. 2미터. 1미터. 발신자 도착.
NA	01:10:58	07″	남자가 해관의 옆으로 지나가자 해관이 남자 쪽으로 몸을 돌린다.
대사	01:11:05	02″	해관: 저기요.
NA	01:11:07	03	남자가 뒤돌아선다.
대사	01:11:10	01″	청년: 네?
NA	01:11:11	06″	해관이 30대 초반으로 보이는 남자에게로 다가간다.
대사	01:11:17	05″	해관: 혹시 김유주를 아십니까?
NA	01:11:22	04″	놀란 남자가 해관을 빤히 바라보며 과거를 떠올린다.
NA	01:11:26	09″	과거. 유주의 대학교 정문 앞. 겨울. 유주의 남자친구 현수가 해관이 유주와 수진에게 화를 내는 모습을 먼발치에서 바라보고 있다.
대사	01:11:35	14″	해관: 유주 남자친구였다고? 근데 이맘때면 여기 오고? 집이 여긴가? 청년: 아뇨. 수원에서 직장 다니고 있습니다.
NA	01:11:49	11″	숲이 우거진 공원벤치. 해관과 현수가 벤치에 나란히 앉아 있다. 소리를 태운 전동휠체어는 해관이 앉은 벤치 옆에 세워져 있다.
대사	01:12:00	35″	해관: 자네도 우리 유주가 죽었다고 생각하나? 자네가 딸 가진 애비라면 자식이 그렇게 쉽게 죽었구나 생각할 수 있을까?
대사	01:12:35	11″	청년: 저. 아버님. 매년 여기 올 때마다 듣는 건데요.
NA	01:12:46	04″	현수가 폴더폰을 열어 해관에게 건넨다.

대사	01:12:50	05″	청년: 유주가 남긴 음성메시지예요.
NA	01:12:55	01″	해관이 폴더폰을 받아본다.
대사	01:12:56	14″	유주 음성메시지〉 첫 번째 메시지. 삐이~ 수업하는구나. 나 지금 대구야.
NA	01:13:10	01″	해관이 울먹인다.
대사	01:13:11	12″	유주 음성메시지〉 상황이 그렇게 됐다. 아빠랑 한바탕하고 좀 앉아 있다가 지하철 타고 가는 길이야. 언제고 부딪힐 일이긴 했잖아.
NA	01:13:23	01″	소리가 해관을 바라본다.
대사	01:13:24	21″	유주 음성메시지〉 각오는 했다고 생각했는데. 그래도 기분이 좀 그렇긴 하네. 어릴 때부터 아빠랑만 아는 데가 하나 있어. 무작정 거기 서서 기다려 보려고. 그래도 아빠잖아. 이제 화해해야지.
NA	01:13:45	05″	벤치에서 일어선 해관이 거리를 떠돌다 다시 지하철 중앙로역 앞에 도착한다.
대사	01:13:50	06″	유주 음성메시지〉 어. 이거 뭐지? 오빠 여기 불났나봐. 내가 다시 걸게.
NA	01:13:56	09″	해관이 지하철 중앙로역 계단을 힘없이 걸어 내려가고 있다. 불빛이 환한 지하철 입구는 텅 비어 있다.
NA	01:14:05	04″	밤. 해관이 떠난 공원 벤치에 소리가 혼자 남아 있다.
NA	01:14:09	11″	굳은 표정의 해관이 환하게 불이 켜진 지하철 승강장으로 내려온다. 천천히 발길을 옮겨 출입 금지구역으로 접어든다.
NA	01:14:20	04″	현수가 두고 간 꽃다발이 통제구역 벽면에 세워져 있다.
NA	01:14:24	07″	해관이 통제구역 출입문을 무표정한 얼굴로 마주하고 서 있다.
NA	01:14:31	09″	(출입문 여는 소리) 해관이 출입문을 열고 지하철 사고 현장으로 들어선다.
NA	01:14:40	04″	해관이 계단 아래 지하철 선로까지 내려온다.
NA	01:14:44	05″	해관이 한발을 내딛으며 지하철 선로 사이로 들어선다.
NA	01:14:49	06″	10년 전 방화사고로 훼손된 지하철 터널 내부는 어둡고 서늘하다.
NA	01:14:55	05″	해관이 서서히 선로바닥에 무릎을 굽히고 앉는다.
NA	01:15:00	10″	해관이 한 손을 뻗어 머뭇거리다 선로를 부여잡는다. (흐느끼는 소리) 해관이 흐느낀다.

대사	01:15:10	01″	해관: 유주야.
NA	01:15:11	07″	주체할 수 없는 슬픔에 부르르 몸을 떤다. 해관의 눈에서 굵은 눈물이 툭 하고 떨어진다.
대사	01:15:18	01″	해관: 아빠 왔어.
NA	01:15:19	03″	북받쳐오는 울음을 참는 해관의 입술이 파르르 떨린다.
NA	01:15:22	06″	해관이 다른 한 손도 함께 선로를 움켜잡는다. (두 손에 힘이 꽉 차 있다).
NA	01:15:28	02″	해관의 두 눈이 충혈되고 젖어있다.
대사	01:15:30	02″	해관: 우리 딸 미안해.
NA	01:15:32	09″	(참을 수 없는 아픔으로) 해관이 터질 것 같은 울음을 가까스로 참고 있다.
대사	01:15:41	04″	해관: 아빠가. 아빠가 너무 늦게 왔어.
NA	01:15:45	05″	해관이 슬픔으로 일그러진 얼굴을 푹 떨군다.
대사	01:15:50	04″	해관: 우리 딸 미안해.
NA	01:15:54	05″	해관이 가슴이 미어져 고개를 들지 못한다.
대사	01:15:59	17″	해관: 유주야. 아빠가 온 세상천지 다 돌아다녔는데. 여기만 못 왔어. 여기. 유주야.
NA	01:16:16	07″	해관이 끝내 참아왔던 슬픔을 견디지 못하고 오열하며 선로에 고개를 떨군다.
NA	01:16:23	03″	눈물범벅이 된 해관이 고개를 들고 철로를 토닥인다.
대사	01:16:26	24″	해관: 유주야. 유주야. 집에 가자. 집에 가자. 음? 유주야. 아빠가. 아빠가 우리 유주 보고 싶어 가지고 이리 왔어. 집에 가자. 유주야. 여기. 여기. 여기 너무 깜깜해.
NA	01:16:50	05″	오랜 세월 눌러 온 해관의 오열이 봇물처럼 터져 버린다.
대사	01:16:55	07″	해관: 여기 너무 깜깜해. 유주야.
NA	01:17:02	06″	지하철 관제탑. 해관이 철로에 엎드린 모습이 CCTV 화면에 뜬다.
대사	01:17:08	01″	역무원: 어. 철로에 사람이 있다.
NA	01:17:09	04″	역무원이 서둘러 나간다. 진호는 CCTV 관제소에 있다.

대사	01:17:13	15″	(벨소리) 진호: 네 차장님. 국정원 차장: 아니 무슨 지원임무를 이렇게 요란하게 해? 검찰이 지켜보고 있어. 진호: 예. 지금 그게 문제가 아닙니다. 차장님. 이 위성이 그냥 위성이 아니라 NSA랑 결부되어 있습니다.
NA	01:17:28	02″	차장이 잠시 머뭇거린다.
대사	01:17:30	06″	진호: 차장님? 차장님. 국정원 차장: 다른 전화기 있으면 그걸로 다시 걸어.
NA	01:17:36	02″	진호가 다른 전화기로 전화한다.
대사	01:17:38	28″	국정원 차장: 자세히 말해 봐. 진호: 예. 그러니까 이 위성이요. NSA 도청 위성입니다. 근데 미국 애네들이 이걸 숨기고 저희한테 들어온 겁니다. 이게 그 뭐더라. 국정원 차장: 앤슐런. 진호: 네. 국정원 차장: 그 위성이 한반도에 떨어졌단 말이지? 진호: 네. 제가 그거 알아냈습니다. 국정원 차장: 잘했어. 우리가 먼저 위성을 확보하면 위성에 들어있는 정보를 요구할 수 있어. 그때까지 최대한 협조하는 모습 보이고 진호: 아 예. 그 위성을 제가.
대사	01:18:06	17″	(갑자기 문 여는 소리) 요원: 대구 지하철. 진호: 놀래라. 왜? 요원: 대구 지하철 중앙로역에서 김해관으로 보이는 자가 나타났습니다. 진호: 제가 다시 전화 드리겠습니다. 대구? 거기 왜? 요원: 자살 시도했답니다. 진호: 허. 가지가지 한다. 신병 확보했어? 요원: 역무원이 알아서 훈방처리해가지고. 진호: 에이. 씨.
NA	01:18:23	17″	늦은 밤. 해관이 넋 나간 사람처럼 버스 정류장 벤치에 홀로 앉아 있다. 한참을 멍하니 앉아 있던 해관이 좌우를 살피다 문득 소리가 없음을 깨닫는다.
NA	01:18:40	05″	해관이 주머니에서 폴더폰을 빼낸다.
소리	01:18:45	05″	(단축번호 누르는 소리. 발신소리)

대사	01:18:50	31″	지연: 여보세요? 해관: 김해관입니다. 지연: 아저씨. 지금 어디세요? 아니. 아니. 지금 말하실 필요 없어요. 해관: 저 때문에 많이 곤란하죠? 미안합니다. 지연: 아니에요. 아저씨. 근데요. 저한테 이렇게 전화하시면 안 돼요. 해관: 상관없습니다. 이제. 지연: 네? 해관: 위성은 대구 중앙로 공원에 있을 겁니다. 지연: 지금 그 사람들이 다 듣고 있다고요. 아저씨. 여. 여보세요?
NA	01:19:21	08″	(폴더폰 닫는 소리) 같은 시각 중앙로 공원. 밤. 벤치 옆에서 잠자코 있던 소리의 액정이 파랗게 켜진다.
NA	01:19:29	05″	해관의 위치를 파악한 소리가 전동 휠체어를 작동시켜 공원을 벗어난다.
NA	01:19:34	07″	버스 한 대가 정류장에 도착하자 해관이 버스를 타고 사라진다.
NA	01:19:41	09″	소리가 외로이 도심을 지나 드디어 해관이 앉아 통화하던 버스 정류장에 도착한다.
NA	01:19:50	09″	아무도 없는 버스 정류장 벤치에는 해관이 두고 간 폴더폰이 덩그러니 놓여 있다.
NA	01:19:59	08″	소리가 고개를 들고 잠시 생각에 잠겼다가 자신이 걸어왔던 길을 돌아본다.
NA	01:20:07	09″	소리가 전동휠체어를 움직여 버스 정류장을 벗어나 어딘가로 향한다.
NA	01:20:16	04″	정류장 벤치 위에 해관의 폴더폰이 그대로 남아있다.
NA	01:20:20	04″	소리가 전동휠체어를 타고 번화한 밤거리를 홀로 지나고 있다.
NA	01:20:24	09″	사람들이 힐끔거리며 소리를 쳐다본다. 소리는 집게로 전동간을 작동해가며 현란한 불빛이 반짝이는 거리를 좌우로 살피며 지난다.
NA	01:20:33	09″	소리가 심야영업중인 숯불가게 앞을 지난다. 가게 앞 4-5개의 야외테이블에 앉아 식사중인 사람들이 많지만 소리에게 관심을 가지는 사람은 한 남자뿐이다.
NA	01:20:42	06″	소리가 (차가 없는) 도로가를 지나는데 술 취한 남자가 소리에게 발길질을 해대고 걸어간다.
소리	01:20:48	02″	(빵빵빵. 경적음 소리)

NA	01:20:50	13″	소리가 도로에서 벗어나 인도를 지난다. 몇몇 거리를 걷는 젊은이들이 소리를 이상하게 쳐다보고 지나가지만 소리는 흔들림 없이 꼿꼿하게 전진중이다.
소리	01:21:03	01″	(차 경적음 소리)
NA	01:21:04	03″	횡단보도를 건너던 소리가 경적음에 놀라 멈칫한다.
NA	01:21:07	10″	소리가 달리는 차 사이로 위태롭게 길을 건너간다.
소리	01:21:17	01″	(고양이 소리-야옹)
NA	01:21:18	09″	골목길을 지나던 소리가 길고양이 소리를 듣고는 가던 길을 되돌아와 살피고 간다.
NA	01:21:27	08″	어두운 빈 공터를 지나는 소리 뒤로 취객이 붉은 가위가 그려진 담벼락에 서서 노상 방뇨를 하고 있다.
NA	01:21:35	07″	어스름한 새벽. 도로를 따라 하염없이 가고 있는 소리 옆으로 살수차가 물을 뿜고 지나간다.
NA	01:21:42	10″	소리가 입은 핑크빛 후드티에 물이 튀어 옷이 흠뻑 젖는다. 어느새 서서히 날이 밝아 온다.
NA	01:21:52	15″	소리가 목적지에 도착한 듯 전진하던 자세를 돌려 제자리에 선다. 소리가 머리를 안으로 넣으며 쉰다.
NA	01:22:07	03″	버스 종점으로 들어오는 버스 안에는 내리지 못한 해관이 잠들어 있다.
NA	01:22:10	06″	창밖에선 누군가가 호수로 유리창에 물을 뿌리며 물청소가 한창이다.
NA	01:22:16	04″	해관이 물소리에 잠을 깨 창밖을 바라본다.
NA	01:22:20	12″	해관이 버스에서 내려 종점 밖 정류장에서 또 다른 버스를 타고 (→ 버스 떠나는 소리 물림) 예전에 유주를 찾아다녔던 문방구 가게 앞에 도착한다.
NA	01:22:32	05″	과거. 잃어버린 줄 알았던 유주를 찾아다녔던 주택가 골목길.
NA	01:22:37	09″	고요한 새벽길을 홀로 걷던 해관이 어느덧 예전에 유주를 찾아다니다 지쳐 담배를 피던 자리에 도착해 깜짝 놀라 걸음을 멈춘다.
소리	01:22:46	02″	(차 지나가는 소리)
NA	01:22:48	07″	길 건너 유주와 약속한 비밀본부 앞에 전동휠체어를 탄 소리가 머리를 들어 해관을 바라보고 있다.
소리	01:22:55	01″	(해관의 '허' 소리)
NA	01:22:56	07″	(허탈감에 빠져 있던) 지쳐 있던 해관의 눈이 다시 빛난다.

NA	01:23:03	02″	해관이 미소를 지으며 소리에게로 달려간다.
소리	01:23:05	01″	(차 경적소리)
NA	01:23:06	04″	해관이 달려오는 차를 피하며 길 건너 소리 곁으로 간다.
NA	01:23:10	06″	잃어버린 유주를 만난 듯 해관의 얼굴에 반가움이 가득하다.
대사	01:23:16	01″	해관: 나 기다렸냐?
NA	01:23:17	02″	소리가 고개를 든다.
대사	01:23:19	05″	소리: 비밀본부.
NA	01:23:24	03″	소리가 제자리를 한 바퀴 돌고 고개를 갸웃한다.
대사	01:23:27	01″	해관: 훗.
NA	01:23:28	28″	해관이 얼굴가득 함박웃음을 지은 채 자세를 낮춰 소리의 손을 살며시 잡는다.
NA	01:23:38	05″	(그러나) 이내 두 눈이 촉촉해진 해관이 울먹이는 듯한 표정으로 소리를 바라본다.
대사	01:23:43	01″	해관: 늦게 와서 미안해.
NA	01:23:44	05″	소리가 해관을 아무 말 없이 그저 바라본다.
NA	01:23:49	05″	해관과 소리가 서로 마주보며 해후하는 동안 멀리서 경찰차가 다가온다.
NA	01:23:54	09″	소리를 바라보는 해관과 해관을 바라보는 소리는 경찰차가 울리는 사이렌 소리에도 아랑곳하지 않고 서로 마주보고 있다.
NA	01:24:03	07″	(그러나 곧 해관과 소리를 향해) 여러 대의 경찰차가 달려와 둘을 둘러싼다.
NA	01:24:10	05″	놀란 해관의 얼굴, 차에서 내리는 진호의 표정이 밝다.
NA	01:24:15	05″	경찰과 요원들이 차에서 내려 소리로부터 해관을 떼어낸다.
NA	01:24:20	06″	해관이 필사적으로 소리와 떨어지지 않으려고 발버둥 치면서 요원들에게 끌려간다.
NA	01:24:26	05″	소리는 요원에게 제압당해 수갑이 채워지는 해관을 그저 바라보고 있다.
NA	01:24:31	09″	진호의 지시를 받은 요원들이 소리에게 다가가 핑크빛 후드티 앞부분을 위로 제치고 전열판과 연결된 전선을 뽑는다.
NA	01:24:40	13″	요원들에 의해 경찰차 앞 범퍼에 엎드려 꼼짝달싹할 수 없는 해관은 소리가 다른 두 요원들 손에 의해 검정색 밴으로 옮겨지는 것을 그저 무기력하게 바라보고 있다.

NA	01:24:53	08″	전원이 꺼진 소리의 눈을 바라보는 해관의 눈에 눈물이 가득하다.
NA	01:25:01	12″	해관을 제압한 두 요원이 해관을 일으켜 경찰차로 이동시키지만 해관은 소리가 밴에 실려 묶이는 것을 하염없이 바라본다.
NA	01:25:13	07″	해관이 소리를 향한 시선을 거두지 못하고 안타까워하는 사이 소리를 태운 검정색 밴의 뒷문이 닫힌다.
NA	01:25:20	06″	진호가 껌을 씹으며 그 모습을 지켜보고 있다. 해관은 또 다른 검정색 밴에 강제로 태워진다.
소리	01:25:26	01″	(밴 문 닫는 소리)
소리	01:25:27	01″	(차 시동 거는 소리)
NA	01:25:28	08″	(소리를 태운 검정색 밴이 먼저 떠나자 아이스크림 가게 앞에 장사진을 이루던 경찰들이 경찰차를 타고 그 자리를 뜬다.)
NA	01:25:36	02″	국정원. 차장 직무실. 낮
대사	01:25:38	42″	국정원 차장: 위성은 지금 어디 있나? 진호: 항우연에서 추출 시도하고 있습니다. 근데 뭐 걔네들이 추출할 수 있겠습니까? 그 정보를? 국정원 차장: 그래도 우리가 위성에 손을 대고 있다는 것을 알면 미국 쪽에서는 압박을 받을 수밖에 없어. 생각해봐. 그 위성에는 그 동안 이 나라이 땅에서 벌어진 모든 통화와 구소라인이 설정되어 있어. 정치인 재벌 검찰까지. 모두의 약점이 우리 손 안에 들어오는 거라고. 신진호. 진호: 네. 국정원 차장: 미국 쪽에 정보를 흘렸지만 복사본 하나 만들어 봐. 진호: 복사본을요? 국정원 차장: 이런 고급 정보를 위에다만 갖다 바칠 수는 없지. 진호: 허. 어.
NA	01:26:20	16″	국립과학수사 연구소 분해실. 밤. 소리가 온갖 케이블에 묶여 연구실 공중에 거꾸로 매달려 있다. 의자에 앉아 소리를 바라보던 지연이 일어나 소리에게 다가온다.
대사	01:26:36	04″	지연: 너. 지금 내 말 들리니?
NA	01:26:40	02″	아무런 반응이 없다.
대사	01:26:42	09″	지연: 내 생각이 맞다면 넌 지금 내 말을 듣고 있어. 사람처럼 생각도 하고.

NA	01:26:51	13″	소리를 바라보던 지연이 피식 웃음을 짓고 뒤돌아서자 몸체 안에 숨겼던 소리의 머리가 회전하며 밖으로 나온다.
대사	01:27:04	16″	소리: 강지연. 1984년생. 소속. 한국우주연구원. 오랫동안 당신의 말을 듣고 있었습니다. 당신이 알고 싶은 것은 무엇입니까?
NA	01:27:20	14″	지연이 놀라 소리 앞으로 다가와 멍하니 소리를 바라본다. (이어) 지연이 소리의 몸과 연결된 케이블에서 보내는 데이터를 모니터로 보고 있다. 정보들은 소리가 지연의 통화기록을 분석한 (도청)정보들이다.
대사	01:27:34	04″	소리: 박동현의 통화내역을 확인하시겠습니까?
NA	01:27:38	04″	섬찟해진 지연이 소리를 쳐다본다.
대사	01:27:42	1″	소리: 확. 확인하시겠습니까?
NA	01:27:43	3″	지연이 잠시 고민한다.
대사	01:27:46	8″	지연: 아니. 이렇게 알고 싶진 않아졌어. 소리: 고맙습니다. 지연: 뭐라고?
NA	01:27:54	04″	(꽝. 문소리) 문소리에 놀란 지연이 주위를 두리번거린다.
대사	01:27:58	09″	소리: 물어보지 않아서 고맙습니다. 김해관에게 전달할 메시지가 있습니다.
NA	01:28:07	01″	(빠르게) 미군부대 회의실.
대사	01:28:08	26″	자막 〉 NSA 국장: 칼, 한국정부가 위성의 정보를 빼낼 확률이 얼마나 되나? 칼: 이론적으로는. 마이크: 모든 가능성을 염두에 둬야 합니다. 그들이 정보에 접근할 수 있는 것을 배제할 수는 없습니다. 국장: 마이크 소령, 2차 계획 실행하게. 무슨 수를 써서라도 완전히 파괴하도록. 조금의 증거도 남겨서는 안돼. 칼: S19호를 파괴한다고요? 국장: 그만. 더 이상 당신 말을 들어줄 여유가 없어. 마이크 소령. 알겠나? 마이크: 네. 즉각 실행하겠습니다.

NA	01:28:34	15″	국정원 앞. 낮. 해관이 (국정원) 정문 밖으로 걸어 나온다. 해관을 마중 나온 아내가 길 맞은편에서 한심하다는 듯이 바라보고 있다. 국밥집.
대사	01:28:49	23″	아내: 도대체 뭐하고 다니느라 국정원까지 잡혀갔어? 해관: 섬에서 위성을 하나 주웠는데. 개하고 같이 유주 찾으러 다닌다고. 미국 나사하고 국정원에서 잡으러 오는 바람에. 뭐 그렇게 됐어. 아내: 허.
NA	01:29:12	12″	아내가 어이없어 하더니 해관이 국밥을 먹을 수 있도록 소금 간을 해주고 공기밥 뚜껑을 열어준다.
대사	01:29:24	42″	아내: 먹어. 해관: 유주 노래하고 싶어 했던 거 알고 있었나? 아내: 응. 해관: 응. 당신한테는 얘기했구나. 아내: 엄마랑 딸은 다르잖아. 그맘때 여자애들 아빠랑 서먹한 거 당연한 거야. 해관: 그놈 그 남자친구도 있었더라고. 아내: 그래? 유주는 그거 말 안 했네. 해관: 연애 일찍 시작한 거 보면 우리 딸 맞아. 잉? 아내: 핏.
NA	01:30:06	09″	아내의 피식 웃는 모습에 해관이 살며시 미소 짓는다.
대사	01:30:15	13″	아내: 개도 시집 일찍 갔으려나? 기억 나? 우리아빠한테 당신 멱살 잡혔던 거?
NA	01:30:28	12″	해관과 아내가 (잊고 있었던 기억이 떠올라) 함께 웃음 짓는다. 국밥을 먹으려고 수저를 들던 해관이 수저를 내려놓는다.
대사	01:30:40	1′:13″	해관: 하게 했을까? 아내: 뭐? 해관: 유주 하고 싶은 거 하게 해줬을까? 아내: 너무 자책하지 마. 해관: 하고 싶다는 거 시켜줄 수도 있었는데. 아내: 아니. 엄마는 자식을 낳아서 세상에 보내지만. 아빠는 인생을 부정 당하는 걸로 자식을 세상에 내보낸대. 나 아빠처럼 안 살거야. 엄마처럼 안 살거야. 그거. 그렇게 나쁜 말은 아닌 것 같아. 무조건 감싸고 보호하려고만 했던 거. 그게 유주한테는 그렇게 고마운 일은 아니었을 거야.

			해관: 여보. 아내: 응? 해관: 내 마지막으로 한 가지 꼭 해야 될 일이 있다.
NA	01:31:53	7″	지연의 연구실. 온갖 케이블로 묶여 공중에 매달려 있던 소리는 없고 지연이 혼자 서 있다.
소리	01:32:00	01″	(지연의 핸드폰 소리)
NA	1:32:01	02″	지연의 핸드폰이 울린다.
대사	01:32:03	36″	지연: 네. 여보세요. 해관: 아. 박사님. 저 김해관입니다. 지연: 아저씨? 해관: 예. 저 혹시. 소리하고 같이 있습니까? 지연: 소리요? 그게 누구예요? 해관: 제가 지어준 이름입니다. 위성요. 지연: 늦었어요. 방금 국정원 사람들이 와서 다 가져가버렸어요. 해관: 박사님 소리는 꼭 해야 할 일이 있습니다. 가야할 곳이 있다고요. 박사님 저 좀 도와주시면 안 되겠습니까? 저 꼭 소리 만나야합니다. 지연: 이렇게 된 상황에서는 제가 뭘 할 수 있는 게. (01:32:36 "오빠 뭐해" 어플 알림 소리)
NA	01:32:39	04″	지연의 핸드폰 어플에 진호의 통화내역이 뜬다.
NA	01:32:43	09″	국정원 소속의 검정색 밴 2대가 연구소를 빠져나가 도로를 달리고 있다.
대사	01:32:52	15″	진호: 아. 예. 차장님. 지금 미국 측하고 교환하기로 한 장소로 이동중입니다. 예. 교환하는 즉시 그 복사본 만들어놓겠습니다. 아. 저희 팀원들이요? 아. 얘네들 걱정 안 하셔도 됩니다. 아. 얘네들은 이게 무슨 일인지 알고.
NA	01:33:07	03″	(끼익. 급정거 소리.) 검정색 밴 앞에 구철의 SUV차가 나타나 길을 막는다.
대사	01:33:10	21″	진호: 야. 뭐야? 요원: 교차로에서 차가 엉켰습니다. 금방 조치하겠습니다. 요원: 어 여봐. 당신. 차 빼 당장. 구철: 뭐? 당신? 저 얻다 대고 당신이래? 싸가지 없이? 내가 왜 차를 빼. 빼려면 당신이 빼야지. 요원: 알겠. 알겠으니까. 차 좀 뒤로 빼 주세요. 구철: 존댓말 했다 반말했다가. 시 내가 대가리 딱 들이민 거 아냐? 교차로에 우선순위.

NA	01:33:31	04″	요원들이 차에서 내려 구철의 차를 둘러싼다.
대사	01:33:35	02″	요원: ...
NA	01:33:37	07″	이 때 지연이 소리를 태운 밴 뒤에 해관의 차를 갖다 댄다. 해관이 차에서 뛰어 내려 밴의 뒷문을 연다.
대사	01:33:44	01″	해관: 소리야?
NA	01:33:45	02″	(빠르게) 소리가 해관을 향해 고개를 돌린다. (밴 안쪽에) 진호가 놀란다.
대사	01:33:47	01″	진호: 어.
NA	01:33:48	02″	밖에선 요원들이 구철을 차에서 끌어 내리고 있다.
대사	01:33:50	04″	요원: 나와. 내가 차 빼 드릴 테니까.
NA	01:33:54	16″	해관이 소리가 묶인 작업대를 끌어 내리려 안간힘을 쓰지만 진호가 잡고 놓아주지 않는다. 이때 나타난 요원 하나가 해관을 끌어당기자 진호가 뒤로 자빠지며 작업대에 부딪힌다. 해관이 다시 차안으로 달려든다.
대사	01:34:10	02″	요원: 자 여기 앉아계세요. 구철: 야. 니네 뭐야. 검찰이야. 검찰이야?
NA	01:34:12	03″	밴 안에선 요원이 해관에게 달려들어 목을 감싼다.
대사	01:34:15	04″	해관: 소리. 소리. 지르라고.
NA	01:34:19	01″	소리가 고주파 음을 낸다.
대사	01:34:20	01″	진호: 아~~악.
NA	01:34:21	19″	(소리가 낸 고주파 음 때문에) 요원들과 구철, 지연 모두 귀를 틀어막는다. 고주파의 진동으로 밴의 유리창이 깨지고 해관은 소리를 묶은 작업대를 차에서 내린다. 지연이 해관의 차 조수석 옆문을 열면 해관이 소리를 안고 차에 탄다.
대사	01:34:40	07″	해관: 출발합시다. 지연: 뭐라고? 해관: 출발하라고. 지연: 뭐? 출발하라고?
NA	01:34:47	03″	지연이 해관의 차를 몰고 출발하자 요원들이 달려든다.
NA	01:34:50	05″	해관을 놓친 진호가 허탈한 표정을 짓는다.

대사	01:34:55	17″	지연: 어떻게? 따라와요? 걔들 따라오고 있냐고요? 해관: 아니. 없는 거 같은데. 이제 없어. 따라오는 차 없어. 지연: 오. 오. 오. 오. 해관: 이제 됐어. 됐어. 소리. 야. 소리야.
NA	01:35:12	02″	소리가 반응이 없다.
대사	01:35:14	15″	해관: 소리야. 괜찮아? 지연: 아. 이거. 전원 문제일거예요. 아까 에너지를 그렇게 한 번 쏟았으니까. 기절한 거라구요. 걔 괜찮아요. 괜찮아. 내가 이따 도착해서 한 번 볼게요. 아 근데. 도착이고 나발이고 우리 지금 어디 가는 거예요? 해관: 생각해 둔 데가 있어.
NA	01:35:29	05″	감청장비로 가득한 미군의 작전차량. 통신병이 뭔가를 받아 적고 있다.
대사	01:35:34	16″	통신병: Sir. 마이크: 이게 뭔가? 누가 위성을 훔쳤다고? 통신병: 위성을 탈취 한 자가 김해관이라는 정보입니다. 칼: 위성을 처음 발견한 그 자 말입니까? 마이크: 이러 시간이 없소. 우리가 먼저 위성을 확보해야 합니다.
NA	01:35:50	07″	미군의 작전차량이 고가도로를 내려온다.
NA	01:35:57	03″	인천항 국제 물류센터 화물집하장 철조망 밖 마당. 밤.
대사	01:36:00	14″	지연: 이거면 태양광 충전되니까 앞으로 배터리 걱정은 없을 거예요. 아 근데. 아프가니스탄요? 아 지금 소리 혼자 보내겠다는 거예요? 해관: 원래 어디로 가는지 모르고 가는 게 진짜 여행이거든요.
NA	01:36:14	08″	지연이 소리가 배터리 없이도 작동할 수 있도록 태양광 전열판을 (소리에게) 달아준다.
NA	01:36:22	02″	지연이 태양광 전열판의 스위치를 올린다.
대사	01:36:24	01″	지연: 다 됐어요.
NA	01:36:25	03″	(빠르게) 지연이 해관 곁으로 가서 앉는다.
NA	01:36:28	08″	전원이 켜진 소리가 얼굴을 들어 지연 쪽으로 고개를 돌리지만 후드티의 모자가 소리의 한 쪽 눈을 가려 불편해 한다.
NA	01:36:36	09″	해관이 후드티의 모자를 벗겨준다. 소리가 해관과 지연을 스캔한다.
대사	01:36:45	09″	소리: 3789 해관: 그래 3789. 나다. 소리: 4982

NA	01:36:54	08″	지연이 해관을 바라보자 해관이 웃는다. 지연이 소리를 향해 반갑다고 한 손을 흔든다.
NA	01:37:02	08″	소리가 고개를 좌우로 돌리며 주변을 살핀다.
대사	01:37:10	17″	소리: 여기는 어디입니까? 해관: 너 진짜 여행이 시작되는 곳. 소리: 진짜 여행? 해관: 그녀를 찾아야지. 너 진짜 혼자 할 수 있겠어? 소리: 나는 그녀를 만나러 간다.
NA	01:37:27	04″	세관 화물집하장.
대사	01:37:31	01″	직원: 김해관 부장님.
NA	01:37:32	03″	해관이 관세청 직원을 향해 고개를 돌린다.
대사	01:37:35	03″	해관: 예. 직원: 감사장님께 얘기 들었습니다.
NA	01:37:38	08″	(관세청) 직원이 화물집하장 철문 자물쇠를 연다. 해관이 소리를 손수레에 태우고 지연과 함께 얼른 안으로 들어선다.
대사	01:37:46	07″	직원: 전 여기까지구요. 저기 저쪽으로 가시면 플래시를 든 선원들이 보일 겁니다.
NA	01:37:53	06″	해관이 고맙다고 관세청직원에게 인사하고 지연과 함께 화물집하장 안으로 걸어간다.
NA	01:37:59	12″	해관과 지연이 화물 집하장 안쪽 대형 크레인이 즐비한 곳으로 이동한다. 지연이 주변을 살핀다. 수레를 탄 소리도 고개를 좌우로 돌리며 주위를 살핀다. 이때 해관이 먼발치 컨테이너 박스 사이에서 보내는 불빛을 본다.
대사	01:38:11	02″	해관: 저기. 저 배입니다. 저 배. 저 배.
NA	01:38:13	01″	소리가 해관이 가리키는 곳을 본다.
NA	01:38:14	02″	해관과 지연이 서둘러 발걸음을 옮긴다.
NA	01:38:16	04″	한편 쌓여진 컨테이너 뒤 쪽에는 요원들이 숨어 있다.
NA	01:38:20	03″	해관과 지연은 불빛을 향해 속도를 내며 걷는다.
NA	01:38:23	05″	그 순간 대형 조명등이 사방에서 켜진다.
NA	01:38:28	02″	주위가 대낮처럼 환하다.

대사	01:38:30	09″	요원: 김해관. 강지연 당신들을 국가보안법 위반 혐의로 체포하겠습니다. 더 이상 도주나 저항은 용납하지 않습니다. 다시 한 번..
NA	01:38:39	05″	진호가 요원의 마이크를 뺏는다.
대사	01:38:44	05″	진호: 자. 김해관 씨. 그 쓸데없는 짓 하지 말고 위성 가지고 이리로 오세요. 이리로 가지고 와.
NA	01:38:49	04″	해관이 진호를 향해 고개를 돌린다. (01:38:51) 이때 제3의 장소.
대사	01:38:53	05″	저격수: 알파, 위치 잡았습니다. 마이크: 그들이 위성을 확보하기 전에 확실히 파괴하도록!
NA	01:38:58	05″	칼이 놀라 쳐다보고 저격수는 총을 장전한다.
소리	01:39:03	03″	(배 출항준비 소리)
NA	01:39:06	07″	다급해진 해관은 대형 컨테이너 크레인의 상부로 올라가는 계단을 발견한다.
NA	01:39:13	07″	진호가 해관을 주시하는 가운데 해관은 결심한 듯 소리를 태운 손수레를 밀며 달린다.
대사	01:39:20	03″	지연: 아저씨 어디가요? 진호: 아 저 미친 새끼. 빨리 잡아와.
NA	01:39:23	04″	도망치는 해관을 저격수가 총으로 조준하고 있다.
대사	01:39:27	01″	저격수: 시야에서 놓쳤습니다.
NA	01:39:28	05″	해관이 소리를 태운 손수레를 안고 대형 크레인 계단을 오른다.
대사	01:39:33	06″	지연: 아저씨 지금 어디 가세요? 해관: 지연 박사. 너무 위험해. 여기서부터는 우리 둘만 갈게.
대사	01:39:39	01″	요원들: 거기서. 잡아.
NA	01:39:40	17″	계단 위에 오른 해관이 멀리서 자신을 쫓아오는 요원을 바라보고 지연을 쳐다본다. (계단 아래) 해관과 눈이 마주친 지연은 계단 아래에서 양팔로 난간 손잡이를 부여잡고 필사적으로 요원들이 진입을 막는다.
대사	01:39:57	03″	지연: 지금 뭐하는 거에요? 지금 당신들 뭣들 하는 거에요?
NA	01:40:00	05″	해관이 크레인의 엘리베이터를 타려는 순간 한 요원이 달려들어 엘리베이터 문을 붙잡고 놓아주지 않는다.

NA	01:40:05	06″	해관이 엘리베이터 안으로 들어오려는 요원과 옥신각신하다가 해관이 요원의 팔을 문다.
대사	01:40:11	01″	요원: 아아악.
NA	01:40:12	09″	요원이 얼른 팔을 빼는 순간 해관이 엘리베이터 문을 닫고 올림 버튼을 누르자 엘리베이터가 작동된다.
대사	01:40:21	04″	요원들: 계단 계단으로 가. 진호: 야. 총 있지. 총 줘봐.
NA	01:40:25	02″	진호가 요원의 총을 낚아채 간다.
대사	01:40:27	02″	해관: 저 배를 타야 돼. 저 배를.
NA	01:40:29	06″	해관이 엘리베이터 한쪽 면에 난 유리창으로 소리를 태워 보낼 배를 응시한다.
NA	01:40:35	09″	해관과 소리가 탄 80미터 가량의 컨테이너크레인 엘리베이터가 지상과 점점 멀어지며 높이 올라가고 있다.
NA	01:40:44	04″	드디어 엘리베이터가 컨테이너 크레인 꼭대기에 도착한다.
소리	01:40:48	02″	(엘리베이터 소리)
NA	01:40:50	12″	소리와 해관이 엘리베이터를 나와 크레인 꼭대기에 선다. 소리가 해관을 올려보자 해관은 소리를 태운 손수레를 밀며 전진한다.
NA	01:41:02	09″	지상의 진호와 요원은 (엘리베이터가 아닌) 컨테이너크레인 옆 계단을 타고 해관이 있는 곳을 향해 올라오고 있다.
NA	01:41:11	10″	해관이 손수레를 힘껏 밀며 계속 전진한다. 빠른 속도로 달리자 손수레 바퀴가 빠진다. 수레를 잡은 해관의 몸이 크레인 난간 밖으로 반쯤 걸린다.
대사	01:41:21	01″	해관: 아아.
NA	01:41:22	08″	해관이 정신을 차리고 크레인 난간 안으로 몸을 옮긴다. 이때 소리가 자신의 집게로 난간을 붙잡고 있는 것을 해관이 본다. 소리가 해관을 바라본다.
대사	01:41:30	03″	요원: 아저씨. 돌아와요. 위험해.
NA	01:41:33	07″	손수레가 앞으로 밀리지 않자 해관이 손수레와 방향을 바꿔 손수레를 잡아끌며 도망간다.
NA	01:41:40	06″	지상에서 지현이 크레인 위쪽의 해관을 바라본다.
NA	01:41:46	08″	해관이 소리를 태운 손수레를 안아 올려 계단을 오른다.

대사	01:41:54	04″	해관: 어. 마이크: 위성이 시야에 들어오나?
NA	01:41:58	03″	저격수가 해관을 향해 총을 겨누고 조준중이다.
NA	01:42:01	09″	이를 전혀 눈치채지 못하는 해관은 소리를 태운 수레를 안고 바다를 향해 뻗어있는 크레인 맨 바깥쪽에 도착한다.
NA	01:42:10	10″	해관이 안고 있던 수레를 바닥에 내려놓고 몸을 바다 쪽으로 돌려 소리를 태워 보낼 배를 바라본다.
NA	01:42:20	07″	해관이 고개를 들어 자신이 서 있는 크레인 반대쪽을 바라보자 누군가 다가오는 것이 보인다.
대사	01:42:27	06″	소리: 김해관에게 전달할 메시지가 있습니다. 한 개의 새로운 메시지가 있습니다.
NA	01:42:33	05″	컨테이너 크레인 맨 바깥쪽 모서리. 해관이 소리를 바라보며 그 자리에 앉는다.
NA	01:42:38	02″	마침 진호가 컨테이너 크레인 상부에 도착한다.
대사	01:42:40	02″	진호: 어휴.
NA	01:42:42	14″	진호가 바지 뒷주머니에서 권총을 빼들고 장전한다. 먼저 올라온 요원을 향해 걸어가던 진호가 그들을 제치고 앞장선다.
NA	01:42:56	03″	해관이 자리에서 일어선다.
NA	01:42:59	02″	(총소리) 진호의 공포사격에 해관이 놀란다.
대사	01:43:01	11″	진호: 야. 이 또라이 새끼야. 너 그 위성 가지고 왜 그래? 씨. 발 도대체. 이리 가지고 와. 이리 가지고 와.
NA	01:43:12	2″	해관이 손수레를 잡은 손을 뗀다.
NA	01:43:14	13″	진호가 해관을 주시한다. 하지만 해관은 소리를 태운 손수레를 다시 들어 안는다.
대사	01:43:27	05″	진호: 이거 공포탄 아냐. 위성 가지고 와. 안 가져와?
NA	01:43:32	10″	해관이 소리를 꼭 껴안고 있다. 진호가 해관을 권총으로 겨누고 다가오자 해관은 소리를 안고 뒷걸음질 친다.
대사	01:43:42	01″	진호: 더 가지마.
NA	01:43:43	07″	해관과 소리는 컨테이너 크레인의 맨 모서리로 몰려 더 이상 옴짝달싹할 수 없게 된다.

대사	01:43:50	05″	저격수: 타깃 확보. 조준 완료. 마이크: 좋다. 확실하면 발포하라.
대사	01:43:55	10″	진호: 가지고 와.
NA	01:44:05	01″	해관이 바다 쪽으로 몸을 돌리고 저격수와 진호가 동시에 조준중이다.
NA	01:44:06	04″	(탕. 총소리) 저격수가 쏜 총알이 해관을 비껴나가 난간을 맞춘다.
NA	01:44:10	13″	소리를 안은 해관이 중심을 잃고 난간 밖으로 떨어질 뻔하지만 해관이 얼른 한 손으로 난간을 잡아 위기를 모면한다.
NA	01:44:23	05″	난간을 겨우 붙든 해관의 다른 한 손에는 소리가 위태롭게 매달려 있다.
NA	01:44:28	02″	
대사	01:44:30	02″	해관: 아. 아. 앗.
NA	01:44:32	10″	힘겹게 매달린 해관의 손이 난간에서 자꾸 미끌어진다. 해관과 소리가 서로 마주 보며 안간힘을 다해 버티고 있다.
대사	01:44:42	03″	소리: 고맙습니다. 보호해줘서.
NA	01:44:45	05″	해관이 소리를 잡은 손에 힘을 준다.
대사	01:44:50	05″	해관: 조금만 더. 조금만 더.
NA	01:44:55	04″	난간을 잡고 있던 해관의 손이 조금씩 아래로 미끄러진다.
NA	01:44:59	10″	안간힘을 쓰던 해관이 더 이상 견디지 못하고 손을 그만 놓고 만다.
NA	01:45:09	07″	아득하고 캄캄한 바다로 해관과 소리가 떨어진다.
대사	01:45:16	01″	(철퍽) 지연: 허. 어.
NA	01:45:17	01″	지연이 깜짝 놀란다.
NA	01:45:18	07″	해관과 소리가 떨어진 곳에 커다란 물거품이 일고 둘은 깊은 바다로 한없이 고요하게 빠져든다.
NA	01:45:25	22″	두 팔과 두 손을 쫙 펼친 해관이 눈을 떠 자신과 멀리 떨어진 곳에 부유하고 있는 소리를 본다.
NA	01:45:47	35″	해관이 손을 소리 쪽으로 뻗지만 해관 앞을 지나가는 배 때문에 소리를 더 이상 소리를 보지 못한다. 배가 지나간 자리에 소리가 보이지 않자 해관은 두 눈을 감는다.

NA	01:46:22	09″	시간을 되돌려 해관이 바다에 떨어지기 직전. 소리가 해관을 바라보며 말한다.
대사	01:46:31	24″	소리: 김해관에게 전달할 메시지가 있습니다. 1개의 새로운 메시지가 있습니다. 2003년 2월 18일. 유주: 아빠 왜 전화 안 받아? 아직도 화났어? 미안해 아빠. 근데 어떡하지? 우리 화해할 시간이 없을 것 같아.
NA	01:46:55	02″	해관이 파르르 떨며 울음을 참고 있다.
대사	01:46:57	09″	유주: 흑흑. 미안해. 나 아빠 안 미워해. 알지. 아빠 사랑해.
NA	01:47:06	04″	10년 전 과거. 화재로 연기가 자욱한 지하철 안.
대사	01:47:10	03″	유주: 그 전에 늘 앞에서 지켜준 거 다 알아요.
NA	01:47:13	06″	지하철 바닥에 쭈그려 앉은 유주의 주변이 연기로 가득하다.
대사	01:47:19	20″	유주: 나 혼자서도 잘 할 수 있는 거 보여주고 싶었는데 이렇게 아빠를 앞지르게 될 줄 몰랐어. 그래도 내가 늘 아빠 지켜보고 있을게. 꼭 그럴게. 사랑해요.
대사	01:47:39	14″	유주가 흐느끼며 자신의 폴더폰을 닫는다.
NA	01:47:53	08″	현재. 두 눈을 감고 바다를 부유하는 해관의 표정이 편안하다.
소리	01:48:01	01″	(스쿠버가 바다에 뛰어드는 소리)
NA	01:48:02	14″	잠수부들이 환한 빛을 등지고 바다 아래로 내려와 해관의 양팔을 잡아 구조한다.
NA	01:48:16	08″	날이 밝아오는 인천 앞 바다 부두. 진호와 요원이 바다를 바라보고 있다.
대사	01:48:24	27″	(진호의 전화벨소리) 진호: 예 차장님. 국정원 차장: 위성은? 위성은 찾았나? 진호: 예 아직 수색중입니다. 근데 지금 물속에 시야가 국정원 차장: 상황 종료해. 더 찾으려 하지 말고 철수하라구. 진호: 예? 국정원 차장: 일이 복잡하게 됐어. 미국정부랑 우리정부랑 모든 걸 덮기로 한 모양이야. 그 복사본 얘기 있지? 그 얘긴 아무도 알아선 안 돼. 진호: 예. 근데 조금만 더 시간을 주시면 금방.
NA	01:48:51	01″	차장이 전화를 끊는다.

대사	01:48:52	08″	진호: 아이. 씨이.
NA	01:49:00	06″	쓸쓸해 하는 진호에게 모르는 전화가 걸려온다. " 010-7968-4982."
대사	01:49:06	05″	(전화수신소리) 진호: 아 여보세요. 여보세요?
NA	01:49:11	06″	진호가 멀지 않은 곳에 서 있는 지연이 전화기를 들고 자신을 향해 손가락 욕을 하며 약 올리는 것을 본다.
NA	01:49:17	04″	진호가 자신의 전화기와 지연을 번갈아보며 당황해한다.
NA	01:49:20	02″	물에 젖은 해관이 경찰차로 이동 중이다.
대사	01:49:22	01″	칼: 미스터 킴.
NA	01:49:23	01″	칼이 해관에게 다가온다.
대사	01:49:24	13″	자막〉 칼: 나는 나사에서 온 칼이라고 합니다. 위성에 관해 물어볼 것이 있습니다. 혹시 위성이 말을 걸거나 감정을 보이고 그러진 않았습니까?
NA	01:49:37	10″	해관은 잠자코 멍하니 서 있다. 대답 없는 해관을 두고 칼이 실망한 듯 뒤돌아선다.
대사	01:49:47	01″	해관: 그 애 이름은….
NA	01:49:48	02″	걸어가던 칼이 돌아선다.
대사	01:49:50	03″	해관: 소리입니다.
NA	01:49:53	06″	칼이 돌아서서 가던 길을 간다. 경찰이 해관을 경찰차에 태운다.
NA	01:49:59	23″	부둣가에 여러 대의 경찰차가 어수선하게 정차되어있다. 아침 햇살이 따사로운 가운데 경찰들이 하나둘씩 차를 타고 본부로 귀환하기 위해 출발한다. 그 광경이 점점 멀어지며 화면 어두워진다.
대사	01:50:22	12″	소리〉 오늘 검찰은 국정원의 민간인 감청사건은 일부 국정원 직원의 개인적 일탈로 잠정결론 짓고, 이 사건에 연루된 국정원 직원 신모 씨를 구속 수감했습니다. 인터넷 쇼핑몰에서 유명 스포츠 운동화를 싸게.
NA	01:50:34	06″	화면이 밝아지고 말쑥해진 해관을 태운 택시가 해관의 집 앞에 선다.
NA	01:50:40	07″	해관이 택시에서 내려 문패를 바라본다. 문패 아래에 새주소 팻말이 붙여져 있다.
NA	01:50:47	09″	한 뭉치의 우편물을 챙긴 해관이 그 중에서 범칙금 우편물을 뜯는다.
NA	01:50:56	01″	우편물 뜯는 소리.

NA	01:50:57	07″	규정 속도위반 범칙금 고지서에 해관과 소리가 나란히 찍혀있다.
NA	01:51:04	03″	해관이 사진을 한참 들여다본다.
NA	01:51:07	05″	(해관의 거실). 해관이 거실의 CD플레이어에 CD를 넣고 재생 버튼을 누른다.
NA	01:51:12	05″	그리고는 소파에 앉아있는 아내 옆으로 가서 편안히 앉는다.
NA	01:51:17	02″	유주의 노래 〉하고 싶었던 말.
NA	01:51:19	06″	거실 한쪽에는 아내와 유주 단 둘이 찍은 졸업사진 액자가 놓여있다. 해관과 유주의 비밀장소 아이스크림 가게는 여전하고
NA	01:51:25	09″	해관이 유주의 남자친구와 얘기를 나누던 공원 벤치, 해관과 소리가 밤 하늘 별들을 바라보던 천문대 옆 벤치가 차례로 나타난다.
NA	01:51:34	07″	씨 없는 딸기의 공연카페의 텅 빈 무대에 유주의 기타가 의자에 놓여있다.
NA	01:51:41	09″	소리의 옷을 샀던 옷 가게에는 소리가 입었던 핑크 후드티와 똑같은 옷 이 옷걸이에 걸려있다.
NA	01:51:50	13″	기타가 늘어선 악기상가와 데모시디를 틀며 성인용품을 팔던 아저씨의 반 지하 쪽창. 소리를 고치던 구철의 가게, 소리를 처음 만난 섬의 해변이 연이어 나타난다.
NA	01:52:03	07″	캄캄한 밤하늘에 뜬 별과 어두운 도시에 간간이 켜진 불빛이 어우러져 고요한 밤.
NA	01:52:10	10″	국방색 코트를 입은 해관이 홀로 산에 올라 별빛 가득한 밤하늘을 바라 본다.
NA	01:52:20	05″	어두운 밤하늘에 별빛이 무수히 반짝이고 있다.
대사	01:52:25	01″	해관: 듣고 있니?
NA	01:52:26	07″	하늘을 올려다보던 해관의 눈망울에 눈물이 고이기 시작한다.
NA	01:52:33	10″	(메시지 알림 소리) 고인 눈물을 끔뻑이던 해관이 폴더폰 창에 뜬 메시지 알림을 본다.
NA	01:52:43	05″	폴더폰을 열자 화면에 "Always" ' 항상'이라고 메시지가 뜬다.
NA	01:52:48	56″	끝없이 펼쳐진 바다에 몇 마리 갈매기가 난다. 바다가 끝나는 곳 그 너머 뜨거운 사막. 한 줄기 패인 모래 자국을 따라가면 소리가 몸을 질질 끌 며 모래사막을 지나고 있다. 다 헤진 분홍색 후드티 밖으로 태양열 전지판이 하늘을 향해 펼쳐져 있다. (전동휠체어가 없지만) 소리는 양 손을 앞으로 뻗고 몸체를 당기며 쉬지 않고 앞으로 나아가고 있다.

| NA | 01:53:44 | 〃 | 자막 〉
출연진: 이성민. 이희준. 이하늬. 김원해. 채수빈. 전해진. 곽시양.
목소리 출연: 소리 심은경.
제작: (주)영화사 좋은날. 디씨지 플러스
기획: 정재원 / 감독: 이호재 / 각본: 이소영. / 각색: 이호재. 이승연. 이지민. / 번역: 최상희 / 프로듀서: 윤익준. / 촬영: 주성림. / 조명: 최종하. / 미술: 이종건. / 동시녹음: 정진욱 / 의상: 김정원. / 분장/헤어: 허정임 문선영. / 소품: 유청(드림아트센터) / 로봇제작: 곽태용 황효균 / 특수효과: 윤대원.

제공 / 배급: 롯데엔터테인먼트 / 공동제공: 디씨지플러스, CJE&M 미디어콘텐츠부문. 타임와이즈인베스트먼트(주), 다홍&지니프 미디어, 현대해상화재보험, 롯데손해보험. 동부증권, KDB 산은캐피탈, BNK캐피탈, MG 손해보험(주), 월드 마케팅.

기획개발투자: 크릭앤리버스토리 / 제작투자: 차원천 / 공동투자: 박현태, 김성수, 신강영, 이동환 / 투자총괄: 이상무 / 투자책임: 이재필, 이영한 / 제작: 박현태, 정재원, 신혜연 / 제작총괄: 홍인표. |
| | | | 지금까지 여러분께서는 화면해설영화 〈로봇, 소리〉를 감상하셨습니다.
(2초 후)

기획　　　　부산시청자미디어재단 부산센터
내레이션　　노 주 원
글　　　　　우 남 희
감수　　　　정 수 진
기술　　　　박 광 현
연출　　　　우 남 희
조연출
(2초 후)
이 화면해설 영상물은 방송통신위원회 방송발전기금을 지원받아 제작한 것입니다. |

참/고/문/헌/

〈단행본〉

- 고영준,『사용자 중심의 유니버설 디자인 방법과 사례』, 이담북스, 2011.
- 김선진 외,『디지털 엔터테인먼트-최신문화콘텐츠의 이해』, MSD미디어, 2011.
- 민경원,『영화의 이해』, 커뮤니케이션북스, 2014.
- 민병록 외,『영화의 이해』, 집문당, 2000.
- 박창진 · 정지웅,『장애인 복지의 이해』, 양서원, 2014.
- 양경미,『영화 이야기』, 스토리하우스, 2015.
- 유승관 · 김정희,『장애인을 위한 화면해설론』, 시간의물레, 2015.
- 이옥기,『영상콘텐츠론』, 이담, 2011.
- 이철수 외,『사회복지학사전』, Blue Fish, 2009.
- 이형관,『우리시대의 문화코드, 영상예술』, 신서원, 2003.
- 이형식,『영화의 이해』, 건국대학교출판부, 2005.
- 정기평 외,『배리어프리 영상연출』, 부산시청자미디어센터, 2016.
- 정 헌,『영화 기술 역사』, 커뮤니케이션북스, 2013.
- 정재형,『영화 이해의 길잡이』, 개마고원, 2003.
- 주유신 외,『영화제작』, 효민, 2010.
- 주정민 외,『해외 선진국과 국내의 장애인방송 운영제도 비교 연구』, 방송통신위원회, 2014.
- 최은경,『디지털 방송의 보편적 서비스』, 커뮤니케이션북스, 2015.

〈번역서〉

- 요시히코 가와우치, 홍철순 · 양성용 역,『Universal Design유니버설 디자인』, 선인, 2005.
- 데이비드 파킨슨, 이시온 역,『영화를 뒤바꾼 아이디어 100』, 시드포스트, 2015.
- 로즈메리 갈런트 톰슨, 손홍일 역,『보통이 아닌 몸』, 그린비, 2015.
- 루이스 자네티, 박만준 · 진기행 역,『영화의 이해』, K-books, 2009.

- 울리히 벡, 홍성태 역, 『위험사회』, 새물결, 2014.
- Federal communication commission, 김종길 역, 『화면해설방송-*Implementation of Video Description of Video Programming*』, 방송위원회, 2002.
- 스티븐 D. 캐츠, 김학순 · 최병근 역, 『영화연출론 *Shot by Shot*』, SIGONGART, 2010.

〈논문〉

- 국회교육문화체육관광위원회, 「유니버설 엑세스 시대의 배리어프리영화 보급현황 및 미래: 제4회 서울배리어프리영화제 연계기획 장애인인식 개선 한일국제포럼」, 영화진흥위원회, 2014.
- 권정인, 「인클루시브 디자인 평가를 위한 공간 특성 분석에 관한 연구: 박물관 공간 분석을 중심으로」, 숭실대 석사학위논문, 2015.
- 김정희, 「효과적인 화면해설 글쓰기 제안」, 『배리어프리영화세미나 발제집』, 부산시청자미디어센터, 2016.
- 김혜원 · 이지은, 「시각장애인을 위한 배리어프리영화의 국내 제작현황 및 표현양식 연구」, 『영상문화콘텐츠연구』6, 동국대학교 영상문화콘텐츠연구원, 2013.
- 나준기, 「화면해설방송과 배리어프리영화의 연출방법연구-부산국제영화제 배리어프리영화 제작 중심으로」, 『예술과 미디어』12-4, 한국영상미디어협회, 2013.
- 류위훈, 「배리어프리 활성화를 위한 인프라 구축 사례」, 『화면해설 현황과 전문 인력 양성을 위한 세미나 발제집』, 부산시청자미디어센터, 2014.
- 류위훈, 「장애인미디어(Barrier-Free Media)의 현황과 과제」, 『배리어프리영화세미나 발제집』, 부산시청자미디어센터, 2016.
- 문보옥 · 유수동 · 최현선, 「한국과 중국의 문화복지정책 비교 연구-정부 간 관계구조를 중심으로」, 『2016한국정책분석평가학회 추계공동학술대회 발표집』, 한국정책분석평가학회, 2016.
- 박순옥 · 김정희 · 정수진 · 윤한민 · 정수경 · 추미전, 「배리어프리 화면해설」, 부산국제영화제 · 부산시청자미디어센터, 2014.
- 변민수 · 남용현, 「2007 상반기 수시과제 자료집」3, 한국장애인고용공단 고용개발원, 2007.

• 변용찬 · 윤상용 · 최미영,「장애인 문화복지 증진방안 연구」,『정책보고서2004-02』, 한국
  보건사회연구원, 2004.
• 송종길 외,「장애인방송제작물 제작 편성 확대를 위한 정책연구」, 방송통신위원회, 2009.
• 이태진,「일본 치바현의 배리어프리 현황과 시사점」,『국제사회보장동향』, 한국보건사회연
  구원, 2006.
• 정성구,「아시아문화중심도시 특별법과 아시아영상문화중심도시 특별법안의 비교 검토」,
  『포커스 광주』, 광주발전연구원, 2008.
• 최원호,「영상콘텐츠의 디지털화에 따른 영상문화변화에 관한 연구」,『언론학연구』11, 부
  산울산경남언론학회, 2007.
• 하종원 · 송종현,「시각장애인 방송환경 개선을 위한 화면해설방송 활성화 방안」, 한국방
  송통신전파진흥원, 2011.
• 홍종배,「국내 장애인방송 접근권 보장정책의 현황, 성과 및 향후 과제」,『장애인권리협약
  의 실효적 이행을 위한 장애인 정보접근권 이행 강화, 국가인권위원회 국제 콘퍼런스 발제
  집』, 국가인권위원회, 2011.

<기타자료>

신문 자료
•『동아일보』, 1995.11.30.37면.
•『한겨레』, 1998.01.15.7면.

법률 자료
• 보건복지부,「장애인 차별금지 및 권리규정 등에 관한 법률」.
• 보건복지부,「장애인, 노인, 임산부 등의 편의증진보장에 관한 법률」.

인터넷 자료
•『영화사전』, propaganda, 2004 [네이버 지식백과].
• 이영돈,『영상 콘텐츠 제작 사전』, 커뮤니케이션북스, 2014 [네이버 지식백과].

- 지식엔진연구소, 『시사상식사전』, 박문각 [네이버 지식백과].

- tvn방송(http://program.tving.com/tvn/dokebi)

- 「'배리어프리' 넘어 모두를 위한 통합의 디자인」, 『에이블 뉴스(Ablenews)』, 2015.12.11.
  http://ablenews.co.kr/News/NewsContent.aspx?CategoryCode=0006&NewsCode=000
  620151208221747332977#z

- 『한국민족문화대백과』, 한국학중앙연구원 [네이버 지식백과].
  http://terms.naver.com/entry.nhn?docId=2459006&cid=46615&categoryId=46615

- 『스포츠조선』, 2011.10.12.
  http://sports.chosun.com/news/ntype.htm?id=20111012010009366008043&serviceda
  te=20111012

- 「배리어프리영화 QnA」, 『네이버 매거진-스페셜 리포트』, 2012.03.20.
  http://today.movie.naver.com/today/today.nhn?sectionId=1277&sectionCode=MOVIE_
  TUE

- 『웰페어뉴스』, 2011.11.25.
  http://www.welfarenews.net/news/articleView.html?idxno=28626

- 『국민일보 쿠키뉴스』, 2011.10.31.
  http://news.kukinews.com/news/article.html?no=111632

- 『노컷뉴스』, 2011.11.11.
  http://www.nocutnews.co.kr/news/4224658

- 「착한영화나눔-배리어프리영화」, 『LG케미토피아』, 2014.8.14.
  http://blog.lgchem.com/2014/08/barrier-free-movie/?shared=email&msg=fail

- 「'2013 배리어프리영화제', CAS속기 실시간자막」, 사단법인한국스마트속기협회,
  2013.11.29. http://www.smartsteno.org/l=4047
  http://www.smartsteno.org/index.php?mid=news_1&document_srl=4582

- 에이유디사회적협동조합
  http://cafe.naver.com/audsocialcooperative/8

- 「제5회 서울배리어프리영화제19일 팡파르」, 『에이블뉴스』, 2015.11.05.
  http://www.ablenews.co.kr/News/NewsContent.aspx?CategoryCode=0030&NewsCo

de=00302015110509172708027

- 「한국문화예술위원회 기부금 지원사업 현황」, 한국문화예술위원회, 2015.03.19.
  http://www.arko.or.kr/public/page3_5_8_list.jsp?board_idx=167&cw_category_id=&cw_category=&thisPage=1&searchType=&searchText=&type=&board_crud=S&idx=37640&metaTitle=2014년 기부금사업 지원내역

- 「한국영화정책 사업」, 사단법인 한국농아인협회.
  http://www.deafkorea.com/ver/_deaf/movie2.html

- 『웰페어뉴스』, 2013.4.19.
  http://www.welfarenews.net/news/articleView.html?idxno=37535

- 『웰페어뉴스』, 2013.10.15.
  http://www.welfarenews.net/news/articleView.html?idxno=40219

- 「시각장애인이 귀로 텔레비전을 감상하는 방법」, 방송통신위원회, 2011.5.26.
  http://blog.daum.net/kcc1335/3504

- 「"영화와 자유" 배리어프리영화위원회」, 『프라임경제』, 2016.07.29.
  http://www.newsprime.co.kr/news/article.html?no=344395

- 「시청각장애인 위한 배리어프리영화 상영」, 『분당뉴스』, 2012.10.21.
  http://www.ebundangnews.co.kr/news/articleView.html?idxno=1980

- 「(르포)현대차 마련한 시청각장애인 영화관 '배리어프리' 가봤더니」, 『뉴스토마토』, 2016.08.28.
  http://www.newstomat o.com/ReadNews.aspx?no=684805

- 「정읍장애인종합복지관-배리어프리영화〈7번방의 선물〉상영」, 『데일리전북』, 2013.08.06.
  http://www.dailyjeonbuk.com/news/articleView.html?idxno=188128

- 「DVS수신기 무료 보급 신청자 모집-한시련, 오는 9월 30일까지 접수」, 『에이블뉴스』, 2011.8.25. http://www.kbuwel.or.kr/Intro/Organization

- 사회적협동조합 AUD(Auditory Universal Design)
  http://audsc.org/about-us/outline-cooperative/

- 「에로영화는 어떻게 '배리어프리'가 되었나?」, 『장미뉴스』, 한국장애인재활협회,

2016.8.16.

http://work.freeget.net/bbs/board.php?bo_table=communication&wr_id=66&sst=wr_da
tetime&sod=desc&sop=and&page=2

• 「장애인과 비장애인이 함께 즐기는 배리어프리 공연」, 『THE MUSICAL』137호, 더뮤지컬,
2015.

http://www.themusical.co.kr/Magazine/Detail?enc_num=PpbRSVj2thOnaztu78fA6A%3D
%3D

• 「순간을 찍어 영원하게 만든 '사진의 아버지'」, 『중앙SUNDAY』, 2012.06.24.

http://news.naver.com/main/read.nhn?mode=LSD&mid=sec&sid1=110&oid=353&a
id=0000010241

• 부산영화의전당

http://www.dureraum.org/bcc/main/main.do?rbsIdx=1

부/록/

[참고1] 국내 화면해설 연혁[1]

연도	방송		영화	
	사업내용	주체	사업내용	주체
2000	시각장애인 방송접근권 확대 방안 연구	방송 위원회	제1회 장애인영화제 화면해설영화 상영(3편)	장애인 영화제
			'장애인 영화접근권 확대를 위한 모색' 공청회	
2001	MBC〈전원일기〉화면해설 제작	행자부	제2회 장애인영화제 화면해설영화 상영(7편)	장애인 영화제
2002	MBC〈전원일기〉화면해설 제작	자부담	제3회 장애인영화제 화면해설영화 상영(7편)	장애인 영화제
	MBC〈우리집〉화면해설 제작	행자부		
	'장애인 방송접근권 관련' 세미나	자부담		
	시각장애인 화면수신기 (DVS)보급사업(1000대)	방송 위원회		
2003	MBC〈6mm세상탐험〉화면해설 제작	자부담	제4회 장애인영화제 화면해설영화 상영(8편)	장애인 영화제
	KBS〈대추나무 사랑걸렸네〉화면해설 제작	자부담		
	KBS〈대추나무 사랑걸렸네〉화면해설 제작	방송 위원회	부산국제영화제 화면해설영화 상영	부산 국제 영화제
	시각장애인 화면해설 수신기(DVS) 보급 사업(1000대)	방송 위원회		

---

1) 시각장애인협회, (김혜원·이지은, 「시각장애인을 위한 배리어프리영화의 국내 제작현황 및 표현양식 연구」, 『영상문화콘텐츠연구』6, 동국대학교 영상문화콘텐츠연구원, 2013, 115-116면 재인용.)

2004	KBS〈대추나무 사랑걸렸네〉화면해설 제작	자부담	제5회 장애인영화제 화면해설영화 상영(8편)	장애인 영화제
	시각장애인 화면해설수신기(DVS) 보급사업(1800대)	방송 위원회		
	시각장애인 화면해설방송물 보급 사업(246편)	방송 위원회	부산국제영화제 화면해설영화 상영 (20편)	부산 국제 영화제
2005	현재 지상파3사 화면해설 제작	방송 위원회	제6회 장애인영화제 화면해설영화 상영(20편)	장애인 영화제
	지상파낮방송 허용하면서 화면해설 확대	방송 위원회		
	시각장애인 화면해설수신기(DVS) 보급사업	방송 위원회		
	시각장애인 화면해설방송물 보급사업 (793편 제작)	방송 위원회		
	장애인 방송접근센터 설립	SBS		
	화면해설방송물 제작시스템 구축	SBS		
	자막방송전문요원 양성을 위한 훈련 계획수립	SBS		
	자막방송용 솔루션 개발실시	SBS		
2006	시각장애인 화면해설수신기(DVS) 보급사업	방송 위원회	제7회 장애인영화제 개최(15편)	장애인 영화제
	EBS수능 화면해설방송물 제작 (123편)	방송 위원회		
2007	화면해설방송표준화 마련을 위한 모니터 사업(190편)	자부담	제8회 장애인영화제 개최	영화 진흥 위원회
	화면해설방송 제작 지침 마련을 위한 작가교실 운영	자부담		
2008	EBS수능 화면해설방송물 제작 (181편)	방송 통신 위원회	인디다큐페스티벌 '화면해설제작'	자부담
			장애인 인권영화제 '화면해설제작'	자부담

2009	시각장애인 화면해설수신기(DVS) 보급사업	방송통신위원회	장애인 인권영화제 '화면해설제작'	자부담
			서울 인권영화제 '화면해설제작'	자부담
	EBS수능 화면해설방송물 제작 (222편)	방송통신위원회	서울인권여성영화제 '화면해설제작'	자부담
			인디다큐페스티벌 '화면해설제작'	자부담
2010	EBS수능 화면해설방송물 제작	방송통신위원회	국내 최초 뮤지컬화면해설 제작	문화체육관광부
2011	EBS수능 화면해설방송물 제작 (375편)	방송통신위원회	시청각장애인을 위한 화면해설 및 자막영화 제작	문화체육관광부
2012	EBS수능 화면해설방송물 제작 (607편)	방송통신위원회	시청각장애인을 위한 영화관람사업	CJ CGV 배리어프리영화추진위원회
			배리어프리영화사업 영화진흥위원회와 공동 주관	
	중앙지상파 TV화면해설 제작 (3,238편)	방송통신위원회	사단법인 배리어프리영화위원회 발족	
			〈달팽이의 별〉 배리어프리영화와 동시 개봉	
2013	EBS수능 화면해설방송물 제작	방송통신위원회	시청각장애인을 위한 영화관람 사업 진행	CJ CGV
	화면해설작가 보수 및 심화교실 운영	자부담		
	화면해설작가 교실 운영	자부담		
	중앙지상파 TV 및 CBS, 종합보도 채널(MBN, JTBC, 채널A) 화면해설 제작	방송통신위원회		

[참고2] 배리어프리영화위원회 제작〈배리어프리영화목록〉[2]

	영화명	화면해설연출	화면해설자	비고
한국영화	〈달팽이의 별〉	이승준 감독	김창완 (뮤지션, 배우)	
	〈7번방의 선물〉	이환경 감독	차태현(배우)	
	〈그대를 사랑합니다〉	추창민 감독	유다인(배우)	
	〈더 테러 라이브〉	김병우 감독	이진호 (배우, 가수)	
	〈도가니〉	황동혁 감독	이진화(성우)	
	〈도둑들〉	최동훈 감독	서혜정(성우)	
	〈마당을 나온 암탉〉	오성윤 감독	전숙경(상무)	
	〈블라인드〉	안상훈 감독	서혜정(성우)	
	〈엄마까투리〉	정길훈 감독	전숙경(성우)	
	〈완득이〉	이 한 감독	최강희(배우)	
외국영화	〈마이백 페이지〉	김성호 감독	한효주(배우)	
	〈모모와 다락방의 수상한 요괴들〉	오성윤 감독	전숙경(배우)	
	〈소중한 사람〉	임순례 감독	유혜영 (SBS아나운서)	
	〈술이 깨면 집에 가자〉	양익준 감독	엄지원(배우)	
	〈엔딩노트〉	최진호 감독	한지민(배우)	
	〈위 캔 두 댓〉	정지우 감독	정경호(배우)	
	〈천국의 속삭임〉	허진호 감독	한효주(배우)	
	〈터치 오브 라이트〉	조성희 감독	임수정(배우)	

---

2) 「2013년 장애인영화관람환경개선사업 보고서」, 영화진흥위원회.(김혜원 · 이지은, 「시각장애인을 위한 배리어프리영화의 국내 제작현황 및 표현양식 연구」, 『영상문화콘텐츠연구』6, 동국대학교 영상문화콘텐츠연구원, 2013, 119면에서 재인용.)

[참고3] 한글자막 화면해설 세부실적[3]

년도	영화	상영관수	관람객수
2005	〈댄서의 순정〉〈안녕, 형아〉〈간 큰 가족〉〈분홍신〉〈친절한 금자씨〉〈웰컴 투 동막골〉〈박수칠 때 떠나라〉〈가문의 위기〉〈Mr. 주부 퀴즈왕〉〈새드무비〉(10편)	2	602
2006	〈맨발의 기봉이〉〈아랑〉〈한반도〉〈괴물〉〈각설탕〉〈타짜〉〈거룩한 계보〉〈사랑할 때 이야기하는 것들〉〈사이보그지만 괜찮아〉〈중천〉(10편)	6	938
2007	〈허브〉〈천년여우여우비〉〈김관장대 김관장대 김관장〉〈우아한 세계〉〈날아라 허동구〉〈밀양〉〈황진이〉〈화려한 휴가〉〈디워〉〈권순분여사 납치사건〉〈행복〉〈세븐 데이즈〉〈열한번재엄마〉〈싸움〉〈내사랑〉(15편)	9	1,432
2008	〈우리생애 최고의 순간〉〈라디오 데이즈〉〈바보〉〈GP506〉〈걸스카우트〉〈크로싱〉〈신기전〉〈좋은 놈 나쁜놈 이상한놈〉〈사과〉〈순정만화〉〈소년은 울지않는다〉〈달콤한 거짓말〉〈쌍화점〉(13편)	13	2,791
2009	〈유감스러운 도시〉〈작전〉〈슬픔보다 슬픈 이야기〉〈7급공무원〉〈김씨표류기〉〈거북이달린다〉〈차우〉〈하늘과 바다〉〈청담보살〉(9편)	18	2,330
2010	〈비밀애〉〈친정엄마〉〈구르믈 버서난 달처럼〉〈맨발의 꿈〉〈이끼〉〈아저씨〉〈불량남녀〉〈쩨쩨한 로맨스〉(8편)	22	3,785
2011	〈세상에서 가장 아름다운 이별〉〈고지전〉〈블라인드〉〈가문의 영광〉〈투혼〉〈특수본〉〈퍼펙트게임〉(7편)	26	6,138
2012	〈시체가 돌아왔다〉〈코리아〉〈연가시〉〈알투비〉〈577프로젝트〉〈광해〉〈늑대소년〉〈용의자〉〈철가방 우수씨〉〈완득이〉〈도둑들〉〈그대를 사랑합니다〉리메이크(13편)	26	11,707
2013	〈타워〉〈베를린〉〈사이코메트리〉〈7번방의 선물〉〈전설의 주먹〉〈고령화가족〉〈은밀하게 위대하게〉〈감시자들〉〈숨바꼭질〉〈관상〉〈스파이〉〈깡철이〉〈열한시〉〈용의자〉(10편)	29	22,234

---

3) 「2013년 장애인영화관람환경개선사업 보고서」, 영화진흥위원회.(김혜원·이지은, 「시각장애인을 위한 배리어프리영화의 국내 제작현황 및 표현양식 연구」, 『영상문화콘텐츠연구』6, 동국대학교 영상문화콘텐츠연구원, 2013, 117-118면에서 재인용.)

[참고4] 부산 영화의 전당 〈배리어프리영화 상영 목록〉[4]

	영화명	상 영 시 간			
	〈명량〉	9/19	13:30		
	〈우아한 거짓말〉	9/18			19:00
	〈변호인〉	9/18		16:00	
	〈역린〉	9/18	13:30		
	〈수상한 그녀〉	9/18			19:00
	〈명량〉	9/19	13:30		
	〈역린〉(2014)	5/26		17:00	
	〈인간중독〉	6/16			19:30
2014년	〈인간중독〉(2014)	6/30		17:00	
장애인과	〈신의 한 수〉	7/21			19:30
함께하는	〈신의 한 수〉	7/28		17:00	
배리어프리영화제	〈명량〉	8/18			19:30
	〈명량〉	8/25		17:00	
	〈두근두근 내 인생〉	9/22		17:00	
	〈두근두근 내 인생〉	9/22			19:20
	〈마담 뺑덕〉	10/27			19:30
	〈패션 왕〉	11/17			19:30
	〈패션 왕〉	11/26		17:00	
	〈빅 매치〉	12/22			19:30
	〈빅 매치〉	12/29			19:30

---

4) 부산영화의전당(http://www.dureraum.org/bcc/main/main.do?rbsIdx=1)

	영화명		상 영 시 간		
2015년 배리어프리영화 상영회	〈님아, 그 강을 건너지 마오〉	1/19			19:30
	〈님아, 그 강을 건너지 마오〉	1/26		17:00	
	〈쎄시봉〉	2/16			19:30
	〈쎄시봉〉	2/23		17:00	
	〈순수의 시대〉	3/16			19:30
	〈순수의 시대〉	3/23			19:30
	〈스물〉	4/13			19:30
	〈스물〉	4/20			19:30
	〈악의 연대기〉	5/19			19:30
	〈악의 연대기〉	5/26			19:30
	〈은밀한 유혹〉	6/22			19:30
	〈연평대전〉	6/29		17:00	
	〈손님〉	7/20			19:30
	〈손님〉	7/27		17:00	
	〈베테랑〉	8/17			19:30
	〈베테랑〉	8/24		17:00	
	〈뷰티 인사이드〉	9/14		17:00	
	〈뷰티 인사이드〉	9/21		17:00	19:30
	〈탐정 더 비기닝〉	10/19		17:00	19:30
	〈성난 변호사〉	10/26		17:00	19:30
	〈돌연변이〉	11/16			19:30
	〈검은 사제들〉	11/23		17:00	
	〈극적인 하룻밤〉	12/21			19:30
	〈극적인 하룻밤〉	12/28		17:00	

	영화명		상 영 시 간		
2016년 배리어프리영화 상영회 매월3주 월요일 19:30 매주4주 월요일 17:00	〈히말라야〉	1/18			19:30
	〈히말라야〉	1/25		17:00	
	〈검사외전〉	4/11	14:10	17:00	19:50
	〈검사외전〉	4/18	09:30	12:00	
	〈시간이탈자〉	4/18	14:30	17:00	19:30
	〈대배우〉	5/16	9:30 11:40	17:00	
	〈대배우〉	5/23	09:30 14:30		
	〈탐정 홍길동-사라진 마을〉	5/16	14:30		19:30
	〈탐정 홍길동-사라진 마을〉	5/23	11:50	17:00	
	〈아가씨〉	6/13	12:10		19:30
	〈아가씨〉	6/20	11:50	17:00	
	〈달에 부는 바람〉	6/20	14:50		19:50
	〈엽기적인 그녀2〉	6/13	10:00 15:10	17:20	
	〈엽기적인 그녀2〉	6/20	09:50		
	〈봉이 김선달〉	7/18	10:20 12:50 15:30		
	〈봉이 김선달〉	7/25		17:00	
	〈부산행〉	7/25	14:30		19:30
	〈인천상륙작전〉	8/22	12:10	17:00	
	〈인천상륙작전〉	8/29	14:20		19:30
	〈덕혜옹주〉	8/22	14:30		19:30
	〈덕혜옹주〉	8/29	10:30	17:00	
	〈고산자〉	9/26	10:30	17:00	
	〈밀정〉	9/26	14:00		19:30

	영화명	상 영 시 간			
2016년 배리어프리영화 상영회 매월3주 월요일 19:30 매주4주 월요일 17:00	〈아수라〉	10/24	16:40		
	〈아수라〉	10/31	10:00		
	〈럭키〉	10/31	13:40 16:40		19:30
	〈스플릿〉	11/23		17:00	
	〈스플릿〉	11/28	14:30		19:30
	〈걷기왕〉	11/23	19:30		
	〈시소〉	11/28	12:50	17:00	
	〈가려진 시간〉	12/19	09:30 14:30		
	〈형〉	12/19	12:10		19:30
	〈미씽-사라진 여자〉	12/19		17:00	
	〈미씽-사라진 여자〉	12/26		17:00	
	〈판도라〉	12/26	14:20		19:30
	〈당신 거기 있어 줄래요〉	12/26	12:00		

[참고5] KBS Able 장애인 서비스 방송 이용 방법

KBS 장애인서비스 웹 접근성 정책[5]

KBS 장애인서비스는 KBS 홈페이지의 방대한 콘텐츠들 중 생방송, 편성표, TV다시보기, 라디오 다시듣기 등과 같은 핵심 서비스를 장애인 사용자들이 쉽고 편리하게 이용할 수 있도록 하기 위해 제작된 사이트입니다.

KBS 장애인서비스는 2010년 12월 새롭게 국가 표준으로 재정된 '한국형 웹 콘텐츠 접근성 지침(Korean Web Content Accessibility Guidelines) 2.0'을 준수하고자 노력 하였습니다. 그러나 저작권 및 기술적인 한계로 인하여 방대한 프로그램 동영상에 대한 자막 또는 원고를 제공해 드리지 못하는 점 등 미흡한 부분도 있습니다. 이 점 양해의 말씀을 드립니다.

현재 KBS 홈페이지는 웹 접근성이 미흡한 상태이며, 이로 인해 장애인 사용자들의 접근과 이용이 불편할 수 있습니다. KBS는 이 같은 문제점을 인식하고 KBS 홈페이지의 전반적인 웹 접근성 준수를 위해 2013년까지 단계적으로 개선시켜 나갈 계획입니다. 또한 개선 기간 중에는 KBS 장애인서비스를 지속적으로 운영 · 관리하여 장애인 사용자들이 주요 콘텐츠를 이용하는 데 불편함이 없도록 할 계획입니다.

공영방송 KBS는 앞으로 장애인서비스뿐만 아니라 KBS가 운영하는 모든 사이트에 대하여 장애인과 비장애인 모두 편리하게 이용할 수 있도록 노력해 나가겠습니다.

KBS 장애인서비스의 웹 접근성 불편사항에 대한 신고나 상담이 필요하신 경우에는 아래로 문의하여 주시기 바랍니다.

웹 접근성 불편사항 문의
＊ 이메일: webmaster@kbs.co.kr
＊ 전　화: 1644-8560

---

5) http://able.kbs.co.kr/

KBS Able장애인 서비스: 화면해설방송 제공[6]

---

6) 사진 : http://able.kbs.co.kr/ 화면캡처.

[참고6] MBC시각장애인용 방송 이용 방법[7]

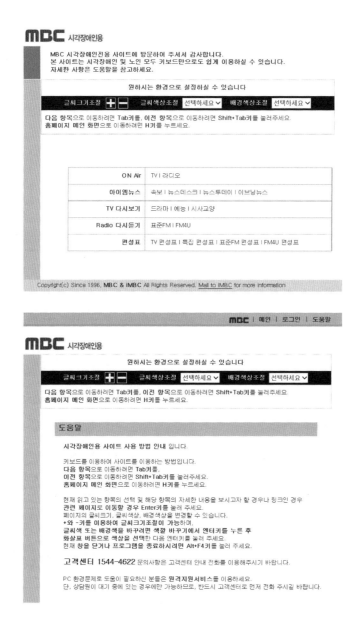

7) 사진 : http://eye.imbc.com/ 화면캡처.

MBC | 메인 | 로그인 | 도움말

MBC 시각장애인용

원하시는 환경으로 설정하실 수 있습니다

글씨크기조절 ➕ ➖ 글씨색상조절 선택하세요 ∨ 배경색상조절 선택하세요 ∨

다음 항목으로 이동하려면 Tab키를, 이전 항목으로 이동하려면 Shift+Tab키를 눌러주세요.
홈페이지 메인 화면으로 이동하려면 H키를 누르세요.

드라마

방영프로그램

· 불야성   · 불어라 미풍아
· 아버님 제가 모실게요   · 언제나 봄날
· 역도요정 김복주   · 행복을 주는 사람
· 황금주머니

전체 프로그램

ㄱ ~ ㅁ   ㅂ ~ ㅊ   ㅋ ~ 기타

MBC | 메인 | 로그인 | 도움말

MBC 시각장애인용

원하시는 환경으로 설정하실 수 있습니다

글씨크기조절 ➕ ➖ 글씨색상조절 선택하세요 ∨ 배경색상조절 선택하세요 ∨

다음 항목으로 이동하려면 Tab키를, 이전 항목으로 이동하려면 Shift+Tab키를 눌러주세요.
홈페이지 메인 화면으로 이동하려면 H키를 누르세요.

드라마

불어라 미풍아   홈페이지로 가기

· 33회 2016년12월17일 내용보기   · 32회 2016년12월11일 내용보기 일반 고화질
· 31회 2016년12월10일 내용보기 일반 고화질   · 30회 2016년12월4일 내용보기 일반 고화질
· 29회 2016년12월3일 내용보기 일반 고화질   · 28회 2016년11월27일 내용보기 일반 고화질
· 27회 2016년11월26일 내용보기 일반 고화질   · 26회 2016년11월20일 내용보기 일반 고화질
· 25회 2016년11월19일 내용보기 일반 고화질   · 24회 2016년11월13일 내용보기 일반 고화질
· 23회 2016년11월12일 내용보기 일반 고화질   · 22회 2016년11월6일 내용보기 일반 고화질
· 21회 2016년11월5일 내용보기 일반 고화질   · 20회 2016년10월30일 내용보기 일반 고화질
· 19회 2016년10월29일 내용보기 일반 고화질   · 18회 2016년10월23일 내용보기 일반 고화질
· 17회 2016년10월22일 내용보기 일반 고화질   · 16회 2016년10월16일 내용보기 일반 고화질
· 15회 2016년10월15일 내용보기 일반 고화질   · 14회 2016년10월9일 내용보기 일반 고화질
· 13회 2016년10월8일 내용보기 일반 고화질   · 12회 2016년10월2일 내용보기 일반 고화질
· 11회 2016년10월1일 내용보기 일반 고화질   · 10회 2016년09월25일 내용보기 일반 고화질

[참고7] 국립장애인도서관 이용 방법[8]

〈화면해설 영상자료〉

---

8) 사진 : http://nlid.nl.go.kr/2_library/24_datause/243_commentary.jsp/ 화면캡쳐.

[참고8] 사단법인 한국농아인협회[9]

[참고9] 사단법인 한국시각장애인연합회[10]

사단법인 한국시각장애인연합회에서는 장애인방송접근센터를 운영해 각양각색의 미디어를 대상으로 화면해설을 통해 시각적 정보를 소리 정보로 전환하여 시각장애인의 정보접근권을 향상시키는 프로그램을 운영하고 있다.

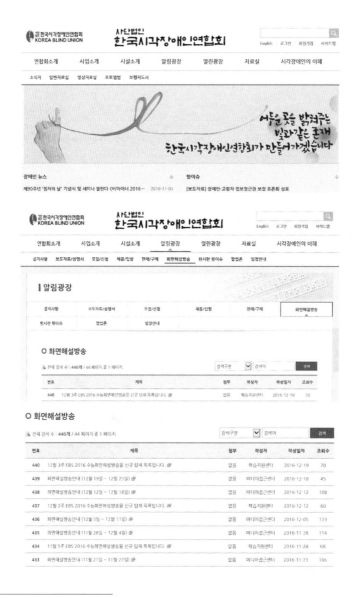

---

10)   사진 : http://www.kbuwel.or.kr/ 화면캡처.

〈화면해설방송안내〉

▌알림광장

공지사항	보도자료/성명서	모집/신청	채용/입찰	판매/구매	화면해설방송
한시련 핫이슈	팝업존	일정안내			

O **화면해설방송 - 화면해설방송안내 (12월 19일 ~ 12월 25일)**

작성자	미디어접근센터		작성일시	2016-12-18 오후 11:10:29
첨부파일	없음			

12월 19일 월요일

올리브 TV 02시50분~03시30분 오늘 뭐 먹지 105회, 홍성에서 뭐 먹지 1편

올리브 TV 03시30분~04시10분 오늘 뭐 먹지 106회, 홍성에서 뭐 먹지 2편

OCN TV 04시40분~05시50분 국회 1부

EBS TV 05시30분~06시30분 세계견문록 아틀라스 - 아시아 최후 풍습 대물을 지키는 신개의 손 가요축 사안층

채널A TV 05시30분~06시40분 서민 갑부 102회

[참고10] 한국어 감정단어 제시[11]

1. 기쁨(喜)

감격스러운, 감동적인, 감사한, 고마운, 고무적인, 기쁜, 낙천적인, 날아갈 듯한, 놀라운, 눈물겨운, 든든한, 만족스러운, 뭉클한, 반가운, 벅찬, 뿌듯한, 살맛나는, 시원한, 싱그러운, 좋은 짜릿한, 쾌적한, 통쾌한, 포근한, 푸근한, 행복한, 환상적인, 후련한, 흐뭇한, 흔쾌한, 흥분된

2. 노여움(怒)

가혹한, 고통스러운, 골치 아픈, 괘씸한, 괴로운, 구역질나는, 기분 상하는, 꼴사나운, 끓어오르는, 나쁜, 노한, 떫은, 모욕적, 무서운, 배반감, 복수심, 북받친, 분개한, 분노, 불만스러운, 불쾌한, 섬뜩한, 소름끼치는, 속상한, 숨 막히는, 실망한, 쓰라린, 씁쓸한, 약 오르는

3. 슬픔(哀)

가슴 아픈, 걱정되는, 고단한, 고독한, 고민스러운, 공포에 질린, 공허한, 괴로운, 구슬픈, 권태로운, 근심되는, 기분 나쁜, 낙담한, 두려운, 마음이 무거운, 멍한, 뭉클한, 미어지는, 부끄러운, 불쌍한, 불안한, 불편한, 불행한, 비참한, 비탄하는, 서글픈, 서러운, 섭섭한, 소외감, 속 썩는, 슬픈, 실망한, 싫어하는, 쓰라린, 쓸쓸한, 아린, 아쉬운, 안타까운, 암담한, 앞이 깜깜한, 애석한, 애처로운, 애태우는, 애통한, 언짢은, 염려하는, 외로운, 우울한, 울적한, 음울한, 음침한, 의기소침한, 절망적인, 좌절하는, 증오하는, 지루한, 착잡한, 참담한, 창피한, 처량한, 처량한, 처참한, 측은한, 침울한, 침통한, 패배스러운, 한스러운, 허전한, 허탈한, 허한, 황량한

4. 즐거움(樂)

가벼운, 가뿐한, 경쾌한, 고요한, 기분 좋은, 담담한, 명랑한, 밝은, 산뜻한, 상쾌한, 상큼한, 숨가쁜, 신나는, 유쾌한, 당당한, 즐거운, 쾌활한, 편안한, 홀가분한, 확신 있는, 활기 있는, 활발한, 흐뭇한, 흥분된, 희망찬

---

11) 박인조, 「한국어 감정단어의 분석」, 서울대 석사학위논문, 2001.

5. 사랑(愛)

감미로운, 감사하는, 그리운, 다정한, 따사로운, 묘한, 뿌듯한, 사랑스러운, 상냥한, 순수한, 애틋한, 열렬한, 열망하는, 친숙한, 포근한, 호감이 가는, 화끈거리는, 흡족한

6. 미움(惡)

고통스러운, 괴로운, 구역질나는, 귀찮은, 근심스러운, 끔찍한, 몸서리치는, 무정한, 미운, 부담스러운, 서운한, 싫은, 싫증나는, 쌀쌀한, 야속한, 얄미운, 억울한, 원망스러운, 죄스러운, 죄책감, 증오스러운, 지겨운, 짜증스러운, 차가운, 황량한

7. 바라다(慾)

간절한, 갈망하는, 기대하는, 바라는, 소망하는, 애끓는, 절박한, 찜찜한, 초라한, 초조한, 호기심, 후회스러운, 희망하는

8. 기타

겸연쩍은, 고뇌스러운, 고립된, 고생스러운, 고통스러운, 과민한, 기가 죽은, 긴장한, 다행스러운, 당황스러운, 넌더리나는, 따분한, 매스꺼운, 멋쩍은, 모호한, 무기력한, 무력한, 무서운, 무시된, 무심한, 미심쩍은, 미안한, 미적지근한, 민망한, 버거운, 부끄러운, 불안한, 불쾌한, 비참한, 비탄스러운, 상한, 생생한, 수줍은, 실감나는, 실망한, 싫증나는, 쑤시는, 쑥스러운, 쓰린, 아리는, 애매한, 애처로운, 어색한, 어이없는, 억눌린, 언짢은, 엉뚱한, 오싹한, 위태위태한, 유감스러운, 절망적인, 조마조마한, 좌절스러운, 지루한, 짜릿한, 창피한, 태연한

[참고11] 기타 관련 사이트 안내

1. 방송통신위원회(방통위 3.0)

http://www.kcc.go.kr/tsi/etc/search/search/ASC_integrationsearch.jsp?page=A10010000

2. 사물의 용어를 확인하기 위해서 사용

『브리테니커 비주얼사전』[네이버 지식백과].

http://terms.naver.com/list.nhn?cid=48677&categoryId=48677

[참고12] 화면해설 대본, 타임체크 시간 간격 엑셀로 한 번에 계산하는 방법[12]

■ 조건: 한글 프로그램으로 타임체크 표를 만들고 시간을 표시할 때 콜론으로 시간을 표시
한다. (예: 00:00:00)(이유: 엑셀 프로그램에서 시간을 계산할 때 숫자를 시간으로
인식시키기 위해서이다.)

순서	예시 화면	내용
	〈1시간 이전(59분) 분량의 타임 체크 간격 계산하기〉	
1	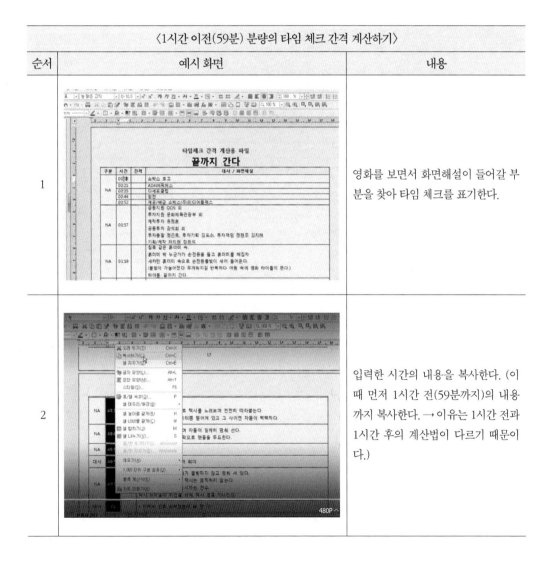	영화를 보면서 화면해설이 들어갈 부분을 찾아 타임 체크를 표기한다.
2		입력한 시간의 내용을 복사한다. (이때 먼저 1시간 전(59분까지)의 내용까지 복사한다. → 이유는 1시간 전과 1시간 후의 계산법이 다르기 때문이다.)

---

12) 화면해설작가 블로그 〈PEN〉 http://woodboots.net/

3	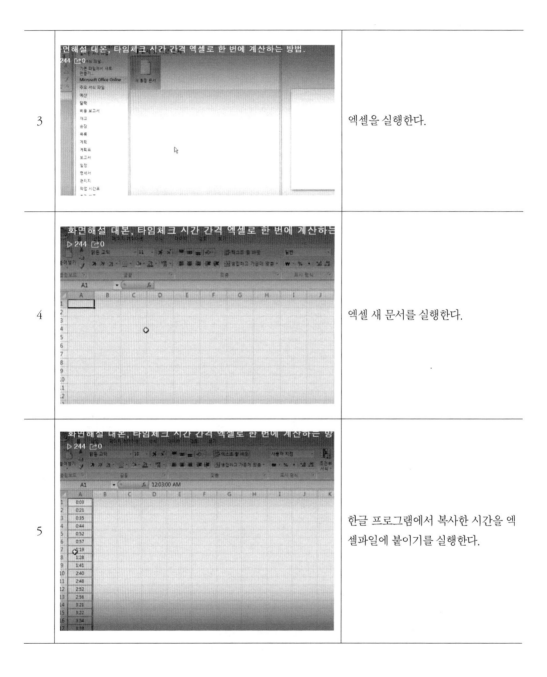	엑셀을 실행한다.
4		엑셀 새 문서를 실행한다.
5		한글 프로그램에서 복사한 시간을 엑셀파일에 붙이기를 실행한다.

6	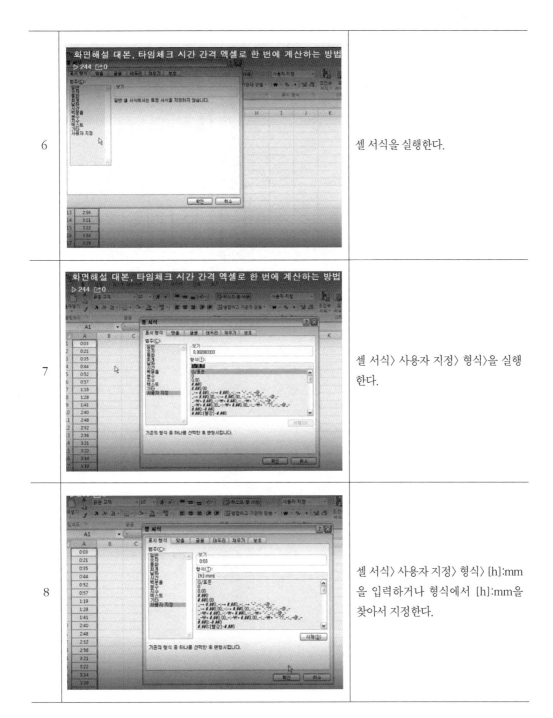	셀 서식을 실행한다.
7		셀 서식〉 사용자 지정〉 형식〉을 실행한다.
8		셀 서식〉 사용자 지정〉 형식〉 [h]:mm을 입력하거나 형식에서 [h]:mm을 찾아서 지정한다.

9	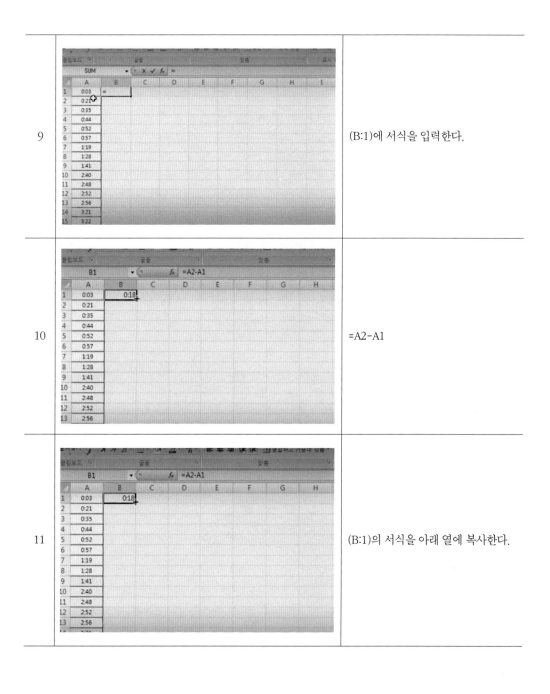	(B:1)에 서식을 입력한다.
10		=A2-A1
11		(B:1)의 서식을 아래 열에 복사한다.

| 12 | 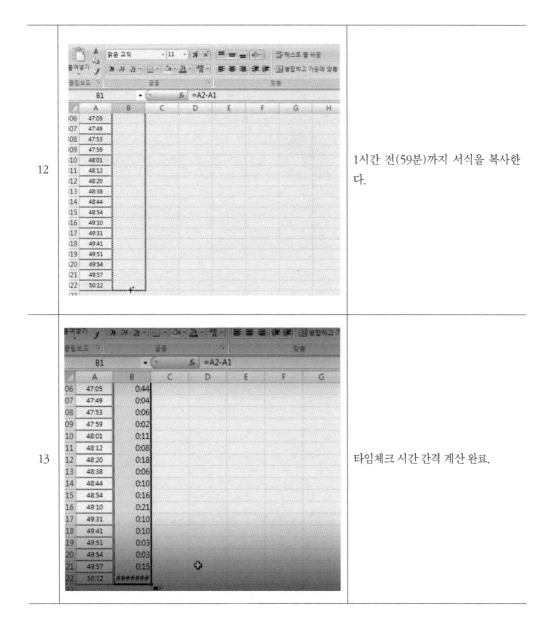 | 1시간 전(59분)까지 서식을 복사한다. |
| 13 | | 타임체크 시간 간격 계산 완료. |

14	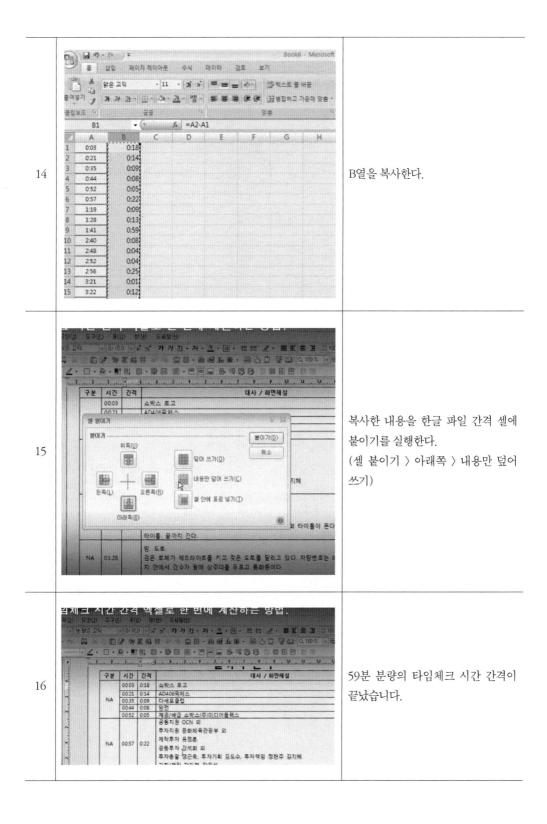	B열을 복사한다.
15		복사한 내용을 한글 파일 간격 셀에 붙이기를 실행한다. (셀 붙이기 〉아래쪽 〉내용만 덮어 쓰기)
16		59분 분량의 타임체크 시간 간격이 끝났습니다.

【한 번 더 요약정리】

〈한글 프로그램, 대본 파일에서〉

타임 체크한 시간 부분만 복사한다.

시간이 적힌 첫 번째 칸에서

1. F5 두 번 누름.

2. PgDn(page down) 버튼을 눌러서 59분까지의 부분만 전체 선택한다.

3. 복사한다. (Ctrl + v)

〈엑셀 프로그램〉

1. A1 셀에 붙여넣기 (Ctrl + c)

2. A 셀 전체 선택 (A부분 한 번 클릭하면 전체가 선택 됨)

3. 오른쪽 버튼 클릭 〉 셀 서식 〉 사용자 지정 〉 [h]:mm을 입력

(이걸 적는 이유는 24분을 24시로 바뀌지 않도록 지정해주기 위함이다.)

4. 확인 〉 결과: 서식이 셀에 적용이 됨. (화면의 변화 없음)

5. B1 셀에 서식 =A2-A1 을 입력하고 Enter키를 누른다. (결과: 자동 계산 완료)

6. B1 셀 모서리에 마우스 포인트를 올린다.

　　　마우스 포인트가 + 키로 바뀌면 그 상태에서 Ctrl 키를 누른다.

　　　마우스 포인트에 + 옆에 작은 + 가 하나 더 생긴다.

　　　이때 아래로 드래그 한다.

＊ 주의 사항 : 셀의 결과 값에 ###이 뜨는 경우는 시간이 잘못 적혀 있거나, 시간 입력이 누락되었거나, 콜론
　　　　　　(:)이 빠진 경우입니다. 이때는 시간을 확인하고 다시 입력해 주시면 자동 계산된다.

7. 복사 후 한글 표에 붙여넣기를 실행한다.

8. 완료

〈1시간 이후 분량의 타임 체크 간격 계산하기〉

1시간 이후는 타임 체크 한 시간에 셀 서식이 필요 없고 시간 간격에 서식이 필요하다.

| 1 | | 〈한글 프로그램〉
화면해설 타임체크 대본 〉 1시간 이후의 부분을 찾는다. |

2	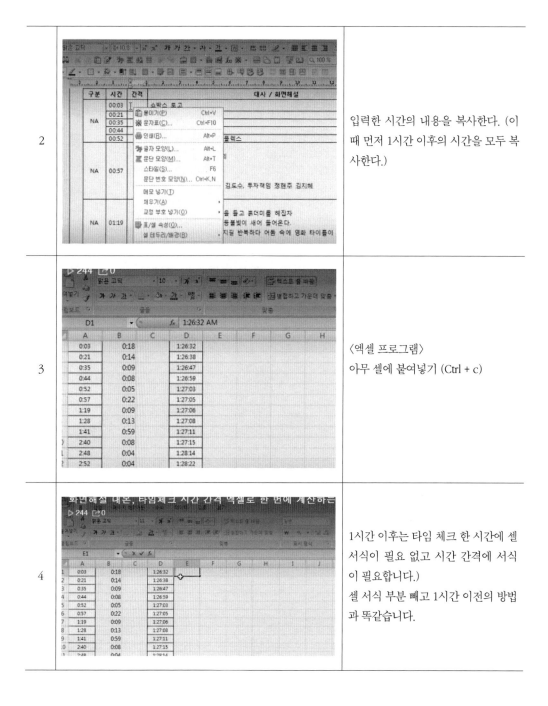	입력한 시간의 내용을 복사한다. (이때 먼저 1시간 이후의 시간을 모두 복사한다.)
3		〈엑셀 프로그램〉 아무 셀에 붙여넣기 (Ctrl + c)
4		1시간 이후는 타임 체크 한 시간에 셀 서식이 필요 없고 시간 간격에 서식이 필요합니다.) 셀 서식 부분 빼고 1시간 이전의 방법과 똑같습니다.

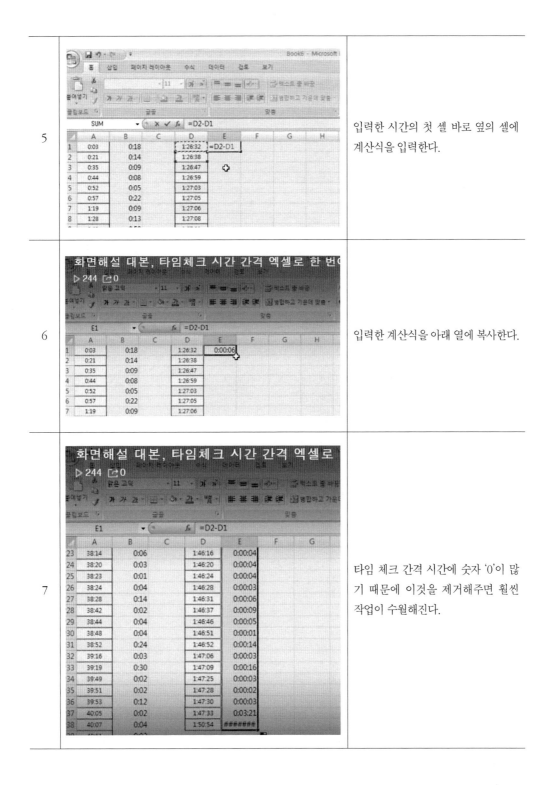

5		입력한 시간의 첫 셀 바로 옆의 셀에 계산식을 입력한다.
6		입력한 계산식을 아래 열에 복사한다.
7		타임 체크 간격 시간에 숫자 '0'이 많기 때문에 이것을 제거해주면 훨씬 작업이 수월해진다.

8	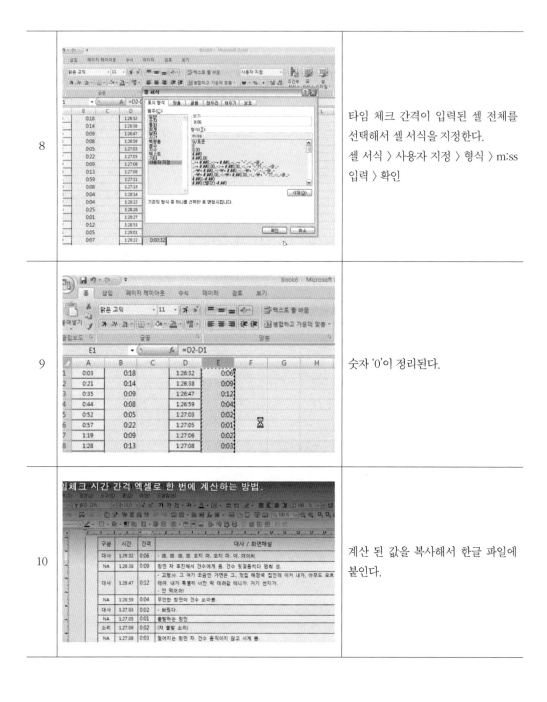	타임 체크 간격이 입력된 셀 전체를 선택해서 셀 서식을 지정한다. 셀 서식 〉 사용자 지정 〉 형식 〉 m:ss 입력 〉 확인
9		숫자 '0'이 정리된다.
10		계산 된 값을 복사해서 한글 파일에 붙인다.

【한 번 더 요약정리】

0:00~59분대 까지는 〉 "시간"에 셀 서식 〉 사용자 지정 〉 [h]:mm (이때 꼭 대괄호를 넣어야 합니다. 목록에 있는 h:mm 을 선택하면 안 된다.)

1시간 이후는 〉 "시간 간격 값"에 〉 셀 서식 〉 사용자 지정 〉 m:ss

＊ 예외사항: 59분부터 1시간으로 넘어가는 타임 체크 간격은 수동으로 계산에 오류가 생기므로 수동으로 계산한다.

〈완료〉

찾/아/보/기

책임저자 | 송명희

• 부경대학교 국어국문학과 교수
• 현재 부경대학교 국어국문학과 교수로 재직하고 있으며, 고려대학교 국어국문학과 박사 취득. 부경대학교 국제대학원 영상학과에서 영상학 석사 취득. 저서에『소설서사와 영상서사』,『페미니즘 비평』,『한국문학의 담론 분석』,『캐나다한인 문학연구』등 40여 권의 저서와 편저가 있다. 〈한국문학이론과비평학회〉와 〈한국언어문학 교육학회〉 회장을 역임하였으며, 〈문학예술치료학회〉 회장을 맡고 있다.

참여저자 | 김형곤

• 동명대학교 신문방송학과 교수
• 현재 동명대학교 신문방송학과 교수로 재직하고 있으며, 서울대 언론정보학과 박사 취득. 저서에『미디어와 문화』,『한국전쟁의 기억과 사진』,『수용자 연구』등이 있다.

참여저자 | 우남희

• 부경대학교 국어국문학과 강사
• 현재 부경대학교에서 강의하고 있으며, 부경대학교 국어국문학과 박사과정 수료. 논문에「임호권 시 연구」,「광고를 활용한 생태시 교육」,「수용적 독서와 표현적 글쓰기를 통한 자가치유 고찰-이승하와 최승자를 중심으로-」등이 있다.

참여저자 | 김정희

• 부산평화방송 편성보도팀장
• 현재 부산평화방송 편성보도팀장으로 재직하고 있으며, 이화여자대학교 중어중문학과 학사, 동명대학교 신문방송학과 박사과정 수료. 저서에『스토리텔링 레시피』(공저),『장애인을 위한 화면해설론』(공저),「방송구성작가의 소외에 관한 연구-부산지역을 중심으로」등이 있다.

배리어프리 화면해설 글쓰기

초판 인쇄 | 2017년 4월 28일
초판 발행 | 2017년 4월 28일

책임저자 송명희
참여저자 김형곤 · 우남희 · 김정희

책임편집 윤수경

발 행 처 도서출판 지식과교양
등록번호 제 2010-19호
주   소 서울시 도봉구 쌍문1동 423-43 백상 102호
전   화 (02) 900-4520 (대표) / 편집부 (02) 996-0041
팩   스 (02) 996-0043
전자우편 kncbook@hanmail.net

ISBN 978-89-6764-077-4 93700   정가 32,000원

이 저서는 2016년 정부(교육부)의 재원으로 한국연구재단 대학인문역량 강화사업(CORE)의 지원을
받아 수행된 저서임.